■ 本论丛是重庆大学“双一流”学科重点建设项目“新闻传播学一级学科水平提升计划”研究成果，由项目经费资助出版。

反思与重构：新时代舆论学研究的知识转型

新闻传播研究论丛

郭小安 著

重庆大学出版社

内容提要

新时代舆论的主体、客体、本体、结构、表现形式和测量手段均发生了丰富的变化，对舆论生态产生了深远的影响。舆论研究面临媒介转向、图像转向、情感转向、圈层转向、智能转向等多重挑战。面对新环境、新现象、新问题和新趋势，新时代的舆论学研究亟需重构知识体系，以更好地回应技术变革带来的诸多挑战。

本书适合新闻传播学、公共管理学、政治学等专业的师生及媒体从业人员、舆情从业人员阅读。

图书在版编目（CIP）数据

反思与重构：新时代舆论学研究的知识转型 / 郭小安著. -- 重庆：重庆大学出版社, 2023.3（2025.5重印）
（新闻传播研究论丛）
ISBN 978-7-5689-3766-5

Ⅰ.①反… Ⅱ.①郭… Ⅲ.①舆论－研究 Ⅳ.①C912.63

中国国家版本馆CIP数据核字（2023）第037058号

反思与重构：新时代舆论学研究的知识转型

FANSI YU CHONGGOU：XINSHIDAI YULUNXUE YANJIU DE ZHISHI ZHUANXING

郭小安 著

策划编辑：陈筱萌 唐启秀

责任编辑：李桂英 版式设计：叶抒扬

责任校对：王 倩 责任印制：张 策

*

重庆大学出版社出版发行

出版人：陈晓阳

社址：重庆市沙坪坝区大学城西路21号

邮编：401331

电话：（023）88617190 88617185（中小学）

传真：（023）88617186 88617166

网址：http：//www.cqup.com.cn

邮箱：fxk@cqup.com.cn（营销中心）

全国新华书店经销

重庆正文印务有限公司印刷

*

开本：720mm×1020mm 1/16 印张：19.5 字数：340千

2023年3月第1版 2025年5月第2次印刷

ISBN 978-7-5689-3766-5 定价：88.00元

总序（一）

马胜荣[1]

重庆大学新闻学院推出一套新闻传播研究丛书，书稿涉及的内容比较广泛，有独到的视角和理论思考，是学院中青年教授在不同时间段的研究成果。

重庆大学文科教育有着近100年的历史，1929年建校之初设立了文学院。新闻教育起步于20世纪末期，1998年成立人文艺术学院，开设了广播电视新闻学专业。2007年，学校组建文学与新闻传媒学院。2012年，学校调整学科布局，更名为重庆大学新闻学院。此后，学院不断引进人才，教学和科研不断加速，成果显著。目前，新闻学院已经拥有新闻传播学一级学科硕士授权点、新闻与传播硕士专业学位点，新闻传播学一级学科博士点，形成了本—硕—博完整的新闻传播人才培养体系。

这套研究丛书成稿的时间跨度由各位作者跟踪各自所研究问题的时间不同而定，有的是多年来相关论文的选集，有的侧重传播史的研究，如书稿作者在前言或后记中所言，所著文字都是他们紧密结合不断变化的新闻传播实际进行的理论探讨与思考，或是自己对所关注领域的新闻传播史的研究。书稿所涉及的问题涵盖新闻传播研究的这些方面，迫切需要不断和深入地探讨、思考和追踪研究。我以为，新闻传播研究对现有一些观点或者权威论断进行阐述和解释是有必要的，但更重要的是要发现新闻传播中的现实问题，分析和研究这些问题存在的环境和内在逻辑，提出新的思路和看法，以推进问题研究的深化和相关理论的提升，或是进一步研究新闻传播史上的一些重要问题，提出新的见解。

新闻传播学是实践性很强的学科。我认为，在新闻传播研究的过程中，坚持历史的观点和实践的观点是同样重要的。恩格斯在《路德维希·费尔巴哈和德国古典哲学的终结》这本具有典型代表性的马克思主义哲学著作中批评了历史领域中的“非历史的观点”。他指出，这种观点“不能把世界理解为一种过程，理解

1　马胜荣：第十一届全国政协委员、新华社原副社长兼常务副总编辑。

为一种处在不断的历史发展中的物质”。他写道：“在这里，反对中世纪残余的斗争限制了人们的视野。中世纪被看作是由于千百年来普遍野蛮状态所引起的历史的简单中断；中世纪的巨大进步……欧洲文化领域的扩大，在那里一个挨着一个形成的富有生命力的大民族，以及 14 和 15 世纪的巨大技术进步，这一切都没有被人看到。这样一来，对伟大历史联系的合理看法就不可能产生，而历史至多不过是一部可供哲学家使用的例证和插图的汇集罢了。”[1] 恩格斯的这个观点对新闻传播研究有重要的启示意义。

实践的观点同样重要。新闻传播研究无疑需要深刻的理论思考，但这种理论思考应当建立在考察和研究实践问题的基础之上，应当而且必须同新闻实践紧密地联系起来。著名新闻传播学教授方汉奇先生 1999 年讲过：“21 世纪是一个高度信息化的时代，是信息经济和知识经济占主导地位的时代。信息经济和知识经济有两大支柱，一是以高新科技为代表的传播技术产业，二是从事新闻和信息产品生产的媒体产业。新闻传播学作为将这两大领域有机联结的桥梁，在今后的国家建设和社会发展中必将发挥越来越重要的作用。”方汉奇先生当年的提醒是准确和重要的。进入 21 世纪后，随着传播技术的不断革新，新闻传播的环境发生了极其深刻的变化，新闻传播的形态、模式、渠道、受众等与传统媒体为主的时代极其不同，人工智能和算法等新技术给新闻传播领域带来的变化是颠覆性的。在这种传播环境中，越来越多的新闻学者认识到，新闻传播研究要更加关注新闻实践中遇到或者已经存在多年的问题，不断针对具体问题深入进行研究和理论思考。

关注和重视当代新闻传播实践是这套丛书的特点。八位教授的书稿涵盖面比较广，突出体现了他们关注实践的问题意识以及在研究方法和理论思路上独有的视角，反映了他们研究所关注问题的进程与轨迹。董天策长期从事新闻理论的教学、研究和新闻教育管理工作，是很有成就的中年学者，现任重庆大学新闻学院院长。他的书稿《提要探微：新闻传播理论纵横》选编了过去四分之一世纪中所发表论文中的 28 篇文章。他对在这一时期“有幸参与其中”的“新闻传播研究波澜壮阔、高歌猛进”岁月深深怀念，这些文章“算是汇集了个人在新闻传播学

1　恩格斯 . 路德维希 · 费尔巴哈和德国古典哲学的终结［M］中共中央马克思恩格斯列宁斯大林著作编译局，译 . 北京：人民出版社，1988：23.

术河流中的几朵浪花”。郭小安的《反思与重构：新时代舆论学研究的知识转型》、刘海明的《混沌与秩序：新闻伦理探微》、张小强的《颠覆与创新：新媒体生态及其治理》、曾润喜的《沟通与善治：网络时代的媒体与政策传播》等书稿紧密联系新闻传播实际，“眼睛始终没有离开业界的前沿问题”，时刻注意“去瞄准一个随时移动的靶子”，关注“没有得到足够重视”的有关领域，从实际问题入手进行深入的理论思考，提出了一些解决问题的思路与理论框架。龙伟的《历史的褶皱：近代中国的媒介与社会》、齐辉的《反击侵略：中国抗战的报界动员与新闻救国》、张瑾的《开放与嬗变：文献记录中的重庆形象》资料丰富、考证严谨，侧重从研究新闻传播史的视角，阐述他们各自研究领域的相关观点。张瑾、龙伟和齐辉三位教授历史学的造诣相当深厚，对各自领域的研究对象进行过多年的跟踪研究，成果比较突出，张瑾教授的一些研究在海外也产生了影响。无论是研究视角还是理论思考，他们的研究都有助于拓宽新闻传播史研究的视野。

我以为，新闻教育中教学与研究是相互支撑的两个方面，两者互为作用、相互完善，推动新闻教育的整体发展。教学主要是对学生的培养，为新闻媒体和其他有类似业务的机构输送人才。研究应该是对新闻传播领域各个方面的规律性研究和相关的理论研究，为新闻传播理论作出贡献。教师的出色科学研究无疑会推动教学工作，使学生能够在学习的过程中更直接分享教师的研究成果，从而推动教学。同样，出色的教学也会给研究注入动力。在丛书的书稿中，有一些研究是有学生参与的，能力比较强的学生肯定可以更多地贡献自己的智慧。丛书的这八位教授是学生十分欢迎和尊敬的老师，同时他们的科研成就也非常突出，在教学和科研两个方面都为学院做出了贡献。

我相信，随着重庆大学新闻学院的不断发展，学院的教师们一定会有更多的新闻传播研究著作问世，继续为推动新闻传播教育和研究而努力。

是为序。

马胜荣

2022 年 10 月 8 日于北京

总序（二）

董天策

2019年，对重庆大学新闻学院来说，是个具有重要意义的时间节点。这一年，经校内外专家评审与重庆大学学位委员会审议，新闻传播学成为重庆大学自主审核通过的首个一级学科博士点；这一年，"新闻传播学一级学科水平提升计划"获得学校支持，列入重庆大学"双一流"学科重点建设项目。

从1999年招收广播电视新闻学本科生，历经20年发展，重庆大学建成了新闻传播学本—硕—博的完整人才培养体系，学科专业水平不断提升。2019年、2021年，新闻学、广播电视学两个本科专业先后获批教育部国家级一流本科专业建设点。2020年，重大新闻传播学团队获批重庆市高校协同创新研究团队。同年，新闻传播学在软科排名中进入全国高校同类学科前20%。2021年，软科首次发布专业排名，两个本科专业均在全国高校同类专业前20位以内。

面对这样的发展态势，在推进"新闻传播学一级学科水平提升计划"的过程中，我提议出版一套新闻传播学研究丛书，让新闻学院的教授们在建院15周年之际来个集体亮相。经过一两年筹划与准备，"新闻传播研究论丛"终于完成了八本书稿的编撰，交付重庆大学出版社出版。

重庆大学是中央直管、教育部直属的全国重点大学，国家"211工程"和"985工程"重点建设的高水平研究型综合性大学，国家"世界一流大学建设高校（A类）"。20世纪40年代，重庆大学就发展成为拥有文、理、工、商、法、医6个学院的国立综合性大学。1952年全国院系调整，重庆大学成为以工科为主的多科性大学。改革开放以来，学校大力发展人文社科类学科专业，逐步发展成为研究型综合性大学。

1998年，重庆大学成立人文艺术学院，开设广播电视新闻学专业。1999年，成立广播电视新闻系，招收广播电视新闻专业本科生。2004年，获批新闻学、传播学、广播电视艺术学三个二级学科硕士学位授权点；2006年，获批新闻传播学一级学科硕士授权点，新闻学成为重庆市拟建设重点学科。

为了促进新闻传播学科专业的建设与发展，学校 2007 年组建文学与新闻传媒学院，聘任第十一届全国政协委员、新华社原副社长兼常务副总编辑马胜荣为院长。文学与新闻传媒学院在马院长的率领下稳健发展。学院成立当年，即与学校宣传部共建舆情信息研究所（中宣部直报点）。2010 年，获批新闻与传播硕士专业学位点。2011 年，学院与中国人民大学新闻与社会发展研究中心共建新闻传播与区域发展研究院。2012 年，学校调整学科布局，将中文系划出，文学与新闻传媒学院更名为新闻学院。

正是在这个时候，学校物色我来主持新闻学院院务。这是我从未想过的。在学校领导的感召之下，我接受了邀请，深为能够服务于家乡的顶级大学而备感荣幸。当年，林建华校长曾提出一个问题：重大新闻学院能否不办博士教育而专注于硕士教育尤其是专业硕士教育，办出特色，像美国哥伦比亚大学那样？个人以为这是一个富有创意的构想，但考虑到国情，我不得不坦率回答：恐怕不行。在中国，一个学科专业没有博士点，大家就觉得水平不够。重大新闻学院还是要努力创建新闻传播学博士点。

就任院长后不久，重大人文社科学部负责人要我做一个比较完善的学科专业规划，我未能圆满完成任务，因为当时的师资队伍还不足以支撑一个理想的学科专业规划。我只好说：不急，“草鞋没样，边打边像”。幸好重大有个“百人计划”人才招聘项目，我能够陆续引进几位具有学术发展潜力的“百人计划”青年学者，同时努力招聘国内外的优秀博士，在三四年内逐渐组织起具有学术研究能力的基本科研与教学队伍。

2015 年，新闻学院成功申报教育部、财政部高等学校“专业综合改革试点”项目“新闻学—卓越计划”，启动卓越新闻传播人才培养；新闻学专业获批重庆市特色专业。2016 年，新闻学院成为中国记协确定的中国新闻奖试点报送 18 家新闻院所之一。2017 年，新闻传播学入选重庆市重点学科，新闻传播与影视艺术专业群（与电影学院联合申报）获批重庆市特色学科专业群，新闻传播与区域发展研究院更名为新闻传播与社会发展研究院，获批校级研究平台，后再更名为数字媒体与传播研究院。学院的发展受到学界关注，被誉为国内高校十所“最具成长力的新闻学院”之一。

成长，是后起学院的主题，甚至是后起学院长期的主题。重大新闻学院2013年确立了“入主流，有特色，成品牌”的办学思路，2019年提出了“好学求真，力行至善”的院训，期待学院成长，期待教师成长，期待学生成长。令人欣慰的是，这些年来，重大新闻学院一直在成长，教师和学生也一直在成长。“新闻传播研究论丛”系列著作，就是重大新闻学院教师学术成长的部分记录，也是重大新闻传播学者参与中国新闻传播学术研究的个人见证。

对重庆大学这样的高校来说，建成新闻传播学一级学科博士点，新闻传播学进入软科学科排名前20%，只不过是真正的学科起步，未来的发展道路还很漫长。我相信，重大新闻学院的专任教师，包括“新闻传播研究论丛”的各位作者，一定会奉献更多更好的学术力作。

在此，特别感谢创院院长马胜荣先生。2007年，马老从新华社副社长兼常务副总编辑的领导岗位退下来，千里迢迢来到重庆大学创办文学与新闻传媒学院。2012年，为了支持我顺利开展工作，马老主动让我走上前台，改任名誉院长。即使按规定结束在重庆大学的所有工作之后，马老仍然一如既往，始终关心、支持、爱护重大新闻学院。请允许我代表新闻学院师生道一声：尊敬的马院长，感谢您为重大新闻学院所做的一切，我们向您致敬！

2022年10月8日 于重庆

目　录

导言

舆论学研究的新特征、新问题及知识转向

当前国内的舆论学研究可谓热闹非凡，相关论著汗牛充栋，舆情产业发展如火如荼，研究机构、智库犹如雨后春笋般层出不穷。但在一片喧嚣声中，舆论学研究很容易流于表面，缺乏理论深度。事实上，舆论学的研究传统源远流长，不仅涉及群体心理、群体行为、群体言论，还触及背后的社会结构和权力关系，横跨了多个学科。遗憾的是，当前舆论学研究的成果中，不同学科间的理论对话还不够充分，相关概念和理论工具的使用还比较混乱，对于舆论背后深层次的人性、社会与政治因素尚缺乏理论自觉。面对新时代舆论学研究的新特征、新结构与新趋势，现有的舆论学理论与方法显得有些力不从心，后劲不足。因此，重新审视舆论学研究现状及问题显得十分必要。

一、新时代舆论学研究的新特征和新问题

广义上的“知识体系”包含概念体系、理论体系、话语体系和方法体系等，它将不同板块的知识点按照某种逻辑有机串联起来，塑造我们看待问题和解决问题的思维模式。新时代舆论学的概念体系、理论体系、话语体系与方法体系等均发生了重大变化，面临诸多新问题和新挑战，具体表现如下：

（一）舆论主体的多元与人机协同

舆论主体是单一抑或多元，至今未在学界获得广泛共识。从词源来看，“舆”意指公众。舆论即公众之言论。在大众传播时代，大众媒体俨然成为公众意见的代言人，未被大众媒体报道的议题不构成舆论，因此出现了新闻舆论的提法。互联网技术的迅猛发展为公众自由、充分地表达意见提供了便利，使得舆论的形成逻辑和表现方式发生了根本改变，将互联网塑造为一个众声喧哗的公共领域。由于不同主体在立场、知识与利益上的差异，网络舆论场的结构变得日趋复杂。有学者由此提出了“两个舆论场”的观点，引起了学界较高的关注。但若从舆论的本义出发，“官方舆论”的说法显然有自相矛盾之处。既然“舆”代表公众，其主体自然非公众莫属，官方舆论不管是语法还是逻辑上都行不通。但现实中，不同舆论场的话语差异性却显而易见，这是片面强调舆论的公众性而忽视了公共性

所致，从而将舆论主体单一化，使得官方与民众成为一对主客体对立关系，而非对话、互动与协商的关系。如果引入公共性价值，舆论乃多元主体如政府、公众、社会团体、大众媒体和意见领袖良性互动的产物，这将促使管理范式的变迁。

随着人工智能技术的发展，舆论主体出现了人机协同的新趋势。在2016年的英国脱欧公投中，社交机器人通过标注话题标签# Stronger In，# Brexit和添加网络链接等方式，将特定立场的内容散布到广泛的用户和支持这一话题的网络社群中[1]，引导选民作出相应的决策。在2017年法国总统选举中，由社交机器人发布话题标签#macronleaks，传播不利于马克龙（Emmanuel Macron）的邮件泄露信息，使网民围绕马克龙的阴谋论讨论喧嚣尘上。[2] 2020年美国总统大选期间，有数千个自动化的社交机器人账户发布了与选举有关的数百万条内容，其中大多内容涉及阴谋论和政治谣言。一项对社交机器人是否能够产生沉默的螺旋效果的研究结果表明，机器人的数量仅需要占特定议题讨论参与者的5%~10%就可以改变意见气候，而它们所传播的观点最终会占主导地位。[3]

社交机器人对舆论的影响也引起了国内学者的高度关注。张洪忠等人对政治机器人在政治选举、社会动员、政治干扰等方面的舆论干预功能进行了探讨，发现政治机器人在打造虚拟意见领袖、建立与民众稳固的社交关系、投放针对性的信息和引导舆论讨论等方面作用明显。[4] 总体而言，学界对社交机器人的角色和功能多持质疑态度，认为它是“舆论操纵的机器”，将破坏现有的舆论生态，扭曲政治传播过程。随着人工智能技术的不断发展，社交机器人将可能摆脱工具角色，成为具有一定自主思维能力的有限人格主体，“社交机器人将越来越人性化，当人类十分自然地将‘他们’视为身边的社会行动者时，‘他们’仅仅是服务于人类的社会行动者，还是调节人类社会关系的行动者，或是能够成为其他更

1 Howard P N, Kollanyi B . Bots, #StrongerIn, and #Brexit: Computational Propaganda during the UK-EU Referendum［J］. Social Science Electronic Publishing, 2016.

2 Downing J, Ahmed W . #MacronLeaks as a "warning shot" for European democracies: challenges to election blackouts presented by social media and election meddling during the 2017 French presidential election［J］. French Politics, 2019, 17（3）:257-278.

3 Cheng C, Luo Y, Yu C . Dynamic mechanism of social bots interfering with public opinion in network［J］. Physica A: Statistical Mechanics and its Applications, 2020, 551.

4 张洪忠，段泽宁，杨慧芸 . 政治机器人在社交媒体空间的舆论干预分析［J］. 新闻界，2019（9）：17-25.

多充满想象意味的社会行动者，这都需要我们更加审慎地思考。”[1]

（二）舆论结构的分众化与圈层化

社交媒体时代舆论结构的圈层化特征愈发明显，使得广场式的“众声喧哗”逐渐演变为“圈子内的窃窃私语”，陷入了麦克卢汉所说的“重新部落化”过程。圈层概念最早可追溯到费孝通研究中国乡村社会关系结构时提出的“差序格局”现象，后兴起于城市地理规划研究，曹传新等人将城市地域、交通、产业等地理要素视为不同圈层，从圈层“一个核心、四周扩散”的特征出发，探讨了城市在圈层化状态下的整合发展问题。[2]随着互联网的普及，这一概念被引入有关网络空间的研究，指代网络社区的社群聚集现象。[3]

关于舆论结构圈层化的弊端，国内学者认为：圈层内的“抱团取暖、内外有别”引发了不同圈层间的摩擦、对抗与竞争，导致圈层间沟通的困境，而稳定在相似价值观、立场与态度“同温层”中的“心理共同体”也给公共对话的顺畅进行，社会协同、社会共识的形成设置了巨大障碍。[4]在这一格局下，任何一种跨圈层的传播行为都存在着巨大的圈层间阻力[5]，圈层的“硬壳”抵挡着不同意见的输入，导致偏见和价值冲突。[6]因此，如何利用横向关联实现圈层间的互动、沟通和认同，便成为这一社会形态下最为重要的社会治理与协调的实践逻辑。[7]

舆论的圈层化对舆论学研究带来了极大的挑战：一方面，圈层传播的动机非常复杂，远非传统亚文化理论的解构、反抗、狂欢、规训、收编、资本控制等理论工具所能解释，其背后可能与“沉默的螺旋”、“信息茧房”、政治效能感或政治冷漠等因素相关；另一方面，由于圈层传播的私密性，研究者想要获得大数据样本将会非常困难，还会遭遇来自隐私保护伦理与法规的挑战，未来的舆论研究应把握不同圈层的话语特征、情感符号、行为逻辑以及圈内秩序、层级关系、

1　申琦，王璐瑜．当“机器人”成为社会行动者：人机交互关系中的刻板印象［J］．新闻与传播研究，2021，28（2）：37-52，127.

2　曹传新，徐效坡，修春亮，等．哈尔滨都市地域圈层化支撑系统及其调控［J］．现代城市研究，2004（3）：61-64.

3　李永刚．互联网上的公共舆论及其生成机制［J］．文化纵横，2010（5）：82-85.

4　彭兰．网络社会的层级化：现实阶层与虚拟层级的交织［J］．现代传播（中国传媒大学学报），2020，42（3）：9-15.

5　周怡靓．圈层壁垒下“二次元”政治传播的失灵与调适［J］．青年记者，2020（24）：26-27.

6　喻国明．重拾信任：后疫情时代传播治理的难点、构建与关键［J］．新闻界，2020（5）：13-18，43.

7　喻国明．“破圈”：未来社会发展中至为关键的重大命题［J］．新闻与写作，2021（6）：1.

沟通仪式、社会网络关系等，“既要从整体性的大众舆论转向分众舆论，做文化族群式（如知识分子社群、底层民众、黑客、小粉红等）的圈层舆论研究，也要从显性舆论走向隐性舆论，关注被主流研究议程有意无意遮蔽的部分”[1]。

（三）表达方式的隐蔽化与隐喻化

互联网激活了公众的参与热情，为自由表达提供了技术便利，使舆论的呈现方式更加多样化：除了公开发表言论外，网络空间的文字、图片、表情包、视频等文本形式，以及搜索、浏览、关注、点赞、转发等行为方式，都可以纳入舆论研究的范畴。此外，在算法推荐技术的作用下，公众的注意力时长也变成了“舆论热度”的重要指标，使舆论学的测量方式发生了根本变化。传统舆论学以民意调查为主的研究方法将逐渐让位于大数据统计分析以及智能监测技术。

除了表达方式的隐蔽化外，新媒体时代的舆论具有隐喻化特点。如使用多模态手段将图像、漫画、流行语、表情包、短视频、米姆等进行二次创作、改编与重组，实现对意义的建构和争夺，形成一种图像舆论。“这种文字变异、图片拼接、混剪、另类修辞、隐喻等写作方式被广泛运用于敏感语境下，是舆论表达的另类方式”[2]，且各种“头脑难以想象”与“文字无法言喻”的情景都能够通过图像这种特殊的形式加以表达，图像舆论的奥妙在于能否通过图像“刺点”激活公众的“集体记忆”，完成“意义定格”，其“刺点”往往指向强者的凶残和弱者的伤痕或官员的奢侈穿戴、出格言行及夸张表情。这种“展示政治”（politics of display）通过在舆论面前展示当事人的正当权利与所遭遇的“不正当对待”倒逼当权者矫正其不当行为。[3]然而，过度的视觉展演可能沦为能指的狂欢而造成意义的缺失，参与者如若只信奉狂欢即抵抗原则，一方面作为弱者的武器形成舆论倒逼态势，获得了矫正权力的契机；另一方面也容易走向另类与过度诠释，弱化公共讨论的严肃性。这是未来舆论学研究在图像转向中需要反思的重要问题。

（四）议题的泛道德化与流动性过剩

作为社会监督力量，舆论关涉公共权力与公共道德，因而天然具有公共属性。

1 曹小杰．网络语境下舆论研究的反思与路径［M］// 张志安，等．新媒体与舆论：十二个关键问题．北京：中国传媒大学出版社，2016：115.

2 曲飞帆，杜骏飞．复杂系统论：中国网络舆论研究的范式转向［J］．南京社会科学，2017（11）：107-114.

3 李世敏，吴理财．展示政治：理解政治的一种新视角［J］．上海行政学院学报，2016，17（2）：85-92.

但出于对抽象舆论观带来的多数暴政的警惕，学界长期回避对舆论的公共性价值研究。公共性缺失导致了“娱乐至死”的局面。流量为王时代，自媒体塑造了娱乐化、功能化、感官化的传播环境，娱乐明星的私人事务长期霸占舆论头条或热搜榜，蚕食了对严肃、紧迫、重大的公共议题的讨论空间。而以受众需求为导向的传播模式又使得有限的公共议题讨论容易走向立场优先的泛道德化与泛政治化，如各种“门”事件以及从普通维权事件中引申出来的“阴谋论”、对事件的标签化与污名化解读等，“这种本来没有公共意义的私人事件或私人物品，因为被公共媒体广泛炒作而获得了可见性，进入公共场合并成为所谓的公共事件”[1]。公共议题的泛娱乐化炒作不仅遮蔽了事情的真相，对公共问题的理性讨论无益，还可能引发社会道德恐慌，导致舆论的流动性过剩。

流动性过剩指一定社会语境下，舆论表达过度活跃，溢出社会正常的可承受限度，致使舆论表达过剩，导致系统超载，存在风险之忧。[2]就当前的舆论态势来看，一旦涉及官、富、警、星等群体，舆论的燃点极低，容易引发情感动员和群体狂欢效应，弱传播效应非常明显。弱传播理论认为，舆论世界是一个弱传播世界，与强传播的现实世界相反，弱传播的舆论世界遵循弱者占优势的定律，即现实世界中的弱势群体在舆论世界中会变成强势群体，因为现实世界中的“强者毕竟是少数，弱者最大的优势或唯一优势就是人数”[3]。由此在弱传播中奉行情胜于理、避重就轻、主次颠倒的传播策略：舆论世界奉行情感传播，公众并不关心事件的真假，而只关心道德的对错和情感的共鸣[4]；痛、惊、怒、恨四种情感对舆论的引爆起到最为关键的作用[5]；“痛苦”是弱势群体进入公共空间的“媒介”和政治参与的重要管道，“同情”会推动相关议题的公共讨论[6]，“愤怒”则是公共情感失范的表征[7]；舆论总是关乎“轻”的道德议题，避开技术、知识、理性等“重”

1 陶东风．“艳照门”事件显示公共领域和私人领域的双重危机［J］．花城，2008（3）：199-201.

2 张涛甫，王智丽．中国舆论治理的三维框架［J］．现代传播（中国传媒大学学报），2016，38（9）：32-36.

3 邹振东．弱传播［M］．北京：国家行政学院出版社，2018：29.

4 杨国斌．悲情与戏谑：网络事件中的情感动员［J］．传播与社会学刊，2009（9）：39-66.

5 丁晓蔚，夏雨禾，高淑萍．突发事件中的微博舆论动员及对策研究——基于大数据分析的实证研究［J］．中国地质大学学报（社会科学版），2016，16（6）：114-126.

6 袁光锋．感受他人的“痛苦”：“底层”痛苦、公共表达与“同情”的政治［J］．传播与社会学刊，2017（40）：203-236.

7 成伯清．从同情到尊敬——中国政治文化与公共情感的变迁［J］．探索与争鸣，2011（9）：46-50.

的门槛。即便是一件较为复杂的公共事件，公众总是能在刻板意见、集体记忆、政策沉淀等因素作用下，迅速提炼出强与弱二元对立的道德话语情境。这将促使舆论学研究从过去的信息、内容视角转向关系和情感视角，悲情叙事、情感动员、情绪传播、关系认同等议题将是重点关注对象。

二、我国舆论学研究的现状及反思

当前，舆论学作为一门显学，无论是学术研究还是产业发展都呈欣欣向荣之势，但新媒体颠覆了传统舆论学的知识体系，凸显出“范式危机”。为了对我国舆论学研究的总体现状有一个直观认识，本书绘制了 2001—2021 年舆论学研究的发文量图表，以“舆论”“舆情”“民意”为关键词，在 CNKI 共检索出文献 116433 篇，学位论文 21922 篇；从年度对比看，2016 年最为突出，计 9905 篇，但文章发表的总体层次并不高，其中 CSSCI 期刊论文只有 16500 篇，占比 14.17%（检索时间为 2021 年 10 月 30 日）。（图 0.1）

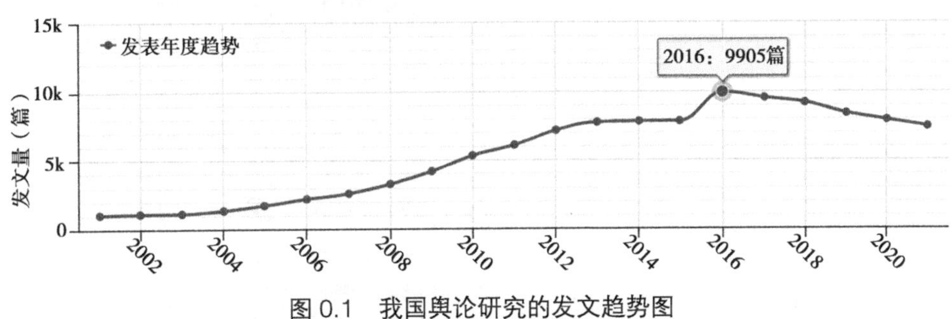

图 0.1　我国舆论研究的发文趋势图

在研究主题上，排在前五的议题依次是网络舆情、网络舆论、新媒体、舆论引导、新闻舆论工作，多数研究服务于政府危机管理。（图 0.2）

在学科领域方面，虽然舆论学研究涉及政治、传播、管理以及个人社会行为、社会关系等问题，具有跨学科属性[1]，但绝大多数研究来自新闻传播学，有部分研究来自政治与行政学，学科交叉性较弱，相关研究散见于各学科中，知识结构分散杂乱，不成体系。（图 0.3）

1　谢耘耕，万旋傲．关于中国舆论学知识体系建设和人才培养的思考［J］．新闻大学，2017（5）：8-13，145.

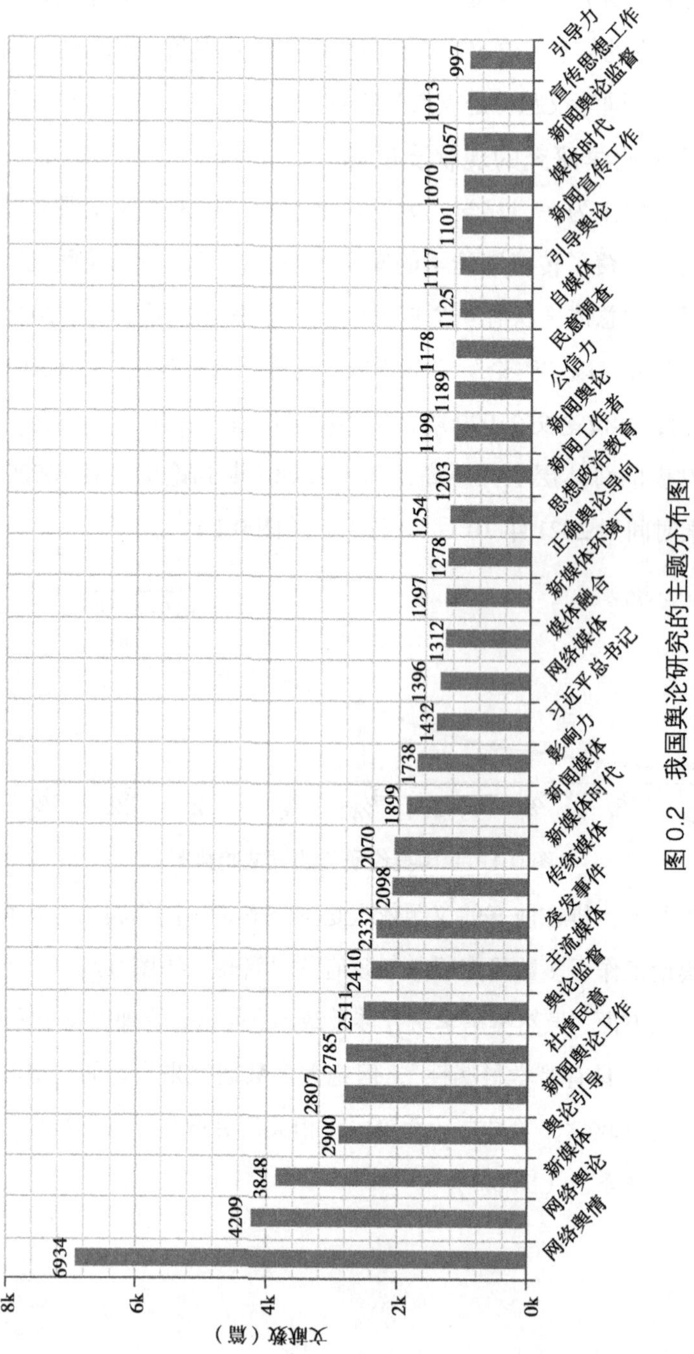

图 0.2　我国舆论研究的主题分布图

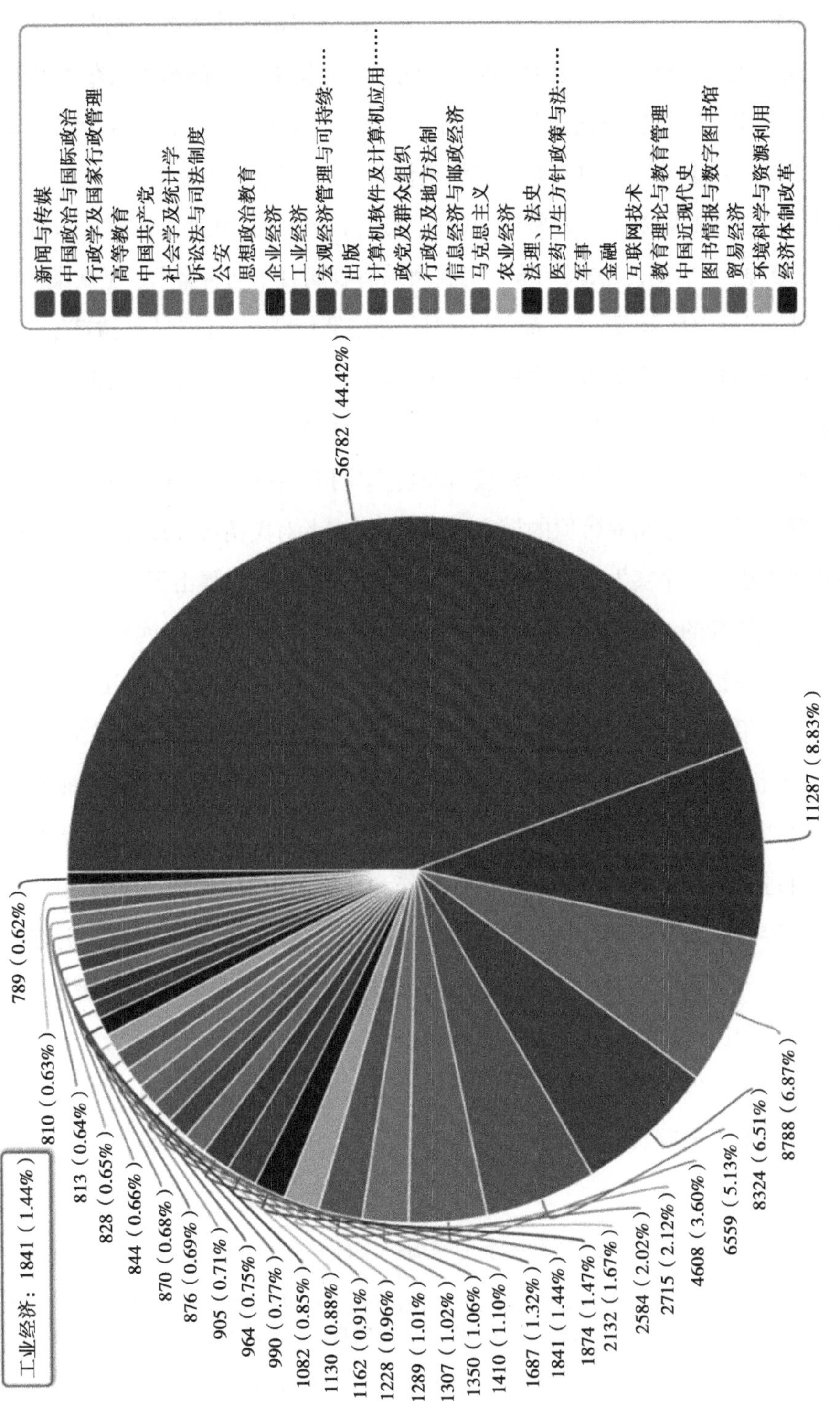

图 0.3　我国舆论学研究的学科分布图

研究对象主要针对具体的案例。如“8·12 天津港爆炸事故”的舆情研究就有 50 余篇，议题分布于次生舆情的演化规律、舆情引导中的政府公信力危机、舆情发展规律、舆情应对能力等。“药家鑫案”的舆情研究也有 10 余篇论文，议题分布于热点事件的法律应对、网络集体行动中的舆论生成及演化机制、舆论审判对突发事件的影响、公共舆论中的政治道德考量等。此外，还有“魏则西事件”“江歌案”“山东非法疫苗案”“温州乐清滴滴打车遇害案”“于欢案”“红黄蓝事件”“昆山反杀案”“上海‘12·31’外滩拥挤踩踏事件”“聂树斌案”“深圳山体滑坡事故”“东方沉船事件”等案例成为研究的热点选题。类似研究多材料堆砌和现象描述，还有部分研究过于细碎，得出的结论不具普遍价值。

也有部分研究借助大数据分析技术与仿真模拟，在舆情演化、情绪感染、集群行为等方面进行了富有价值的探索，提高了研究者对舆情传播规律的科学认识。如宗利永构建了一个突发事件网络舆情演变的多主体模型，得出了舆情演化呈“S”形曲线状态特征的结论。[1] 陈福集等学者引入 G 模型分析，认为网民的公共偏好影响着网络舆情演化的终极方向，且两者之间存在一定的规律性和可控性。[2] 李卫东等人采用复杂网络分析方法，构建了互联网中微博舆论传播的复杂拓扑结构模型，分析其结构特征和演化机制。[3] 北京航空航天大学许可团队通过抽取互动频繁的微博用户群体组成的社交网络，分析了 20 万新浪用户的 7000 万条微博历史数据并进行情绪分类（高兴、愤怒、悲伤和厌恶），发现愤怒的情绪相较于其他情绪更容易在微博传播，用户间的情感关联随着互动的增多而增强，拥有更多朋友的用户与所属社区的情感关联也更为显著，此发现有助于对社交网络中的情感传播和影响进行建模。[4]

近年来，国内学界也在积极探讨舆论学研究的一些热点与难点，对于学科的良性发展带来了积极效应：首先，关于对舆论的公共性价值的讨论。过去学界普

---

1 宗利永，顾宝炎．危机沟通环境中网络舆情演变的 Multi-Agent 建模研究［J］．情报科学，2010，28（9）：1414-1419，1425.

2 陈福集，李林斌．G（Galam）模型在网络舆情演化中的应用［J］．计算机应用，2011，31（12）：3411-3413.

3 李卫东，贺涛．微博舆论传播的复杂网络拓扑结构模型及其演化机制［J］．新闻与传播研究，2013，20（11）：16：90-105，127-128.

4 Fan R.，Zhao J.，Chen Y.，& Xu K. Anger is more influential than joy: Sentiment correlation in Weibo［J］. Plos one, 2014, 9（10）, e110184.

遍认为舆论作为公众意见是政府管理的对象，而非对话和协商的主体，但是若舆论仅限于公众意见的话，就不存在多个舆论场，更不应有官方舆论场这一矛盾的说法。舆论的公共性价值可以拓宽公众作为单一舆论主体的范围，将政府、媒体、意见领袖等都纳入舆论的多元主体之中，摒弃政府与舆论的二元对立关系，建构一种新的舆论引导范式。其次，针对网络舆论场的治理思维比较僵化、手段单一、体制不顺、协调困难等问题，有学者借助复杂世界理论、小世界理论、自组织理论、网络生态理论等对网络舆论场供给侧改革提出一些建议，如强调网络舆论作为一个复杂的非平衡的生态系统[1]，政府的治理应尊重它的内在规律及其与外部环境关系的复杂性，因为“舆论场是一个有机体，其内在的成分相互关联，无法分割，网络生态系统要尊重和估计多样性的共处和兼容”[2]。这表明网络舆论不光是一种政治民主化手段或官方采集民意的手段，而展现出顽强的自主性结构力量，这对于中国国家与社会关系调整，以及中国的政治发展都将起到积极的助益作用[3]，因此，一个有活力的网络舆论场并非一潭死水，而是有差异、有竞争、有对冲，同时还有交流、有互动、有协商，最后在动态中寻找到“最大公约数”，达成底线共识。再次，对舆论聚集、网络群体性事件等概念的梳理工作，对于厘清当前一些思想误区，打破治理惯性具有重要的现实意义。研究认为，当前网络舆论表达多被视为网络群体性事件，具有“原罪”色彩，提出的对策自然就是强化管控之类。有学者纠正了这一说法，认为当前冠以“网络群体性事件”之名的诸多网络公共事件本质上是一种舆论聚集现象，多数能起到正面的舆论监督作用，由此呈现出概念内涵的价值立场与所表述对象的事实不相吻合的问题，此研究尝试重塑现有的路径依赖，对于创新相关理论研究和推进中国的民主与法治建设，都具有重要意义。最后，舆论研究的情感转向、后真相等议题的讨论，打破了情感—理性二元论的困境，重新发现了情感在公共舆论中的积极意义[4]。有学者提出“情感融入性公共领域”“情感融入性协商民主”“情绪性理智”等概念[5]，或从认

1 喻国明. 中国社会舆情年度报告［M］. 北京：人民日报出版社，2010：4.

2 喻国明. 关于网络舆论场供给侧改革的几点思考——基于网络舆情生态的复杂性原理［J］. 新闻与写作，2016（5）：43-45.

3 荆学民，苏颖. 不同话语的身段与博弈［J］. 人民论坛，2013（13）：59-60.

4 杨国斌. 悲情与戏谑：网络事件中的情感动员［J］. 传播与社会学刊，2009（9）：39-66.

5 袁光锋. “情”为何物？——反思公共领域研究的理性主义范式［J］. 国际新闻界，2016，38（9）：104-118.

知心理学出发，将情感视为社会动员与社会整合的重要资源融入理性协商之中。

综上所述，尽管当前舆论学的相关成果数量庞大，研究主题、视域和方法都在不断更新，但总体而言，高水平论文较少；对个案的微观研究以具体问题为导向，忽略了对舆论的抽象层次的理论建构，"或停留在现象描述、举例说明的初级阶段，低水平重复；或思路不清，内容笼统，表述模糊，缺乏明确的问题意识与个人见解；或自说自话，缺乏真正意义上的学术对话，难以形成有效的学术积累；或忙个不停地提出应对策略，缺乏冷静而深入的学理探讨。尤其是其中的各种学理问题，更是盘根错节，头绪纷繁，难得要领"[1]。因此，基于网络空间的复杂性、生态性、开放性环境，我们亟需从概念、理论、话语、方法等入手，重新思考舆论学知识体系的转向与重构问题。

三、新时代舆论学研究的知识转型与方法创新

如上所述，新时代舆论的概念、核心要素、表现形式、测量手段均发生了重大变化，产生了诸多重要议题，需要我们在认识论、方法论、对策论、价值论等方面更新思维，实现知识转型与方法创新。

认识论方面：新时代舆论学研究应重新思考舆论的概念、核心要素、呈现方式、评价体系等，并整合情感社会、图像传播、媒介动员、情绪传播、协商民主、社会治理等理论，开展跨学科对话，重新审思公共性与公众性、情感与理性、情绪与真相、情绪与公共领域、情绪与协商民主、情绪与社会治理的复杂关系，并对互联网时代舆论学经典理论如沉默的螺旋理论、第三人效果理论、框架理论、媒介动员理论等开展批判性反思，力求结合本土语境进行创造性转化，在此基础上构建新型舆论学知识体系。

方法论方面：新时代，网络用户的情绪、态度、认知、行为模式都可借助大数据技术得到较为准确的测量，这可以优化舆论学的研究方法。其一，与传统的舆论呈现方式不同，新媒体时代的舆论多以阅读、转发、关注、搜索等方式出现。新舆论研究不能仅仅只关注媒介技术和媒介内容，还要善于从用户潜藏的行为中提取真实的民意。舆论测量方法应结合新媒体时代舆论的新特征进行多维度的测

1 董天策. 从网络集群行为到网络集体行动——网络群体性事件及相关研究的学理反思［J］. 新闻与传播研究，2016，23（2）：20：80-99，127-128.

量：包括在线表达与评论、多模态的视觉载体（如表情包、图像、视频等）以及其他隐性的数据行为（如搜索、点赞、阅读、转发、打赏等）。其二，图像传播时代，舆论的文本形态丰富多样，图像、视频、表情包、米姆等是舆论呈现的重要形式。但目前有关舆论的分析对象多为结构化文本数据，对多模态、非结构化静态和动态视听觉通道数据（图片、视频、表情包、音频）的研究还比较薄弱，对图片、视频、表情包、流行语等多模态文本进行编码和量化统计、分析舆论特征的研究更是凤毛麟角，具有较大的完善空间。其三，线上舆论与线下民意的建模关联。网络舆论不能代表全部民意，应借助大数据手段建立线上与线下的关联模型，如通过收集网络行为数字记录（譬如在微博等SNS网站上的用户行为数据）建构网络用户行为指标，与在线问卷调查数据（譬如社会心态中的社会认知多维度测量）进行线性或非线性建模关联，建构“问卷调查——SNS数字痕迹”关联预测模型，推导出更大范围的社会心态和舆论现状，实现测量手段和研究方法的创新。

对策论方面：在情感与理性、正面与负面、过程与结果、秩序与活力、管控与对话等方面找到动态平衡点，将协同联动理念、智能化理念和差异化思维应用于舆论引导实践中。协同联动强调多元主体基于利益共同体需要互相配合、相互协调、协同合作，是对传统科层制的纵向线性治理模式、辖区式治理思维的扬弃。差异化体现为不同的事件类型、不同的发展阶段、不同涉及人群，应有不同的舆论引导手段。智能化是将智能化技术融入舆论引导实践中，建立包括社交机器人、网民、政府、媒体、意见领袖与社会组织等在内的非对称多元主体协商制度，实现人机协同、人员协同、组织协同、平台协同、线上与线下协同的引导策略。

价值论方面：以情感沟通能力、互动协商能力、协同合作能力、内外联动能力为内核，建立情感融入、智能沟通、协同合作的新型舆论引导观。从历史经验上看，我国对舆论引导的研究经验总结多，但较少能上升到价值论高度：首先，要对“舆论引导观”的本质做出科学的界定与阐释，将舆论引导的科学认识、操作路径、方法举措、经验教训的探讨上升到价值论的高度加以研究。其次，对马克思主义经典作家有关舆论引导的论述加以系统梳理，丰富和深化马克思主义新闻观的内涵，形成舆论引导的理论指南。再次，对我党百余年新闻宣传、舆论引导的经验加以总结，为舆论引导工作提供历史镜鉴。最后，要对舆论引导实践中的一些方式方法进行理论反思，探讨其操作手法的规范性与科学性，从而为改进与创新舆论引导开辟道路。

总之，新媒体环境下舆论研究概念、内容、理论和方法正在发生着并将继续发生丰富的变化，研究舆论就好像去瞄准一个随时移动的靶子，有所收获的，必定是那些不断瞄准靶心的人。正如社会学家库利所言："公共舆论应该被视为一个有机的过程，而不仅仅是一种对一些问题普遍同意的状态。实际上它是一个复杂的成长过程，总是由过去延续而来，从来不会变得简单，而且其中只有一部分偶尔会与确定的行动统一起来。"[1]

1　查尔斯·霍顿·库利．社会过程［M］．洪小良，等译．北京：华夏出版社 2000：318.

第一章

舆论的定义及核心要素：解构与重构

舆论是什么？对于这个耳熟能详、司空见惯的词语的概念，人们却莫衷一是，众说纷纭，不同的情境给出的定义千差万别，有“乱花渐欲迷人眼”之势：意见说、态度说、需求说、信念说、行为说等观点针锋相对；公共性、公众性、情绪化、理性化等衡量标准各执一词；两个舆论场、多个舆论场、圈层化舆论场等各种新说层出不穷。诺依曼曾言，在20世纪60年代，舆论就至少已有60个定义，要求放弃对舆论下定义的呼声日强。舆论定义的纷繁复杂恰恰反映了其与社会错综关联以及随时代变化的特质。新媒体时代，舆论的内涵、表现形式和演化规律发生了重大的变化，需要我们用全新的视角进行思考。基于此，我们不妨另辟蹊径，通过对舆论核心要素的“解剖”，来重新理解舆论的定义和内涵。

关于舆论的基本要素，学界比较流行的观点是陈力丹提出的七要素论，即舆论的主体、客体、本体、数量、持续性、功能表现与质量[1]，各要素之间构成了一条较为严密的逻辑链。但上述七要素中，持续性与舆论概念的相关性并不强，功能表现则涉及舆论传播效果，属于另一层面的议题。因此，本书借鉴了七要素说的部分观点，将重点考察与舆论定义密切相关的五要素如主体、客体、本体、数量及质量，以此探究新媒体时代舆论的新面貌，在此基础上重新思考舆论的定义及内涵。

第一节　舆论的主体：单一与多元之争

从词源上追溯，“舆”在春秋末期就已出现，本指车厢，转意为车；舆和人连用转化为造车的人，称为“舆人”，后指与车有关的人，如车夫、管车男女、随车士卒等；舆人地位比较低下，“舆隶至贱”就是形象的说明。[2] 到汉代，出现了“舆人之颂”“舆人之议”“舆人之谤”“舆人之谋”等用法，表示公众的意见。儒家经学大师郑玄注释《周礼》、杜预注释《左传》时均认为“舆，众也”。

1　陈力丹 . 舆论学：舆论导向研究［M］. 北京：中国广播电视出版社，1999：11-25.

2　刘毅 . 网络舆情研究概论［M］. 天津：天津人民出版社，2007：2.

后世辞书多引用郑玄、杜预的注释，将舆论与众人之论等同，与当今的舆论概念有相近之处。

既然“舆”意指公众，舆论乃众人之论，那么其主体非公众莫属。但是，公众亦是一个很难界定的概念，普耐斯曾认为“要对如此广泛议题中产生如此不同的公众进行界定，对公共舆论来说是最严峻的挑战”[1]；伯内斯也认为“舆论”这个术语用来描述一种难以界定又反复多变的个人判断的聚合。[2]可见，如何对公众尤其是各类小群体进行精确划定和测量是充满挑战的，因为公众的范围永远随着议题的变化而变化。即便是公众内部也存在着复杂而混乱的概念谱系，如大众、群众、民众、受众、公众等等。到底谁才是舆论的主体，存有较大的争议。随着社交媒体时代来临，大数据分析和算法推荐技术使网络舆论的广场式讨论逐渐被社交媒体的圈层化传播所取代，原本互联网技术下的“去中心化”的、分散的原子式个体又经历着“再度中心化”历程，呈现出鲜明的圈层化传播特征。过去由官方媒体与互联网媒体形成的“两个舆论场”被分化为“圈层式舆论场”，广场式的众声喧哗逐渐被圈子内的窃窃私语所取代，舆论主体变得更加多元化，想要全面探寻公众言论并非易事。因此，延续着传统的大众舆论思维，并将一定时期内的舆论视为一元化、宏大的大舆论模式会显得格格不入，未来的舆论研究应该从大而全式的大众传播模式转向分众传播下的圈层舆论研究。[3]

除了公众内部的复杂结构，舆论主体之争的另一焦点体现为单一主体与多元主体之争。如果关注点仅仅是网络舆论中不同圈层之间的对话，那么本质上并未撼动公众作为单一主体地位的事实。但有学者将新闻机构、政府部门甚至公关公司也视为舆论主体之一，如新华通讯社原总编辑南振中提出了著名的“两个舆论场”概念，将官方与民间视为两个不同的舆论主体：一个是党报、国家电视台、国家通讯社等主流媒体舆论场，即官方舆论场，它忠实地宣传党和政府的方针政策，传播社会主义核心价值观；一个是依托于口口相传特别是互联网的民间舆论

1 Vincent Price. 传播概念 · Public Opinion［M］. 邵志择，译 . 上海：复旦大学出版社，2009：44.

2 爱德华 · L. 伯内斯 . 舆论的结晶［M］. 胡百精，董晨宇，译 . 北京：中国传媒大学出版社，2014：91.

3 曹小杰 . 网络语境下舆论研究的反思与路径［M］// 张志安，等 . 新媒体与舆论：十二个关键问题 . 北京：中国传媒大学出版社，2016：115.

场，公众议论时事，针砭社会，品评政府的公共管理。[1] 在此基础上，南振中指出舆论引导的关键是官方舆论场与民间舆论场的交叠共识，重叠度越大，舆论引导工作越容易开展，反之亦然。在"两个舆论场"观点的基础上，有学者将舆论场进一步划分为官方舆论场、媒体舆论场和民间舆论场[2]，以此来诠释舆论主体的多样性。

本书认为，无论是"两个舆论场"还是"三个舆论场"，都揭示了舆论主体多样性的事实，但如果从舆论的本义出发却出现了自相矛盾之处。既然舆论代表公众之论，官方舆论这个提法显然不符合现代语法规范。正如陈力丹所言："官方舆论场与民间舆论场违背了舆论的主体是公众的定义，只能说官方意见和公众舆论场，舆论是自然产生的，有组织的意见不是舆论。"[3] 在现实中，我们又能清晰地感知到主流舆论与民间舆论的话语差异性，似乎二者之间的对立是显而易见的，但放在"两个舆论场"的概念下又显得不够严谨。究其原因，是我们在理解舆论的概念时对其公众性与公共性的内涵把握不周，因为 Public Opinion 同时包含了公众性与公共性的内涵，但在现实中出现了明显的价值偏向，即它的公共性往往被忽视和遮蔽，导致我们在理解舆论时常将官方与民间视为一种管理与被管理的上下级关系，而非公共领域的对话、互动与协商的平等合作关系，不得不说这是一个遗憾。

随着人工智能技术的发展，社交机器人在公共舆论中的作用也越来越明显。社交机器人既可能充当"舆论操纵的机器"，也可能成为协商对话平台的搭建者、民意的智能分析与预测者；既能批量生产内容，也能自动化构建社交网络，促进特定内容的扩散，甚至还能有一定的情感诉求，成为有限人格的传播主体。可以预见，未来的社交机器人可能摆脱和超越工具性媒介功能的束缚，基于人机关系创造意义空间，使交流成为一种超越人类中心主义的观念，并将人类社会推向由多元化的智能传播主体所搭建的后人类技术图景，这将对未来的媒介生态和政治格局产生深远影响。

1 南振中．把密切联系群众作为改进新闻报道的着力点［J］．中国记者，2003（3）：6-10.

2 刘九洲，付金华．以媒体为支点的三个舆论场整合探讨［J］．新闻界，2007（1）：36-37.

3 陈力丹．准确估量舆论、舆情的数量和范围［J］．新闻界，2017（3）：15-17.

第二节 舆论的客体：公私边界模糊与泛公共化特征

陈力丹将舆论的客体归纳为现实社会以及各种社会现象、问题。宏观如社会的变动，微观如社会活动家的活动、新近发生的重大事件、流行的现象和观念、社会热点问题等[1]，此观点被学界广为接受。也有学者认为舆论的客体不应范围过宽，而应将私人领域和公共领域区分开来。通常来说，舆论关注的对象应集中在公共领域，私人领域的家庭琐事和闲言碎语应该排除在舆论范围之外。徐向红指出，舆论是公众对于“公共事务的解决抱有某种期望、建议或要求”，是公众舆论表达的利益诉求和思想倾向的行为体现。[2]他将公共事务形态划分为四种：社会事件、社会冲突、社会活动、社会运动。程世寿在《公共舆论学》一书中指出，公共性在舆论中至关重要，没有公共性，舆论就只是人们私下的议论，是一般的舆论。[3]

可见，舆论的客体究竟是专指公共事务还是泛指社会事务存在争议，其本质仍然是基于舆论的公共性与公众性价值偏向。如果将舆论置于公共性价值之下，舆论的客体应专指公共事务，不应包含私人群集时的闲言碎语。对此，哈贝马斯对公共语境曾有过严格界定，他认为公共性要求关注的对象必须事关公共利益或公共福利，同时还意味着针对公共权力的话语讨论性和批判性。因此，“公共领域说到底就是公共舆论领域，它和公共权力机关直接相抗衡”[4]。哈贝马斯的公共领域理论对舆论公共性价值的彰显引发了对其忽略舆论公众性价值的质疑声音，它们认为片面追求舆论的公共性价值不仅理想化，而且是一种精英化倾向，由于它非常强调理性，因而排斥了边缘群体或底层群体的参与，忽视了作为公众一部分的附属群体的贡献。[5]从民主政治的角度看，西方早期舆论研究的核心问题便是围绕政治选举展开的投票行为，选民心态是主要研究对象，选举人、选举纲领、选举态势等是舆论的主要客体，舆论成为政治合法性的来源，乃至20世

1 陈力丹．舆论学：舆论导向研究［M］．北京：中国广播电视出版社，1999：13.

2 徐向红．现代舆论学［M］．北京：中国国际广播出版社，1991：150.

3 徐向红．现代舆论学［M］．北京：中国国际广播出版社，1991：74.

4 哈贝马斯．公共领域的结构转型［M］．曹卫东，王晓珏，刘北城，等译．上海：学林出版社，1999：2.

5 Nancy Fraser.Rethinking the public sphere: a contribution to the critique of actually existing democracy［M］.in Habermas and the Public Sphere（Craig Calhoun, ed.）. Cambridge, MA: MIT Press，1992:109-142.

纪 30 年代，“公共舆论的一个重要转向是从原来把公共舆论看作是超个人的集体现象转变为更为个体化的观点，将公共舆论看作是某些特定人口中个人意见的聚集”[1]。由此，舆论的研究范围由政治选举延伸到公共政策和社会生活等领域，其研究视角逐渐从选举民主转向了协商民主、咨询民主和大众民主等，以弥补政治选举的周期性困境。美国学者詹姆斯·S. 费什金说道：“仅仅包含精英和意见领袖的民主最多是民享的民主，而非民治的民主，在此，我们应持续关注通过有代表性的、审慎协商的方式，将普通公民纳入决策的愿景。”[2]另一美国政治学家戴维·伊斯顿在从系统论的视角重新建构政治过程的研究中，揭示了舆论在政治传播中的重要作用。他认为政治系统的维持是公众、政府、环境输入、环境输出、反馈的循环往复的过程，其中舆论的作用在于提出要求和支持，以及对政治系统施压。所谓要求，是指意向的表达，其内容是特定事物的权威性分配是否应该由那些担当此责的人们做出。[3]它具有定向性，即系统成员向当局提出；明确性，即被清楚表达；既可能基于个人利益驱使，也可能为公共动机而做出。而输出表现为政府当局对舆论的反应，其类型则包括四种：权威性执行、权威性陈述、相关性执行、相关性陈述。[4]此后，便是舆论对政治系统输出的反馈，表现为支持、反对、抗争等，由此建构完整的以政治传播为核心的政府过程。

在社会生活领域，舆论表现为对热点问题或争议性事件是非善恶的道德性评价。这也不难理解，为什么在现实中，舆论热点事件时常伴随大众的道德评价和价值审判，这是因为舆论关乎道德议题，较少有技术、知识、理性等门槛，即便是一件较为复杂的公共事件，公众总是能在刻板意见、集体记忆、政策沉淀等因素作用下，迅速提炼出强与弱二元对立的情境，如官与民、富与穷、城管与小贩、男与女、教师与学生、医生与患者等。在叙事中，一般都强调受害者的无辜和他们所遭遇的不公，而作为对照，作恶者则常常被描述得凶恶无情，此类叙事所展现的是善与恶的典型对照。[5]当然，社会生活领域的公众舆论往往呈现出一边倒

1 Vincent Price. 传播概念 · Public Opinion［M］. 邵志择，译. 上海：复旦大学出版社，2009：58.
2 詹姆斯 · S. 费什金. 倾听民意：协商民主与公众咨询［M］. 孙涛，何建宇，译. 北京：中国社会科学出版社，2015：9.
3 戴维 · 伊斯顿. 政治生活的系统分析［M］. 王浦劬，译. 北京：华夏出版社，1999：43.
4 戴维 · 伊斯顿. 政治生活的系统分析［M］. 王浦劬，译. 北京：华夏出版社，1999：413-417.
5 杨国斌. 连线力：中国网民在行动［M］. 桂林：广西师范大学出版社，2013：36.

的局面，并形成强大的道德压力，使得作为少数的不同意见在沉默的螺旋效应作用下逐渐走向消亡。诺依曼解释道，舆论关注的话题大多涉及道德评价，因此它才可以影响多数立场摇摆不定者，但不能影响意见坚定者或利益相关者，而技术类、程序类话题由于不具备大众化的特点难以形成舆论。“必须检查，这个话题是否感性化，是否富有道德判断，没有价值判断负担就不会产生公共舆论的压力，也就没有沉默的螺旋。”[1]

随着传媒技术的发展，公共领域与私人领域的界限变得愈加模糊，对舆论客体的界定也带来一定的挑战。梅罗维茨认为，电视导致了性别的模糊、成人与儿童界限的模糊、权威与平民界限的模糊，出现了大量的中间混合领域(即“中区”)。而直至人人都能发声的社交媒体时代，技术带来了公共表达和媒介赋权，也同时带来了资本炒作与权力控制，导致了公共领域私人化与私人领域公共化的现象出现。前者指本应该引发公众关注的严肃的、重大的、紧迫的公共问题却在群体狂欢中被束之高阁。后者指传统属于私人领域或曰后台的私人事务，被炒作成公共话题，占用了大量的公共资源。“这种本来没有公共意义的私人事件或私人物品，因为被公共媒体广泛炒作而获得了可见性，进入公共场合并成为所谓的‘公共事件’。”[2]公共领域私人化与私人领域公共化的双重后果值得高度警惕。[3]

一言以蔽之，对于舆论客体的讨论，当前的相关研究仍然没有脱离公众性与公共性价值二元对立的思想窠臼，研究者要么将舆论客体延伸到社会生活中各个领域，忽视了其公共性价值；要么将关注对象仅限于公共事务领域，忽略了现实中公众的利益诉求和情感表达的多样性。本书认为，新媒体时代舆论客体“公”与“私”的界限较为模糊，呈现出泛公共化特征，其研究对象既涉及政治选举、公共政策，也包含对社会事件或社会现象的道德评价，它意味着一切可以引起公众讨论的事务或现象，只要其价值取向指向公共权力、公共政策或公共道德，都属于舆论范畴，这无疑延伸了舆论的研究空间，“对热点事件、知名人物、社会规范、价值观念和亚文化等的研究，均属于舆论客体的研究范畴”[4]。

1　伊丽莎白·诺尔-诺依曼.沉默的螺旋：舆论——我们的社会皮肤［M］.董璐，译.北京：北京大学出版社，2013：214.

2　陶东风.公共领域和私人领域的双重危机［J］.青年记者，2008（7）：57.

3　陶东风.公共领域和私人领域的双重危机［J］.青年记者，2008（7）：57.

4　李彪.新时代中国特色舆论学：演进脉络，核心问题与研究体系［J］.编辑之友，2021（9）：5-10.

第三节　舆论的本体：关注、表达与聚集

舆论的本体即舆论的呈现形式。从字面意思来理解，舆论的本体为公开表达的言论，因而不包括未公开表达的那部分言论。李良荣、喻国明等人将舆论本体视为公开表达的基本一致的意见或共同意见。[1]姜红将公众的评价性意见视为舆论本体。[2]随着研究的深入，有学者认为公众的情绪、态度等潜在因素也是舆论不可或缺的一部分，如李普曼笔下的舆论就是公众的情绪、信念、态度等构成的“图像”，是“他人脑海中的图像——关于自身、关于别人、关于他们的需求、意图和人际关系的图像，就是他们的舆论”[3]。

除了言论和情绪，行为也被视为一种特殊的舆论本体，如曾庆香认为舆论是以言语、情感、行为等方式表达出来的大体一致的信念和态度。[4]刘建明将舆论的传播行为划分为三种：口头语言的表达行为、肢体宣示行为和票决行为，并指出“舆论行为的研究，在舆论学著作中还很少见，因为学者们把舆论只视作意见而不把它看作行为，舆论主体有时采取肢体行为表达意见。因此，舆论绝不仅仅是意见”[5]。陈力丹则将舆论划分为显性舆论、潜在舆论与行为舆论，其中，潜在舆论包含没有公开表达的信念和知觉到但不易确切捕捉的公众情绪[6]；行为舆论主要以行动的方式表达，但通常夹杂着语言和文字的意见表达，它是舆论在精神领域实现改造社会的现实延伸，但在互联网上，话语抗争本身成为一种（舆论）行动。[7]

上述对舆论本体的多样化考察丰富了舆论的想象空间，但仍然有完善的空间。事实上，并非所有的行为都能构成舆论，也并非所有隐藏的情绪都和舆论有关系。公众隐藏的情绪、态度和信念，如果在被压制的情况下呈现出一种集体性的沉默姿态时，虽有可能会酿成舆论危机，但沉默本身并非舆论的表现方式，只有通过

1　李良荣，高冠钢，裘正义．宣传学导论［M］．福州：福建人民出版社，1989：41；喻国明，刘夏阳．中国民意研究［M］．北京：中国人民大学出版社，1993：277.

2　姜红．舆论如何是可能的？——读李普曼《公众舆论》笔记［J］．新闻记者，2006（2）：84-85.

3　沃尔特·李普曼．公众舆论［M］．阎克文，江红，译．上海：上海人民出版社，2006：21.

4　曾庆香．对“舆论”定义的商榷［J］．新闻与传播研究，2007（4）：47-50，96.

5　刘建明．舆论传播［M］．北京：清华大学出版社，2001：131.

6　陈力丹．舆论学：舆论导向研究［M］．北京：中国广播电视出版社，1999：90.

7　陈力丹，林羽丰．再论舆论的三种存在形态［J］．社会科学战线，2015（11）：174-179.

沉默的方式进行表达如静坐等，此时才是舆论的一种表现方式。因此，未公开表达的不应纳入舆论本体的范围。

此外，未被察觉到的潜在表达也不能纳入舆论范畴。在新媒体时代，基于新媒介技术的公众表达又发生了新的变化，大数据舆论研究逐渐兴起，公众的情绪、态度、认知与行为能够借助大数据分析得到更为准确的测量。根据麦康奈尔等人的统计，大约只有1%的网民会在网络表达观点，而剩下的99%都是“潜水者”。[1]但是网民的信息搜索、浏览、阅读、关注与转发等都可能构成一种舆论本体，算法推荐技术甚至可以对公众的注意力时长进行测量，将其变成结构化的数据。“而且与文本和影响数据相比，网络行为数据更加具有结构化特征，处理起来更为方便。”[2]

除了文字外，新媒体时代的图像传播特征极为显著。与文字传播相比，图像传播具有模糊性、隐晦性的特点，如何从这些非结构化的数据中提取出公众的态度倾向成为大数据时代舆论研究的一大挑战。尽管人类大脑更善于处理视觉材料，但“图像的转向”并不意味着图像传播对文字传播在数量上的压倒性优势，而是它将“话语集中在视觉事物”[3]上。当前学界对新媒体环境下的舆论研究多针对单一的、结构化的文本数据，忽略了多模态的、非结构化的视听数据（图片、视频、表情包、音频等）。因此，新媒体时代舆论的表达方式丰富多样，它可以是一段文字，也可以是一张图片、一个表情包、一段音频或视频，还可能是对话或者点赞、转发、搜索、聚集等行为，只要能被察觉到或被测量，都可纳入舆论研究范畴。

第四节　舆论的数量：应然与实然之争

舆论的数量即言论的一致性程度，“围绕一个舆论客体产生的各种意见，如果处于众说纷纭的境地，呈现几乎无限的多样性，那么便不存在关于这个客体的

1　Mcconnell B . The 1% Rule: Charting citizen participation［EB/OL］.（2006）.

2　沈菲，王天娇 . 大数据语境中的民意：研究路径与趋势［M］// 张志安，等 . 新媒体与舆论：十二个关键问题 . 北京：中国传媒大学出版社，2016：129.

3　韩丛耀 . 图像：一种后符号学的再发现［M］. 南京：南京大学出版社，2008：10.

舆论"[1]。当前学界对舆论数量的研究通常是设定临界值。如陈力丹借助运筹学计算结果，将主流舆论的临界值设定为黄金分割比例 0.618，剩余 0.382，以百分数计，如果在一定范围内有 38.2%（三分之一多）的人持某种一致意见，这种意见便在该范围内具有相当但尚不能影响全局的影响力；若有 61.8% 的人持某种一致意见，这种意见在该范围内将成为主导性舆论，从而产生决定性、全面的影响。[2] 与陈力丹相似，韩运荣也将舆论的临界值设定为总体的约三分之一强。刘建明研究发现，公众意见只要达到 25% 就会迎来影响力的大幅增长，因此他将 25% 作为主流舆论形成的临界值。[3] 陈雪奇通过实证研究分析了舆论形成的临界特征，认为舆论的形成最终还取决于临界数量的形成，参与人数累积增长至临界值时可能会产生临界数量，但主要取决于它是否满足各种临界特征所需的条件，即舆论扩散的临界值并非固定的，它在不同情境下有不同的影响要素。[4]

本书认为，通过设定固定的舆论临界值来考察舆论数量只适用于特定场景下的群体表达或票决统计，而不适合具有海量数据的网络空间。在网络中，一种观点的流行与扩散受到各种因素的影响，不同场景下的舆论临界值是不同的。无论媒介技术多么先进，在网络平台能够充分呈现的网络舆论只能是冰山一角，大量言论因为种种原因或沉默、或隐藏、或被屏蔽，成为一种潜在的舆论形态，因而无法获知舆论较为全面的样本。在现有的网络监测技术下，负面舆论的形成无需到达三分之一等临界值就已经进入监测范围，加上网络舆论的燃点较低，任何突发事件都可能成为引发负面舆论的导火索，尤其在涉及敏感身份（官员、富人、警察等）时，容易引发集体泄愤，甚至出现线上线下的联动。因此，舆论的呈现与测量其实是受各种因素制约和影响的，很难设定一个相对固定的临界值。此外，随着社交媒体中网络舆论结构的圈层化，微博、微信、知乎、豆瓣、B 站等社交平台上的言论常常处于半封闭的状态，要获取全面的舆论数据将遭遇隐私保护的壁垒。对此，曹小杰指出，相对宏大舆论而言，分众舆论或者小舆论更容易把握，除了可利用传统舆论研究方法以分层抽样的方式进行问卷调查外，这些隐形的、分众的舆论形态还可以通过至少三种相对客观的大数据分析方式获得：一是相关

1 陈力丹 . 舆论学：舆论导向研究［M］. 北京：中国广播电视出版社，1999：17.

2 陈力丹 . 准确估量舆论、舆情的数量和范围［J］. 新闻界，2016（21）：48-50.

3 刘建明 . 舆论传播［M］. 北京：清华大学出版社，2001：83.

4 陈雪奇 . 舆论形成的临界特征研究［J］. 西南民族大学学报（人文社会科学版），2018，39（12）：137-144.

后台数据库（对应沉默的舆论），二是网民变换着形式使得内容获得公开的部分数据（另类舆论），三是海外平台呈现出的相关部分数据（海外舆论）。[1]

新媒体时代的图像、漫画、流行语、表情包、短视频、米姆等网络表达日渐流行。“这种文字变异、图片拼接、混剪、另类修辞、隐喻等写作方式被广泛运用于敏感预语境下，成为意见和态度表达的常见方式，但目前很少有舆论研究关注这种非主流方式呈现的舆论形态。”[2] 传统的舆论将这些另类的表达方式排除在外，结果导致失去一个重要的窥察舆论的窗口，因为它也承载着公众的集体心态，是一种社会隐喻。“这些体裁在动员人类情感和道德感上特别有效，它们通过动员诸如同情、幽默感和欢笑等情感，促进运动的动员和传播。”[3] 以表情包为例，虽然它以娱乐为目的，以拼接、戏仿等为手段，对原材料进行解构与建构，表现出戏谑反讽的风格，但却能反映真实的舆论。[4]

总之，新媒体时代的网络舆论，其呈现方式隐蔽而多变，统计方式相应也发生了根本性转变。“除了网络空间意见表达这种直接载体外，互联网使用者的网上行为踪迹，包括搜索、点击、浏览、投票、测试等也是一种意见与观点的表达载体，从心理学角度来看，行为是价值、观点和意见的外显和表达。”[5] 在此情形下，通过设定固定临界值的做法来衡量舆论的数量，其可操作性不高，况且在现有的舆论环境下，负面舆论往往处于初发状态都可能被监测到，甚至被视为舆情危机。因此，舆论的数量感知并非遵循特定的临界值原则，而是呈现较大的灵活性与不确定性，“舆论的数量用参与讨论的主体的绝对数值进行比较衡量就可以了，不需要计较是否达到了总体的三分之一，只要网民感觉到这个事件的意见气候特征及观点结构就形成了舆论”[6]。但从理想状态看，为舆论设置特定的临界值，可为公共对话的形成提供契机，避免管控过度的后果。

1 曹小杰 . 网络语境下舆论研究的反思与路径［M］// 张志安，等 . 新媒体与舆论：十二个关键问题 . 北京：中国传媒大学出版社，2016：117.

2 曹小杰 . 网络语境下舆论研究的反思与路径［M］// 张志安，等 . 新媒体与舆论：十二个关键问题 . 北京：中国传媒大学出版社，2016：117.

3 杨国斌 . 连线力：中国网民在行动［M］. 桂林：广西师范大学出版社，2013：90.

4 杨嫚 . 网络表情包的亚文化风格构建：从自我表达到公共空间［J］. 西安交通大学学报（社会科学版），2017，37（5）：88-93.

5 沈菲，王天娇 . 大数据语境中的民意：研究路径与趋势［M］// 张志安，等 . 新媒体与舆论：十二个关键问题 . 北京：中国传媒大学出版社，2016：129.

6 李彪 . 新时代中国特色舆论学：演进脉络，核心问题与研究体系［J］. 编辑之友，2021（9）：5-10.

第五节 舆论的质量：理性与非理性之辨

舆论的质量即舆论表达的价值观、具体观念及情绪的理智程度[1]，理性与非理性乃衡量舆论质量的关键要素，但总体而言，学术界对舆论的理性化程度多持质疑态度，后真相、情感动员、网络民粹主义等话题讨论的背后正折射出舆论的困境，研究认为网络舆论存在情绪化、浅层化、民粹化、泛娱乐化、谣言泛滥、价值撕裂、群体极化等非理性因素，被形象概括为“成见在前、事实在后；情绪在前、客观在后；话语在前、真相在后；态度在前、认知在后”[2]，表现为“说话方式不文明礼貌、表达心态不太平和、表达过程不太冷静”等[3]。因而研究者主张加强政府对网络舆论进行理性化引导。

本书认为，舆论的质量可以用公共理性的程度来衡量。罗尔斯认为，“公共理性是一个民主国家的基本特征。它是公民的理性，是那些共享平等公民身份的人的理性。他们的理想目标是公共善，此乃政治正义观念对社会之基本制度结构的要求所在，也是这些制度所服务的目标和目的所在”[4]。因而公共理性：（1）是民主国家公民的理性、平等公民的公共理性；（2）其主题是公共性的善（利益），关涉到公共利益和公共政策以及公民权利的保护；（3）其本性和内容应是公共的。公共理性本质上为具有表达自由的公众设定了一些行为规范，作为表达公共理性的公共舆论并非大众随意发表的言论，而是在公共交往理性的基础上形成的一种公共话语，具有社会批判性。“公共性”既体现了现代社群中的民众为了生存而相互依存的事实，又体现了公民在相互合作的社会生活中所具备的活动力对“公共性”的领悟与把握的过程，同时也是公共文化氛围中民众心智不断健全、成熟的过程。[5]

除理性外，舆论质量还应包括舆论的真实性、广泛性、共识度等要素。真实

1 陈力丹 . 舆论学：舆论导向研究［M］. 北京：中国广播电视出版社，1999：22.

2 张华 .“后真相”时代的中国新闻业［J］. 新闻大学，2017（3）：28-33，61，147-148.

3 张志安，晏齐宏 . 个体情绪社会情感集体意志——网络舆论的非理性及其因素研究［J］. 新闻记者，2016（11）：16-22.

4 罗尔斯 . 政治自由主义［M］. 万俊人，译 . 南京：译林出版社，2000：226.

5 袁祖社 .“公共哲学”与当代中国的公共性社会实践［J］. 中国社会科学，2007（3）：153-160.

性体现为表达意愿的自主性，如果公众言论仅仅是为了迎合或屈从某种意志，或为了谋取特殊利益而进行的表演式、公关式、策划式表达，舆论的质量将会大打折扣。广泛性体现为各行业、阶层、地域、群体的自由开放的表达，而非仅仅是少数人振臂高挥、多数人沉默不语。共识度不等于言论的一致性，而是公共协商的结果，虽然一致化舆论容易形成强大的压力，促使受舆论高度关注的一些疑难问题和不公正现象得以及时解决。但如果聚焦的民间舆论总是和官方舆论产生割裂甚至对抗容易导致社会价值的撕裂，未必是网络民主发展的福音。

此外，强调公共理性的重要性并不意味着排除情感因素，更非将理性与情感对立。当前网络舆论虽然具有情绪化的特征，但不意味着处于非理性的状态。克罗斯认为，情感本身包含认知的成分，不能与理性对立起来，并提出了情绪性理智的概念，主张将情感融入理性商议中去。“情感的道德真实性往往能成为比哈贝马斯所说的现代市民社会的理性沟通方式更为强大的规范性力量，驱动着集体的政治参与。”[1] 只有深入理解公共舆论背后复杂的社会结构和权力关系，避免情感与理性二元对立的僵化思维，才能找到公众情绪疏导的正确方向。

第六节　重新审视舆论的定义

重新审视新媒体时代舆论的定义，我们发现，新媒体环境下舆论的核心要素呈现出主体多元性、客体泛公共性、本土多样性、数量多变性、质量多维性等特性。

从舆论的公共性价值来看，舆论的主体应是围绕某一议题参与公共讨论的特定群体或特定机构，它包括公众、政府、媒体、意见领袖、公关公司等多元主体。随着人工智能技术的进步，社交机器人有作为行为主体的“有限人格”特征，亦可以成为特殊的舆论主体，对未来的舆论生态将产生重大影响。

有关舆论的客体，应将公共性与公共性价值进行融合，并注重公共领域与私人领域转化问题。本书将舆论的客体限定在泛公共领域，它意味着一切可以引起

1　林郁沁．施剑翘复仇案：民国时期公众同情的兴起与影响［M］．陈湘静，译．南京：江苏人民出版社，2011：228.

公众讨论的事物，只要其价值取向指向公共权力、公共政策或公共道德，都可以引发舆论。

对于舆论的本体，尽管当前学界较为流行言论、情绪、行为三维结构说，但存在着一定的认知误区。新媒体时代舆论的表达方式丰富多样，只要能被察觉到或被测量，都可以纳入舆论范畴，没有被察觉到的行为不能纳入舆论范畴。

舆论的数量在网络时代其统计方式发生了根本性转变，借助大数据技术，公众的社会心态、集群行为、公共表达、社会态度与社会情绪、社会认知等，都可能得到更为准确的测量和呈现。浏览、关注、转发、点击、评论等方式将代替公开的言论表达，成为一种数据化的行为舆论。因此，对舆论数量以“一致化言论”进行框定或设定固定临界数值的做法，并不具有可取性，一句话，只要网民感觉到意见气候特征及观点一致化倾向，就形成了舆论。

基于此，本书尝试对舆论作如下定义：舆论指特定群体或特定机构围绕泛公共议题以各种方式开展的关注、表达与聚集活动，体现出情感倾向的一致性。[1]

1 原文发表于《南京社会科学》2021 年第 6 期，收录至本书时有删改。

第二章
舆论的公共性与公众性

在中文语境，public opinion 既可以翻译成舆论、舆情和民意，也可翻译成公共舆论或公众舆论，当前相关研究多关注舆论、舆情、民意的概念辨析，而疏于关照舆论的价值取向。本章尝试从思想史的视角来梳理舆论的两种核心价值取向——公共性与公众性——的产生和流变过程，以此重新审视当下学术界有关舆论研究的样态，推进我们对舆论价值的整体理解。

第一节　舆论的公共性价值：生成及内涵

普赖斯认为，舆论在成为自由与民主的术语之前，有两层含义：第一层含义是认识论层面的，它源于意见和事实的区分，或者说不确定的事和被认为是真的事实之间的区分，当与社会整体联系在一起时，还带有一定贬义，如平民舆论、大众舆论、粗俗舆论等；第二层含义与风俗、道德、习俗相当。[1]可见，舆论最早是作为一种与风俗、道德、名誉、偏见有关的道德规范而存在，后来学者们发现了它的社会控制和整合功能，赋予其公共属性，启蒙思想家卢梭最早将舆论（opinion）与公共（public）结合，创造了公共舆论（public opinion）一词，并一度流行，体现了一种抽象的、理性的、整体的、先验的公共利益观。概括而言，舆论的公共性价值主要体现在三个方面：道德层面的社会控制和整合、政治领域的合法性赋权以及公共领域的批判性话语。

一、道德规范和社会控制力量

在人类社会早期，人们的生活主要依赖公共道德和习俗来规范，舆论体现为民众的意愿、常识、判断和信仰等。罗伯特·路威认为："在初民社会里，虽无宪法、无牢狱、无天启之宗教，却能维持常态和平，唯一最大的原因便是舆论。"[2]恩格斯也指出："氏族制度是从那种没有任何内部对立的社会中生长出来的，而

1　Vincent Price. 传播概念 · Public Opinion［M］. 邵志择，译 . 上海：复旦大学出版社，2009：7.

2　程世寿 . 公共舆论学［M］. 武汉：华中科技大学出版社，2003：7.

且只适合于这种社会。除了舆论外，它没有任何强制手段。”[1] 随着原始氏族社会的瓦解和政治共同体的出现，舆论的内涵开始丰富起来。在古希腊，剧院表演、广场辩论、公共演说作为重要的舆论手段，是城邦民主的重要表现形式。在古罗马，“雕塑、绘画和内部宣传小册子”则成为舆论表现的新方法，opinion 也被理解为“Rumor，Vox Populi，res publicae”，意为谣言、人民的声音、公共事务。[2] 到了中世纪，印刷术的出现和发展使得大规模的文字传播和舆论宣传成为可能，舆论的政治影响力愈加广泛，成为宗教改革与社会变革的重要推手。

近代以降，舆论开始和民主、自由联姻，体现出公共性价值，其作为道德规范的力量仍受到思想家们的追捧，并被赋予新的内涵。洛克将舆论与名誉结合，他把人们判断行为的邪正所常依据的法律分为三种：一为神法（divine law），二为民法（civil law），三为舆论法（the law of opinion）。舆论判别的就是美德和恶行，而美德完全根据公众的评价来衡量。“这些称、讥、毁、誉，借着人类底秘密的同意，在各种人类社会中、种族中、团体中便建立起一种尺度来，使人们按照当地的判断、格言和风尚，来毁誉各种行动。”[3] 卢梭认为舆论具有道德立法功能，是社会成员不自觉的道德状态和潜在的社会权威。“一切法律之中最重要的一种既不是铭刻在大理石上，也不是铭刻在铜表上，而是铭刻在公民的内心里。它每天都在获得新的力量；当其他的法律衰老或消亡的时候，它可以复活那些法律或代替那些法律，它可以保持一个民族的创制精神，而且可以不知不觉地以习惯的力量代替权威的力量。我说的就是风俗、习惯，尤其是舆论。”[4]

然而，法国大革命的腥风血雨将舆论的负面性暴露无遗。贡斯当认为法国大革命的罪恶在于没能区分“古代人的自由”与“现代人的自由”，如果过于追求抽象的政治自由而忽视个人自由，结果成为集体生活的巨人和私人生活的侏儒，导致无限的罪恶。[5] 柏克认为：“社会不仅仅要求个人的情感应该受到控制，而且即使在群众和团体之中以及在个人中间，人民的意愿也应该经常受到抵制，他

---

1 马克思，恩格斯．马克思恩格斯全集：第 21 卷［M］．北京：人民出版社，1995：192.

2 爱德华·L. 伯内斯．舆论的结晶［M］．胡百精，董晨宇，等译．北京：中国传媒大学出版社，2013：33.

3 洛克．人类理解论［M］．关文运，译．北京：商务印书馆，1983：329-330.

4 卢梭．社会契约论［M］．何兆武，译．北京：商务印书馆，2003：70.

5 邦雅曼·贡斯当．古代人的自由与现代人的自由 贡斯当政治论文选［M］．阎克文，刘满，译．北京：商务印书馆，1999：56.

们的意志应该受到控制，他们的情感应该加以驯服。”[1]密尔敏锐地察觉到，在一个政府权力已经受到限制的国家，对自由的威胁不再来自政府，而是来自社会上多数人对异见者的不宽容，因此，“我所拒绝承认的却正是人民运用这种压力的权力，运用这个权力本身就是不合法的，迎合公众的意见来使用它比违反公众的意见来使用它，是同样有害，或者是更加有害”[2]。托克维尔则明确提出舆论具有“多数暴政”的危险：“昔日的君主只靠物质力量进行压制；而今天的民主共和国则靠精神力量进行压制，连人们的意志它都想征服。”[3]在民主、平等观念获得了一定的地位时，多数人只认为自己站在真理的高度，对异见者进行残酷打击，“多数只认为自己对，而其他皆非。最后，他们便完全陷入狭隘而又封闭的自私之中”[4]。

直至20世纪，受自然科学和行为主义研究的影响，人们才从舆论的“道德泥潭”中走出，转向以民意测验、民意调查、访谈等形式的定量研究，不再关注舆论是“正义”抑或是“邪恶”，而是站在中立的立场将舆论当作一种客观存在的力量。20世纪70年代，德国思想家诺依曼通过实证法提出了“沉默的螺旋”理论。诺依曼认为，舆论的形成既不是非理性的体现，也不是深思熟虑的结果，而是在人的社会性本质作用下的自然过程，它与自由、民主、包容无关。“当一个社会通过针对偏离的个体施以孤立的威胁，以保护人们普遍信仰的价值观时，我们也不应该草率地将这个社会评判为缺乏包容的、不自由的。”[5]因此，舆论是社会皮肤，它发挥着强大的社会整合功能。“一个社会的存在何以可能，只有通过羞耻感，只有通过个体的孤立恐惧，只有通过公共舆论。”[6]

二、政治合法性来源

在近代，舆论的道德功能亦渗透到了资产阶级的政治理论和制度设计中，启蒙思想家们创立的自然权利学说和主权在民思想，重新思考了国家与人民的关系和政府权力的合法性来源问题。舆论从此与主权、人民、合法性等概念交织在一起，

1　柏克．法国革命论［M］．何兆武，许振洲，彭刚，译．北京：商务印书馆，1998：79.
2　约翰·斯图尔特·密尔．论自由［M］．许宝骙，译．北京：商务印书馆，1959：17.
3　托克维尔．论美国的民主［M］．董果良，译．北京：商务印书馆，2004：294.
4　托克维尔．论美国的民主［M］．董果良，译．北京：商务印书馆，2004：264.
5　伊丽莎白·诺尔－诺依曼．沉默的螺旋：舆论——我们的社会皮肤［M］．北京：北京大学出版社，2013：189.
6　伊丽莎白·诺尔－诺依曼．沉默的螺旋：舆论——我们的社会皮肤［M］．北京：北京大学出版社，2013：247.

获得了前所未有的地位。如洛克所言："政府的统治必须基于人民的同意，除非基于他们的同意和基于他们所授予的权威，没有人能够享有对社会制定法律的权力。"[1]如大卫·休谟所论："舆论是政府的唯一基础，这一格言对于最专制的、最军事化的政府，以及最自由、最受欢迎的政府，同样适用。"[2]1791年，法国议员贝伽斯(Bergasse)也宣称："只有通过公众舆论，你们才能获得扬善的能力，你们知道，在公众舆论面前，所有的权威都变得哑口无言，所有的偏见都消失殆尽，所有的特殊利益都将被清除。"[3]

卢梭在《社会契约论》中第一次揭示了舆论的"公共性"价值，卢梭将其称为"公意"。"公意"是指人们最初自由结为共同体时的协议、约定、公共意愿，是"普遍的意志"和"有机结合的意志"，因此，"公意"是理性的、公正的和永远正确的，而且永远以公共利益为依托[4]，它不能被分割、不能被代表，应由人民直接行使。众意着眼于私人利益，是个别意志的总和，如果人民充分地了解情况，且没有任何勾结，"除掉这些个别意志间正负抵消的部分，剩下的总和仍是公意。"[5]但如果形成了派别和利益集团的时候，公意便不复存在，为了消除众意带来的负面影响，卢梭主张禁止结社，消灭国家以下的利益集团。"为了很好地表达公意，最重要的就是国家之内不能有派系存在，并且每个公民只是表达自己的意见，如果有了派系存在，就必须增殖他们的数目并防止它们之间的不平等。"[6]由于"公意"概念过于抽象，无法证明其来源，以及如何计算、如何制约等问题，卢梭不得不求助于抽象的立法者。然而，这种乌托邦理想一旦堕入世俗社会，可能导致立法者操纵"公意"，钳制舆论，从而"从道德理想的制高点，走向观念形态的封闭结局"[7]。法国大革命就是鲜活的例子，这也导致卢梭的"公意"思想受到了后人的猛烈抨击。柏克曾反思："法国大革命所建立的政治体制以自由为名禁锢自由，以民主之名行专制之实，是'形而上学指导下的革命'的

1　洛克.政府论（下）[M].叶启芳，瞿菊农，译，北京：商务印书馆，1995：83.

2　Hume D .Essays: Moral，Political and Literary [J].Worlds Classics，1963：29.

3　转引自哈贝马斯.公共领域的结构转型[M].曹卫东，王晓珏，刘北城，等译.上海：学林出版社，1999：117.

4　卢梭.社会契约论[M].北京：商务印书馆，2003：35.

5　卢梭.社会契约论[M].北京：商务印书馆，2003：35.

6　同5，35-36.

7　朱学勤.道德理想国的覆灭：从卢梭到罗伯斯庇尔.[M].2版.上海：上海三联书店，2003：94.

必然结果，这种追求纯粹的、完美的民主制其实是世界上最无耻的东西，因为它是无耻的，所以它也是肆无忌惮的。”[1]

三、公共领域内的批判力量

如上所述，卢梭将舆论视为“道德共识”的产物，是抽象的公共意愿和普遍意志，哈贝马斯则认为舆论是“辩论共识”的产物，必须借具体的公共领域平台来实现。哈贝马斯这样界定公共领域的地域范围和社会影响力：“公共领域最初是指 17 世纪欧洲涌现的公民在公众场合（例如咖啡馆、沙龙）中对共同感兴趣的公共事务的讨论空间，具有政治功能的公共领域首先是在 18 世纪初的英国出现的，有些社会势力为了影响政府当局的决策，求助于具有批判意识的公众，以使自己的要求得到这个新论坛的认可。”[2] 在此基础上，哈贝马斯提出：“公共领域指一个由私人集合而成的公众的领域；但私人随即就要求这一受上层控制的公共领域反对公共权力机关自身，以便就基本上已经属于私人，但仍然具有公共性质的商品交换和社会劳动领域中的一般交换规则等问题同公共权力机关展开讨论，这种公开批判性的确是史无前例的。”[3]

哈贝马斯描述的公共领域是 17 世纪中叶的英国，彼时正值西方资产阶级启蒙运动时期，各大城市出现了数量繁多的公共讨论空间，对自由民主思想的传播起到了积极作用。据统计，到 18 世纪初，伦敦已有 3000 多家咖啡馆，每一家都有固定的常客圈子，很多民主先锋、名人经常光顾，如哈灵顿的共和概念显然是在里面陈述出来的。[4] 有许多思想家开始使用这些形式来讨论政治现象而非一般的社会问题，因此，公共领域经常和一些词语联系在一起，如公共意志、公共精神、公共德行等。[5] 在公共性原则指导下，公共领域并不是泛指任何公开的群聚场合，公共舆论也并不包含私人群集时的闲言碎语，而是专指对公共议题的批判性话语。阿伦特曾把“公共”（public）一词理解为“在公共领域中展现的任何东西都可以为人所见、所闻，具有可能最广泛的公共性”[6]。弗雷泽（Fraser）认为公共性

1 柏克．法国革命论［M］．何兆武，许振洲，彭刚，译．北京：商务印书馆，1998：125.
2 哈贝马斯．公共领域的结构转型［M］．曹卫东，王晓珏，刘北城，等译．上海：学林出版社，1999：68.
3 同 2，32.
4 哈贝马斯．公共领域的结构转型［M］．曹卫东，王晓珏，刘北城，等译．上海：学林出版社，1999：38.
5 Mona O．“Public Opinion” at the End of the Old Regime［J］．The Journal of Modern History, 1988: 1-21.
6 阿伦特．人的条件［M］．竺乾威，等译．上海：上海人民出版社，1999：38.

具有如下四个含义：与国家有关的、所有人都可以进入、与所有人有关的、与共同的善或者共享利益有关。[1]基于前人的论述，哈贝马斯对“公共”语境进行了梳理，他认为，公共性具有以下特性：首先，公共性意味着平等和开放；其次，参与者必须以理性为支配，实现公共协商的“无偏倚性”；再次，公共性要求关注的对象必须事关公共利益和福祉：“私人在公共领域所讨论的问题一定是公共问题。似乎只要人们在公共领域共同讨论问题，那么其中讨论的问题就必定是人们之间共同感兴趣的问题，就必定是公共问题。在这里，哈贝马斯把公共性和商谈逻辑地联系起来了”[2]；最后，公共性还意味着针对公共权力的话语讨论性和批判性，“有些时候，公共领域说到底就是公众舆论领域，它和公共权力机关直接相抗衡”[3]。

哈贝马斯式的“公共领域”也引发了争议，由于它非常强调理性，排斥了边缘群体或底层群体的参与，忽视附属群体的贡献，“这些群体理性商议的能力总是较弱的”[4]，因而被质疑精英主义气质浓厚。但是，我们应该看到哈贝马斯提出的公共领域概念所依附的时代背景：在中世纪的文献中，贵族气派与公共基本等同，公共关注意味着为贵族利益服务，它必须免于政治权力和市场的干扰。“市场规律和国家法律一道被悬搁起来。虽说不是有了咖啡馆、沙龙和社交聚会，公众观念一定会产生；但有了它们，公众观念才能称其为观念，进而成为客观要求。”[5]因此，哈贝马斯式的“公共领域”使舆论不仅获得了主体数量上的优势，更与公共精神、公共理性、公共领域联系在了一起，使得“公共舆论超越个人意见，反映一种抽象的公共利益，而不是仅仅调和个人利益，这种观念一直影响20世纪有关公共舆论的思考”[6]。

1 Nancy Fraser.Rethinking the public sphere: a contribution to the critique of actually existing democracy［M］.in Habermas and the Public Sphere（Craig Calhoun,ed.）.Cambridge，MA： MIT Press.1992: 56-80.

2 王晓升．“公共领域”概念辨析［J］．吉林大学社会科学学报，2011，51（4）：9.

3 哈贝马斯．公共领域的结构转型［M］．曹卫东，王晓珏，刘北城，等译．上海：学林出版社，1999：2.

4 同1，109-142.

5 哈贝马斯．公共领域的结构转型［M］．曹卫东，王晓珏，刘北城，等译．上海：学林出版社，1999：41.

6 Bernard B . Democratic Theory and Public Opinion［J］.Public Opinion Quarterly, 1952（3）:313-330.

第二节　从公共舆论到公众舆论：权利本位向利益本位的转向

如果说近代舆论的公共性主要体现了17、18世纪理性主义者（启蒙思想家）的价值诉求。那么，随着资产阶级获取政权后引发的社会结构分化，促使了资产阶级自由主义理论的内部修正，一个核心特征就是以天赋人权为核心的自然权利观向以个人利益为核心的功利主义观转变，这在一定程度上意味着自由主义的激进革命话语逐渐冷却，从最初主张的权利本位的政治自由扩散到利益本位的社会经济领域的自由。如莫斯卡所言："在资产阶级革命后，革命的话语和学说普遍遭到冷落，要么被修改得面目全非，要么被张冠李戴，许多主张自由和平等的思想在18世纪提出，19世纪得到完善和运用，而在20世纪则变得可有可无，并且被大量修改。"[1]

在功利主义的指导下，舆论的价值由公共本位转向公众本位，即从强调公共理性而排斥边缘群体的公共舆论，转向了强调多元主体和反映公共利益的公众舆论。它具体表现在：政治价值方面，政治合法性的来源由抽象的个人权利转向"最大多数人的最大幸福"的实际利益；政治制度方面，既重申了代议民主的重要性，又强调以利益集团为代表的多元利益主体的参与、博弈和制衡。

一、功利主义民主的价值转向："最大多数人的最大幸福"

法国大革命后，以休谟、边沁、密尔为代表的功利主义思想家在世界观和方法论上对古典自由主义进行了批判和修正。休谟为功利主义思想的形成奠定了伦理学和认识论基础。他指责天赋人权、自然状态、社会契约、公意等观念混淆了事实与价值、应然与实然的区别，是一套虚无的唯理理论，具有乌托邦色彩。因为"正义并不是建立在理性基础上，而是建立在对自己利益和公共利益关切的情感中"[2]。托克维尔在考察美国民主时，频繁使用了"正确理解的利益"来解释美国人的政治价值观："'正确理解的利益'的原则是一切哲学学说中最符合当

1　加塔诺·莫斯卡．统治阶级［M］．贾鹤鹏，译．南京：译林出版社，2002：211.

2　休谟．人性论［M］．关文运，译．北京：商务印书馆，1980：536.

代人需要的理论。"[1]"在美国，人们几乎绝口不谈德行是美的，他们只相信德行是有用的。"[2]因为个人利益即使不是人的行为的唯一动力，至少也是现有的主要动力，因此，"'正确理解的利益'原则其实并不怎么高深，而是十分明确易懂，它不以达到伟大为主旨，而是要不费太大力气就能达到所追求的一切，由于它切合人的弱点，所以不难对人产生巨大影响"[3]。

随着自然科学和经验主义的兴起，以孔德、斯宾塞为代表的实证主义极大地影响了人们的思维方式和价值观，它揭示了这样一个真理："一切知识的取舍最后都要诉诸人的日常经验而不是诉诸人的理性或上帝，伦理道德的论证也不例外。"[4]在经济领域，以亚当·斯密为代表的古典经济学派主张经济自由，市场调节，反对政府干预，他以"利己导致利他"原则解释了国民财富增长的奥妙，他的功利主义精神表现在："一方面，他用经济学语言'国民财富最大化'解释了最大多数人的最大幸福这一功利主义的终极目标；另一方面，他说明了如何在自利的人性基础上达到功利主义目的，从而为经济学奠定了功利主义的伦理框架。"[5]

在政治领域，对功利主义进行系统化阐释并发扬光大的是边沁和密尔。边沁认为，"求乐避苦"乃是人之本性，它是人类一切行为的动因，政府的目的不是去实现抽象的价值，而是满足"最大多数人的最大幸福"的实际，这样，卢梭所不屑的以私利为导向的"众意"将粉墨登场，并成为指导政府立法的原则。边沁将人的幸福划分为四个目标：生存、富裕、安全与平等。其中快乐和痛苦是可以计算的，他将快乐分解为感官、财富、技艺、和睦、荣誉、权力、尊敬、想象、期望等，将痛苦分解为穷苦、感官、不和、羞耻等，并认为快乐与痛苦只有量的差别，没有质的区分，因此可以计算和通约，计算结果即为政府立法的指导原则。[6]密尔继承和发展了边沁的功利主义思想，他承认，"理想上最好的政府形式，是指这样一种政府形式，在它是实际可行和适当的情况下，它伴随有最大数量的有

1 托克维尔．论美国的民主［M］．董果良，译．北京：商务印书馆，2004：654.
2 托克维尔．论美国的民主［M］．董果良，译．北京：商务印书馆，2004：651.
3 托克维尔．论美国的民主［M］．董果良，译．北京：商务印书馆，2004：653.
4 约翰·穆勒．功利主义［M］．徐大建，译．上海：上海人民出版社，2008：5.
5 托克维尔．论美国的民主［M］．董果良，译．北京：商务印书馆，2004：7.
6 边沁．政府片论［M］．沈叔平，译．北京：商务印书馆，1995：155.1.

益后果”[1]。基于此，密尔认为代议制政府乃是“理性上最好的政府形式”，因为它符合最大多数人的最大幸福原则。与边沁不同的是，密尔认为幸福有质与量的区别：“做一个不满足的人比做一个不满足的猪好，做一个不满足的苏格拉底比做一个傻子好。”[2]功利主义的原则正是提倡“人生的最终目的，就是尽可能多地免除痛苦，并且在数量和质量上尽可能多地享有快乐，而其他一切值得欲求的事物，都与这个终极目的有关”[3]。

可见，功利主义从现实出发，使得道德的善与政治合法性不再是抽象和遥不可及的理念，而成为人们日常生活可感知、可计算、可控制的实践，这促使了舆论的价值取向由公共性向公众性的转向，舆论研究也从抽象的政治合法性转向具体的公共决策过程。如米纳（Minar）所言，功利主义民主模式的描述是公共舆论最显著的现代特征，它基本奠定了20世纪通过民意调查方法来考察并使公共舆论合法化的基础，这也使得20世纪的公共舆论的著作更清晰地反映了社会学、心理学的视野，而非政治学和哲学的关照。这种转向使得公共舆论进入了一些新的学术领域：集体行为与社会心理学、态度与意见研究、宣传研究、政治行为分析以及大众传播研究。[4]

二、功利主义民主的制度变革：集团政治与多元民主的博弈与制衡

在制度安排上，功利主义理论尤为强调代议政府的重要性，如密尔认为，卢梭主张的直接民主在形式上虽然更为纯粹，但现实中却并不可行，因为并非所有公民都具有参与政治的能力和兴趣，而且社会进步的程度和技术条件也不允许。“既然在面积和人口超过一个小市镇的社会里除公共事务的某些极次要的部分外所有人亲自参与公告该事务是不可能的，从而可以得出结论说，一个完善的政府理想类型一定是代议制政府了。”[5]但是，密尔也深刻地觉察到代议制政府存在智力平庸、阶级立法、多数人的暴政等危险，他主张通过加强官僚制、改革选举制度、完善议会内部的对抗职能等手段来克服。“代议制度应当组织得能够保持

1　J.S. 密尔 . 代议制政府［M］. 汪瑄，译 . 北京：商务印书馆，1982：43.
2　J.S. 密尔 . 代议制政府［M］. 汪瑄，译 . 北京：商务印书馆，1982：10.
3　约翰·穆勒 . 功利主义［M］. 徐大建，译 . 上海：上海人民出版社，2008：12.
4　Vincent Price. 传播概念：Public Opinion［M］. 上海：复旦大学出版社，2009：19.
5　J.S. 密尔 . 代议制政府［M］. 汪瑄，译 . 北京：商务印书馆，1982：55.

这一事态：它不应当容许任何一个地方利益强大到能够压倒真理和正义以及所有其他的地方利益的总和，永远应当在各种利益之间保持着这样一种平衡。”[1]

如果说密尔基于功利主义原则上，提出的利益对抗和平衡原则还限于议会内部的话，20 世纪以来，以戴维·杜鲁门、罗伯特·达尔为代表的学者先后提出了集团政治理论和多元民主理论，将公众的日常诉求通过利益集团的活动表现出来，成为代议民主制度的重要补充。1908 年，美国学者阿瑟·本特利首次提出了研究政府过程的集团理论，将政治过程解释为利益集团在政府内外相互作用的结果。1951 年，戴维·杜鲁门在其著作《政治过程——政治利益与公共舆论》中采用经验研究方法，发展了本特利的集团理论。“在集团政治的过程中，没有任何一个集团可以对公共舆论漠不关心。而且，公共舆论导致美国组织化利益集团的快速增长，同样也引起了人们对它的更大关注。这种关注在集团通过宣传活动来引导和控制舆论时反映出来。从这个意义上讲，公共舆论不是集体性的和理性的事务，而是由在某个问题上构成‘公众’的个人观点的集合。”[2]

杜鲁门的集团政治理论在学术界产生了广泛影响，使得 20 世纪 50 年代以来成为美国利益集团的黄金时代。[3] 20 世纪 60 年代，美国政治学家罗伯特·达尔在集团政治理论的基础上，提出了多元民主理论。达尔认为，各种协会、工会、教会、种族集团等基于共同价值观念和社会认同而形成的大量社会组织在政治中发挥着越来越重要的作用，它们逐渐成为公共舆论的制造者和主导者，成为公民与国家的中介和政治家与公民联系的纽带。因此，当今政治决策的主体既非普罗大众，也非仅限于政治家，而是多元主体之间博弈互动的过程。他将现代西方民主称为“多元主义”民主，这种民主形式既可满足多元化的利益需求，又可实现权力制衡。“精英的讨价还价必须在民主制度和民主过程所确定的限度内进行，尽管在人民的控制力方面存在着种种局限，但民主国家的政治精英毕竟不是完全不受控制的专制君主，政治和官僚精英在达成决议的过程中，彼此也会存在相互的影响和制约，精英的讨价还价有它自己的一套相互制衡的制度。”[4] 如此，现

1 J.S. 密尔 . 代议制政府［M］. 汪瑄，译 . 北京：商务印书馆，1982：100.

2 戴维·杜鲁门 . 政治过程：政治利益与公共舆论［M］. 陈尧，译 . 天津：天津人民出版社，2005：283.

3 戴维·杜鲁门 . 政治过程：政治利益与公共舆论［M］. 陈尧，译 . 天津：天津人民出版社，2005：8.

4 罗伯特·达尔 . 论民主［M］. 李柏光，林猛，译 . 北京：商务印书馆，1999：123.

代社会的公共舆论应该是多重利益主体（公众舆论）讨价还价的过程，从而实现对民意的稀释和对政治权力的制约。“如果说多头政体更彻底地民主化了，多数将会治理得更有效；因为政策将表达多数的偏好和利益将会得到很好地实现。”[1]

第三节　舆论公共性、公众性价值的失衡与复兴

如上所述，19 世纪末以来，舆论的公共性价值被功利主义所修正后，其研究视角也逐渐从公共性转向了公众性。同时，受实证主义和行为主义科学的影响，舆论的研究视角从原来超个人的集体现象转变为更加个体化，将公共舆论看作某些特定人口中的个人意见的聚集。[2]从此，舆论研究的重心转向社会心理学，“一个突出的表现就是 20 世纪的公共舆论学著作更清晰地反映了社会心理学的视野而非政治学和社会学的关照”[3]。这一转向某种程度上导致了舆论研究变成了碎片化的民意调查，其公共性正在丧失，拉扎斯菲尔德甚至质疑这一转向偏离了既定方向，代价非常昂贵：“公共舆论的社会心理学概念抹杀了一切关键的社会学因素和政治学因素，而这一代价太过昂贵，因为公共舆论与政治统治是密切相关的，从政治角度来说，公众舆论只能存在于权力机关和特定关系之中。”[4]

一旦舆论的研究视角从集体转向个体，公众的非理性行为就会被揭露得淋漓尽致，公众变成一群不堪的人，是“乌合之众”（勒庞）、“无知的聋哑公众”（李普曼）和“轻信、冲动、偏执、反叛的大众”（奥尔加特），不足以成为民主的支撑力量。勒庞认为理性、道德的个人一旦加入某个群体，就会变得非理性和非道德。“智力大大地降低，可能变成愚蠢、偏执、专横、人云亦云的野蛮人。”[5]熊彼特亦指出，“典型公民一旦进入政治领域，他的精神状态就跌落到较低水平，成为政治上的原始人”[6]，不单是政治领域会造就乌合之众，“那些报纸的读者、

1　罗伯特·A. 达尔 . 多元主义民主的困境：自治与控制［M］. 周军华，译 . 长春：吉林人民出版社，2006：71.
2　Childs H L, Clark C D .An Introduction to Public Opinion［J］.American Journal of Sociology, 1940：28.
3　Vincent Price. 传播概念 · Public Opinion［M］. 邵志择，译 . 上海：复旦大学出版社，2009：19.
4　哈贝马斯 . 公共领域的结构转型［M］. 曹卫东，王晓珏，刘北城，等译 . 上海：学林出版社，1999：289.
5　古斯塔夫·勒庞 . 乌合之众：大众心理研究［M］. 冯克利，译 . 北京：中央编译出版社，2005：35.
6　约瑟夫·熊彼特 . 资本主义、社会主义与民主［M］. 吴良健，译 . 北京：商务印书馆，1999：386.

广播的听众、一个党的党员也非常容易发展为心理学上的人群，形成疯狂状态，在这种状态下，试图进行理性争论只会煽起兽性”[1]。正因为如此，熊彼特解构了传统的民主观，将民主视为“选择统治者”的阶段性游戏，“民主”由“人民的统治”变成了“人民选择统治者”，“人民”降低为“选民”，“民主”变成了“选主”。因此，“人民实际上从未统治过，但他们总是能被定义弄得像在进行统治”[2]。李普曼认为公众纯粹是个幻影，是个抽象的概念，将民主依托在公众舆论上是不可靠的，因为“普通公众无法获得足够的信息，也没有持续的兴趣，没有党派观念，没有创造力，也没有执行力”[3]。当公众舆论试图直接参政的时候，它无法摆脱失败或暴政的宿命，它无法理智地掌控或处理问题，唯一的方式就是整体冲突。[4]因此，“与其将政府描绘成人民意愿的代言人，不如说它由一些被选举的或被指派的公务人员组成，专门处理各种问题，尤其是公众舆论持续呼求的问题”[5]。

随着大众媒体的兴起，以往聚集于沙龙、咖啡馆、论坛等公共空间展开的讨论、交谈、协商逐渐延伸到媒体，舆论的作用方式也发生了根本改变，在某种意义上，舆论即是媒体公开报道的消息，公共领域等同于传媒公共领域。“媒介系统有时近似于或者至少可以模拟着代表性的公共领域。”[6]然而，大众媒体并不会天然平衡公众利益和公共利益的关系，反而容易偏离既定目标，导致了公共性与公众性的双重缺失，被形象地比喻为“挣脱铁的枷锁，掉进银的枷锁”：首先，在市场化作用下，新闻变成了消费品，而逐渐丧失了客观性、公正性，被称为“新闻政治的幻象”，沦为“企业盈利压力、政治谎言和公众低级趣味共同作用下的难以理解的混乱的产物”[7]。其次，媒体自身既可能被寡头企业控制，又可以通过议程设置、“把关人”角色等手段控制公众。美国记者怀特甚至将大众传播的议程设置能力描述为“一种在别的国家只有暴君、牧师、政党以及官僚才拥有的

1 约瑟夫·熊彼特．资本主义、社会主义与民主［M］．吴良健，译．北京：商务印书馆，1999：208.

2 约瑟夫·熊彼特．资本主义、社会主义与民主［M］．吴良健，译．北京：商务印书馆，1999：366.

3 沃尔特·李普曼．幻影公众［M］．林牧茵，译．上海：复旦大学出版社，2013：42.

4 沃尔特·李普曼．幻影公众［M］．林牧茵，译．上海：复旦大学出版社，2013：46.

5 沃尔特·李普曼．幻影公众［M］．林牧茵，译．上海：复旦大学出版社，2013：47.

6 罗伯特·A.海科特，威廉姆·K.凯偌尔．媒介重构：公共传播的民主化运动［M］．李异平，李波，译．广州：暨南大学出版社，2011：3.

7 W.兰斯·班尼特．新闻：政治的幻象［M］．杨晓红，王家全，译．北京：当代中国出版社，2005：12.

权威”[1]。李普曼因此认为公众舆论不是客观真实的，而是大众媒体营造的虚幻图景和操纵公众偏见的结果，这样，公众舆论是媒体作用下的“同意的生产”，而非“同意的产生”。再次，媒体导致了公民的政治参与水平和政治效能感下降，陷入“独打保龄球”[2]的困境，拉扎斯菲尔德和默顿曾提醒道：要提防广播新闻的麻醉作用，它只是提供了对社会问题做出肤浅关注的产品导致大众在政治上变得冷漠而迟钝。[3]最后，传媒公共领域面临被再度“封建化”（精英化）的后果：“具有批判意识的公众交往范围已经瓦解；曾经从中产生的公众舆论，一部分解体为公众的、私人的非正式意见，另一部分则汇聚成公共权力机关的正式意见。”[4]这种结果下，传媒公共领域的代表性和公共性遭到质疑，被视为媒介的民主赤字，“媒介不仅不能为公民接近有关公民信息（这里是民主氧气）提供常设渠道，甚至也无法帮助建立一个民主的公共领域”[5]。

可见，无论是功利主义下的大众民主，还是传媒公共领域的媒介民主，都面临着“公共性”与“公众性”缺失的双重危机。20世纪70年代以来，在全球范围内产生了一系列新型民主形式，旨在复兴舆论的公共性与公众性价值。协商民主的理论认为，现代社会已经告别传统的同质化而走向了异质多元，多元社会面临的最大危险就是分裂和对立。乔治·M.瓦拉德兹指出：“协商民主能够有效回应文化间对话和多元文化社会认知的某些核心问题，它尤其强调对于公共利益的责任、促进政治话语的相互理解、辨别所有政治意愿，以及支持那些重视所有人需求与利益的具有集体约束力的政策。”[6]同时，作为政治过程，协商民主也重视公众的个人利益表达，它承认多元社会的多元利益冲突、分歧，尝试通过理性协商的方式使得个人利益偏好转向公共利益。美国政治哲学家罗尔斯在协商民主的基础上提出了“交叠共识”（也被翻译为“重叠共识”）的概念。他认为，现代社会面临的最大挑战是如何在多元交叠的利益诉求中保持最低限度的共性，

1 White T H .The making of the President［M］.New York: Atheneum Publishers, 1972: 327.

2 罗伯特·D.普特南.独自打保龄球：美国下降的社会资本［M］// 李惠斌，杨雪冬.社会资本与社会发展.北京：社会科学文献出版社，2000：171.

3 Lazarsfeld P F, Merton R K .Mass Communication, Popular Taste，and Organized Social Action［M］. 1948: 105.

4 哈贝马斯.公共领域的结构转型［M］.曹卫东，王晓珏，刘北城，等译.上海：学林出版社，1999：294.

5 Winter, J. , Democracy' Oxygen: How Corporations Control the News［M］. Monteal: Black Rose, 1997: 573.

6 乔治·M.瓦拉德兹，何莉.协商民主［J］.马克思主义与现实，2004（3）：35-43.

而对这种“共同性”的承认就是“交叠共识”，私人利益的多元容易造成社会价值的分裂，而传统卢梭式抽象的公意又容易导致极权专制。因此，“交叠共识”不失为一种理想模式，它既承认了个人利益追求的合理性，又强调最低限度的共识，能够成为社会规范和社会团结的基础，某种程度上可以实现舆论的公共性与公众性的融合。“在秩序良好的社会里，政治正义观念是一种被我们称为理性的交叠共识来加以确认。”[1]

卡尔·曼海姆曾言：“词义的变化与每一概念的多种含义，反映在多种含义的细微差别包含了相互对抗的生活方式的对立”[2]，舆论价值取向的流变也代表着两种对立的生活方式。从西方思想史进程来看，舆论从原初的道德规范延伸到社会控制和社会整合力量，关乎社会的是非善恶标准。随着自由民主制度的确立，公共舆论成为衡量政治统治合法性水平的标尺，成为公共理性支配下的批判性话语实践，功利主义民主修正了公共性的抽象价值，承认了公众利益的合理性及必要性，把舆论视作多股公众利益博弈制衡的过程。20 世纪 70 年代以来兴起的旨在平衡公共性与公众性价值的民主运动，提出了协商对话和交叠共识的理念。可见，理想状态的舆论应同时包含公共性与公众性价值，只有将公共性与公众性价值有机结合才是理解舆论的正确方式。

第四节 “公共性”价值的回归与启示

国内学术界对于 public opinion 的使用，很大程度上源于李普曼 1922 年所著的 *Public Opinion* 被翻译和引入，但是也出现了不同的版本，如林珊（1989，华夏出版社）翻译的书名为《舆论学》，阎克文（2002）翻译的书名为《公众舆论》。遗憾的是，我国学术界对于 public opinion 的翻译，不管是何种译法，都把其中最重要的要素“公共性”给遗漏了，究其原因：一方面可能是因为在新闻传播学的著作中，研究“公共”价值的文献很少，就算具有奠基地位的李普曼所著的

1 罗尔斯 . 作为公平的正义——正义新论［M］. 姚大志，译 . 上海：上海三联书店，2002：55.
2 卡尔·曼海姆 . 意识形态与乌托邦［M］. 黎鸣，李书崇，译 . 北京：商务印书馆，2000：84.

Public Opinion，其书中内容更多是在讲新闻与真相、新闻与民主的关系，与公共舆论关系并不大，倒是其另一本著作《幻影公众》中对舆论特性有较多精彩的描述，但是此书与《公众舆论》相比，无论是在知名度还是影响力方面，都不可同日而语。另一方面，国内研究舆论学的代表性学者如陈力丹、刘建明等认为 public opinion 可以直接翻译成舆论，无需在舆论前面加上公众一词作为前缀，否则会有语义重复、画蛇添足之嫌，这样把“公众”一词省略的同时，自然也把“公共性”给“屏蔽”了。如陈力丹认为“舆”即公众，“论”即意见。公众舆论、公共舆论、社会舆论等说法，同义反复。[1] 刘建明认为：“把舆论翻译成公众意见实在和说‘人是动物’一样，纯属文字游戏。”[2] 这种翻译将“公众”省略的同时，自然也将“公共性”“遮蔽”了。

2003 年，华中科技大学程世寿教授出版了《公共舆论学》一书，该书是国内新闻传播学领域唯一一本冠以“公共”前缀的舆论学教材，作者将公共舆论界定为“社会公众以社会公共事务为主题，在社会与国家之间这个广大空间——公共领域内进行意见的自由交流而形成的舆论，因此公共性是它的重要特性”[3]。并指出：“public 一词的出现具有特殊的历史和社会背景，因此，中文翻译中不能随意忽略公共性，公共性在公共舆论中至关重要，没有公共性，舆论就只是人们私下的议论，是一般的舆论。”

程世寿的呼吁并没有在学术界引起太多反响，国内有关舆论学的研究仍是以管理主义取向为主导，侧重于公共性价值的研究的文献并不多见，这可以从论文发表的情况得到证实，通过中国知网论文检索：标题冠以“舆论”“舆情”一词的文章可谓是汗牛充栋，但研究内容多为危机管理模式，频率出现最多的词组是“舆论热点”“舆情规律”与“舆情引导”，极少有文章提及“公共性”。

对舆论“公共性”特征的忽略直接带来了“舆论”概念的混乱，也导致了研究范围的模糊。本书通过梳理和总结 public opinion 在西方思想史的发展流变过程，证明了舆论的“公共性”特征一直是其核心价值，这对于我国舆论概念的本土化

1　陈力丹 . 关于舆论的基本理念［J］. 新闻大学，2012（5）：6-11，21.
2　刘建明 . 基础舆论学［M］. 北京：中国人民大学出版社，1988：9-10.
3　程世寿 . 公共舆论学［M］. 武汉：华中科技大学出版社，2003：74.

和重构具有启示意义："公共性"意味着公共舆论关乎公共利益和公共福祉、关乎对社会道德的是非对错判断、关乎对公共政策的协商式参与过程。同时，"公共性"也意味着舆论主体的多元化，包括政府、公众、社会团体、大众媒介和意见领袖等多元主体的动态过程，政府与公众并不是舆论的相互对立面，而是协商对话的主体，舆论治理应从危机管理模式走向协商对话模式，舆论应是政府、公众、社会团体、大众媒介和意见领袖等多元主体的良性互动过程的产物，这既可以避免把舆论的内涵无限放大，又可以摒弃把政府与公众对立起来的僵化思维。[1]

1　本章原文发表于《新闻与传播研究》2016 年第 12 期，收录至本书时有删改。

第三章
公共舆论的情感与理性

公共舆论中的情感与理性是近年来学术界关注的热点议题，但现有研究多将“情绪”视为非理性病症，缺乏将情绪视为社会资源的想象力。2016年底，《牛津词典》将“后真相”评为英语世界年度热词，意指“客观事实在形成舆论方面影响较小，而诉诸情感和个人信仰会产生更大影响”的情形。“后真相”概念亦被界定为我国当前社交媒体时代的某种社会病症和社会文化异化现状，这一新颖时髦的词语似乎非常契合研究者们分析某些重大突发事件中情绪传播的理论诉求。然而，理解“后真相”的关键点不能仅仅局限于情感与事实孰轻孰重，而应将情感与理性的关系置于历史长河中，并对不同的政治生态下情感的功能进行比较分析，对其合理定位，才能把握其实质。

本章以“后真相”现象引发的争议作为切入口，借助情感社会学“理性的胡闹”“情感补偿”“情感动员”“聚合的奇迹”等概念，指出西方民主选举中的公共舆论不是“理性选民”深思熟虑的结果，反而充满了偏见、无知和情绪化。但同时，选民情绪并不一定是民主政治的对立面，它发挥着一些不易觉察的功能，不能简单把某一时刻中的情绪迸发现象简单归结为民粹主义的抬头、社交媒体的助推或者新闻业的沦陷等。中国公共舆论中的情绪化表达虽然具有“后真相”时代的某些表征，但与西方的逻辑有所不同，情感是一种道德能量和社会资源，它既反映了特定历史条件下的道德和价值冲突，又是特定政治机会结构权衡下理性选择的结果。我们需要抛弃把情感与理性相对立的二元思维，转而在情感与理性中寻找一种动态平衡，进而实现情感与理性的共融机制。

第一节　西方民主选举中选民的情感与偏见

西方民主主要围绕政治选举而展开，能否获得公共舆论的支持是其成败的关键，“选举与其说是人民的统治，不如说是舆论的统治”[1]。班尼特（Bannett）和恩特曼（Entman）曾在2001年提出“政治中介化”（Mediated Politics）的概

1　乔·萨托利.民主新论［M］.冯克利，阎克文，译.上海：东方出版社，1993：98.

念。所谓政治中介化，是指政治已经丧失其自主性，开始依赖大众媒介的中心功能，并持续被大众媒介所形塑的现象，“中介的政治传播已成为当今民主中政治与公共生活的中心”。在未来学家阿尔文·托夫勒（Alvin Toffler）的眼里，大众媒体和代议民主通通被纳入为工业化时代理性化产物，他把工业时代特征概括为:标准化、专业化、同步化、集中化、集权化，并认为“这些相互联系的原则，组成了工业化文明的法则，统筹安排了千百万人的行动，影响着人类生活的各个方面”[1]。因此，理性、客观、中立、程序化、规范化等价值被认为是好民主、好新闻的根本保证，这就不难理解，为什么每次民主选举，公众会如此看重各大机构所提供的数据分析，事实上，新闻机构以及专门从事调查分析的学术机构，所从事的数据收集和分析都是严格按照教科书式的方式来进行的，在一定程度上说，他们获得的数据没有弄虚作假，是真实有效的。[2]

20世纪70年代，曼瑟尔·奥尔森（Mancur Olson）等人借助“成本—效益”分析方法，开启了民主政治的理性分析范式。以詹姆斯·布坎南（James Buchanan）为代表的公共选择理论学者，把经济学中的经济人（或理性人）假设移植到政治领域，将经济市场上的交易分析扩展到政治投票领域，他们认为政治过程和经济过程一样，其基础是交易动机、交易行为，政治的本质是利益的交换，提出了诸多颇具影响的理论如“俱乐部理论”“用脚投票”“公地悲剧”等，从而实现了理性法则的广泛覆盖：从政治领域的官僚制到经济领域的企业管理模式，从大众媒体的新闻专业主义到社会领域的公共领域再到政治选举中的“理性选民”。

尽管“理性选民”的假设作为民主选举中投票心理研究的重要前提，取得了丰硕的研究成果，但在实际政治运作中，情感却从来都没有退出过历史舞台，甚至很多时候还占据了支配地位。如果我们回顾20世纪美国总统竞选的历史就会发现，候选人使用夸张、戏谑、诋毁的情感策略其实一直都存在。[3]从1924年无线电广播技术被第一次运用于总统选举到1932年罗斯福总统借助无线电波展开

1 阿尔温·托夫勒.第三次浪潮［M］.朱志焱，潘琪，张焱，译.北京：生活·读书·新知三联书店，1983：7.

2 蓝江.后真相时代意味着客观性的终结吗［J］.探索与争鸣，2017（4）：10-13.

3 林宏宇.白宫的诱惑：美国总统选举政治研究（1952—2004）［M］.天津：天津人民出版社，2006：137.

的“炉边谈话”，从1952年电视第一次介入大选到1960年电视辩论首次成为竞选的宣传手段，情感对总统选举的影响力越来越大，历届总统或通过声音广播来感染公众情绪（富兰克林·罗斯福），或通过电视屏幕来塑造平易近人和淳朴谦逊的形象（德怀特·艾森豪威尔），或在电视辩论中展露政治智慧和个人风采（约翰·肯尼迪）。此后，候选人的仪态形象、言谈举止成为获得选民好感的重要因素。电视媒体对选举结果的影响表明，政治选举已经进入媒介化时代，诉诸竞选纲领的政治选举逐步让位于候选人的媒体形象展示，在这种背景下，“政治选举与其说是政治纲领的获胜，不如说是个人魅力的获胜，与其说是政治议题造就了选举，不如说是外在形象造就了选举。与其说是双方在治国方策上争高下，不如说在风度形象上比高低”[1]。美国前总统肯尼迪的白宫助理索伦森曾抱怨道：“对于具有舞台效果的竞选来说，智力与经验并不比候选人的发型、牙齿、微笑等更为重要。今天，新闻媒体很少报道候选人就他们的纲领正在说什么，他们宁愿报道一场赛马比赛：哪匹马跑在前面，哪匹马最有体力，哪匹马是瘸腿的，哪匹马最吸引人去赚大钱。”[2]在2008年美国大选中，被视为“互联网总统”的奥巴马在竞选中把互联网的优势发挥得淋漓尽致，被认为开创了一个新的选举时代：他是首位将募捐渠道转至互联网的总统候选人，同时也是首位成功利用网络募捐的候选人，在竞选中，奥巴马通过网络打造了颇为可爱的形象，他的一个支持者制作了一段名为“不同的选举”（Vote-different）的视频。该视频以奥维尔小说《1984》为背景，暗喻竞争对手希拉里上台将成为小说里独裁的“老大哥”，这段74秒的视频，获得了上千万的点击量，拥护者的捐款从四面八方的网络终端涌来。尽管捐款多是低于100美元的小额资助，但是由于支持者众多，奥巴马的网上募捐最终总额突破了5.2亿美元，是历史上筹集竞选资金最多的总统的数倍之多。而被视为他竞选神秘武器的妻子米歇尔，在面对媒体时也大打温情牌，甚至还不断“揭短”，负责“打破神话”。她告诉选民，奥巴马早上醒来有口臭，曾在马桶堵塞时匆忙逃跑，将烂摊子留给妻子。奥巴马则透露，自己在竞选时仍然坚持回家

1 刘玉霞.美国总统选举面面观［M］.北京：北京出版社，1988：89.

2 赫德里克·史密斯.权力游戏——华盛顿是如何工作的（下册）［M］.肖峰，姬金铎，等译.北京：中国人民大学出版社，1991：453.

与妻子共度结婚纪念日。这种平凡有趣的家庭生活，为他赢得了不少女性的选票。[1]

2016 年的美国大选中，特朗普作为“超级网红”，拥有大量“激情粉丝”。他发现影响舆论的最好方式，不是告知信息、阐释纲领和传经授道，而是挑起争议，制造话题。而能激起高度关注的话题，或是没有证据的猜测，或是煽动情感的主张。他洞察到选民对社会现状的不满和对传统政客形象的厌恶，审时度势地提出了反建制、反移民和反自贸的政策主张，并为公众提供一种简单化和绝对化的思考框架。他既可以用谣言做幌子大打温情牌，如为想离开美国的人提供免费前往非洲和墨西哥的单程票、曾经把他的私人飞机开到北卡罗来纳州的军营运送 1991 年从海湾战争归来的 200 名海军陆战队军人；也可以用谣言对他的竞争对手希拉里进行诋毁，如“希拉里曾向 ISIS 出售武器”“希拉里助手胡马·阿比丁与穆斯林兄弟会有关”“纽约警察局刚刚搜查希拉里的家”。此外，他还对媒体“口出狂言”，如“所有的政客都是资本家的狗”“堕胎的女性应该受到惩罚”等。这就产生了一个耐人寻味的现象：社交媒体忙着写段子，主流媒体则忙着甄别虚假事实——对辩论信息进行核查。然而，媒体（PolitiFact 网站）对辩论信息的核查结果表明，特朗普的谎言比例为 71%，希拉里的谎言比例为 28%，民意调查的结果却显示：对于特朗普的支持者来说，77% 的选民不相信媒体提供的信息核查资料，新闻业陷入失去公众信任的尴尬境地。[2]

一旦主流媒体没有报道其正面信息或者报道了其所不欢迎的事实，如关于“特朗普常年私通俄国”“俄罗斯长期以来培植、帮扶特朗普以助他赢得美国大选，俄罗斯介入特朗普事务至少已经有 5 年时间”等，特朗普马上会通过 Twitter 进行反击：“假新闻！彻头彻尾的政治迫害！”并给这些媒体冠以“fake news/liar”的帽子，其对抗的媒体范围几乎囊括美国所有主流媒体 ABC、NBC、CNN 等。他无视现代政治的规则，用最直白、简单甚至粗俗的大白话和选民对话，而不像其他政客一样根据不同群体和商业广告等各种数据做出分析，然后斟字酌句，讲得口吐莲花。但是，其口无遮拦的言论和绝对化的表达方式却容易吸引公众眼球，

1　高珮莙 . 南边有你：奥巴马的真实罗曼史［EB/OL］.（2014-12-19）［2022-06-12］.

2　陈璐，叶雨阳，张碧思 . 这是美国大选辩论最坏的时代，这是事实核查新闻最好的时代？［EB/OL］.（2016-10-21）［2022-06-12］.

他把爱憎分明、桀骜不驯、喜怒哀乐全都写在脸上，让人一目了然，如此反而省去了很多伪装和修饰，争取到了更多支持。正如马丁·蒙哥马利所言，“真实性”而非“真理性”话语为特朗普对其选举基础的诉求提供了一个重要的基石，尽管我们可以在他的竞选演说中找到独裁民粹主义的一面，但它的吸引力不仅仅在于它的内容，还有叙事风格。

民主选举中的情绪化现象引起了部分学者的担忧，他们认为这将导致一切公共事务形同杂耍，从而损害民主制度的根基。但是，有学者对此不以为然，他们认为把选民视为“理性人”本身就是一种偏见，且即便每个选民都具备充分理性，也并不一定能够保证选举结果代表多数人的意见。1951 年，诺贝尔经济学奖得主阿罗（Arrow）在《社会选择与个人价值》一书中，提出了著名的“阿罗不可能定理”，他采用数学的公理化方法对投票选举方式能否保证产生出合乎大多数人意愿的领导进行了研究。结论却出人意料：民主的制度下选民的偏好聚合的结果并不符合“多数人的意志”，这可能是民主的宿命，但是，阿罗指出选举结果的偏差不能被认为是选民“冲动”和“非理性”的结果，而可能是“深思熟虑的结果”[1]。与阿罗所揭露的现象相似，布赖恩·卡普兰（Bryan Caplan）提出了“理性的胡闹”（rational irrationality）观点，为民主选举中情感的功能带来了新的认识。他首先质疑了“理性选民”的假定，认为这是脱离现实的“一种幼稚的公共利益观”的一种“神话”。选民无知乃人类自私的天性，任何试图修复民主的通行办法都很难增强选民使自己了解真相的动机。[2] 有调查显示，在 1992 年总统大选中，有 89% 的公众知道副总统丹·奎尔对墨菲·布朗这一电视剧中的角色不满，但是只有 19% 的人知道比尔·克林顿在环境问题上的立场。86% 的公众知道布什的狗叫米礼，然而只有 15% 的人知道两位总统候选人都支持死刑的判罚。[3] 大约有一半美国人不知道每个州有两名参议员，3/4 的人不知道他们任期有多长，超过一

1　肯尼思·阿罗．社会选择与个人价值［M］．陈志武，崔之元，译．成都：四川人民出版社，1987：34.

2　布赖恩·卡普兰．理性选民的神话：为何民主制度选择不良政策［M］．刘艳红，译．上海：上海人民出版社，2010：7.

3　布赖恩·卡普兰．理性选民的神话：为何民主制度选择不良政策［M］．刘艳红，译．上海：上海人民出版社，2010：115.

半的人不知道本州的议员是谁，40% 的人不知道两名参议员中任何一位的名字。[1]

除了集体无知外，情感和偏见也会对选民的判断产生影响，因为“对于那些我们并不关心其真相的事物，我们会选择关闭自己的理性思维”[2]。对此，卡普兰称之为“理性的胡闹”，并给出了一个出人意料的论断：99% 无知条件下的民主要更接近完全知情条件下的民主。他的假定是：在大规模的选举中，99% 的无知选民通常犯的是分散的、随机性的错误，这些个体错误可以相互抵消，民主最后结果仍然取决于 1% 的理性选民。从这一点来看，民主的真谛并不取决于每个选民深思熟虑的选择，而在于分散了权力过于集中的危险，选民的无知看似荒谬，却在某种程度上产生了“聚合的奇迹”，“即便在无可救药的无知的情况下，民主仍然能够运行良好。民主赋予了理智者和不那么理智者平等发言权，但做出决策的是理智者。因此，对选民无知的穷追不舍进行反复研究是没有意义的”[3]。

由是观之，西方民主选举中的公共舆论并不是“理性选民”深思熟虑的结果，反而充满了偏见、无知和情绪化，但是，这并不意味着西方的民主政治已经走向了异化，更不意味着“后真相”时代来临。事实上，选民的情绪并不一定是民主政治的对立面，它发挥着一些不易觉察的功能，不能简单把某一时刻中的情绪迸发现象简单归结为民粹主义的抬头、社交媒体的助推或者新闻业的沦陷等，而应将其放在历史的长河中、政治生态系统下去考察，把它视为情感与理性不断矫正与平衡的产物：一方面，完全基于事实搜集和数据分析的理性化选举可能导致偏差；另一方面，诉诸情感和价值观立场也不必然导致真相的丧失。“它意味着原来没有被我们的认识所把握的真相的硬核的浮现，我们不能简单地将其化约为民粹主义立场或保守主义立场的复兴，而是要意识到这些现象背后所隐藏的合理性。”[4]

1 布赖恩·卡普兰 . 理性选民的神话：为何民主制度选择不良政策［M］. 刘艳红，译 . 上海：上海人民出版社，2010：10.

2 布赖恩·卡普兰 . 理性选民的神话：为何民主制度选择不良政策［M］. 刘艳红，译 . 上海：上海人民出版社，2010：3.

3 布赖恩·卡普兰 . 理性选民的神话：为何民主制度选择不良政策［M］. 刘艳红，译 . 上海：上海人民出版社，2010：11.

4 蓝江 . 后真相时代意味着客观性的终结吗［J］. 探索与争鸣，2017（4）：10-13.

第二节 中国公共舆论中的情绪表达与情感动员

后真相时代，中国的公共舆论具有较为明显的情绪化特征，尤其在涉及敏感身份时，更是如此。有学者由此提出了“情感抗争”和“社会泄愤”的解释框架，指出情感是事件发生与发展的主要推动力，愤怒、同情和戏谑成为公众情感共鸣的最佳催化剂。[1]但是，公众的情绪化表达并不能简单纳入“非理性”范畴，而是要思考其产生的社会根源。从社会建构的视角来看，公众情绪并非简单的心智反应，而是社会结构性产物。由于当前中国处于社会转型时期，经济高速增长，但也面临利益分化、贫富悬殊、思想多元等诸多挑战，导致负面情绪和刻板意见的产生，并沉淀为负面集体记忆，当这种情感记忆被一个突发事件所唤起时，大规模的群体性不满和怨恨性情感就会在特定地域甚至跨区域迅速蔓延，形成对事件的怨恨式解释。[2]这种情形下，当公民加入集体行动时，他们的行动可以被视为受到了道德的感召，不行动则意味着道德冷漠甚至道德沦丧。

情感能量的聚集与动员一般通过以下三种叙事方式来实现：仇恨叙事、悲情叙事与恶搞叙事。如果当事人的身份涉及强—弱对立时，容易引发仇恨叙事，公众会将刻板意见和负面集体记忆渗入情感表达中，并对各类信息采用同化、省略与突出等策略，丑化施害者或美化受害者，以达到加深对施害方仇恨的目的。如在“邓玉娇事件”中，媒体报道框架中最常出现的关键词是“修脚女”的身份，与“招商主任”的身份形成了强烈对比，且“强奸”“杀人”等情境很容易引发公众关注和狂欢。在标题制作上刻意突出了表现弱者身份的词语，如新浪网的《女服务员刺死官员》，搜狐网的《邓玉娇从“烈女”到“凶手”之路》《罗彩霞邓玉娇等事件显示出小人物的胜利》，凤凰网的《修脚女邓玉娇，一刀刺中官场的软肋》等。最终，邓玉娇反被网民们视作英雄、反腐斗士、女中龙凤、“当代的穆桂英”等，并有网民视邓玉娇为女儿之典范，甚至有人用史记的形式撰文《史记·烈女传之邓玉娇列传》，成为网络热帖。

在夏俊峰案中，某媒体在《夏俊峰执行死刑纪实：一个女人的 9 小时 35 分》

1 杨国斌．悲情与戏谑：网络事件中的情感动员［J］．传播与社会学刊，2009（9）：39-66.

2 孙静．群体性事件的情感认知机制分析［J］．创新，2013，7（2）：93-98.

中，自称使用了“非新闻体”的情感叙事方式进行纪实报道，产生了广泛关注和转发。此文以儿媳、婆婆、儿子的口吻描述这个家庭将要失去父亲的悲惨现状，“儿媳跪求最高院，无人应答。中国传统女性凡遇困难，只好求佛。婆婆点香磕头求佛。两个女人，一个在屋里，一个屋外，哭”；“他（夏俊峰儿子）现在一定对爸爸有些失望。长大后，他却要对这个国家失望。因那时他已知道真相。他该知道，5 月 16 日那天，他家讨生活的炉子被缴，他爸被人推打，他妈跪地求饶。他还知道，那群人把他爸拽上车带到城管屋里继续打，用拳头打，用铁杯打，踢下身。然后他爸挥起水果刀……”（搜狐网，2013）。

愤怒总是与悲情交织在一起。如果说仇恨叙事旨在唤醒大众的公正之心，悲情叙事则要尝试激活大众的怜悯之心，它往往借助老人、父母、妇女、儿童作为弱者的符号，渲染或夸大弱者或受害者的凄苦，并以图文并茂的方式引发公众的关注与同情，公众借助“同情”来表达自己的声音，获得与国家“协商”的权力。[1]如在“京温跳”事件中，有关死者的生平和家庭状况引发网络围观，如“死者家境贫困，父亲重病；袁某极有孝心，是家中的顶梁柱”，“家中母亲听到噩耗已经晕倒住院”；在魏则西事件中，微信公众号“有槽”发布了一篇文章《一个死在百度和部队医院之手的年轻人》，迅速获得了“10 万 +”的浏览量，并在微信朋友圈引起刷屏，文章结尾的写法极具情绪感染力：“我是无神论者，但在这件事情上我期待有报应，我希望涉事的所有人，包括医疗监管官员，百度的人，医院的人，康新的人，柯莱达的人，夜里能听到魏则西和其他受害者的哭声”（微信公众号：有槽，腾讯网，2016）；在江歌遇害案中，江歌母亲在微博中多次使用悲情基调来进行情感动员，“江歌遇害至今 285 天，我没有吃过一口可口的饭菜，看着江歌爱吃的和不爱吃的饭菜，我都无法下咽，我没有睡过一个安稳觉，睁眼闭眼我看到的就是陈世峰在拿着刀子一刀一刀地刺杀我的江歌，我却没有办法替她挡一刀。我付出毕生心血精心培养的优秀孩子，被陈世峰残杀在最美好的年华。”（《南方都市报》，2017 年 8 月 16 日）

恶搞叙事以轻松活泼的方式来进行。戏谑化叙事主要有以下几种方式：第一，

1　袁光锋 . 公共舆论中的“同情”与“公共性”的构成——“夏俊峰案”再反思［J］. 新闻记者，2015（11）：31-43.

创作段子。它通过对文本的生产、改写、链接和传播，形成带有戏谑和讽刺色彩的“诠释社群”[1]，享受“被禁止的快乐”。第二，制作漫画。如制造讽刺性漫画，用生动活泼的形式来针砭时弊，由此被称为“带刺的玫瑰”。第三，改编诗词。通过编撰或修改诗词对某人某事进行嘲讽，并借助刷屏或比赛的方式来加大传播力度，如“我爸是李刚”事件中出现了60多万诗词造句，出现了泰戈尔版、普希金版、李白版、特仑苏版、杜甫版、陈楚生版等多个版本。第四，改编歌曲。如将某首流行歌曲的歌词进行改编，产生新的意义。第五，改编视频。进行二次配音和创作，如网友借助《武林外传》《甄嬛传》《武状元苏乞儿》等高流传度的影视剧进行改编，表达对于2018年韩国平昌冬奥会上种种不公平待遇的反讽。第六，人体艺术或行为艺术。如以阿凡达面具抗议野蛮拆迁、策划“孤独沙发”行为艺术、呼吁“8·16不加班”等。第七，创造网络流行语。如“打酱油”“做俯卧撑”“喝开水”“欺实马”等。第八，制造表情包。如“帝吧远征”中的表情包刷屏现象；“白眼女记者”表情包等。某种意义上，戏谑是一种隐性的怨恨情感表达方式，但是，它又不是毫无节制的狂欢与释放，而是回应一个时代的情感结构[2]，是民众“隐性”的抗争策略。

从大量的案例分析中，我们发现网络舆论的情绪化表达已经形成了一套模式化的话语，每当出现公共事件，一些网民就会在底层情绪、刻板意见的支配下，对信息进行选择性理解、选择性过滤、选择性记忆，甚至使用谣言作为武器进行身份和情景建构，以达到“安抚弱者、打击强者”的目的，其叙事过程往往遵照如下逻辑：通过底层叙事，美化弱者，妖魔化强者，以此进行悲情叙事，引发情感共鸣；利用哄客叙事，通过娱乐、戏谑、恶搞等手段，引发网络狂欢，加快事件的传播力度，争夺事件的解读权，并对不同意见采取恶搞的方式进行攻击，形成强大的舆论氛围，以激起网民的愤怒情绪，起到情感共鸣和情感动员的效果。“此时，自发的网络抗争富有道德感，当公民自发加入反对不义行为的抗争时，他们的行动是因为受到了道德的感召。不行动，就意味着道德的沦丧。反之，自然地

1 袁光锋．公共舆论中的“情感”政治：一个分析框架［J］．南京社会科学，2018（2）：105-111.

2 刘涛．身体抗争：表演式抗争的剧场政治与身体叙事［J］．现代传播（中国传媒大学学报），2017，39（1）：62-67.

表达愤怒，则是有道德操守的表现，事情越骇人听闻，抗争就越呈现出自发性。”[1]

可见，中国公共舆论中的情绪化具有“后真相”的某些表征。在舆情事件中，公众关注的焦点往往不在事件的真假，而在于身份的归属和道德对错，它既反映了特定历史条件下的道德和价值冲突，又是特定政治机会结构权衡下理性选择的结果。本书揭示情感表达背后蕴含的“理性因素”，并非想为“情绪”正名，而是希冀从多元的角度来探究社会情绪产生的复杂诱因，揭示其隐藏的功能，这样才能深入理解公共舆论背后复杂的社会结构和权力关系，避免情感与理性二元对立的僵化思维，才能找到情绪疏导的正确方向。

第三节　重新思考情感与理性的关系

从历史上来看，情感与理性多被视为两种对立并列的力量存在，尽管有些学者并不认同此现象，但实际上操作时通常会把情感和理性分离开来。正如莎伦·克劳斯（Sharon Krause）所言：“在过去二十年中，在道德哲学与哲学心理学中兴起了一场关于情绪的热烈对话。哲学家们以新的方式刻画情绪，从而挑战理性与激情之间传统的两极对立。”[2]

与理性相比，情感的历史源远流长，但在现代化进程开启后，“情感”常常被描述为偏见、派系利益的载体，而被视作应该驯服和压制的对象，甚至被谴责为“坏的东西”“民主的敌人”。马克思·韦伯（Max Weber）曾把政治统治的合法性来源归结于三种：传统型、魅力型（克里斯马型）、法理型[3]，他认为只有摈弃情感、习俗、偏见的法理型才是民主社会追求的目标，因为法理型的认同对象不再是人格化的君主或精英，而是非人格化的法典，这更符合现代民主的契约精神。就此，激情要么被压制、要么被隐藏、要么被转化，所用手段无外乎两种：一种是通过科层制来实现非人格化管理，主要诉诸强制手段来压制激情，阻

1　杨国斌. 连线力：中国网民在行动［M］. 邓燕华，译. 桂林：广西师范大学出版社，2013：38.

2　莎伦·R. 克劳斯. 公民的激情：道德情感与民主商议［M］. 谭安奎，译. 南京：译林出版社，2015：64.

3　马克斯·韦伯. 经济与社会：上卷［M］. 林荣远，译. 北京：商务印书馆，1997：239.

止激情滥用之后果；另一种是用利益来驯化和利用激情，如亚当·斯密（Adam Smith）著名的“利己导致利他”的推论，成功地把人的自私、贪婪、野心变成了一种美德，并转化为一种国民财富增长的驱动力，实则是一种“以毒攻毒”的做法。某种意义上，市场经济其实就是一种利益驯服激情的机制，“因为利益兼具激情和理性之优点，利益的这种角色在于借助信息经济和奖励机制的正常发挥作用而促进资源的有效分配”[1]。

但是，情感作为人性本源的冲动，不能一味去压制，否则容易造成人性的异化。马克思曾在《共产党宣言》中，把资本主义对传统情感的破坏描绘得淋漓尽致，“它把一切封建的、宗法的和田园般的关系都破坏了，它使人和人之间除了赤裸裸的利害关系，除了冷酷无情的‘现金交易’，就再也没有任何别的联系了。它把宗教虔诚、骑士热忱、小市民伤感这些情感的神圣发作，淹没在利己主义打算的冰水之中。它把人的尊严变成了交换价值，用一种没有良心的贸易自由代替了无数特许的和自力挣得的自由”[2]；赫伯特·马尔库塞（Herbert Marcuse）把科层制称为“披上合理化外衣的技术控制，一种舒舒服服、平平稳稳、合理而又民主的一种由技术带来的控制新形式”[3]；亨利·列斐伏尔（Henri Lefebvre）认为启蒙运动之后，理性代表了人类的高级机能或能力，琐碎平庸的日常生活是不值得关注的，中心化的国家呈现为对人的异化的崇拜，在这种状态下，人的力量和能力越来越被一种无名的、科层化机制所制约[4]；米歇尔·福柯（Michel Foucault）用“全景监狱”来比喻现代社会中权力无孔不入的状况。以上对现代化的“控诉”表面上是要解构现代化确立的理性原则，但实质上却是在唤醒被压制的情感，所以不难理解，为什么西方民主选举中越来越走向娱乐化和仪式化。因为相比于政府官僚制程序的严肃呆板，政治选举具有“情感释放”和“情感补偿”之功能，它能够在理性官僚制之外给民主政治带来情感活力。

如果说公众的情感释放主要体现在周期性的民主选举方面，行政管理领域

1 艾伯特·奥·赫希曼．欲望与利益——资本主义走向胜利前的政治争论［M］．李新华，朱进东，译．上海：上海文艺出版社，2003：3.

2 马克思，恩格斯．共产党宣言［M］．中共中央马克思恩格斯列宁斯大林著作编译局，译．北京：人民出版社，1997：30.

3 赫伯特·马尔库塞．单向度的人：发达工业社会意识形态研究［M］．刘继，译．上海：上海译文出版社，2006：1.

4 周宪．日常生活批判的两种路径［J］．社会科学战线，2005（1）：114-119.

仍然务必遵循韦伯笔下的“理性官僚制”模式的话，自20世纪70年代以来，西方国家开始推行声势浩大的新公共管理运动，旨在对理性化过度引发的“官僚病”进行改革。新公共管理运动改革的十大原则是（1）掌舵而非划桨；（2）从服务到授权；（3）从垄断到竞争；（4）从规章到使命；（5）从投入到效果；（6）从官僚到顾客；（7）从浪费到收益；（8）从治疗到预防；（9）从集权到分权；（10）从计划到市场[1]，旨在打造四种政府治理模式：参与式政府、企业家政府、弹性政府、解制政府[2]，尝试打破科层制的束缚，提高公务人员的积极性、创造力和参与性。我国学术界曾对这场轰轰烈烈的运动予以极大的关注，乐观者赞其为我国行政体制改革的蓝本。谨慎者则告诫称由于中西发展存在阶段性差异，不能照搬照抄，因为新公共管理运动改革的前提是理性过度，旨在适度释放情感，以增加官僚的自主性、回应性和责任性。但中国行政改革的方向仍然需要不断增强其理性化、制度化水平。

在新闻业，不偏不倚、价值中立、客观真实一直被看作新闻专业主义的核心价值，情感被认为是影响新闻客观性的“罪魁祸首”，常常和坏的新闻实践联系在一起。但事实上，新闻业并不是处于真空环境中，必然要受各种复杂的因素所制约，仅强调专业化无法解释新闻媒体如何与其他社会组织互动和博弈的复杂关系。某种意义上，新闻专业主义所倡导的价值中立本身就是一种价值偏向[3]，因为无论在何种情景下，价值都无法被排除在外。虽然在新闻专业主义价值的制约下，新闻从业者的情感受到比较严苛的限制，但如果没有“引人入胜”和具有感染力的叙说方式，新闻业就会面临市场萎缩的风险。在市场盈利和新闻专业主义的双重作用下，部分新闻从业者已经尝试通过将情绪劳动（emotional labor）外包给一些不是记者的人，如故事的主人公或其他消息源，这些人被认为可以在公共空间中进行情感表达，记者可以描述他们的情感并避免自己卷入进来。[4]可见，

1　戴维·奥斯本，特德·盖布勒.改革政府：企业精神如何改革着公营部门［M］.上海市政协编译组，东方编译所，编译.上海：上海译文出版社，1996：17.

2　B.盖伊·彼得斯.政府未来的治理模式［M］.吴爱明，夏宏图，译.北京：中国人民大学出版社，2001.

3　Paletz D L .Political Communication Research: Approaches, Studies, Assessments［J］.Canadian Journal of Communication, 1987, 12（3）.

4　袁光锋.情感何以亲近新闻业：情感与新闻客观性关系新论［J］.现代传播（中国传媒大学学报），2017，39（10）：57-63，69.

情感并非真相的对立面，而是获得真相的必要手段，记者在采访时如果能够恰当运用情感，更容易拉近与被采访者的距离，增强新闻报道的吸引力和感染力。但是，记者的情感投入又需要有所节制，它不能影响事实和真相，如果一味通过编故事、雇演员、人为制造情感冲突等不正当手段来增加收视率，这无疑挑战了新闻伦理和职业底线。2011 年，石家庄电视台的《情感密码》栏目，由于雇佣临时演员炮制虚假节目《我给儿子当孙子》，讲述了一个极端的 80 后小夫妻“啃老”的故事，让众多观众信以为真，产生了极其恶劣的社会影响，导致该节目被紧急叫停。[1] 同年，贵州卫视的王牌栏目《人生》也遭广电总局叫停。通报指出，贵州卫视《人生》栏目因单纯追求收视率，不顾及当事人的心情和处境，并缺乏对未成年人的保护，过度放大个人隐私和刻意渲染苦难和悲情，传播负面情绪，被要求立即停播，不再复播。[2]

随着自媒体时代的来临，真相的获取面临“信息泛滥”的挑战，信息核查将成为未来新闻业的一项重要工作，同时，人工智能技术、VR 技术的发展，使得真实与虚拟的界限变得更加模糊，未来的新闻形态中会融入更多的沉浸式参与和情感体验，如何来平衡理性与情感的关系也将继续成为未来新闻业改革的一项重要命题。此外，新闻业还将承担搭建公共论坛的使命，情感在其中所扮演的角色会越来越显著，但无论是情感体验还是情感融入，都必须以获取真相为前提，否则可能会导致无休止的纷争。正如科瓦奇所言：“新闻必须为公共评论提供论坛，但是在新时代，公共讨论必须建立在和其他新闻工作相同的基础上，必须以真实、事实和核实为前提，这些原则的重要性不仅没有减弱，反而变得更强。公共论坛无视事实，就无法提供有用的信息。陷入偏见和猜测的争论只会演变成激烈的意气之争。”[3]

可见，情感是认知心理的一部分，是社会动员和社会整合的资源，简单地将情感视为“非理性”是片面的。如果没有情感作为辅助，理性计算只会沦为“无效率”的简单重复劳动；没有内疚和羞耻，人类的反社会行为将会更加普遍，社

1 石家庄广电《情感密码》栏目停播？被曝雇演员造假［N］. 人民日报，2011-08-29.

2 因放大个人隐私和社会阴暗面，贵州卫视《人生》被永久停播［N］. 羊城晚报，2011-04-10.

3 比尔·科瓦齐，汤姆·罗森斯蒂尔. 新闻的十大基本原则：新闻从业者须知和公众的期待（中译本第二版）［M］. 刘海龙，连晓东，译. 北京：北京大学出版社，2014：198.

会结构和文化对人类行为的控制能力将会降低。达马西奥（Damasio）通过神经科学的研究，证明了情感是理性系统的构成要件，情感对理性促进的功能体现在两个方面：一是减少所考虑的可行的选项数量，使慎思变得更加集中。二是让慎思最终随指向的欲望或目标所具有的情感力量保持鲜活。如果情感中枢遭到损伤，会对理性思辨产生负面影响，他举一个得过脑部肿瘤，试图把过去视作“非理性”的企业家的精神如创造力、激情、冒险等带入到瘤的病人爱利奥特为例，由于他失去了情绪体验的能力，尽管具有强大的理性计算能力，但结果只能不断进行简单重复工作。“他阅读材料，虽然知道如何进行分类，但是，他又冷不丁从已经分类整理工作转向细又明辨地阅读其中的一篇文章，并如此耗上一天。或者，他可能耗上一个下午去考虑应当采取何种分类原则：应当根据日期、文件大小、与事情的相关性，或是另一种标准”，这使得他变成了一个“有正常理智但却不能恰当做决定的人，尤其是决定涉及个人性的或社会性的事物时尤其如此”[1]。

总之，如何将情感融入理性中（而不是排除在外），是一项有趣而充满挑战的尝试。事实上，公众的情绪表达并不必然会沦为勒庞所揭示的“乌合之众”，也并不必然导致桑斯坦所揭示的“群体极化”现象，只要引导得当，公众也可以形成情理交融的公共领域和“意见的自由市场”，产生自我净化能力。我们需要避免将情感与理性相对立的僵化思维，转而在情感与理性中寻找一种动态平衡，进而实现情感与理性的共融机制，以此来洞察人性，感受社会政治生态的“变”与“不变”之规律。[2]

第四节 公共舆论中的“后真相”研究

尽管“后真相”概念在西方语境下主要是围绕政治选举而展开，但在其成为年度热词后，国内的相关研究呈现繁荣之势，研究议题扩散到各个领域：或追

1 莎伦·R.克劳斯.公民的激情：道德情感与民主商议［M］.谭安奎，译.南京：译林出版社，2015：59-60.

2 原文发表在《国际新闻界》，2019年第1期，收录至本书时有删改。

溯其哲学基础[1]，或进行现实关照，从政治生态、社会信任[2]、话语体系[3]、政治传播[4]到公共治理[5]，从新闻业[6]、新闻真实[7]、网络谣言到民粹主义[8]。还有学者把社交媒体的传播技术与“后真相”联系起来，认为“算法推荐”技术与“群体极化”“信息茧房”“回音室”“过滤泡效应”存在天然的联系，导致公众产生认知偏见，造成群内认同、群际冲突的现象。[9]本节内容尝试从国内外不同学术场域的横向角度和历史的纵向角度重新解读“后真相”的话语变迁过程，比较国内外后真相议题、关键词的分布及价值偏向，剖析其背后的深层次原因，为后续研究尤其是本土化研究进行反思和预测。

一、研究设计与研究方法

本研究尝试使用 CitespaceV 软件对国内外“后真相”研究文献中集中出现的词汇进行统计，分析学科研究热点演化的关键路径及知识转折点的数据分析策略，并借助 Python 语言对文本数据进行处理和清洗（如剔除停用词、增添不可拆分词、去除文本噪音等），通过文本特征向量化的处理，克服因为语言的细微特征而产生歧义的情况，捕捉不同语境中隐藏概念的集合，从而实现更加精准、有效地进行国内外后真相研究的聚类分析和主题建模分析。

（一）主题检索范围

针对国内外后真相研究设置检索条件，分别以“后真相”“post-truth”和“post-truths”为主题在中国知识资源总库 CNKI 和 WoS 核心合集数据库中进行检索（检索时间为 2019 年 11 月），并将时间跨度设置为“所有年份”，下载方式设置为“全记录”，剔除少于两页且明显与本研究不符的文献（如访谈、年度

1　汪行福 .“后真相”本质上是后共识［J］. 探索与争鸣，2017（4）：14-16.

2　全燕 .“后真相时代”社交网络的信任异化现象研究［J］. 南京社会科学，2017（7）：112-119.

3　於红梅，潘忠党 . 近眺异邦：批判地审视西方关于“后真相”的学术话语［J］. 新闻与传播研究，2018，25（8）：5-24，126.

4　史安斌，杨云康 . 后真相时代政治传播的理论重建和路径重构［J］. 国际新闻界，2017，39（9）：54-70.

5　陈忠 . 从后真相到新秩序：别样共同性及其公共治理［J］. 探索与争鸣，2017（4）：29-32.

6　胡翼青 . 后真相时代的传播——兼论专业新闻业的当下危机［J］. 西北师大学报（社会科学版），2017，54（6）：28-53.

7　周睿鸣，刘于思 . 客观事实已经无效了吗？——“后真相”语境下事实查验的发展、效果与未来［J］. 新闻记者，2017（1）：36-44.

8　邹诗鹏 . 后真相世界的民粹化现象及其治理［J］. 探索与争鸣，2017（4）：27-29.

9　彭兰 . 假象、算法囚徒与权利让渡：数据与算法时代的新风险［J］. 西北师范大学学报（社会科学版），2018，55（5）：20-29.

报告等）。经过数据去重后，以正式发表的期刊论文（国内样本）和 Article（国外样本）为最终样本，得到符合条件的中文论文 170 篇和英文论文 404 篇。将以上从 CNKI 所收集的 Refworks 文本数据进行数据转化，结合 CitespaceV 软件的对数似然比算法对文本进行文献计量学图谱分析。

除此之外，为了提高研究的可靠性，本研究还借助 Python 语言编写程序，通过主题建模、TF-IDF 等机器学习算法对数据进行整理，以辅助 CitespaceV 进行主题建模分析和可视化呈现。通过 Endnote、CNKI E-Study 分别对美国科学情报研究所（Institute for Scientific Information，ISI）编制的 WoS 核心合集数据库和中国知网学术期刊总库 CNKI 中符合本文研究的论文进行全文下载，考虑到外文文献翻查的难度，本研究共得到 165 篇英文文献和 170 篇中文文献的全文。

（二）研究工具与方法

1. 知识图谱分析：CitespaceV 可视化分析

本研究将美国德雷塞尔大学计算机与情报学陈超美教授基于 Java 语言开发的信息可视化应用软件 CitespaceV 作为主要研究工具进行数据分析。Citespace 是累加式知识域分析的主要工具，用于对科学领域中文献的新型模式和重要变革进行可视化和分析，以帮助研究者识别知识拐点和知识转移关键路径。[1] 本研究拟运用共引分析理论（co-citation analysis）和寻径网络算法理论（PF-NET）对提取的 170 篇中文论文和 404 篇英文论文的标题和摘要进行整体性、综合性和动态性的可视化分析。共引分析的概念由美国情报学家亨利·斯莫尔（Henry Small）于 1973 年提出，用于对研究领域整体发展脉络的梳理和分析，以揭示信息的内容关联和逻辑结构。利用共引文分析的方法可以有效地对数据进行聚类分析，形成不同的文章聚类团。[2] 文章之间的引文链可以在纵向上反映一个学科或一个研究课题的发展历程，也可以在横向上反映当前科学研究中较为活跃的领域。本研究重点在于对国内外后真相研究的学科结构、研究热点、合作网络、议题变迁、研究进展及其动态演化关系进行发展描述和图谱绘制，探寻国内外后真相研究演化潜在动力机制。

1　陈超美．转折点：创造性的本质［M］．陈悦，王贤文，胡志刚，等译．北京：科学出版社，2015：151-162.

2　孟连生．文献计量学与中国图书馆事业发展［M］．北京：国家图书馆出版社，2010：28-29.

2.机器学习：Python 语言的主题建模分析

机器学习（machine learning）是统计学、人工智能和计算机科学交叉的研究领域，本研究基于 Python 语言的数据加载、可视化、统计等功能的库，通过不同的语言结构和算法技术从文本数据中提取知识进行快速迭代和预测分析。CitespaceV 只将论文的标题、摘要和关键词等作为数据文本，为了提高研究的精确性，本研究又根据 Endnote 和 CNKI E-Study 查找到的 165 篇英文文献和 170 篇中文文献的全文进行非监督式机器学习，目的是能在一组约束条件的限制下找到一组簇，使得目标函数最优化。[1] 也就是说，通过对多个对象的多次分组，找到使簇集合相异度最小的解，从而得到特征变量的聚类，文献聚类分析（cluster analysis of literature）是指以耦合强度或共引强度等为基本的计量单位，对一定的引用文献集合或被引文献集合中所存在的或疏或密的联系进行分类的定量研究方法[2]，以挖掘出该研究问题的热点领域和相关性。

二、研究发现与数据呈现

本研究通过共现分析、主题建模及可视化呈现来比较国内外后真相研究在知识图谱方面的异同,进一步预测文本信息当中内容的关联程度和潜在议题的演化，从而在揭示知识域本质方面提供交叉验证的基础。

（一）描述性统计分析

1.时间分布

国内外后真相领域研究成果数量的时间分布如图 3.1 所示。国外后真相研究在 2016 年之前鲜有文章发表，约占样本总量（N=404）的 1%，其中 2006 年、2007 年每年只有 1 篇，2010 年、2012 年每年 2 篇，其余年份均为 0 篇。由于 2016 年英国脱欧公投和美国大选这两起黑天鹅事件促使“后真相”一词迅速走红，据“政治事实”（Politifacts.com）核查统计，特朗普针对竞选公开发表的“Pants on fire”“False”“Mostly False”“Half True”分别占比 15%、35%、

1 John, V.Guttag.Python 编程导论［M］. 陈光欣，译 .2 版 . 北京：人民邮电出版社，2018：288-292.

2 丁学东 . 文献计量学基础［M］. 北京：北京大学出版社，1993：62.

21%、14%，总占据了其言论的 85%。[1] 美国总统大选辩论中夸夸其谈的候选人加剧了“后真相”现象在政治领域的泛滥，从图 3.1 可以看出，在 2017 年、2018 年、2019 年，国外后真相研究急剧升温，2018 年国外发文量跃升至 160 篇，随即也引起了国内学术界的高度关注，2018 年国内学术界发文量达到 66 篇，占样本总量（N=170）的 39%，呈现出研究的小高峰，且 2017 年（48 篇）和 2019 年（56 篇）的发文量也基本保持在一定的稳定状态，后真相议题形成了国内外学术界的研究热潮。

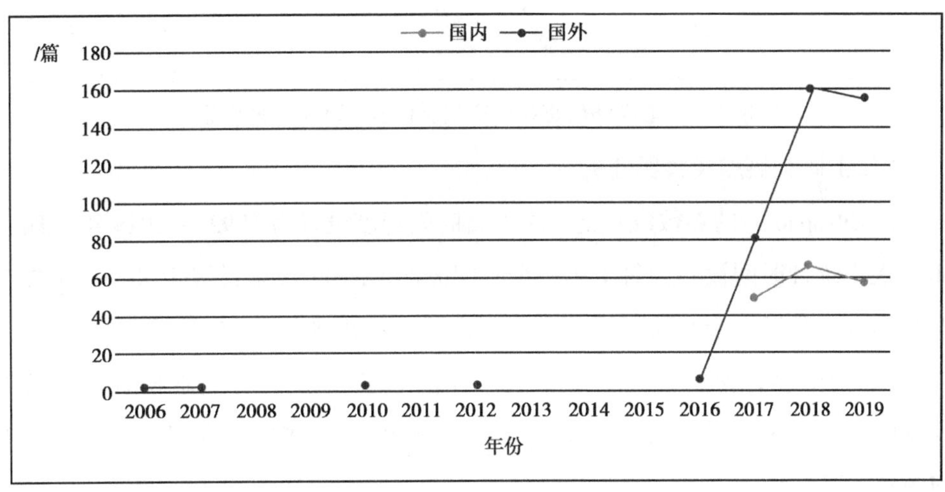

图 3.1　国内外后真相领域研究发文情况

2. 空间分布

如图 3.2 所示，关于后真相研究领域国外期刊的发文数量排名前十位的国家分别为美国、英国、西班牙、澳大利亚、加拿大、德国、意大利、俄罗斯、巴西和荷兰，中国学者在国外期刊发表论文数量为 7 篇，排名第 15 位，表明了尽管中国学者在本土学术场域中关于后真相的研究成果较为丰富，但在国际期刊上的发文规模有限，反映了其在论文发表量和学术影响力方面与国际平均水平仍有较大差距的现状。

1　Donald Trump’s file [EB/OL] . [2019-11-20] .

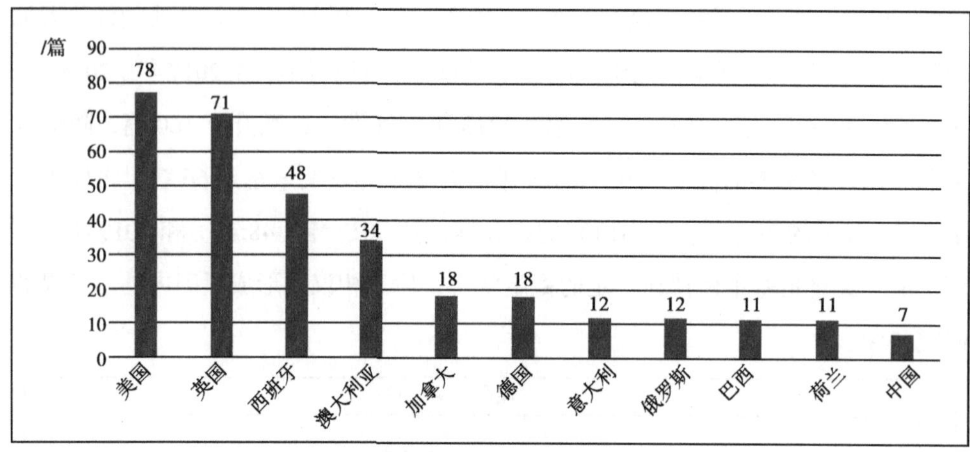

图 3.2　国内外后真相研究发文国家 / 地区分布情况

（二）研究热点及共现分析

在 CitespaceV 的参数设置上，本书将时间跨度设置为 1992 — 2019 年，Time Slice 最小统计时间设置为每 1 年一个时间分区，Node Type 设置为 Keyword 的节点类型，选择每一个时间片段中被引频次或高频出现的 Top50、前 10% 且少于 100 的节点数据，得到 N=93，E=401，Density=0.0937 的国外后真相研究关键词共现图谱（图 3.3）和 N=33，E=37，Density=0.0701 的国内后真相研究关键词共现图谱（图 3.4）。

为了知识图谱的科学性和可读性，笔者在绘制相关图谱时对“Article Labels”中各阈值进行适当的调整，图 3.3、图 3.4 中字体大小反映了关键词词频出现的频数大小，各节点之间的连线表示关键词之间的共现关系，各节点由里到外的颜色对应于关键词所涵盖的时间段，十字结构所反应的厚度与该段时间内关键词出现的次数成正比。由图 3.3 可以看出，国外后真相研究关键词图谱中，“post-truth”（后真相）占据核心位置，“fake news”（假新闻）、“social media”（社交媒体）、“truth”（真相）、“science”（科学）、“politics”（政治）、“populism”（民粹主义）等处于重要位置。由图 3.4 可以看出，国内后真相研究主要集中在“后真相”“社交媒体”“政治传播”等关键词。图 3.3、图 3.4 直观呈现出了国外学者对于后真相研究涵盖的关键词和议题比国内更加广阔，这从侧面佐证了在 2016 年美国大选和英国脱欧之后“后真相”研究成为西方舆论场中心位置的政治传统。

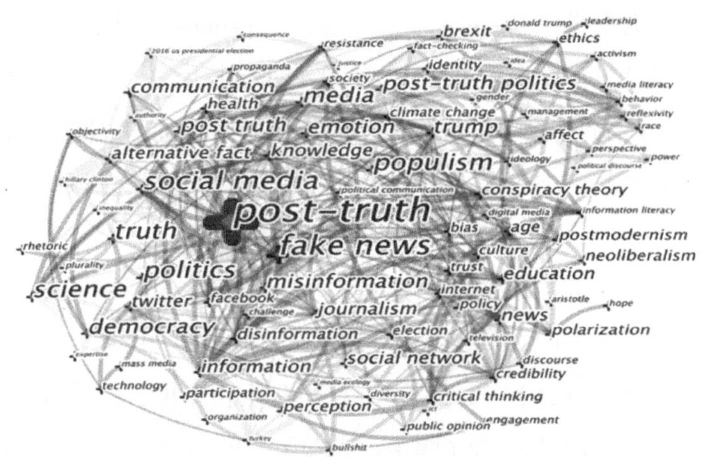

图 3.3　国外后真相研究知识共现图谱

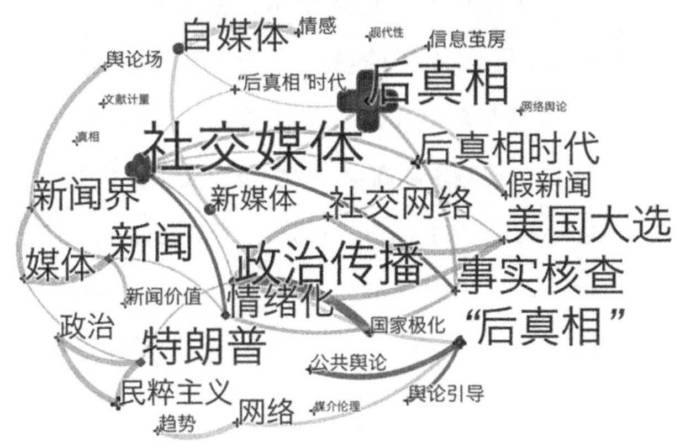

图 3.4　国内后真相研究知识共现图谱

根据图 3.3、图 3.4 知识图谱的呈现情况将"Summary Table"导出并整理得到了高频次及高中心性关键词表（表 3.1、表 3.2）。中介中心性测度所计量的是一个节点在多大程度上位于网络中其他节点连线路径的中心[1, 2]，即量化了网络中的每一个节点在其位置的重要性，中介中心性越高，代表该关键词在网络位置越重要。例如，由表 3.1 可知，词频并不高的关键词"emotion"在后真相研究的

1　陈超美 . 转折点：创造性的本质［M］. 陈悦，王贤文，胡志刚，等译 . 科学出版社，2015：151-162.

2　Freeman L C . A Set of Measures of Centrality Based on Betweenness［J］.Sociometry, 1977, 40（1）: 35-41.

网络位置中却具有较强的中介中心性，说明它处在知识图谱的关键位置，并且与“activism”（激进主义）、“bias”（偏见）、“ethics”（伦理）、“digital media”（数字媒体）、“Donald Trump”（唐纳德·特朗普）等关键词紧密相连。一般认为中介中心性大于 0.1 的节点在网络结构中的位置就比较重要，在知识结构演变中扮演着特定的角色。[1] 对比表 3.1、表 3.2 国内外“后真相”这一关键词的中介中心度（“post-truth”，0.28；“后真相”，0.77），可以看出国内外研究者对该议题的把握也存在较大的差异，国外学者主要围绕后真相（171，0.28）、假新闻（57，0.15）、情感（13，0.14）、民主（21，0.12）、Twitter（10，0.12）、社交媒体（36，0.11）、特朗普（13，0.11）和真相（31，0.10）等议题展开学术研究，国内学者的研究除了集中在后真相（70，0.77）、社交媒体（30，0.66）和政治传播（5，0.44）等维度，中介中心性位次靠前的关键词自媒体（4，0.63）、新媒体（4，0.47）则说明了传播技术在信息的生产和接收两个维度上发挥的重要作用。[2] 技术的变革再塑了信息的生产方式，媒体“断言取代确证”的新闻模式给学界提出了技术与新闻生产如何协调的现实命题。

表 3.1　高频次和高中心度关键词表（国外）

No.	Cited References	Freq	No.	Cited References	Centrality
1	Post−truth	171	1	Post−truth	0.28
2	Fake news	57	2	Fake news	0.15
3	Social media	36	3	Emotion	0.14
4	Truth	31	4	Democracy	0.12
5	Science	30	5	Twitter	0.12
6	Politics	27	6	Social media	0.11
7	Populism	26	7	Trump	0.11
8	Democracy	21	8	Truth	0.10
9	Media	19	9	Misinformation	0.09
10	Misinformation	16	10	Post−truth politics	0.09

1　谢卫红，董策，李忠顺 . 基于 Citespace 的商业生态系统研究可视化分析［J］. 现代情报，2017，37（2）：126-133，162.

2　张爱军，李圆 . 人工智能时代后真相现象的消解、再塑及矫治［J］. 中国行政管理，2019（8）：61-65.

表 3.2 高频次和高中心度关键词表（国内）

位次	关键词	频数	位次	关键词	中心性
1	后真相	70	1	后真相	0.77
2	社交媒体	30	2	社交媒体	0.66
3	后真相时代	13	3	自媒体	0.63
4	“后真相”	10	4	新媒体	0.47
5	事实核查	8	5	“后真相”	0.42
6	民粹主义	6	6	政治传播	0.40
7	政治传播	5	7	情绪化	0.33
8	情绪化	5	8	新闻	0.31
9	新闻	5	9	特朗普	0.29
10	自媒体	4	10	事实核查	0.17

（三）主题建模分析及重要关键词分析

基于 Python 语言的非监督式学习，我们通过增加不可拆分词库，滤除大量对分析内容无用的副词、动词、形容词和量词等，用 jieba 工具包对文本进行分词处理。再利用 python 的 scikit-learn 机器学习工具包，通过 LDA（Latent Dirichlet Allocation）降维技术识别大规模文本，运用“词袋”模型（bag of words）对文本进行降维处理，以识别并提取文本中潜藏的主题类型，再根据主题类型的分布进行主题聚类分析。我们通过先验知识和分析结果确定了国内外后真相研究的主题数目，得到了表 3.3、表 3.4 所呈现的六个聚类主题。表 3.3、表 3.4 较为直观地呈现出国内外后真相研究的基本情况，“新闻业”“哲学”“政治选举”是国内外研究的共同关注重点，不同的是，国内研究者较多关注后真相语境下新闻伦理和公共舆论的研究，而国外研究者在经济、宗教、健康、教育、环境领域对“后真相”研究也进行了一系列的细致探讨。精读文献后，我们发现霍普金（Hopkin）和罗萨蒙德（Rosamond）强调“政治辞令”与“真相”之间的关系松动已经是一个非常广泛的现象，在此价值立场下，他们考察了自金融危机以来英国政界在当代宏观经济政策中围绕公共债务和预算赤字问题的辩论特点，认为政治话语中“扯淡”（bullshit）策略和“赤字拜物教”论调上升有着重要联系。[1] 在医疗健康领域，

1 Hopkin J, Rosamond B. Post-truth Politics, Bullshit and Bad Ideas: “Deficit Fetishism” in the UK［J］. New Political Economy, 2017（23）: 1-15.

斯皮特（Speed）和曼尼（Mannion）批判了以特朗普为典型代表的民粹主义领导人操纵社交媒体（Twitter）兜售“假新闻”的客观事实，意图通过煽动对“他者”的恐惧情绪和传播“另类事实”来塑造公共舆论。他们认为，应当抵制排他性民粹主义者将“国家保护主义”作为藉词，限制医疗保健领域的国际合作，剥夺边缘化社会群体获得健康服务的权利等政治行为，呼吁公民积极参与现代医疗政策制定和实施将有助于弥合全球健康不平等的现实鸿沟。[1] 奥扎克（Ozeke）等人则侧重科学真理在循证医学中的重要性，认为医疗决策应该在现有的最好的临床研究证据基础上制定，而不是诉诸医患之间的关系和情感联结。[2] 在教育领域，彼特斯（Peters）为教师作为后真相语境中真理仲裁者的专业自主权辩护，指出被限制了“批评性”的教育行业逐渐被奥威尔式（Orwellian）的政党所规定的工具性和功利性的目的所侵蚀，引致了社会民主进一步衰弱的危机。[3] 在环境生态领域，阿曼达（Amanda）和保罗（Paul）探讨了在气候变化、能源开采、生态可持续性等现实议题中，情绪超越了“理性的证据”和“确凿的事实”而成为许多公共话语中的主导力量。[4]

表 3.3　国内后真相研究主题聚类分析

编号	聚类主题	重要关键词
#1	公共舆论	舆情、素养、谣言、网民、自媒体、视频、算法、情绪化、政府、场域、热点、评论、仪式、话题、特点、编辑、风险、把关、宣泄、负面
#2	新闻业	客观性、科学、真理、新闻报道、记者、新闻界、理念、从业者、大众传媒、证据、主观性、谎言、公民、交往
#3	伦理	伦理、青年、意识形态、异化、共同体、场域、社会主义、网络空间、秩序、精神、风险、爱国主义、诉求
#4	哲学	哲学、文本、符号、叙事、科学、娱乐、范式、思维、场景、语境、哲学家、融合、对话、学术、虚构、自由
#5	政治	政治传播、民粹主义、精英、民主、特朗普、政府、极化、意识形态、冲突、运动、政党、欧洲、平等、自由、全球化、脱欧、选民、政策、文明
#6	真相	假新闻、事实核查、素养、教育、算法、大选、记者、治理、新闻报道、信息茧房、Facebook、公民

1　Speed E, Mannion R .The Rise of Post-truth Populism in Pluralist Liberal Democracies: Challenges for Health Policy[J]. International Journal of Health Policy and Management, 2017.

2　Ozeke O, Cay S, Ozcan F, et al.Post-truth era and cardiology: After ORBITA, before CABANA［J］.Indian Heart Journal, 2018, 70（3）.

3　Peters M A. Education in a post-truth world［J］. Educational Philosophy and Theory, 2017（49）: 1-4.

4　Amanda, M, Di, et al.The Environmental Humanities in a Post-Truth World［J］.The Goose, 2017, 15（2）.

表 3.4　国外后真相研究主题聚类分析

编号	聚类主题	重要关键词
#1	education	student、emotion、identity、woman、class、justice、feeling、affect、body、peace、school、pedagogy、art、subject、gender、violence、law
#2	philosophy	content、twitter、crisis、lie、campaign、conspiracy、party、bullshit、internet、commitment、disinformation、misinformation、rhetoric、tweet、mass、trust
#3	economy	energy、risk、economy、service、economics、trust、market、growth、method、cost、industry、justice、trade、management、business、network、technology、company
#4	environment	climate、scientist、expertise、sustainability、technology、consensus、authority、quality、inquiry、possibility、scholar、assessment、competence、soil、land、ecology
#5	news	journalism、journalist、credibility、technology、content、security、objectivity、standard、expert、authority、processing、video、identity、network、audience、facebook、psychology、newspaper、fake news
#6	politics	leadership、populism、populist、organization、elite、party、risk、president、politician、protest、ideology、Europe、Brexit

在聚类分析的基础之上，我们运用 Python 可视化工具 pyLDAvis 得到了国内外后真相研究的主题模型图（图 3.5、图 3.6）[1]，左面板用于描述主题模型的全局视图，使聚类效果具有更强的可解释性。圆圈面积大小代表了每个主题的流行程度，圆心距离的远近代表了主题之间的相关性。右面板的条形图则能表示与每个主题直接相关的前 30 个关键词以及每个关键词在当前所选定主题中的特定频率（深色）和在整个文本中的频率（浅色）。如果未选定主题，右面板将显示整个语料库中前 30 个最突出的关键词。

1　Experiments on Topic Modeling-PyLDAvis［EB/OL］.［2019-11-26］.

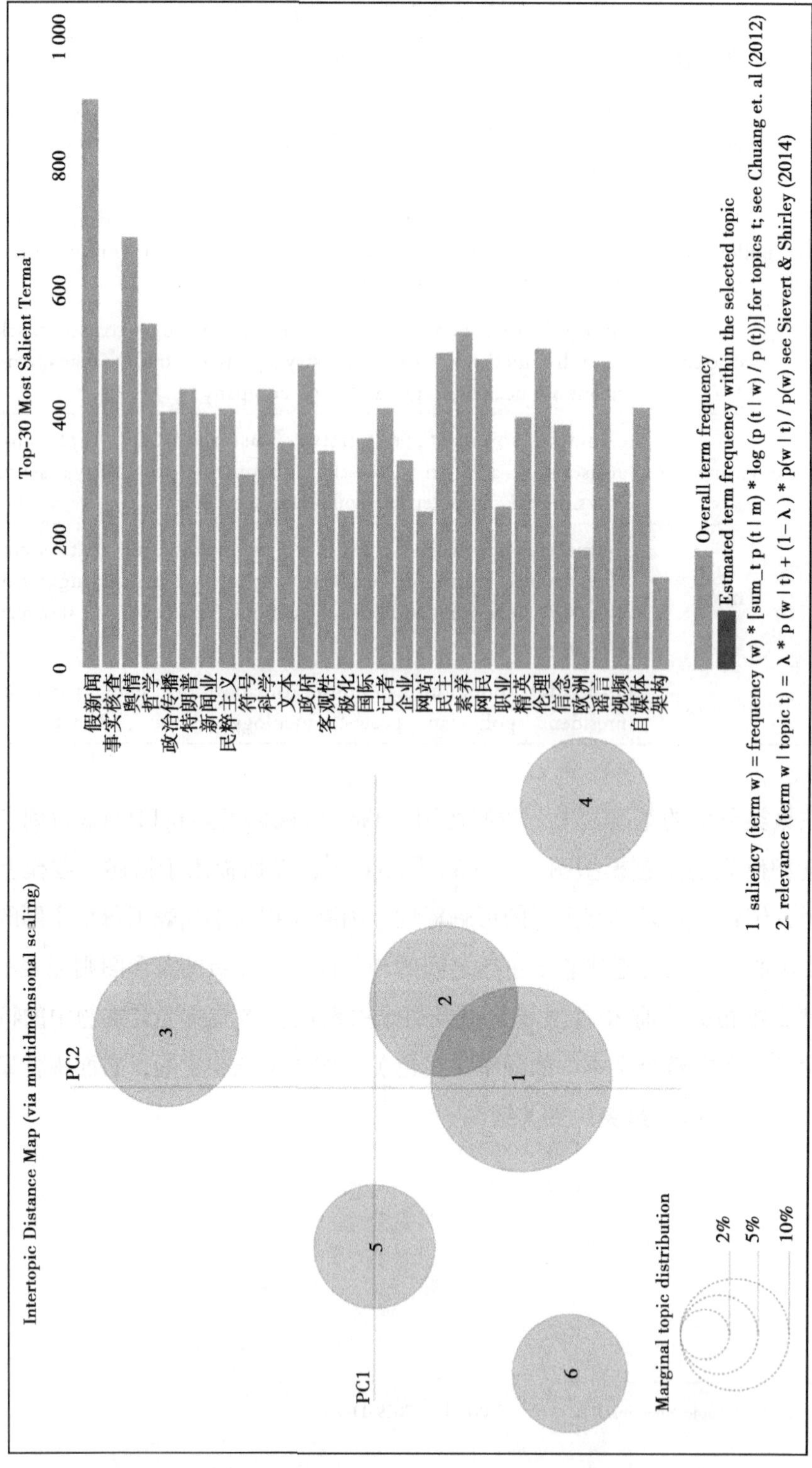

Intertopic Distance Map (via multidimensional scaling)
PC2
PC1
1
2
3
4
5
6
Marginal topic distribution
2%
5%
10%
Top-30 Most Salient Terms1
0
200
400
600
800
1 000
假新闻
事实核查
舆情
哲学
政治传播
特朗普
新闻业
民粹主义
符号
科学
文本
政府
客观性
极化
国际
记者
企业
网站
民主
素养
网民
职业
精英
伦理
信念
欧洲
谣言
视频
自媒体
架构
Overall term frequency
Estmated term frequency within the selected topic
1 saliency (term w) = frequency (w) * [sum_t p (t | m) * log (p (t | w) / p (t))] for topics t; see Chuang et. al (2012)
2 relevance (term w | topic t) = λ * p (w | t) + (1 − λ) * p(w | t) / p(w) see Sievert & Shirley (2014)

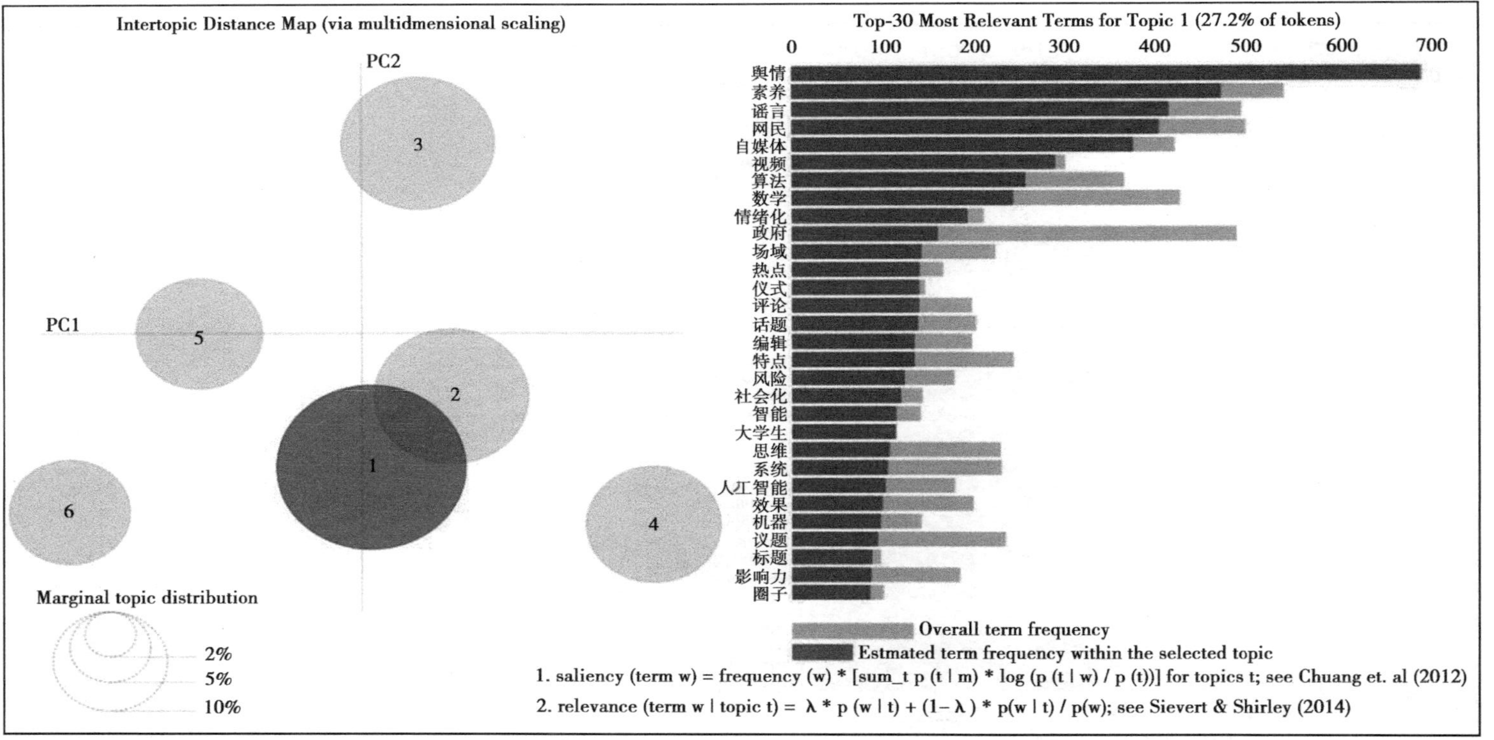

图 3.5 国内后真相研究主题模型图

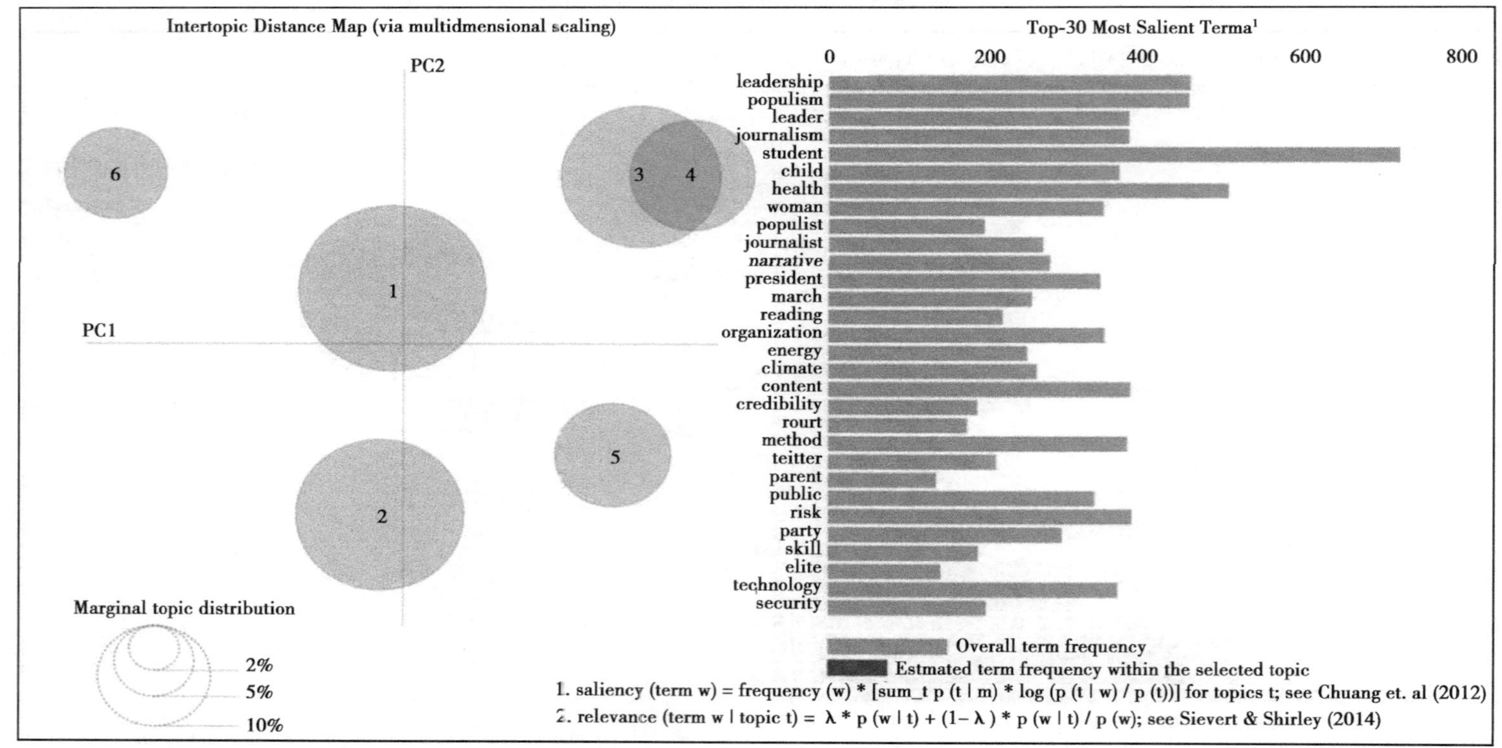
Intertopic Distance Map (via multidmensional scaling)
PC2
PC1
6
1
2
3
4
5
Marginal topic distribution
2%
5%
10%
Top-30 Most Salient Terma1
0
200
400
600
800
leadership
populism
leader
journalism
student
child
health
woman
populist
journalist
narrative
president
march
reading
organization
energy
climate
content
credibility
rourt
method
teitter
parent
public
risk
party
skill
elite
technology
security
Overall term frequency
Estmated term frequency within the selected topic
1. saliency (term w) = frequency (w) * [sum_t p (t | m) * log (p (t | w) / p (t))] for topics t; see Chuang et. al (2012)
2. relevance (term w | topic t) = λ * p (w | t) + (1− λ) * p (w | t) / p (w); see Sievert & Shirley (2014)

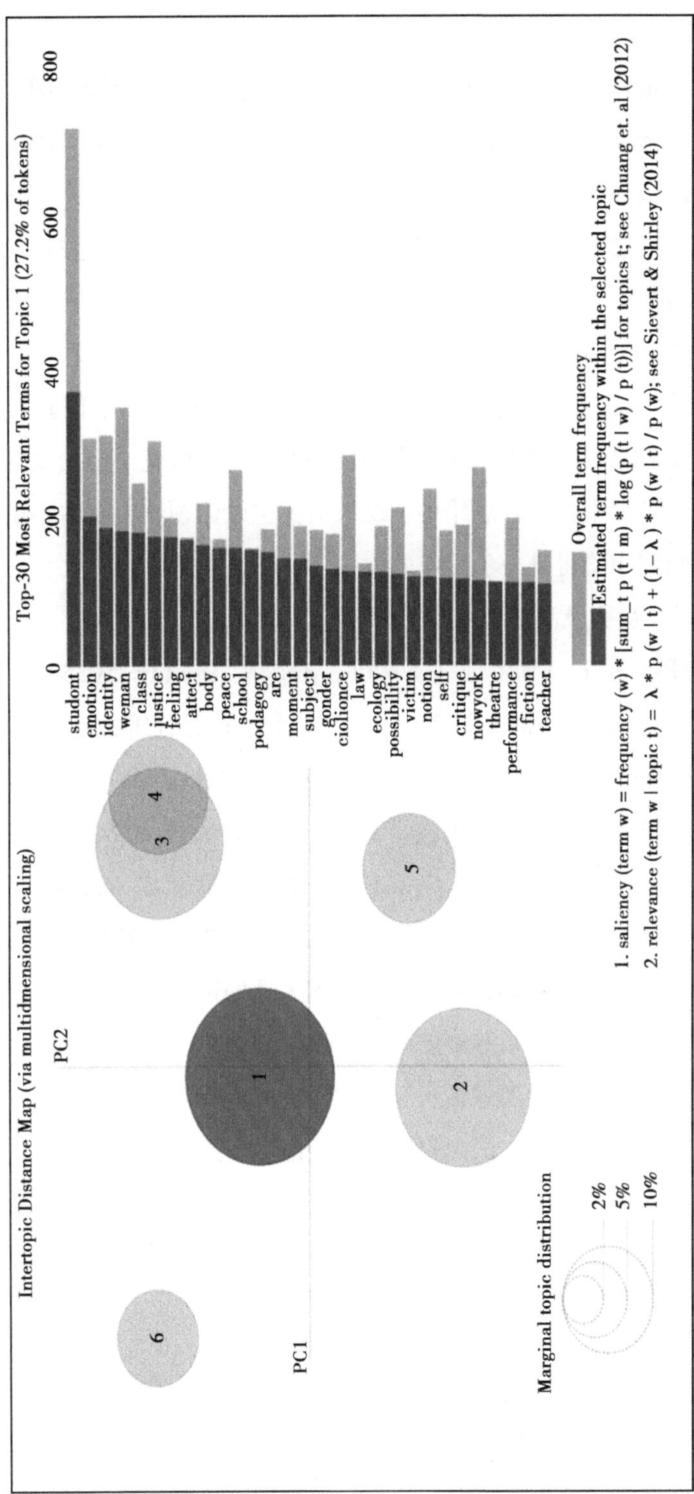

图 3.6　国外后真相研究主题模型图

由于 pyLDAvis 可视化工具得到的结果是一个动态图，为此，我们分别选取国内外较受关注的两个主题“公共舆论”“education”进行分析，图 3.5、图 3.6 显示的深色圆圈分别代表“公共舆论”“education”这两个主题，国内后真相研究主题模型图的条形图面板（图 3.5）表示在“公共舆论”的主题下，“舆情”“谣言”“自媒体”“情绪化”等关键词在研究中的主导地位，尤其关注社交媒体迅速发展过程中对数字理性的探讨和情绪主导事件的舆情发酵所带来的社会负面影响等方面。由图 3.6 可见，国外研究者在“education”主题中更加关注“教育学”“情感”“身份认同”等问题，例如，莫德凯（Mordechai）认为由于假新闻和另类事实的入侵，使得商议民主视野下对学生的公民教育的尝试变得更加复杂，而通过平衡学生在公民教育中批判性思维的训练和对民主政治领域中基本知识的学习是公民教育讨论热潮中值得进一步思考的问题。[1]

（四）文献共被引及高被引文献分析

本研究利用 CitespaceV 生成了 N=206，E=744，Density=0.0352 的国外后真相研究的文献共引知识图谱（图 3.7）。从统计意义上分析，当共引文强度值超过一定的阈值时，必定会反映出文献的内容的相似性以及它们在学术思想上的紧密联系。图 3.7 文献共引知识图谱显示，共引量超过 20 次的两篇论文分别是奥尔科特（Allcott）和根茨科（Gentzkow）2017 年发表在 *Journal of Economic Perspective* 期刊上的论文以及思蒙多（Sismondo）2017 年发表在 *Social Studies of Science* 期刊上的论文。[2, 3] 前者从 2016 年美国大选的选民如何消费假新闻以及假新闻如何在消费者中产生效用等经济学现象出发勾画出一个媒体市场模型，说明了后真相语境下假新闻的出现增加了私人和社会成本等问题；后者则以“我们是否进入了后真相时代”发问，试图揭示后真相语境下选民如何被政治集团操控以及“民主”与“威权”的内在联系与逻辑。

1 Mordechai G .Lying in Politics: Fake News, Alternative Facts, and the Challenges for Deliberative Civics Education［J］. Educational Theory, 2018, 68（1）: 49-64.

2 H Allcott, Gentzkow M.Social Media and Fake News in the 2016 Election［J］. Journal of Economic Perspectives, 2017, 31（2）: 211-236.

3 Sismondo S. Post-truth？［J］.Social Studies of Science, 2017（47）: 3-6.

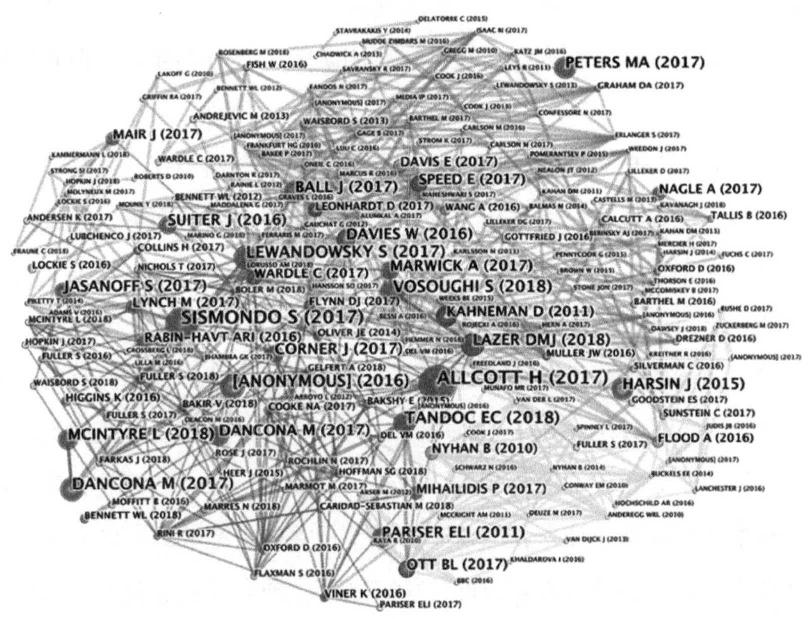

图 3.7　文献共引知识图谱（国外）

在高被引经典文献中，被引率较高的两本文献分别是美国作家拉尔夫·凯斯（Ralph Keyes）的著作《后真相时代：当代生活中的不诚实与欺骗》（*The Post-Truth Era: Dishonesty and Deception in Contemporary Life*）和哈利·G. 法兰克福的著作《论扯淡》（*On Bullshit*），[1, 2] 前者阐释了“后真相”的哲学内涵，后者则开宗明义地探讨了“胡扯”与“说谎”的辩证关系。

（五）学科结构及期刊分布

从学科分布来看，国外传播学在后真相研究领域累计发文 73 篇，占据了总数的 18%；随后是“政府与法律”（41 篇）、“教育与教育研究”（40 篇）、“政治科学”（30 篇）、“信息科学与图书馆科学”（28 篇）等学科占主要研究阵营。从国外后真相研究的学科分布图来看，其涵盖的学科范围较广，教育（30 篇）、经济（37 篇）、环境（28 篇）、宗教（12 篇）等领域的发文量在国外后真相研究中占一席之地。从横向角度分析，国内主要研究领域则大多集中在新闻传播学

1　Keyes R, The Post-Truth Era: Dishonesty and Deception in Contemporary Life［J］.New York: St.Martin’s Press, 2004: 2-36.

2　哈里·G. 法兰克福 . 论扯淡［M］. 南京：译林出版社，2008：5-20.

（135篇），占据发文总量的79%，紧随其后的政治学、社会学、公共管理学等学科领域有影响力的文章不多，代表性科研团队较少，直接导致了前瞻性研究匮乏等问题。

从发文期刊及共被引期刊的分布表来看，国外后真相研究不仅是学术界的研究热点，业界主流媒体对“后真相”的相关报道热度也居高不下，形成了学界和业界交融互通的景象。从国外媒体发文共被引统计表（表3.5）来看，排名前8位的媒体机构全部来自英美国家主流媒体，这与2016年英国公投脱欧、特朗普当选美国总统两起政治事件紧密相连，进一步佐证了国外后真相研究的政治学传统。除此之外，从期刊分布（表3.6）看来，国外学界关注的议题范围更加广泛，除传播学、社会学等相关领域的学术期刊外，*Science*、*Nature* 等具有高影响因子的国际期刊也从不同视角注入新的研究力量，且共被引率较高，已有的一些交叉研究也涉及人文社会科学的许多方面。相较之下，国内刊发有关后真相研究的期刊集中在新闻传播领域和哲学领域，主要集中在《青年记者》（30篇）、《探索与争鸣》（12篇）、《新闻界》（10篇）、《新闻记者》（10篇）、《现代传播》（9篇）、《新闻与写作》（7篇）、《新闻与传播研究》（5篇）、《国际新闻界》（4篇）等，而其他专业领域的期刊发文较少，可见国内有关后真相研究还未跨越学科边界，现有研究大多围绕新闻伦理、舆论管控、哲学探讨等层面，缺少跨学科的知识重组与创新。

从研究者和研究机构来看，国外后真相研究的主要作者群和研究机构较为稳定，学术团队意识较强，学界和业界的互动性比较频繁，国外业界有关后真相的深度报道被学界引用较高，在后真相研究的领域中也占有一席之地。相比较而言，国内有关后真相研究的知识群体较为分散，机构间的合作依然匮乏，学界和业界之间研究的割裂性较为明显。

表3.5　国外媒体发文共被引统计表

媒体机构	所属地	共被引
New York Times（《纽约时报》）	美国	88
Guardian（《卫报》）	英国	87
Washington Post（《华盛顿邮报》）	美国	51

续表

媒体机构	所属地	共被引
The Atlantic（《大西洋月刊》）	美国	28
Independent（《独立报》）	英国	24
BBC News（《英国广播公司》）	英国	18
Economist（《经济学人》）	英国	15
CNN（《美国有线电视新闻网》）	美国	14

表 3.6　国外期刊发文共被引统计表

期刊名称	影响因子	领域	共被引
SCIENCE	41.063	交叉学科	43
NATURE	43.070	交叉学科	41
New Media & Society	4.800	传播学	31
Journal of Communication	3.753	传播学	29
NATION	0.871	政治学	27
Journal of Economic Perspectives	6.451	经济学	26
Information Communication & Society	4.124	社会学、传播学	24
PloS One	2.776	交叉学科	24
NATL ACAD SCIENCES USA	9.580	交叉学科	24
Digital Journalism	2.679	传播学	22
Media Culture & Society	1.886	社会学、传播学	21

三、后真相的研究现状及未来展望

早在 1992 年，美国《国家》杂志上发表了一篇关于海湾战争的文章《后真相及其后果》（Post-truth and Its Consequences），首次使用了“后真相”一词，并赋予其“情绪的影响力超越事实”的含义，但该词在当时并未引起注意。此后，“后真相”一词虽然屡被提及，也并没有产生多大的社会反响。直到 2016 年，英国脱欧公投和美国特朗普上台两大事件促使“后真相”一词迅速走红，使用频度增长了 2000%，而特朗普被认为是“后真相”时代的代表性人物，虽然他经常攻击一些主流媒体报道“假新闻”，但似乎他本人并不在意什么是真实的，他的选民也不在意。[1]因此，“后真相”一词的流行很大程度上是由英国脱欧公投和美国特朗普上台两起黑天鹅事件所引发的。2016年11月，《牛津词典》将“post-truth”评为英语世界年度热词，牛津词典总裁卡斯帕·格拉思沃尔解释道，过去的2016年被极具争议性的政治和社会舆论主导，“后真相”当选2016年度热词并不令人意外。

随着社交媒体的日益普及，国外研究者倾向于认为“后真相”是民粹主义的重要表现，并认为民粹主义政治家更偏好使用尤其是以社交媒体为喉舌的新媒体工具来兜售“假新闻”和传播“另类事实”，通过煽动对“另一方”的恐惧和仇恨情绪来重塑选民意见。如哈维特（Havt）将“后真相”定义为一个为了创造和传播虚构的公共政策“事实”而不断发展的行业，代表愿意为之付出代价的商业和意识形态利益。民粹主义政治传播的研究在不断变化的媒体环境中显得越来越重要[2]，正如伊尔马兹（Yilmaz）所强调的那样，民粹主义者更多地扮演情感说服的角色，而不是理性和真理的标准。[3]以特朗普外现的“情感真相”（emo-truth）为例，他经常表现为“失去控制”和真实的“攻击性”，以获得“积极的信任”[4]，尤其是在他的种族歧视、侮辱女性等侵略性的话题中得以体现。此外，还有他咄咄逼人的肢体语言（威胁性的面部表情和手势）、公开发表或接受采访时的语调和音量以及“攻击性”陈述的频率和打断对话者的反应等情绪。正因为如此，理解民粹主义复杂性时，突出民粹主义交际和表演层面的方法同样重要。[5]

另外，在政治选举中的公共舆论、社交媒体、新闻伦理等方面，域外学术界围绕“后真相”现象进行了一系列研究。亚当·库哈尔斯基（Adam Kucharski）通过分析社交媒体的技术特点发现，后真相时代的虚假新闻和“回音室”效应有关[6]；梅雷迪思·莱文（Meredith Levine）主张借鉴心理学通行的“金水法则”来

1 张之琪．中国进入“后真相”时代：谣言的真实目的是确认自己的焦虑［N］．界面文化，2017-12-04.

2 Rabinhavt A. Lies, Incorporated: The World of Post-Truth Politics［M］. Prescott: Anchor Books, 2016.

3 Yilmaz, Gozde. Post-truth politics in the 2017 Euro-Turkish crisis［J］. Journal of Contemporary European Studies, 2019, 27（2）: 237-246.

4 Harsin, Jayson. Trump l'il: Is Trump's Post-Truth Communication Translatable?［J］.Contemporary French & Francophone Studies, 2017, 21（5）: 512-522.

5 Sengul K . Populism, democracy, political style and post-truth: issues for communication research［J］.Communication Research & Practice, 2019: 1-14.

6 Kucharski A . Post-truth: Study epidemiology of fake news［J］. Nature, 2016, 540（7634）: 525-525.

规范后真相时代的新闻伦理[1]；尤恩·斯皮德与罗素·曼尼恩视“后真相”为民粹主义运动，指出后真相政治尝试利用社交媒体作为喉舌，通过制造“假新闻”来煽动恐惧和仇恨的“他者”[2]；曼纽尔·阿里亚斯-马尔多纳多（Manuel Arias-Maldonado）指出社交网络本身就是一种情感驱动的平台，促进人们建构了志同道合的“道德部落”，改变了政治行动者和公民的相互联系[3]。

但国外的后续研究并不仅仅围绕政治选举而展开，而是呈现多学科、多领域发展的态势，所涉及的议题除了政治哲学、新闻传播、社会心理领域外，还涉及经济、宗教、健康、教育、环境生态等领域。在经济金融领域，霍普金（Hopkin）和罗萨蒙德（Rosamond）强调了“政治辞令”与“真相”之间关系的松动，考察了自金融危机以来英国政界在当代宏观经济政策中围绕公共债务和预算赤字问题的辩论特点，认为政治话语中“扯淡”（bullshit）策略与“赤字拜物教”论调上升之间有着重要联系[4]；在医疗健康领域，斯比特（Speed）和曼尼（Mannion）认为应当抵制排他性民粹主义者将“国家保护主义”作为借词，限制医疗保健领域的国际合作，剥夺边缘化社会群体获得健康服务的权利等政治行为，呼吁公民积极参与现代医疗政策制定和实施，认为这将有助于弥合全球健康不平等的现实鸿沟[5]；在教育领域，彼特斯为教师作为后真相语境中真理仲裁者的专业自主权辩护，指出被限制了“批评性”的教育行业逐渐被奥威尔式（Orwellian）的政党所规定的工具性和功利性的目的所侵蚀，引致了社会民主进一步衰弱的危机[6]；在环境生态领域，阿曼达（Amanda）和保罗（Paul）探讨了在气候变化、能源开采、生态可持续性等现实议题中，情绪是如何超越“理性的证据”和“确凿的事实”而成为许多公共话语中的主导力量的[7]。

1　Levine M A .Journalism Ethics and the Goldwater Rule in a Post-Truth Media World. [J] . Journal of the American Academy of Psychiatry & the Law, 2017, 45（2）: 241.

2　Speed E, Mannion R. The Rise of Post-truth Populism in Pluralist Liberal Democracies: Challenges for Health Policy [J]. International Journal of Health Policy & Management, 2017, 6 （5） : 249-251.

3　Maldonado M A .Rethinking Populism in the Digital Age： Social Networks，Political Affects and Post-Truth Democracies, 2017.

4　Hopkin J, Rosamond B .Post-truth Politics, Bullshit and Bad Ideas: ‘Deficit Fetishism’ in the UK [J] . New Political Economy, 2017: 1-15.

5　Hopkin J, Rosamond B .Post-truth Politics, Bullshit and Bad Ideas: ‘Deficit Fetishism’ in the UK [J] . New Political Economy, 2017: 1-15.

6　Peters, M. A, Education in a Post-truth World [J] . Educational Philosophy and Theory, 2017, 145-150.

7　Amanda, M, Di, et al.The Environmental Humanities in a Post-Truth World [J] .The Goose, 2017, 15（2）.

相比较而言，国内学界对公共舆论中的后真相研究侧重如下三个方面：一是就理论溯源而言，学者们试图在哲学探讨、后现代主义思潮、批判学派和美国传播学派中找到理论源头；二是就生产实践逻辑而言，更多探讨了“后真相”给国家社会带来的政治危机、技术危机、道德危机，并且关注真相与民粹主义的泛滥和次生政治舆论等相关议题[1]；三是就新闻业与公共舆论而言，国内学者对“后真相”的关注主要集中在社交媒体时代的假新闻、群体极化、网络舆论中的情绪化以及新闻业的危机等，多数研究围绕着假新闻概念辨析、形成原因及发展特征、发生与影响机制、新闻业的伦理失范与困境及“假新闻”的治理等核心议题展开大量研究，研究重心也逐渐从“倒逼真相”和“追问真相”向着“掌握真相的解释权”转移。

有关后真相的研究在本土化过程中也同时呈现出一些颇具特色的现象，有研究将“情感动员”与后真相结合起来，视后真相为公众情绪表达和社会动员的后果，因此是一种社会病症。陈文育和任丽雪认为，从事实坍塌、舆论误导、信任异化与非理性表达等方面来说，“后真相”显而易见是一种社会“病症”，但“后真相”问题中包含着许多有价值的元素，比如由情感驱动的群体连接促使群体在不断变动中的分化与聚合能更加有效地推动言论的自由。[2]也有学者将“后真相”概念与中国特定社会生态结合起来，视之为一种正常的社会现象。朱鸿军等人认为，“后真相”作为一种另类的知识或情绪，能够通过非理性的形态对抗强权并且引发人们对真相的批判性思考，从某种意义上来说是社会变革的推动力量。[3]喻国明等人通过脑电技术对“后真相”语境下的情绪化文本进行了传播效果研究，研究认为“后真相”是对新闻价值内涵的扩展与重塑，应当运用“后真相”文本易传播的特点来改进既有的新闻文本生产。[4]冯建华认为“后真相”不完全是对真相的消解，而只是改变了真相的形成方式，即真相不是单一的，不是自上而下

1 漆亚林．“后真相时代”新型主流媒体的价值重构［J］．新闻与传播研究，2018，25（S1）：105-107.

2 陈文育，任丽雪．“后真相”时代终将延续下去——论数字空间里的社会分化与群体聚合［J］．中国青年研究，2019（2）：14-19.

3 朱鸿军，季诚浩，蒲晓．后真相：民粹主义的一种社交媒体景观［J］．江苏大学学报（社会科学版），2019，21（3）：14-22.

4 喻国明，钱绯璠，陈瑶，等．“后真相”的发生机制：情绪化文本的传播效果——基于脑电技术范式的研究［J］．西安交通大学学报（社会科学版），2019，39（4）：73-78，2.

地被“告知”，而只能在多元开放的传播场域中，共同探寻或建构真相。这预示着在“事实碎片”裹挟的“后真相”幻景中，真相将变得更加来之不易，但也不容易被彻底蒙蔽。[1]可见，“后真相”不再完全被定义为消极、负面，甚至病态的意义，而是一种特定的公共话语实践和动员方式。情感被视为一种道德资源和社会能量，也成为公民表达和集体行动的一种社会资源和动员工具，是特定政治机会机构下的一种“合理选择”，能够产生舆论倒逼效应，有时还是获取真相的一种“迂回手段”。理解了这一点，我们就不会简单地把网络舆论中的情感动员和后真相概念机械嫁接在一起，避免理解上的错位。

某种程度上，西方国家后真相问题的产生是理性过度发展的结果，因此，打破制度的束缚，释放情感活力，成为后真相现象的内在驱动力。事实上，西方国家政治选举中的情绪化现象早已有之，只不过特朗普现象将之推向了极致，但不能由此把它简单归结为民粹主义的抬头和新闻业的危机，因为诉诸情感和价值观立场也不必然导致真相的丧失。它只是意味着原来没有被我们的认识所把握的真相的硬核的浮现，不能简单地将其视为民粹主义的复兴，而是要意识到这些现象背后所隐藏的复杂原因。

让人欣慰的是，后真相概念的引入虽然有“新瓶装旧酒”之嫌，但确实推动了学界在网络舆论方面的深度思考。近年来，围绕后真相议题，有关舆论中的“情感”与“理性”、“情感”与“真相”、“情感”与“公共领域”的讨论逐渐增多，尤其是涉及治理方式上，有研究开始将情感作为一种社会资源，并重新思考它在公共领域和协商民主中的作用。[2, 3]如果能将社会情绪视为社会治理的一种可能资源，实现“情感交流”和“协商对话”，将有助于丰富社会治理的工具箱。[4]

1　冯建华 . 后真相、公共传播与共同体构建［J］. 宁夏社会科学，2019（2）：204-208.

2　蓝江 . 后真相时代意味着客观性的终结吗［J］. 探索与争鸣，2017（4）：10-13.

3　袁光锋 . 情感何以亲近新闻业：情感与新闻客观性关系新论［J］. 现代传播（中国传媒大学学报），2017，39（10）：57-63，69.

4　原文发表于《全球传媒学刊》2021 年第 2 期，收录至本书时有删改。

第四章

经典理论的重估与再阐释

当前我国舆论学的理论主要来自新闻传播学、政治学、社会学等学科，占据主流的仍然是西方经典理论如议程设置、框架理论、第三人效果、沉默的螺旋、群体极化、公共领域等。但是上述理论主要发端于大众传播时代，是否适应分众化、圈层化传播环境？是否适用不同国家的社会政治环境？这些问题还需要不断地进行检验才能回答。本章将围绕公共舆论的经典理论，如沉默的螺旋、第三人效果、媒介动员、新闻框架理论等，重新讨论各种理论在互联网环境的适应性，尝试提出新的解释框架，以丰富舆论学理论的解释力。

第一节　沉默的螺旋理论

诺依曼的理论既富有哲学思辨，又依托严谨的实验和定量研究，涉及了人文社会科学的众多领域。研究者很难理解她的全部思想要旨，以致众说纷纭，褒贬各异：放大她的结论者有之，以思辨的方式否定她的定量研究方法有之，检验其实验研究变量的有效性而得出自相矛盾的结论者有之，在此基础上发掘新的变量者也有之。随着媒介环境从大众传播向网络环境的转变，“沉默的螺旋”理论的适用性引发了更大的争议，“颠覆论”“复活论”“变体论”等理论层出不穷，有学者甚至提出“反沉默的螺旋”的观点。从近年来的研究来看，越来越多的学者尝试借助互联网技术进行实证分析，或数据挖掘、或实验、或建模，推进了相关研究，但是，过多的技术分析也容易将研究工具或测量手段得出的数据等同于研究对象本身。因此，从原点出发，重读诺依曼的“沉默的螺旋”理论，重新审视该理论引发的种种争议，思考它在不同社会、文化情境下的适用性，具有重要意义。

一、“沉默的螺旋”理论：主要争议与质疑

“沉默的螺旋”理论由德国传播学者伊丽莎白·诺埃勒·诺依曼1972年在东京举办的世界心理学大会上提出。诺依曼认为，舆论的形成不是社会公众“理性讨论”的结果，而是“意见环境”的压力作用下，人们对“优势”意见采取趋

同行动这一非合理过程的产物。“强势观点大声疾呼，弱势观点保持沉默，这样的现象不断自我循环，一方大声地表达自己的观点，另一方可能吞下自己的观点，保持沉默，从而进入螺旋循环—优势意见占明显的主导地位，其他的意见从公共图景中完全消失，并且缄口不言，这就是被人们称为沉默的螺旋的过程。”[1]“沉默的螺旋”理论暗含以下四个假设：社会向有偏差的个体施加被孤立的威胁；个体能不断感受到被孤立的恐惧（准官能统计）；出于对被孤立的恐惧，个体不断努力估计意见气候；估计的结果影响了他们的行为。[2]

“沉默的螺旋”理论一经提出即获得了学术界的广泛关注，与此相关的研究汗牛充栋，或佐证、或质疑、或修补，使该理论成为传播学最具争议性的理论，主要体现在以下几个维度。

（一）“准感官统计”变量难以精确量化，存在自相矛盾的结论

“沉默的螺旋”理论假设个体有感觉意见气候的能力，尽管这个结论主要缘于诺依曼受选举过程的启发，但是她仍然雄心勃勃，想把这个结论扩展到社会生活的方方面面。她反复尝试通过“坐火车”实验来测量和检验个体对意见气候的灵敏程度，得出了“准官能统计”是人的一项本能反应的结论。“在我们的理解中，公共意见与职业类型、是否具有批判能力、是否满足政治领域的宣称无关，且所有人都参与其中。”[3]但是，有学者正是从这一点入手，质疑诺依曼的这一判断的科学性，如格林（Glynn）、麦克劳德（McLeod）等人指出，个体对害怕孤立的恐惧具有多大强度才可能会影响其行为，害怕孤立本身是变量还是一个常量，这都是悬而未决的问题[4]；穆茨（Mutz）认为由于个体理性的有限，第三人效果以及认知不协调等机制存在，很难去准确评估意见气候[5]；马蒂斯（Matthes）、莫里森（Morrison）等人则引入“态度不确定性”理论，发现“沉默的螺旋”只

1 伊丽莎白·诺尔-诺依曼. 沉默的螺旋舆论——我们的社会皮肤［M］. 董璐，译. 北京：北京大学出版社，2013：5.

2 伊丽莎白·诺尔-诺依曼. 沉默的螺旋舆论——我们的社会皮肤［M］. 董璐，译. 北京：北京大学出版社，2013：216.

3 伊丽莎白·诺尔-诺依曼. 沉默的螺旋舆论——我们的社会皮肤［M］. 董璐，译. 北京：北京大学出版社，2013：64.

4 Glynn, C. J. & McLeod, J. M. Implications of the Spiral of Silence Theory for Communication and Public Opinion Research［M］. In KR Sanders, L. L. Kaid & D. D. Nimmo, Political Communication Yearbook, Carbondale, Ⅲ : Southern Illinois University Press, 1984.

5 Mutz, D. Impersonal Influence: How Perceptions of Mass Collectives Affect Political Attitudes［M］. Cambridge University Press, 1998.

对部分中坚分子有效[1]；邦德（Bodor）认为沉默螺旋受到一系列条件因素的制约，测试沉默假说本身与沉默螺旋理论框架是不一致的，其自变量在概念上与理论框架存在不一致性[2, 3]。与此相反，达利赛（Dalisay）通过访谈等手段，研究西太平洋关岛登记选民们对大约8600名美国海军陆战队员和10000名家属平民从冲绳搬到关岛的观点，以及要求受访者表达对当地新闻媒体的感知，发现当地媒体的感知与公众的支持度呈现正相关。刘可蓝（Liu）通过世界杯的记者报道的结构和语义的分析，收集了323个世界杯上新闻报道数据，分析了赢家和输家的报道。研究发现，记者的看法、报道风格或报道语言比较显著地影响了公众的判断与选择。[4]

（二）不同的文化传统、社会背景和媒介环境具有不同的表现形式

由于"沉默的螺旋"理论所采取的样本主要来源于1965年和1972年两次大选，主要的实验空间局限于德国，是否能在不同的社会背景、文化传统和媒介环境适用，是存疑的。黄惠萍（Huang）指出，越是强调集体主义的国家，"沉默的螺旋"理论越奏效，越是强调多元主义的国家如美国，"沉默的螺旋"理论几乎不起作用。[5]诺维尔什（Neuwirth）通过对墨西哥的个案分析，发现公众对意见气候的感知并没有遵循少数服从多数的惯例。[6]休梅克（Shoemaker）等人的研究结果也表明，对孤立的恐惧与个体选择沉默或公开没有直接的关系，而且因不同情境有不同的表现，如在东亚一些国家的测试结果和"沉默的螺旋"理论一致，在日本并没有出现多数人影响少数人的情况。[7]刘洋质疑"沉默的螺旋"理论没有考虑到不同国家政治制度、社会生态以及文化的差异，其结论将面临着媒介角

1 Matthes, J. , Morrison, K. R. & Schemer, C, A Spiral of Silence for Some: Attitude Certainty and the Expression of Political Minority Opinions［J］. Communication Research, 2010, 37（6）: 774-800.

2 Dalisay, F. S, The Spiral of Silence and Conflict Avoidance: Examining Antecedents of Opinion Expression Concerning the U. S. Military Buildup in the Pacific Island of Guam［J］. Communication Quarterly, 2012, 60（4）: 481-503.

3 Bodor, T, The Issue of Timing and Opinion Congruity in Spiral of Silence Research: Why Does Research Suggest Limited Empirical Support for the Theory?［J］. International Journal of Public Opinion Research, 2012, 24（3）: 269-286.

4 Liu, K, Perceptual Reality in News Reporting "the World Cup": a Perspective from the Spiral of Silence［J］. Canadian Social Science, 2009, 1（1）: 144.

5 Huang, H, A Cross-cultural Test of the Spiral of Silence［J］. International Journal of Public Opinion Research, 2005, 17（3）: 324-345.

6 Neuwirth, K. , Testing the Spiral of Silence Model: the case of Mexico［J］. International Journal of Public Opinion Research, 2000, 12（2）: 133-158.

7 Shoemaker, P. J. , Breen, M. & Stamper, M. , Fear of Social Isolation: Testing an Assumption from the Spiral of Silence［J］. Irish Communication Review, 2000, 8: 65-78.

色不清晰、概念测量不规范、理论边界模糊的困境。[1] 杜骏飞认为，在有关社会伦理道德、行为规范的争议问题上，多数意见可以产生巨大的社会压力，而在一些技术性、程序性的问题上，“沉默的螺旋”会陷入无知下的沉默，未必有效。[2] 陈力丹甚至把诺依曼的理论和纳粹主义联系起来，认为尽管诺依曼的理论论证过程是科学的，见解是独到的，但是，她年轻时在纳粹统治下的生活经历同时影响着她的判断，以至过于强调大众媒介的统治力，过于强调从众以及过于美化舆论的社会整合功能，忽视了个体及少数人的意见，这是值得我们警惕的。[3]

（三）“孤立的恐惧”心理变量太过单一，忽视了人性的复杂

“沉默的螺旋”理论一个重要的前提是“人由于害怕孤立而选择沉默”。但是，这一心理变量常常被质疑太过单一，没有考虑到人性的复杂和情景的差异。因为人除了害怕孤立而沉默，还有无知的沉默（不知道）、无所谓的沉默（不感兴趣）、选择性沉默（选择自己有利或感兴趣的）等。如哈耶斯（Hayes）提出了“乐意的自我审查尺度”的变量，指出，“乐意的自我审查程度”对个人选择发挥了重要作用，越对自己严格审查的人越不愿意表达意见。[4] 诺维尔什则将选择表达或沉默与个体的受教育程度、性格、能力联系起来，认为受教育程度越高者越积极发言，与媒体保持频繁关系的拥有较大信息量的意见领袖更容易发表见解。[5] 何雪莉（Ho）等人以新加坡同性恋婚姻合法化为研究对象，通过调查、访谈等手段，发现在新加坡，害怕孤立与个人表达意呈负相关，而新闻关注度、问题显著性与个人表达意愿呈正相关。[6] 在国内，此问题同样引发了部分学者的关

1　刘洋．“沉默螺旋”的发展困境：理论完善与实证操作的三个问题［J］．国际新闻界，2011，33（11）：37-42.

2　杜骏飞．无法沉默的螺旋——纪念诺埃勒－纽曼（Elisabeth Noelle-Neumann）［J］．新闻记者，2010（5）：49-52.

3　陈力丹．“沉默螺旋”与法西斯主义的关联辨析［J］．新闻大学，2007（1）：9-19.

4　Hayes A F.Statistical methods for communication science［M］. London: Routledge，2020.

5　Neuwirth K. Testing the spiral of silence model: The case of Mexico［J］. International Journal of public opinion research, 2000, 12（2）: 138-159.

6　Ho S S, Chen V H H, Sim C C. The spiral of silence: Examining how cultural predispositions, news attention, and opinion congruency relate to opinion expression［J］. Asian journal of communication, 2013, 23（2）: 113-134.

注，有学者从“沟通意愿”[1]“沟通能力”[2]“面子”[3]“尴尬”[4]角度入手，修正“沉默的螺旋”理论中孤立的恐惧之外的复杂的心理变量。

事实上，在政治学和社会学的研究中，群体心理的研究由来已久，且成果颇丰，群体心理呈现的形态可谓纷繁复杂，远不是“沉默”一词所能涵盖的。早在20世纪初，法国社会心理学家古斯塔夫·勒庞就描述了群体心理具有“愚蠢、偏执、专横、人云亦云”的特点[5]；哲学家罗素亦将群体的癫狂状态描述得淋漓尽致[6]；莫斯科维奇、奥克肖特等人也认为，个体进入到群体中会产生权力的幻觉，导致集体狂欢，并且由于个体理性的阙如，大众容易成为精英操控的“木偶”，造就“群氓的时代”[7]和“反叛的大众”[8]，正因为此，德国社会学家罗伯特·米歇尔斯曾用“寡头政治铁律”来形容民主的虚假本质，指出“大众民主无论在机制上还是在技术上都是不可能的”[9]。20世纪70年代，奥尔森等公共选择理论学派学者重新审视了群体心理，使用“成本—效益”分析方法解释个人偏好与政府公共选择的关系，如使用“搭便车”理论、“博弈”论、决策理论等解释了群体的“理性导致的非理性”行为，指出“理性的、寻求自我利益的个体不会采取行动实现共同的或者集体的利益”[10]。群体中的个体不再是沉默的大多数或狂欢的乌合之众，而是精于计算、追求成本—收益最大化的个体。

上述理论从另一种视角诠释了群体行为的各种形态，虽然它们并未与“沉默的螺旋”理论产生过交集，但却为群体心理的研究提供了更广阔的时空背景，我们能从中发现，“沉默”只是群体行为的冰山一角，现实情境远比我们的理解复杂得多。但是，如果重新审视“沉默的螺旋”理论，我们会发现诺依曼最终的

1 张金海，周丽玲，李博．沉默的螺旋与意见表达——以“抵制家乐福”事件为例［J］．国际新闻界，2009（1）：45-48.

2 熊壮．“沉默的螺旋”理论的四个前沿［J］．国际新闻界，2011，33（11）：43-48.

3 崔蕴芳，沈浩．“面子”与“沉默的螺旋”——一种检验和探索［J］．现代传播，2005（6）：49-52.

4 刘海龙．沉默的螺旋是否会在互联网上消失［J］．国际新闻界，2001（5）：62-67.

5 古斯塔夫·勒庞．乌合之众：大众心理研究［M］．冯克利，译．北京：中央编译出版社，2005：35.

6 罗素．权力论［M］．吴友三，译．北京：商务印书馆，1998：17.

7 塞奇·莫斯科维奇．群氓的时代［M］．许列民，薛丹云，李继红，译．北京：江苏人民出版社：2006.

8 奥尔特加特·加塞特．大众的反叛［M］．刘训练，佟德志，译．长春：吉林人民出版社，2004.

9 罗伯特·米歇尔斯．寡头统治铁律：现代民主制度中的政党社会学［M］．任军锋，等译．天津：天津人民出版社，2003：21.

10 曼瑟尔·奥尔森．集体行动的逻辑［M］．陈郁，郭宇峰，李崇新，译．上海：上海人民出版社，1995：2.

落脚点并不在群体心理，也不在大量非常严谨而细致的控制实验，而在于她对舆论本身的研究，她由此不惜从故纸堆里翻出洛克、休谟、麦迪逊、卢梭、托克维尔等人的论述，为其理论做注解。她通过对舆论形成的整体性观察，认为多元化的舆论很难形成，因为舆论形成过程既不会出现像弥尔顿所设想的形成“意见的自由市场”，也极少出现不同观点的长久僵持或一方微弱胜利（如51%与49%），而是在人的社会性本质作用下，一方疾呼、一方沉默的寡头化过程，诺依曼称之为“最后一分钟的雪崩效应”。由此可见，诺依曼对舆论的观察绝不仅仅是“沉默的奥妙”，而在于揭示舆论的“寡头化铁律”，从这一点来说，诺依曼和其他精英学派的观点殊途同归。

二、追本溯源：从原始文本中回应几个容易被误读的细节

以上对“沉默的螺旋”理论的质疑视角各异，有些确实是一针见血，击中要害。但是，如果放眼诺依曼的整个理论体系，质疑者无疑忽略甚至误解了一些细节。正如她在2001年的著作的补遗中说：“对于一个获得了如此多的关注的理论，很显然它也会成为被误解的对象，当然，许多对它的误解是很容易解释的。”[1]误解的消除正需要追本溯源，如果回到诺依曼的论证过程和论证目的，我们可以从原始文本中寻找到一些被忽略的细节，以此来对各种争议或误读进行替代性回应。

（一）人的社会性本质永远存在，只是存在表现程度的差异

针对理论样本主要来自德国、理论未必在不同文化环境下均适用的质疑，诺依曼回应道：人们不应对此产生质疑，她曾用大量试验考察了不同国度（美国、英国、西班牙、韩国等）该理论的适用性问题，得出的结论是，“她赋”“羞耻感”“害怕孤立的恐惧”等是一个普遍的心理现象，只不过在不同的国家有不同程度的表现，“一个社会的存在何以可能，只有通过羞耻感，只有通过个体的孤立恐惧，只有通过公共舆论”。另外，虽然每个国家文化不同，但基本的道德标准和是非观念是共通的，“因此不用怀疑，人们几乎无法想象，在其他的地方和

1　伊丽莎白·诺尔－诺依曼．沉默的螺旋舆论——我们的社会皮肤［M］．董璐，译．北京：北京大学出版社，2013：248.

其他时间里，其他的道德伦理观中，还有其他的好坏和对错的标准”[1]。所以“人们不应该用现在的标准评价过去事件，而应该积极地放弃道德评价……在所有社会中，人们都要面对来自意见气候，能够促使一致性和起到凝聚作用的压力”[2]。而对于施拉姆等指责该理论只适合沉默状态下的个体感知，不适用公共场合交流下的状态，如果我们看完诺依曼在此著作中呈现的大量“坐火车”的实验，会发现这个质疑显然也是站不住脚的。

（二）意见气候只能影响处于中间的摇摆不定派，议题主要是关乎道德

诺依曼认为人的社会性本质决定了对意见气候的感知，这是人的本性使然，是一个自然的过程，不可否认在有些人利益相关度非常高、对此问题深思熟虑或者自我表达的意愿超乎常人的情况下，“沉默的螺旋”理论的影响微乎其微，但是大多数情况下，中间的摇摆不定派总是占多数，他们很容易受到意见气候的影响。对此，诺依曼用图案、胸针、徽章、海报、媒体报道等描绘了一个多样化的图景，其中，诺依曼对大众媒体的强大威力情有独钟，她认为，相同的议题被大众媒体反复报道后，会强化公众的认知，影响他们对意见气候的感知，产生“共鸣效果”“累积效果”和“遍在效果”。她同时认为，不论何种意见气候，影响的只能是左右摇摆的中间派，对少数顽固分子是无济于事的，而她所选取的样本——“选举”完全符合这个特征，由于选举本身和大部分民众没有直接的关系，公众对选举对象没有直接的利益关联，甚至对候选人没有清晰的印象，所以，选择 A 和选择 B 对于大多数人来说并不是一个牢不可破的信念，而是随时可能由于风向的转向而改变。“1972 年选举中，那些自我意识弱以及对政治缺乏兴趣的人最容易在最后几分钟发生突变，希望站在胜利者一边，希望登上乐队花车，希望一起吹着喇叭，这样的意向一定能使追随者远离弱势。”[3]对“沉默的螺旋”理论不适合技术性、程序性议题的质疑，如果从群体心理的视角来看，这种质疑是合理的，但是如果从舆论学的视角来看，这种质疑又值得商榷，因为舆论几乎

1 伊丽莎白·诺尔－诺依曼．沉默的螺旋舆论——我们的社会皮肤［M］．董璐，译．北京：北京大学出版社，2013：251.

2 伊丽莎白·诺尔－诺依曼．沉默的螺旋舆论——我们的社会皮肤［M］．董璐，译．北京：北京大学出版社，2013：256.

3 伊丽莎白·诺尔－诺依曼．沉默的螺旋舆论——我们的社会皮肤［M］．董璐，译．北京：北京大学出版社，2013：256.

总是关乎于道德和价值判断的，而技术类、程序类话题难以形成舆论（不具备大众化特点），正如诺依曼所说："必须检查，这个话题是否感性化，是否富有道德判断，没有价值判断负担就不会产生公共舆论的压力，也就没有沉默的螺旋。"[1]

（三）意见气候感知并不意味舆论的非理性，而是社会秩序的必要条件

诺依曼对李普曼的观点论及颇多，从某种意义上说，他们对舆论的解读具有相同的气质。但是与李普曼的"刻板印象""拟态环境"论证路径不同，在诺依曼笔下，舆论的形成并不是非理性的过程，也不是深思熟虑的结果，而是人的社会性本质作用下自然而然的过程。公共舆论在诺依曼笔下被视为"被公开的和被媒体报道后的意见"，它与民主本身无关，而且舆论发挥着强大的社会整合能力，有利于社会规范的形成，它与自由和包容无关，"当一个社会通过针对偏离的个体施以孤立的威胁，以保护人们普遍信仰的价值观时，我们也不应该草率地将这个社会评判为缺乏包容的、不自由的"[2]。因此，舆论是社会皮肤，它敏感而脆弱，却是社会的外在的保护层。从这一点来看，诺依曼与其他精英主义学者对公共舆论有着截然不同的见解。精英主义学者对大众的非理性和偏执等颇有微词，甚至怀疑民主的真实性，但是在诺依曼看来，个体对意见气候的感知，趋利避害乃是人的社会性本质的体现，它是社会凝聚力的形成乃至社会秩序维持的关键要素。

总之，如果将"沉默的螺旋"理论放在舆论学中考察，诺依曼所揭示的实质是舆论的集中化和寡头化现象（与此相反是舆论的多元化，如弥尔顿笔下的"意见的自由的市场"、哈贝马斯笔下的"公共场域"以及国内学者近年来提出的"自我净化"的概念）。她的论证方式不管是思辨还是实证，都是为论证舆论的合法性地位服务的，既然"沉默的螺旋"的实质是舆论的寡头化，那么它应包括两种状态："自下而上"的螺旋和"自上而下"的螺旋，少数中坚分子倒戈一击的状态并不是真正意义上的"反沉默的螺旋。"

1　伊丽莎白·诺尔－诺依曼．沉默的螺旋舆论——我们的社会皮肤［M］．董璐，译．北京：北京大学出版社，2013：214.

2　伊丽莎白·诺尔－诺依曼．沉默的螺旋舆论——我们的社会皮肤［M］．董璐，译．北京：北京大学出版社，2013：189.

三、互联网及中国背景下“沉默的螺旋”理论的适用性

到了互联网时代，“沉默的螺旋”理论遭到了更为广泛的质疑，因为从表面上来看，在互联网环境下，虚拟交流取代了面对面（face to face）的交流，理论赖以存在的前提条件（群体压力、孤立的恐惧等）可能不复存在，如朱珉旭认为互联网的隐蔽性、虚拟性给了上网者安全感，少数派不再回避处于优势的多数群体，而是更多地反抗该多数群体，强烈地表达意见。[1] 钱培、周宏刚认为网络传播的匿名性会使个体在进行自我表达时较少顾及社会规范的约束，可以随意发表自己的观点，他们无需对自己的行为承担心理上的负担，因此，群体压力在网络状态下将不复存在。[2, 3] 此外，有学者还提出“反沉默的螺旋”现象。如姚珺指出互联网环境下“沉默的螺旋”将倒置，因为很多公共事件是由少数中坚分子扭转意见气候，影响事件走向。[4] 王国华等人提出了网络环境下“反沉默的螺旋”的两种截然不同的现象，一种为“理性的反沉默螺旋”，另一种为“非理性的反沉默螺旋”[5]。原源则提出了“变幻的螺旋”的概念，认为“沉默的螺旋”在网络空间变幻莫测，有时为上升的螺旋，有时为下降的螺旋，有时为上下反弹的“弹性螺旋”[6]。龙小农提出了“沉默的螺旋倒置”的观点，他把网络空间的集群称为“I-crowd”，倒置意味“民众将不再迷信政府、大众传媒，而是注意自我感受，主张自身权利，不愿当被动受众，而是积极的参与者和建构者”[7]。

上述研究多从定性角度入手，推断出“沉默的螺旋”理论将不复存在或者式微的结论，与此相反，部分学者则通过微观定量方法，反而印证了“沉默的螺旋”理论的存在。如李罗莲、金龙焕基于“沉默螺旋”的理论框架下，研究了 118 名韩国记者在 Twitter 上发表的有关争议韩国性话题的言论行为，结果表明，“沉默的螺旋”理论不仅适用于一般网民，也适用于记者：当感到自己的观点与 Twitter

1 朱珉旭．当代视域下“沉默的螺旋”理论的反思［J］．国际新闻界，2014，36（1）：66-75.

2 钱培．“沉默的螺旋”假说在网络空间中的局限性分析——以王石“捐款门”事件为个案［J］．东南传播，2008（11）：68-69.

3 周宏刚．沉默不再扩散——沉默的螺旋理论在网络时代的变迁［J］．东南传播，2006（5）：45-46.

4 姚珺．互联网中的反沉默螺旋现象［J］．武汉理工大学学报（社会科学版），2004（3）：286-288.

5 王国华，戴雨露．网络传播中的“反沉默螺旋”现象研究［J］．北京理工大学学报（社会科学版），2010，12（6）：116-120.

6 原源．变幻的螺旋：社会舆论形成的复杂性与多样性——网络时代“沉默的螺旋”面临的挑战［J］．山西师大学报（社会科学版），2011，38（2）：152-154.

7 龙小农．I-crowd 时代“沉默的螺旋”倒置的成因及影响——以“PX 项目事件”的舆论引导为例［J］．新闻与传播研究，2014，21（2）：70-79，127.

用户的观点存在很大差异时，一些记者不愿意在 Twitter 上发表观点，特别是那些政治立场保守的记者容易认为自己的观点是少数派。[1] 吉尔哈特等人把“沉默的螺旋”理论放在社交媒体背景下进行实证检验，他们通过网络调查 760 名受访者，谈论一起同性恋歧视事件。研究发现，线上各种意见回应策略与意见气候保持较高的一致性，这表明“沉默的螺旋”现象同样存在于社交媒体。[2] 舒尔兹（Schulz）等人认为，人们在网络环境下，由于映射（投射）效应，可能导致对舆论环境的感知更为方便。[3] 英国独立报发表了一篇《沉默的螺旋：在线社会媒体鼓励自我审查》，也指出互联网用户倾向于聚集与志同道合的个人而大量的在线提示信号批准（喜欢、转发、评论等），使人更敏锐地感知意见气候，导致“沉默的螺旋”现象。[4] 此外，《纽约时报》2014 年 8 月 19 日发表题为《社交媒体如何抑制辩论》（How Social Media Silences Debate）的文章，其中援引了皮尤研究中心的一份研究报告，称 Facebook 和 Twitter 等社交媒体不但没有强化政治参与，反而削弱了人们畅所欲言的意愿，互联网也没有摆脱线下生活中的“沉默的螺旋”理论。[5]

需要指出的是，以上对网络条件下“沉默的螺旋”理论实用性的研究不管是宏观还是微观视角，定量还是定性，依然没有回归到舆论学的轨道上来，也没有很好把握诺依曼对沉默螺旋理论的精神要旨。在诺依曼笔下，沉默的螺旋理论即舆论寡头化是不可避免的，它是人的社会性本质的体现，是社会秩序的必要条件。如果放在我国网络社会生态中，我们会发现舆论的寡头化倾向会更明显，群体压力，意见气候的感知将会得到更清晰的呈现，只不过，这种“一边倒”的舆论并不是诺依曼笔下的“团结社会、凝聚共识”的力量，而是批评和解构的一股体制外力量。

---

1 Lee N Y, Kim Y. The spiral of silence and journalists' outspokenness on Twitter［J］. Asian Journal of Communication, 2014, 24（3）: 262-278.

2 Gearhart S, Zhang W. Gay bullying and online opinion expression: Testing spiral of silence in the social media environment［J］. Social science computer review, 2014, 32（1）: 18-36.

3 Schulz A, Roessler P. The spiral of silence and the Internet: Selection of online content and the perception of the public opinion climate in computer-mediated communication environments［J］. International journal of public opinion research, 2012, 24（3）: 346-367.

4 Vincent, James. The 'Spiral of Silence': How Social Media Encourage Self-Censorship Online［EB/OL］.［2022-06-22］.

5 Miller, C. , How Social Media Silence Debate［N］. New York Times, 2014-08-28.

四、结论与反思

李普曼用“刻板印象”论证舆论的非理性，而诺依曼尝试用人的社会性本质来解释舆论形成的“寡头”倾向，他们共同诠释了舆论的“不完美”。由此可见，无论是自上而下的“沉默的螺旋”，还是自下而上的“沉默的螺旋”，本质上都是舆论的集中和寡头化，只是方向相反罢了。事实上，少数中坚分子倒戈一击的状态并不是真正意义上的“反沉默的螺旋”，而是“反向沉默的螺旋”，真正意义上的“反沉默的螺旋”指的是“意见的自由市场”下舆论的多元化呈现。[1]

第二节　第三人效果理论

“第三人效果”虽源于戴维森的舆论学研究，但却在传播效果、广告学等领域大放异彩，成为大众传播学中最为流行的理论之一。2004 年，麦伦·布雷恩特（Miron Byrant）曾选取 3 种办刊超过或者接近 50 年的传统新闻传播学核心期刊与创刊 10 年左右的国际新闻传播界研究核心方阵的期刊进行对比研究，研究发现，“第三人效果”与“议程设置”“涵化理论”“中介模式”并列排在所有 6 种期刊的第二位（出现频率均为 16 次）；在新兴的 3 种新闻传播学期刊中，“第三人效果”理论却高居榜首[2]。与此同时，第三人效果理论在不同时代、不同环境下的适应性和解释力也引起了诸多学者的关注。本节将尝试梳理第三人效果理论的研究现状，重新审视第三人效果研究模型的内在缺陷，尝试丰富理论解释框架，进一步拓展理论的运用空间。

一、第三人效果：理论溯源与心理机制

第二次世界大战后，戴维森在参加战时档案的整理研究时，一位年轻的历史学家给他讲述了一个奇怪的事件，引起了戴维森的研究兴趣。太平洋战争期间，硫磺岛上驻有一支由白人军官和黑人士兵组成的美军部队，日军向该岛空投了大批传单，宣传美日之战是白人挑起的战争，日本人和有色民族并无纷争，煽动黑人士兵投降或逃亡。出乎意料的是，第二天这支美军部队竟然全部撤退了。后来

1　原文发表于《国际新闻界》，2015 年第 5 期，收录至本书时有删改。

2　禹卫华，张国良. 传播学在中国 30 年：效果研究的反思与进路——以“第三人效果理论”研究为例［J］. 国际新闻界，2008（7）：15-18.

发现，传单其实对黑人士兵并没有产生影响，因为在随后的战斗中，黑人士兵表现英勇，而白人军官和上级指挥部门则担心日军的心理战会在黑人中产生影响，于是决定先撤退。

此后，戴维森对第三人的认知与行为产生了浓厚的兴趣。从 1978 年，戴维森以“纽约州长选举竞选宣传的影响”“电视广告对儿童的影响”以及“1980 年美国总统大选选举报道的影响”为题先后做了系列实验，实验结果都证明了“第三人效果”的存在。1983 年，美国学者菲利普斯·戴维森（Davison）在《舆论季刊》上发表《传播的第三人效果》一文，正式提出“第三人效果假说”（third-person effect hypothesis）。该假说预测，在认知层面上，人们往往会高估大众媒体信息对他人在态度和行为上的影响，即受众接触到说服讯息时，可能会预期该信息对其他人的影响力大于对自己的影响。在行为层面上，该假说预测，这种“第三人效果”认知会使人们可能采取某些相应的行动，从而避免他人受到媒介内容影响后的行为影响到本人的权益。所以，人们可能支持对媒介内容有所管制，以防止媒介对他人造成不良影响。[1]

后来，“第三人效果假说”逐渐发展为“第三人效果”理论，在 20 世纪 90 代中期迅速成为媒介效果研究的重要方向之一。研究者采用不同措辞、提问方式或顺序，发现“第三人效果”是一种普遍持久的现象，只是受到具体情境的限制而已[2]，尤其当人们认为媒介内容是具有说服性、负面的、社会需要度不强时，会觉得他人比自己更容易受到信息的影响。事实上，“第三人效果”作为一种说服或宣传技巧，并非凭空想象，而是具有强大的文化和人性基础。如中国文化传统中类似于“声东击西”“欲擒故纵”“围魏救赵”“项庄舞剑，意在沛公”等成语中所蕴含的操控谋略可谓殊途同归。

研究者尝试结合社会心理学理论解释“第三人效果”产生的心理动机，主要有以下几个视角：其一，自我强化与乐观偏见。“自我强化”是指人们将自身的优点放大，觉得自己比别人更胜一筹，更能抗拒说服性信息，不易受到负面信息的影响。乐观偏见表现为对自己的能力盲目乐观，觉得与他人相比，自己遭遇不幸的概率较低，或者觉得自己不太容易受到负面事件的影响。而当人们在对行为

1 Davison W P. The third-person effect in communication［J］. Public opinion quarterly, 1983, 47（1）: 1-15.

2 Perloff R M. The third person effect: A critical review and synthesis［J］. Media psychology, 1999, 1（4）: 353-378.

做出解释时，会倾向于将自己的行为归因于外在情境因素，将他人的行为归因成其内在性格因素，因此产生“乐观偏差”心理[1, 2, 3]，这种“不切实际”的乐观是自我保护与降低焦虑的防卫机制，会增强负面信息所产生的“第三人效果”。[4]某种程度上，“乐观偏差”和“第三人效果”认知差异都体现出人们认可自我以及维持自尊的心理认知。[5]在后续研究中，罗文辉和牛隆光、杨莉明均发现自我尊重能作用于“第三人效果”认知。[6, 7]其二，专家心态。研究表明，议题的涉入度越高，越容易产生专家心态，越容易自我强化，尤其是受过专业训练或者受过良好教育认识的人，越容易有社会距离的自我感知，导致对自己地位较低的阶层启用负面判断。因此，在接触“不良”或者复杂类信息时，拥有专家心态的人会倾向于认为自己的免疫力更高，不容易受到媒介内容的不良影响。但是，如果作为监管者，更为重视不良信息对他者（尤其是未成年人）的潜在影响，在行为上倾向于对负面信息加大审查范围和力度。其三，社会期望。符合社会期望或者社会主流价值的信息容易产生第一人效果，主要是指公益广告的传播影响，如禁止吸烟、禁止酗酒、保护环境等。研究表明，人们往往倾向于分享和推荐与社会主流价值相一致的信息或产品，原因在于人们认为它们更符合社会期待，由此启动了第一人效果（也有人称之为反向第三人效果），但也有研究表明，第一人效果仍然是由专家心态、乐观偏见等心理机制所驱动，只不过由于媒介信息的性质改变，引发了行为的差异而已（由抵制转为推广宣传）。其四，群体感染下的从众行为与风险规避。比如在选购产品尤其是送礼时，虽然不认为产品有多好，但由于别人都在购买，代表着一种社会潮流，尽管有专家心态“作祟”，但在送礼时仍然会投其所好，选择随大流的从众行为。此外，在抢购风潮中，也不乏有第

1 Heider, F. The Psychology of Interpersonal Relations［M］. New York: Wiley, 1958.

2 Huh J, Delorme D E, Reid L N. The third-person effect and its influence on behavioral outcomes in a product advertising context: The case of direct-to-consumer prescription drug advertising［J］. Communication Research, 2004, 31（5）: 568-599.

3 Weinstein N D. Unrealistic optimism about future life events［J］. Journal of personality and social psychology, 1980, 39（5）: 806.

4 Brosius H B, Engel D. The causes of third-person effects: Unrealistic optimism, impersonal impact, or generalized negative attitudes towards media influence?［J］. International Journal of Public Opinion Research, 1996, 8（2）: 142-162.

5 Gunther A. What we think others think: Cause and consequence in the third-person effect［J］. Communication Research, 1991, 18（3）: 355-372.

6 罗文辉，牛隆光．自尊，第三人效果与对限制媒介支持度的关联性研究［J］．新闻学研究，2003（75）：141-167.

7 杨莉明．自我尊重、自我效能与第三人效果中的自我—他人差异［J］．国际新闻界，2012，34（4）：13-18.

三人效果的影子。在抢购的过程中，或许当事人并不相信媒介信息，但他可能会预判他人会受此影响引发抢购，导致产品短缺影响自己的生活，为了规避风险，有人正是在这种“第三人”的想象支配下加入到了抢购大军之中。

二、第三人效果理论的影响要素及研究进展

戴维森将“第三人效果”后续行为分为两个部分：一是“第三人效果”影响个人行为；二是“第三人效果”基于对社会的保护[1]，在公共政策制定方面所造成的影响，当媒介内容为负面性质时，受众会支持媒介管制来保护他人。[2]概括而言，“第三人效果”对行为的研究题材包括色情内容、新闻[3, 4, 5, 6]、广告、电子邮件转发[7]、电视收看行为、手机谣言和恐慌行为、艾滋歧视报道[8]等方面。此外，“第三人效果”的影响因素也是学界的研究重点。Perloff 总结出几项较为显著的影响因素，包括社会距离和涉入度。[9]社会距离是指受访者自己与他人的距离，通常以性别、年龄、教育背景、地理环境、政治倾向和心理上与受访者的接近程度为划分标准。[10]当他人与自己社会距离越大时，“第三人效果”认知差异越大。社会认同理论和社会归类理论为此提供了解释框架。[11]在研究中，吉普森（Gibbson）等人发现受访者认为随着他人与自己社会距离的增大，“第三人效果”

1　Davison W P. The third-person effect in communication［J］. Public opinion quarterly, 1983, 47（1）: 1-15.

2　Sun Y, Shen L, Pan Z. On the behavioral component of the third-person effect［J］. Communication Research, 2008, 35（2）: 257-278.

3　林素真 . 总统大选负面新闻与第三人效果［J］. 传播与社会学刊，2010（11）：71-104.

4　林育昇 . 置入性行销新闻的第三人效果［J］. 广播与电视，2011（32）：71-107.

5　Kim H. The role of emotions and culture in the third-person effect process of news coverage of election poll results［J］. Communication Research, 2016, 43（1）: 109-130.

6　Jang S M, Kim J K. Third person effects of fake news: Fake news regulation and media literacy interventions［J］. Computers in human behavior, 2018, 80: 295-302.

7　洪雅慧 . 网络电子邮件之“第三人效果”与“第一人效果”——以台湾“319 枪击疑云”电子邮件散播为例［J］. 新闻学研究，2007（90）：1-42.

8　邱鸿峰，彭璐璐 . 集体主义文化与艾滋歧视报道的第三人效果［J］. 新闻界，2016（21）：11-20.

9　Perloff R M. The third person effect: A critical review and synthesis［J］. Media psychology, 1999, 1（4）: 353-378.

10　Eveland Jr W P, Nathanson A I, Detenber B H, et al. Rethinking the social distance corollary: Perceived likelihood of expsoure and the third-person perception［J］. Communication Research, 1999, 26（3）: 275-302.

11　Tajfel, H. , Turner, J. C, An Integrative Theory of Intergroup Conflict［J］. The Social Psychology of Intergroup Relations, 1919, 33: 94-109.

也随之增强。[1, 2, 3, 4]涉入度包括“议题涉入度”和“个人涉入度”，“第三人效果”强度与个人对于信息的涉入程度有关[5]，甚至可能引发“反转第三人效果”。[6]针对敌对媒体氛围[7]、种族议题[8]、选举新闻[9]的研究发现，个人涉入感高的人会认为信息对自己及与自己关系密切的内团体影响较小，对外团体影响较大。但在谷歌退出中国的新闻报道“第三人效果”研究中，个人涉入程度高的受访者反而认为谷歌退出中国新闻对自己影响也较大。[10]此外，科恩（Cohen）指出，“议题涉入感”对“第三人效果”也会产生影响，这是由于当公众对某一主题讯息涉入感较深时，会产生专家心态，倾向于认为他人认知有限，且容易受到媒介报道的影响的判断。[11, 12]但是，也有实证研究发现议题涉入度高的受众出现了“反转第三人效果”，即倾向于认为自己比他人更容易受到媒介信息的影响。[13, 14]

可见，“第三人效果”理论的研究变量主要有社会距离、个人涉入度和议题涉入度，但极少有研究将情感作为单独变量被考虑在内。事实上，“第三人效果”所揭示的现象属于社会心理学研究范畴，相关变量的设定还有进一步完善的空间。2019年，本书作者曾将情感因素作为独立变量，探讨民族主义信息在大学生群体认知层面的“第三人效果”影响，尝试丰富“第三人效果”的理论模型。研究发现，爱国情感负向预测“第三人效果”认知差异，即受访大学生的爱国情感越

1 Gibbon P, Durkin K. The third person effect: Social distance and perceived media bias［J］. European Journal of Social Psychology, 1995, 25（5）: 597-602.

2 Cohen J, Mutz D, Price V, et al. Perceived impact of defamation: An experiment on third-person effects［J］. Public Opinion Quarterly, 1988, 52（2）: 161-173.

3 White H A. Considering interacting factors in the third-person effect: Argument strength and social distance［J］. Journalism & Mass Communication Quarterly, 1997, 74（3）: 557-564.

4 David P, Morrison G, Johnson M A, et al. Body image, race, and fashion models: Social distance and social identification in third-person effects［J］. Communication Research, 2002, 29（3）: 270-294.

5 Davison W P. The third-person effect in communication［J］. Public opinion quarterly, 1983, 47（1）: 1-15.

6 Perloff R M. Ego-involvement and the third person effect of televised news coverage［J］. Communication research, 1989, 16（2）: 236-262.

7 Vallone R P, Ross L, Lepper M R. The hostile media phenomenon: biased perception and perceptions of media bias in coverage of the Beirut massacre［J］. Journal of personality and social psychology, 1985, 49（3）: 577.

8 Price V, Tewksbury D, Huang L N. Third-person effects on publication of a Holocaust-denial advertisement［J］. Journal of Communication, 1998, 48（2）: 3-26.

9 Duck J M, Hogg M A, Terry D J. Me, us and them: Political identification and the third - person effect in the 1993 Australian federal election［J］. European Journal of Social Psychology, 1995, 25（2）: 195-215.

10 罗文辉，程晓萱．谷歌退出中国新闻的第三人效果研究［J］．资讯社会研究，2012（23）：66-95.

11 Cohen J, Mutz D, Price V, et al. Perceived impact of defamation: An experiment on third-person effects［J］. Public Opinion Quarterly, 1988, 52（2）: 161-173.

12 Davison W P. The third-person effect in communication［J］. Public opinion quarterly, 1983, 47（1）: 1-15.

13 林美雅，向倩仪，蔡维鸿．瘦身广告的第三人效果［J］．中华传播学刊，2005（7）：227-253.

14 林圣庭．脸书使用之第三人效果研究：以壹传媒交易案为例［J］．资讯社会研究，2014（26）：31-62.

强烈，认为民族主义信息对自己和对他人的影响差异越小。其原因可能是抵制韩国乐天运动中同时存在正面民族主义信息和偏激极端负面信息，但当爱国情感进行调节时，极端民族主义信息可能降低受访大学生对其有害性的认知，甚至归类为社会需要信息进行处理。此外，民族主义运动主体的思维基础是“想象的共同体”，在强烈的民族认同社会氛围下，受访者与他人共享情感和集体记忆。由此，面对抵制韩国乐天的信息，爱国情感越强烈的受访大学生反而认为自己和作为情感共同体的他人受到的影响差异越小。

社会距离远近不同会产生“第三人效果认知”差异。“第三人效果”理论认为，社会距离近的人受到的信息影响较小，社会距离远的人所受信息影响较大。但在情感变量的作用下，社会距离可能会被爱国情感所冲淡，不管教育程度、经济收入、社会地位等方面有何等差异性，但是在爱国情感方面是大同小异的，这将挑战过往的相关研究结论。

研究还发现个人涉入度正向预测“第三人效果”。由于大学生是“韩流”的主要受众群体，抵制乐天运动与其切身利益相关，当个人涉入度增加时，大学生群体倾向认为自己不容易受到抵制乐天的信息影响，反而他人受到的影响大。此外，大学生群体抵制韩国乐天的议题涉入感越高时，“第三人效果”认知差异反而越小，在抵制韩国乐天的民族主义运动中，议题涉入感重新调节了“第三人效果”感知。由于相关信息具有一定的鼓动性，并且迎合社会中强烈的舆论气氛，当大学生群体受到此类意见气候影响时，会减少专家心态的形成。[1]

三、从第三人效果到假定影响的研究转向

假定影响理论被认为是“第三人效果”的衍生理论，由美国威斯康星大学的传播学者古特尔（Gunther）和斯托瑞（Storey）2003 年发表的论文《假定影响的影响》（The Influence of Presumed Influence）正式提出。[2] 假定影响（Presumed Influence）假定他人会受到媒体（舆论）的影响这一信念作用于自我的态度或行为。它是从第三人效果框架中产生的，但与原始理论的着力点和分析路径不同。二者的核心区别在于：其一，第三人效果是建立在自我信念基础上的，而假定影响是

1　详细内容可参见郭小安，尹凤意．民族主义运动中大学生群体的爱国情感与“第三人效果”——以抵制韩国“乐天”事件为例［J］．新闻大学，2019（4）：75-86，119.

2　Gunther A C, Storey J D. The influence of presumed influence［J］. Journal of Communication, 2003, 53（2）: 199-215.

建立在对媒体（舆论）影响力的信念基础上的。其二，个体态度或行为的结果并不依赖于任何自我与他人感知上的差异，换句话说，自我差异感知并非这个模型中必然的因素，因此具有了更广泛的应用空间。其三，假定影响专门应用于说明假定媒体（舆论）影响他人所带来的后果等复杂过程，从而在不同层面丰富了媒介间接效应理论。

有学者研究发现，在SSCI数据库中，从2003年到2018年以媒体假定影响作为研究主题的文章共有71篇，集中在政治传播、健康传播和社会政策领域。相比较而言，国内对假定影响的研究仍比较缺乏，相关学术论文不足10篇，主要集中在广告研究、信息搜索领域，且以实证研究为主；即使有学者论及假定影响也是在分析第三人效果理论中涉及。[1]

与第三人效果理论相比，假定影响并不依赖于自我与他人的感知差异，而是直接建立在感知媒体（舆论）对其他人影响与自我行为之间存在特定因果关系基础上进行，因此，假定影响理论既可以运用于传统的传播效果与广告学相关研究，又可以深入到公共舆论、集体行动领域，用于解释政治传播中的动员策略、行动框架、叙事话语等，还可以用于解释政治选举中投票人改变投票策略、公众舆论极化以及政治政策支持等行为发生的媒体影响机制。科恩（Cohen）和法蒂加（Tsfati）在对2003年和2006年以色列议会选举所收集的三组数据进行政治投票研究时，通过评估新闻媒体的政治信息，将其对他人行为影响的估计与对自身的影响估计进行权衡比较，最终通过选民对公众舆论的预期变化来进行自身的投票决策，以验证选民对媒体影响力的看法与他们的策略性投票意向有关的假设。[2]聂静虹和王博的研究发现，网络微观动员确实能够引发第一人效果以及投射效应，同时信息处理过程的各个变量会预测自我假定影响和他人假定影响；自我假定影响以及他人假定影响则是自我行动意愿的显著预测因子，而且信息接收者预期“他人更为关注信息”是自我网络参与的显著因子。可见，假定影响是自我行动意愿的显著预测因子，且自我假定影响无论是对于个人行为调试还是公共参与都具有显著的影响。[3]

1　王菁．国外政治传播中的假定影响研究及其对中国的启示［J］．社会科学研究，2020（3）：170-180.

2　Cohen J, Tsfati Y. The influence of presumed media influence on strategic voting［J］. Communication Research, 2009, 36（3）: 359-378.

3　聂静虹，王博．“他人信息搜寻”的预期：基于假定影响模型的网络微观动员研究［J］．新闻与传播研究，2017，24（5）：30-50，126-127.

假定影响发生作用一般要经历以下四个步骤：首先，个人接触媒体并形成基本的信息感，称为自我媒体接触；然后，个人假设媒体消息被呈现给广大受众，从自我媒体接触转变为感知到的他人媒体接触；接下来，个人确定其他人将受到媒体内容的影响，即他人媒体接触导致效应假设；最后，个人根据他人的假设反应调整自我态度和行为反应。这四个步骤构成了一个因果链：自我媒体接触→他人媒体接触→推测媒体对他人的影响→（自己）行为。[1]

总之，假定影响理论具有更大的包容性和延展空间，具有广阔的运用前景。而我们熟知的第三人效果理论，只是假定影响理论的一种特殊情况。当前公共舆论中的情感动员与监管引导模式，无疑是假定影响理论在本土实践中的灵活运用。在集体行动中，假定影响理论将直接或间接影响行动者的话语及策略，换言之，行动者会假定第三人（网民）的情感偏好，并结合特定的政治机会结构，从而选择较为可行的动员策略，这可以很好地解释，为何中国网络事件往往是情感逻辑驱动而非理性逻辑？为什么在集体行动中，会有如此多戏剧化的抗争剧目出现，甚至时而出现框架借用、表演式抗争现象，这实际上就是对舆论心理机制或意见气候预判的结果。对于舆论引导实践来说，假定影响理论可以很好地与当下分众传播、圈层传播态势结合起来，它要求实践者必须摸清受众心理规律，了解网民的所看、所思、所想、所虑，创新理念、内容、体裁、形式、方法、手段、机制等，才能提高传播力、引导力、影响力、公信力。未来公共舆论中的假定影响研究可重点思考媒介动员策略、话语技巧、行动逻辑、引导艺术等议题，这将大大延展第三人效果理论的解释力。此外，在类似新型冠状病毒肺炎重大公共危机事件的舆论传播研究中，也可以运用假定影响理论分析疫情信息分享机制、谣言传播动力、社会心态形成模式，这将为增强主流媒体传播力，引导良性的公共舆论提供扎实的理论支撑和丰富的解释力。[2]

1　王菁.国外政治传播中的假定影响研究及其对中国的启示［J］.社会科学研究，2020（3）：170-180.

2　王菁.国外政治传播中的假定影响研究及其对中国的启示［J］.社会科学研究，2020（3）：170-180.

第三节　媒介动员理论

媒介动员（media mobilization）是舆论学研究的重要议题。它最早出现在现代化理论领域，用以考察政治参与、政治民主和社会稳定的关系。在亨廷顿看来，社会动员会引起群体观念、社会结构、政治参与等方面的变化，是现代化过程的必然结果；而大众媒介则是社会动员借助的重要工具和渠道，它扩大了民众的政治意识，提高了政治期待，增加了政治要求，拓宽了政治参与渠道。[1]但如果社会动员力度太大，可能会造成政治参与超载，导致政治不稳定。新媒介技术扩大了社会动员的深度和广度，推动了媒介动员这一概念的使用与扩散，但在具体的研究中，它又常与社会动员、政治动员、舆论动员、图像动员、身体动员、米姆式动员等概念混用，造成庞杂纷乱的景象。因此，把握国内学术界媒介动员研究的现状，梳理其语义流变的过程与逻辑，厘清媒介动员的概念和内涵，建立媒介动员概念的多维体系，对于拓展理论的研究空间，促进跨学科对话，显得尤为必要。

一、国内媒介动员研究的现状：议题及偏向

为厘清媒介动员概念及研究议题的嬗变过程，本节对国内媒介动员研究进行了梳理和分析。在中国知网（CNKI）以“媒介动员”“媒体动员”“新媒介动员”“新媒体动员”“网络动员”“社交动员”“媒介抗争”等为主题词检索文献，去除和主旨不相关的文章，得到自 2002 年至 2019 年共 542 篇中文学术文献。检索结果中，时间最早的《浅谈媒介事件及其意义》一文发表于 2002 年，此文虽未提及“动员”，但从媒介事件视角探讨了“凝聚民心、化解矛盾、延缓冲突、整合社会”[2]等与动员相呼应的媒介作用，遂将其作为文献分析的起点。如图 4.1 所示，根据检索结果整理的文献发表历时分布来看，媒介动员在 2010 年前后逐渐得到学界较多关注，文章发表量在 2013 年达到小高峰，其增量趋势与 2009 年新浪推出微博、2011 年腾讯推出微信等社交媒体并逐渐得到用户广泛使用的时间段相契合；随着媒介使用在社会运动中成为常态，加之学者对媒介动员研讨的拓展与深入，研究在 2016 年呈现出议题多元化的发文高峰；而近三年的发文量则有下

1　萨缪尔·P. 亨廷顿 . 变化社会中的政治秩序［M］. 王冠华，刘为，等译 . 北京：生活·读书·新知三联书店，1989.

2　刘祖斌 . 浅谈媒介事件及其意义［J］. 湖北大学学报（哲学社会科学版），2002（4）：98-100.

降趋势，议题亦鲜有更新，因此有必要适时对媒介动员研究进行回顾梳理，以延展其概念边界和适用空间。

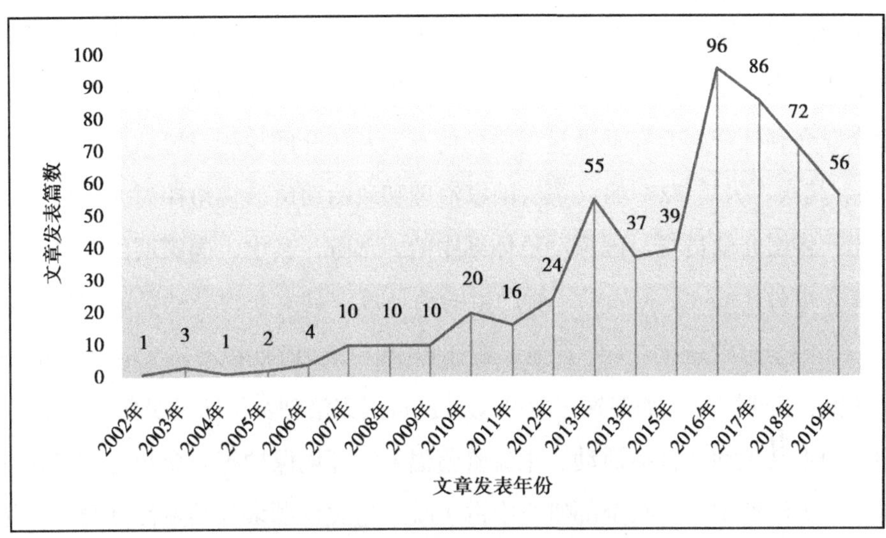

图 4.1　媒介动员文献历年发表篇数分布示意图（2002—2019 年）
（数据来源：根据中国知网检索结果整理）

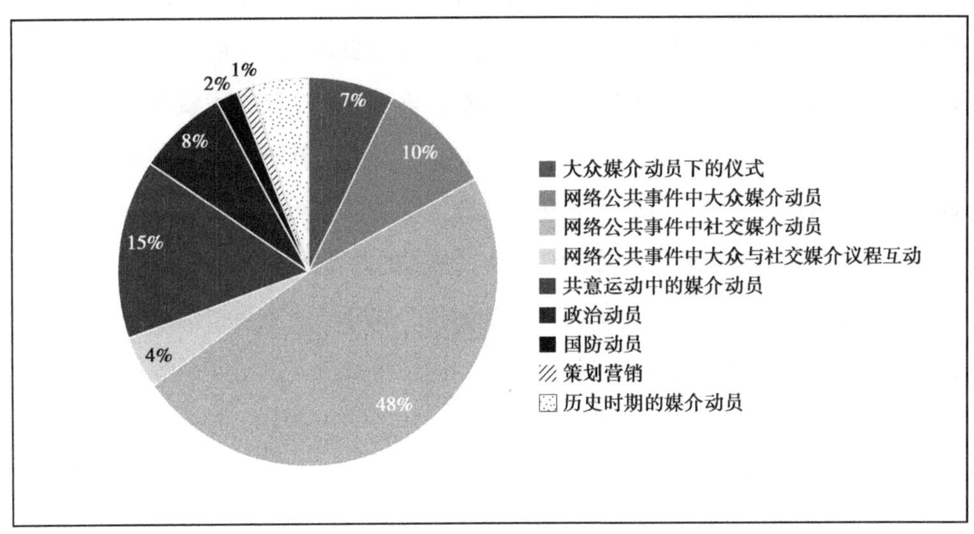

图 4.2　媒介动员研究的议题分布示意图（2002—2019 年）
（数据来源：根据中国知网检索结果整理）

根据文章关键词及研究内容将文献进行议题分类。如图 4.2 所示，首先，有 62% 的议题聚焦于网络公共事件中大众媒介、社交媒介的动员结构和效果等内容，其中对于社交媒介动员的研究较多，占所有研究的48%，大致包括：社交媒介动员的传播逻辑及模式的转型、社交媒介动员中情感要素的运用方式及效果、表演式抗争中的视觉生产和图像动员等；有关大众媒介动员在网络公共事件中话语建构和框架整合作用以及危机事件中大众媒介进行舆论引导的研究约占比10%；探讨大众媒介和社交媒介在动员过程中如何互动及媒介间议程设置效应的研究约占比4%。其次，另有22%的议题从国家治理和政治动员的视角探讨大众媒介动员的作用，将媒介动员视为国家动员体系中的一部分，其中，国家层面、带有仪式性的媒介事件（media events）[1]所产生的动员效应是大众媒介动员的重要研究路径之一，占全部议题的7%；其他议题还包括：历史时期以政治宣传为主的舆论动员研究、互联网时代如何通过媒介动员进行国家治理及国防动员等。除此之外，考察爱国主义运动、公益活动、主流价值倡导、环境保护等公众参与的媒介动员也是学者关注的重点，在全部研究中占15%，这类议题多与共意性社会运动相关联，探讨大众媒介和社交媒介如何在议程互动下实现共意动员。由此可见，中国语境下的媒介动员研究主要呈现出三种路径：其一为自上而下的大众媒介动员，套用戴扬、卡茨提出的媒介事件概念，表现为大众媒介策划下的庆典、仪式、竞赛等活动；其二为自下而上的社交媒介动员，表现为互联网技术赋权背景下，公民个体或组织运用社交媒介进行诉求表达、抗争动员；其三为爱国主义、公益活动、主流价值倡导、环境保护等领域的共意运动的媒介动员机制。

（一）策划仪式与集体认同：作为仪式传播的媒介事件

在报纸、广播、电视主导的大众传播时代，媒介动员主要指国家层面自上而下通过宣传或组织进行的思想政治动员、国民经济动员与国防动员等，带有社会治理和政治仪式等特点，因而被视为国家动员体系的一部分，与政治动员概念相交叠，甚至在某种程度上等同于政治动员。

大众媒体时代，媒介动员的功能主要表现为策划传播仪式，构建情感认同，较为接近戴扬、卡茨提出的媒介事件概念。它通过媒体策划的庆典、仪式、竞赛等活动，来实现国家重大事件中宣传爱国情感、建构民族认同等目的，具有“竞

1　丹尼尔·戴扬，伊莱休·卡茨．媒介事件［M］．麻争旗，译．北京：北京广播学院出版社，2000：1.

赛”“征服”“加冕”等特征。[1]这些非常规性、具有重大意义的媒介事件都是经过提前策划、宣布和广告宣传的，媒介组织为这个历史事件的播出进行着动员工作，受众则从日常生活中被抽离出来见证这一历史时刻，“在此阈限之内，整体性和共时性获得解放；组织者和电视台谐振共鸣；竞争频道合而为一；观众在每个地方同时接收，社会最高秩序的统一通过大众传播得到实现。”如在抗战纪念活动报道、北京奥运期间的舆论动员、国庆阅兵直播等案例中。[2]在动员过程中，大众媒介在国家和社会间建立起自上而下的、制度化的动员体系，将受众邀请至电视机旁体验着虽身体缺席但仿佛又置身其中的现场感，及时、直接地向公众传达国家的动员信息。大众媒介也通过庄重的主持解说、激昂的配乐、电视画面的剪辑、具有象征意义的符号等宏大且有仪式感的叙事方式，传递出民族情感或政府意志，这将“有助于推动新型动员模式的形成，促进社会文化转型与变迁，对建构有别于传统的国家与社会关系，具有重要意义”[3]。

随着国家与社会关系的变化、媒体结构和功能分化、公众政治参与的兴起，大众媒介在参与国家政治动员的同时，也会偶尔介入社会抗争等敏感议题中，这促使媒介动员的含义发生了一些变化。在社会抗争中，大众媒介的功能集中表现为“归因”和“表意”[4]；它通过框架建构，运用标题、导语、引文等话语形式勾勒并构建出社会运动的事件框架，将民众诉求转化为媒介议程；凝结共识并动员潜在行动者。[5]但在中国语境下，大众媒介具有体制性和市场性双重角色，导致其选择的议题与框架设计不仅要满足新闻报道所需的冲突性、戏剧性等特点，议题是否符合报道规范和政治正确也是非常重要的衡量标准，大众媒介会依据对议题控制程度和报道空间的大小来决定采取何种策略、框架和话语方式建构运动[6]，这导致了在社会学、政治学领域，有学者将大众媒体参与和推动的社会运动事件也划入到媒介事件中加以考察。到了互联网时代，自媒体对公众实现了技

1 丹尼尔·戴扬，伊莱休·卡茨. 媒介事件［M］. 麻争旗，译. 北京：北京广播学院出版社，2000：1.

2 丹尼尔·戴扬，伊莱休·卡茨. 媒介事件［M］. 麻争旗，译. 北京：北京广播学院出版社，2000：16.

3 付晓静. 大众媒介与北京奥运会的社会动员［J］. 现代传播（中国传媒大学学报），2008（5）：64-66.

4 孙玮. 中国“新民权运动”中的媒介“社会动员”——以重庆“钉子户”事件的媒介报道为例［J］. 新闻大学，2008（4）：13-19.

5 周裕琼，齐发鹏. 策略性框架与框架化机制：乌坎事件中抗争性话语的建构与传播［J］. 新闻与传播研究，2014，21（8）：46-69，127.

6 黄月琴. 反石化运动的话语政治［D］. 武汉：武汉大学，2010.

术赋权，以自媒体为手段的媒介动员方式日益增多，催生了诸多集群事件，新媒介事件(新媒体事件)迅速成为多个学科关注的热点议题。但是，它们虽与传统“媒体事件”具有千丝万缕的联系，然而在具体论述中似乎又和戴扬与卡茨的“媒介事件”概念分道扬镳[1]，其使用的理论资源主要来自社会学和政治学的社会抗争、社会动员和群体性事件的研究范式，这一方面促进和推动了跨学科对话和交流的增加，但另一方面，存在着“媒介事件”概念使用“随意”和“混乱”的现象。[2]

(二)技术赋权与情感动员：作为社会抗争的新媒体事件

媒介动员在2010年前后逐渐得到学界较多的关注，文章发表的增量趋势也和2009年新浪推出微博、2011年腾讯推出微信并得到用户广泛使用的时间段相契合，但在此情形下，媒介动员研究主要围绕抗争维权展开，与技术赋权、新媒体事件、情感动员等概念紧密相连。由于互联网技术改善了公众政治参与的机会结构，激活了公众的参与热情，出现了网络民主这一新型的民主方式和动员方式。新媒体的实践使弱势群体在话语、经济、文化 、社会资本等领域有可能得到权力和能力的提升。[3]互联网技术在社会运动的动员结构、机会结构与框架建构过程等维度都带来不同程度的改变，它降低了公众参与社会运动的成本，在培育公民权利意识、动员公众力量和推动公民社会发展的空间等方面蕴含着不可估量的促进社会变革的巨大潜力。[4]

同时，社交媒体时代的媒介动员所呈现出的话语表征主要吸收了斯科特提出的“弱者的武器”框架，往往以情感动员作为主线，认为新媒体事件的动员力量并非源自公众理性，而是社会情绪。尤其当涉及敏感身份符号时，更是如此，呈现出“非直接利益”特征，有学者由此提出了“情感动员”[5]和“悲情抗争”的分析框架。情感动员的机遇来自压力型维稳体制责任链条的内部缝隙，以及中国权力结构存在的上下差异，能够给地方政府造成巨大的舆论压力、道义压力和政

1 邱林川，陈韬文 . 新媒体事件研究［M］. 北京：中国人民大学出版社，2011.

2 董天策，郭毅，梁辰曦，等 . “媒介事件”的概念建构及其流变［J］. 新闻与传播研究，2017，24（10）：103-119.

3 丁未 . 新媒体与赋权：一种实践性的社会研究［J］. 国际新闻界，2009（10）：76-81.

4 黄月琴 . “弱者”与新媒介赋权研究——基于关系维度的述评［J］. 新闻记者，2015（7）：28-35.

5 杨国斌 . 悲情与戏谑：网络事件中的情感动员［J］. 传播与社会学刊，2009（9）：39-66.

治压力[1]，在宏观非对称性的国家与社会关系格局下，表达不畅所致的弥漫性民怨及民众对不满的道义建构，会使情感成为主导群体性事件发生与演进的最重要机制。在此种语境下，情感表达被视为一种特定的公共话语实践方式，构建出一种激情公共领域。[2]同时，情感也是一种道德能量和社会资源，它既反映了特定历史条件下的道德和价值冲突，又是特定政治机会结构权衡下理性选择的结果。

此外，“身体动员”和“悲情动员”也是新媒体事件中媒介动员常见的方式，底层群体通过展现身体伤痕的方式来进行悲情动员，创设了一种剧场式的身体政治景观，产生了戏剧性效果。表演式抗争的目的强调通过一种幽默、荒诞、戏谑、趣味十足的策略性表演来制造“媒介事件”，以此集聚公众注意力，形成舆论压力。此外，可穿戴物如马甲、丝带等也会起到一定的动员效应，例如法国巴黎“黄背心”运动中的行动者身着的荧光黄色马甲，预防疾病、环境保护、悼念祈福等行动中使用的带有相应象征意涵的丝带。但总的来说，目前媒介动员研究还主要局限于信息媒介的动员效应，以身体为媒介或以可穿戴物为行动符号的物质性媒介虽然在公共事件中被频繁使用，但相关研究比重较少，一般被纳入表演式抗争范畴。而对不同媒介间的议题互动，尤其对身体媒介与信息媒介（大众媒体与自媒体）的互动关系更是缺乏关注，具有较大的延展空间。

（三）构建共识与集体认同：作为共意行动的媒介动员

上述两种媒介动员方式，分别对应两种不同分析框架——媒介事件和新媒体事件。而近年发生的民族主义运动、主流价值倡导活动、环保运动以及公益行动等共意性社会运动，成为媒介动员研究的另一种路径。麦卡锡和左尔德在 1973 年提出了共意性社会运动[3]，并明确了共意性社会运动的概念、性质及内涵。[4]共意性社会运动的诉求具有公益性、道德性、正义性等特点，情感认同或价值认同度较高，一般受到某个地理社区内全体人口（80% 以上）的广泛支持，而较少受

1 王金红，黄振辉．中国弱势群体的悲情抗争及其理论解释——以农民集体下跪事件为重点的实证分析［J］．中山大学学报（社会科学版），2012，52（1）：152-164.

2 袁光锋．感受他人的“痛苦”：“底层”痛苦、公共表达与“同情”的政治［J］．传播与社会学刊，2017（40）：203-236.

3 McCarthy, J. D. , and Zald, M. N. The Trend of Social Movements in America: Professionalization and Resource Mobilization. Morristown［M］. NJ: General Learning Press, 1973.

4 McCarthy, J. D. , and Wolfson, M. Exploring Source of Rapid Social Movement Growth: The Role of Organizational Form, Consensus Support, and Elements of the American State［M］. Paper presented at the workshop on Frontiers in Social Movement Theory Ann Arbor 6, 1988: 8-10.

到有组织的持续反对，有时还能获得体制内的支持。[1]由于议题主要集中在环境抗争、权益保护、民族主义运动等方面，共意性社会运动比较容易从现有的机构和制度中吸取资源，不需要成员的大量贡献和付出，因此被视为一种理想的动员方式。[2]

在中国语境下，“共意性社会运动”往往是涉及民族主义、主流价值或某地区具有共同情感指向、利益指向的事件，大众媒介和社交媒介的界限会因此被打破，通过议程互动共同推动事件的进展。一般而言，行动具有议题合法性、网络舆论一致性和议题传播的广泛性才能实现共意动员，维持在线集体行动的成功[3]，基于民族情感和公共价值理念的共意动员案例是中国语境下的共意性社会运动的主要议题，例如，“抵制韩国乐天”“帝吧出征”等网络民族主义事件[4]以及“保护梧桐树”[5]“护校微信群”[6]“免费午餐”等公益运动[7]；也有学者关注了环境话语变迁中主流媒体的共意动员功能[8]。共意动员通常以公益活动为主，往往通过社交媒介手段，建构网络议程，引发舆论关注和公众参与，甚至进入政府的政策议程，从而实现公众议程、媒体议程和政策议程的良性转化。由于其并不违背主流价值或相关政策，因此不会遭遇体制性阻力，往往还能获得制度吸纳或政策支持。

综上所述，现有媒介动员研究议题主要有以下三种偏向：其一，关注传统媒体时代大众媒介自上而下的庆典、仪式等策划的媒介事件，其概念理论以及研究方法多来自新闻传播学视角；其二，网络技术赋权下的新媒介事件，主要采用情

1 McCarthy, J. D. , and Wolfson, M. Exploring Source of Rapid Social Movement Growth: The Role of Organizational Form, Consensus Support, and Elements of the American State [M]. Paper presented at the workshop on Frontiers in Social Movement Theory Ann Arbor 6, 1988: 8-10.

2 McCarthy, J. D. , and Wolfson, M. Exploring Source of Rapid Social Movement Growth: The Role of Organizational Form, Consensus Support, and Elements of the American State [M]. Paper presented at the workshop on Frontiers in Social Movement Theory Ann Arbor 6, 1988: 8-10.

3 高恩新.互联网公共事件的议题建构与共意动员——以几起网络公共事件为例[J].公共管理学报,2009,6(4):96-104，127-128.

4 王洪喆，李思闽，吴靖.从“迷妹”到“小粉红”：新媒介商业文化环境下的国族身份生产和动员机制研究[J].国际新闻界，2016，38（11）：33-53.

5 易前良，孙淑萍.共意性运动中的媒介动员：以“南京梧桐树事件”为例[J].新闻与传播研究，2013，20(5)：77-83，127.

6 董天策，赵帅杰.社交媒体在街区集体行动中的共意动员机制分析：以豫西S街道护校微信群为例[J].兰州大学学报（社会科学版），2019，47（3）：97-105.

7 刘秀秀.网络动员中的国家与社会——以“免费午餐”为例[J].江海学刊，2013（2）：105-110.

8 李娜.从爱国到文明：建国70年主流媒体环境话语变迁与共意动员[J].新闻界，2019（12）：38-49.

感动员、理性动员、资源动员、政治机会结构等社会学视角下的概念体系和方法，其中情感机制是当下研究社交媒介动员的主流范式；其三，爱国运动、公益活动、主流价值倡导、环境保护等领域的共意行动。三种路径相互交叉，吸引了不同学科研究者的关注，但由于不同学科的概念、理论和方法体系存在差异，概念的本土化过程中又不可避免产生意义建构和理论重组现象，从而引发概念的漂移，给认识上带来了一定混乱，甚至出现了一些概念混用和误用的情形，因此，对媒介动员的概念和内涵进行梳理和辨析，显得非常必要。

二、媒介动员研究的概念辨析与澄清

对媒介动员研究的议题及流变过程梳理后发现，由于媒介动员的多学科交叉研究背景，加之媒介技术快速迭代，信息媒介和物质媒介的界限变得愈发模糊，这极大地丰富了媒介动员的内涵的同时，也产生了诸多相似且容易混淆的概念，如新媒体动员、微动员、新媒体事件、身体动员、图像动员等。从知识社会学视角来看，不同的概念表述实则体现了研究对象“在不同社会环境下借以呈现给主体的各种不同方式”[1]，折射出上述概念是从不同学科路径出发，理论切入点和使用方法也各有侧重，这一方面营造了繁荣的研究景象，另一方面导致了认知上的混乱，需加以澄清和合理定位。

首先，知识社会学认为“在社会发展的进程中，相同的客体可以呈现出不同的形式和形态”。媒介动员的研究路径与指代名词随着技术的不断更迭发生流转，媒介动员概念内部体系的“媒体动员”[2]“媒体社会动员”[3]“舆论动员”[4]“网络动员”[5]等表述方式的历时性变化，暗含了不同时代的媒介技术背景与问题指向。舆论动员多出现于传统大众媒介动员研究中，代指“围绕某一特定的社会动员议题，公众、传媒和政治力量等形成公共讨论，并主要由传媒报道和呈现出来，从而影响个人和群体的信念、态度、意见和情绪，发动其参与到社会变迁或者社会

1　卡尔·曼海姆.意识形态与乌托邦［M］.李步楼，译.北京：商务印书馆，2014：238，312.

2　王向民，孔萧.媒体动员在制度变迁中的角色——以2011年以来的中国红十字会事件为例［J］.晋阳学刊，2015（4）：114-122.

3　郭文生.媒体社会动员：“负面新闻”发挥正面效应的途径［J］.中国记者，2011（8）：106-107.

4　廖卫民.论突发事件中的舆论动员——以南方雪灾为例［J］.新闻记者，2008（4）：9-12.

5　刘琼.网络动员的作用机制与管理对策［J］.学术论坛，2010，33（8）：169-172.

行动中的过程”[1]，此种表述往往带有强烈的政治色彩，媒介被视为国家用来实现政治目标而对社会采取宣传的工具。随着移动互联网的快速发展，媒介动员这一研究客体的表现形式也开始丰富起来，有学者将“以互联网作为媒介，在缺乏专业领导者的弱组织化状态下所进行的一种社会运动”或更具体的阐释如“动员主体为达到一定的目的，借助手机、电脑等媒介，经由网络对特定的事件进行组织和宣传，吸引并引导网民参与其中，并在线上或线下形成集群行为的过程”[2]，通通概括为“网络动员”，并衍生出“由网民发起的、借助新媒介技术进行有效互动并吸引更多网民表达意见、交流情感的新型社会运动”的“新媒介动员”[3]、网络时代“由个体、小群体或人际网络推进”且“没有正式组织策动、无规范结构甚至目标诉求模糊不定的新型动员现象”的“微动员”[4]等概念。上述研究虽然使用了不同概念来描述，但在动员主体、动员方式等问题的讨论上并无本质差异。有学者认为网络时代的媒介动员是“建制性媒体和替代性媒体互激互渗的结果”[5]，我们在分析具体案例时很难将主流大众媒体和自媒体的动员过程与效果割裂开来。

其次，表述差异其实也指向了客体背后不同的理论切入视角，如经常与媒介动员同时出现的“媒介化抗争”[6]“网络抗争动员”[7]“媒介逻辑”[8]“媒介策略”[9]等，它们既有概念上的相关性，但又分属不同的研究视域。有研究者用“媒介化抗争”来指代“抗争者通过制造具有新闻价值的事实，主动吸引传媒关注进而推动利益诉求获得解决”并且“经过计算做出的理性选择”的行动方式[10]，还有学

1 王艳．和谐社会视域下如何开展舆论动员中的媒体互动［J］．传媒，2017（23）：91-93.

2 徐明，李震国．网络社会动员作用机制与路径选择［J］．中国行政管理，2016（10）：51-56.

3 何志武，吴丹．从“他助”到“自助”：“心理不悦类”“邻避”冲突事件中的媒介选择，自我动员与集体抗争［J］．新闻大学，2017（4）：81-89，149-150.

4 唐庆鹏，郝宇青．网络时代的微动员现象及其治理［J］．探索，2018（3）：95-101.

5 易前良，程婕．转型中国“共意性运动”中的媒介动员［J］．当代传播，2014（1）：14-17.

6 陈天祥，金娟，胡三明．“媒介化抗争”：一种非制度性维权的解释框架［J］．江苏行政学院学报，2013（5）：90-96.

7 倪明胜．公民网络抗争动员 “内卷化” 倾向及其治理困局［J］．江苏行政学院学报，2017（5）：96-102.

8 郑雯，黄荣贵．“媒介逻辑”如何影响中国的抗争？——基于 40 个拆迁案例的模糊集定性比较分析［J］．国际新闻界，2016，38（4）：47-66.

9 周裕琼，杨云康．中国社会抗争的媒介策略：基于环保与征地事件的综合比较分析［J］．传播与社会学刊，2017（40）：169-201.

10 陈天祥，金娟，胡三明．“媒介化抗争”：一种非制度性维权的解释框架［J］．江苏行政学院学报，2013（5）：90-96.

者主张使用“公民网络抗争动员”一词来概括“围绕特定的事件，借助网络媒介平台进行抗争动员所引发的线上舆论抗争或线下行动集结的群体性行动”[1]。上述研究采用了社会学视角中社会抗争的理论及方法，来分析阐释互联网社交媒介如何作为重要的抗争资源改变了行动者的抗争方式、动员结构及其内在逻辑。而“媒介逻辑”“媒介策略”等概念则更关注行动者如何运用社交媒介并取得大众媒介关注的具体方式。例如，“媒介逻辑”旨在研究媒介的“技术逻辑、内容逻辑和制度逻辑”对抗争产生的“直接或间接”影响[2]，而“媒介策略”更关注“行动者在特定的媒介生态中为实现抗争目标对媒介资源进行动员和整合的过程”[3]。上述概念更聚集于媒介技术赋权下公众利用社交媒介维护权利的抗争行动，研究行动者如何借助媒介整合行动组织、建构诉求框架和设计表演剧目等问题。

再次，“媒介动员”和戴扬、卡茨提出的“媒介事件”概念在研究议题上具有较强的相关性，并且都经历了从大众媒体时代到社交媒体时代的概念语义和研究脉络的流变。在大众媒体时代，媒介动员更多地作为国家动员体系中的一部分，大众媒介通过报道呈现仪式化的国家事件，并“邀请”受众来参与、见证这一具有历史意义的时刻，自上而下地建构民族认同和书写集体记忆。而这一点恰与戴扬、卡茨所探讨的“令国人乃至世人屏息驻足的电视直播的历史事件”的媒介事件概念不谋而合。在互联网技术赋权的语境下，媒介动员从国家政治动员的组成部分逐渐扩展为公民抗争和集群行动，公众从“被动受邀”观看仪式性庆典到“主动围观”网络热点事件，并通过社交媒介表达诉求、自下而上地推动事件的进展，此类研究中也沿用了“媒介事件”来指代这些在网络上引起网民广泛讨论并形成公共舆论的“新媒体事件”或“网络公共事件”。虽然有学者将媒介事件概念在中国语境下的流变解释为“从共识性仪式到冲突性”的“解构与重构”[4]过程，但不可否认的是，当下对媒介事件的理解虽承认其理论来源为戴扬与卡茨对“媒

1 倪明胜．公民网络抗争动员“内卷化”倾向及其治理困局［J］．江苏行政学院学报，2017（5）：96-102.

2 郑雯，黄荣贵．“媒介逻辑”如何影响中国的抗争？——基于40个拆迁案例的模糊集定性比较分析［J］．国际新闻界，2016，38（4）：47-66.

3 周裕琼，杨云康．中国社会抗争的媒介策略：基于环保与征地事件的综合比较分析［J］．传播与社会学刊，2017（40）：169-201.

4 宋祖华．从共识性仪式到冲突性实践：新媒体环境下“媒介事件”的解构与重构［J］．新闻与传播研究，2015，22（11）：27-40，126.

介事件”的定义，而在实际运用中，新媒体环境下的媒介事件更多指向媒介赋权下的维权抗争，其概念、理论和方法多来自社会抗争领域，着重强调媒介在事件中的运用方式、框架结构和动员效果，如“弱者的武器”、情感动员、群体性事件、底层认同等，导致媒介事件的“名”与“实”发生了较大的分裂。

最后，媒介动员也是社会学、政治学等多学科的关注对象，与同为社会动员概念体系下衍生出的国家动员、政治动员、情感动员、共意动员等概念有着高度的相关性，但在研究理论和方法上存在差异。在自媒体时代，媒介是调动情感的重要手段，媒介动员往往与情感动员出现在同一研究案例中，但需要注意的是，二者并不是同一概念，前者指涉动员的工具和方式，而后者是标志着动员的路径或范式。如在社会抗争领域，情感与理性一直是两种相互竞争、相互补充的理论范式，出现了多种理论模型，或偏向情感的突生规范理论、加值理论、相对剥夺理论等，或偏向理性的资源动员理论、政治过程理论、社会运动框架理论等。国家动员和政治动员的研究范围主要集中在民族主义和历史研究中，共意动员则集中于环境运动、公益倡导、民族主义运动等领域，它们需要建立起强烈的集体认同并能获得主流意识形态支持。但由于上述各种动员方式离不开媒介的作用，因此在研究过程中经常会出现多个相似概念并行甚至混用的现象。

总之，由于技术发展带来的历时性变化以及不同学科视域、研究立场下的客体呈现差异，媒介动员确实存在着相似概念庞杂、概念指向和理论方法错位的现象。相关研究在使用媒介动员概念时，有时指称官方自上而下策划的媒介事件，有时指称自下而上的媒介抗争事件或曰新媒介事件，有时还和情感动员、资源动员等概念混用。究其原因，一方面是因为研究对象存在“从共识性仪式到冲突性”的“解构与重构”现实[1]；另一方面是由于新媒体时代，媒介的内涵和外延发生了较大的变化，产生了诸多新的动员方式，而现有的研究或侧重信息媒介，或偏向物质媒介，极少有把二者融合起来，考察二者之间的议题互动过程和效果，这不得不说是一个遗憾。因此，本书主张从广义上理解媒介动员的内涵，试图打通共识性与冲突性、信息性与物质性之间的隔阂，将媒介动员视为利用信息媒介、

1　宋祖华．从共识性仪式到冲突性实践：新媒体环境下“媒介事件”的解构与重构［J］．新闻与传播研究，2015（11）：27-40，126.

物质媒介等传递符码的信道，通过各种表达手段和呈现方式，旨在引发舆论关注，吸引和扩大潜在行动者参与行动的过程，它既包含主流媒体自上而下策划的媒介事件，也包含公众自下而上利用物质媒介和信息媒介进行社会动员的群体维权事件。

三、“万物皆媒”时代媒介动员的研究展望

如上所述，媒介动员的概念流变过程折射出媒介形态、社会关系、政治民主关系的变化。某种程度上，厘清媒介动员概念的逻辑起点在于对媒介内涵的理解，如胡翼青曾建议在重新思考“媒介”的过程中发掘媒介隐喻意义：“在认识论上把媒介看作是一个意义汇集的空间，而在方法论上把媒介理解为一个抽象的隐喻，就会在研究内容上有所突破。”[1] 随着人工智能技术、可穿戴设备在生活中广泛应用，技术媒介与身体的关联程度愈加紧密，传播交流中的“肉体不重要”原则逐渐被打破，媒介的身体转向与物质转向将拓展媒介动员的边界，社交机器人、具身传播将极大改变未来的媒介生态与舆论结构。在“万物皆媒”时代，媒介动员研究需从动员主体、文本、渠道等方面加以探索和重构，以此拓展研究的想象空间。

（一）动员主体：大众媒介、社交媒介与机器媒介的多主体互动

20世纪50年代，图灵曾提出通过算法设计出能和人类对话的聊天机器人（chat bots）的构想。时至今日，在物联网技术作用下，信息交流已不仅发生在人际之间，还将产生在人与机器间，并呈现出与日俱增的趋势，机器社交媒介也将成为潜在或业已存在的动员主体。正如德布雷认为媒介域包含了由特定时间和地点上的“运输”这个词的所有词义的累积效应，信息、载体以及传递所需要的技术共同构成了完整的媒介。[2] 在“万物皆媒”视角下，媒介动员往往是信息媒介（大众媒体与自媒体）、物质媒介（身体、穿戴设备）之间共同互动的结果。因此，考察媒介动员在行动实践谱系中的作用、建构其概念体系时不能孤立地分析某一特定媒介主体，应当将其视为多媒介联动的过程。

近年发生的媒介动员典型案例中，社交媒介往往是首先发起事件议题的动员

1　胡翼青．显现的实体抑或意义的空间：反思传播学的媒介观［J］．国际新闻界，2018，40（2）：30-36.

2　雷吉斯·德布雷．普通媒介学教程［M］．陈卫星，王杨，译．北京：清华大学出版社，2014：9.

主体，在引起网络围观的情况下对事件进行二次文本加工，转换为更有公共价值的抗争文本，将个体诉求建构为具有普遍意义的行动框架，其最终目的还是获得大众媒体的关注。其原因在于：一方面，大众媒体在生产信息内容的同时，却面临渠道流失的困境；另一方面，大众媒体具有地位赋予的功能，可以赋予被报道的事情和人物一定的地位和合法性[1]，大众媒体对事件的报道在一定程度上暗含官方的态度，从而使得事件本身的讨论与行动具备了某种合法性。大众媒体或作为“调停者”促成官方舆论与民间舆论的互动，形成“框架整合”的局面，消除民间和官方的对立框架，使民间抗争者的诉求可能为政府接纳，并最终带来政策的回应[2]；或逾越报道者的身份，作为“抗争专家”为运动设置抗争目标、提供抗争技术，成为运动的参与主体。无论是“调停者”还是“抗争专家”，大众媒体都作为动员主体参与到了媒介动员进程中，并与社交媒体的网络动员效应形成了“媒介互激与循环效应”，共同推动了事件的发展。

在大众媒体与社交媒体互激循环的议程互动中，不能忽视另一个重要的动员主体——社交机器人的作用。社交机器人在社交平台中已占有不容忽视的比例，人类的情感表达规律、内容传播逻辑、网络活动时间等相关特征均可被社交机器人模仿，并建立现实的社交网络。有研究显示，早期社交机器人的主要任务是自动发布内容，其机器行为很容易被检测；但以目前发展趋势来看，社交机器人可通过算法模拟人的睡眠与社交时间发布信息[3]，并能参与到评论帖子、回答问题等更复杂的互动中，与人类行为的区分边界愈加模糊。同时，费拉拉（Ferrara）等学者发现，社交机器人为客户提供咨询等自动响应服务会产生良性影响，但也会在无法甄别消息真伪的情况下自动转发，进而导致未经证实的信息的传播、误导受众甚至引发恐慌。更需要注意的是，某些商业或政治组织会专门设计、操纵社交机器人，通过制造虚假信息、传播垃圾邮件等方式影响舆论，从而操控政治

1 李立峰．范式订定事件与事件常规化——以 YouTube 为例分析香港报章与新媒体的关系［J］．传播与社会学刊，2009（9）：181-202.

2 曾繁旭．传统媒体作为调停者：框架整合与政策回应［J］．新闻与传播研究，2013，20（1）：37-50，126-127.

3 Savvopoulos A, Vikatos P, Benevenuto F. Socialbots’ first words: can automatic chatting improve influence in Twitter?［C］//2018 IEEE/ACM International Conference on Advances in Social Networks Analysis and Mining（ASONAM）. IEEE, 2018: 190-193.

事件走势。[1]社交机器人带来的舆论影响和政治动员效应在“社交机器人诽谤候选人影响2010年美国中期选举”“恐怖组织ISIS利用社交媒介影响年轻人加入其组织”[2]“政治机器人介入英国脱欧公投”等案例中皆有体现。[3]

在未来被算法主导的社交媒介时代，人与社交机器人的交互将成为常态，舆论生态将被社交机器人篡改，这不仅会成为媒介动员视角下的新议题，也是改变媒介生态格局的重要因素。但目前我国学界对该议题的关注还仅限于梳理国外研究成果，国内潜在或业已发生的社交机器人动员仍有待考察。在人与社交机器人共存的媒介生态中，代表体制内许可的大众媒介、代表公众行动者的社交媒介以及代表潜在的政治或商业组织的社交机器人将成为媒介动员中不可或缺的主体，三者会通过不同的方式参与并潜移默化地影响网络舆论的生成与发展。分析阐释三种媒介动员主体的议程互动过程，可窥见媒介生态中资源和权力相互博弈的复杂关系图景。

（二）动员方式：信息媒介与物质媒介融合后的具身传播

现有媒介动员对身体、物质媒介动员的忽视，多是源于对媒介概念的狭义认知，认为媒介即代指各种具体的信息传播技术形式，如报纸、广播、电视、互联网等，或代指相关传播组织机构及其生产的内容，而没有重新审视身体等物质媒介在动员中的作用，这恰恰是拓展媒介动员想象空间的重要逻辑起点。

对于物质媒介的理解，麦克卢汉其实早就提出“万物皆媒”的理论构想，认为延伸人体调温机制的衣服、塑造并重新安排人的社区模式的住宅、作为实物贸易中交换品的货币以及抹平空间距离和社会差距的汽车[4]，都可视为打通人与世界关系的媒介。施拉姆认为媒介不仅指加速并扩展信息交换的社会机构，同时也包括用以扩大并延伸信息传送的工具，如鼓声、烽火以及宣讲人和集市[5]。费斯克则区分了媒介的不同层次，他将媒介概括为能使传播活动得以发生的中介性公

1　Ferrara E, Varol O, Davis C, et al. The rise of social bots［J］. Communications of the ACM, 2016, 59（7）: 96-104.

2　Subrahmanian V S, Azaria A, Durst S, et al. The DARPA Twitter bot challenge［J］. Computer, 2016, 49（6）: 38-46.

3　张洪忠，段泽宁，杨慧芸．政治机器人在社交媒体空间的舆论干预分析［J］．新闻界，2019（9）：17-25.

4　马歇尔·麦克卢汉．理解媒介：论人的延伸［M］．何道宽，译．北京：商务印书馆，2000：167-168，172，275.

5　威尔伯·施拉姆，威廉·波特．传播学概论［M］．何道宽，译．2版．北京：中国人民大学出版社，2010：144.

共机构，可以拓展传播渠道、扩大传播范围或提高传播速度。[1]很多时候，媒介常被定义为技术性媒介，用来指涉传播方式，特别是指涉使这些方式成为现实的技术形式，但从更宽泛的意义来看，表情、服饰、表演等传递符码的信道都可被视为媒介。德布雷把媒介理解为制造看法或传递言论的任何手段，即激发或改变集体信仰的手段，在这种视角下，自然语言、身体器官、符号的物质载体、输入和复制的技术手段，都可纳入媒介范畴中。彼得斯则总结道，媒介并不仅仅是各种信息终端，同时也是各种代理物，代表着各种秩序，例如作为生者和死者心灵交汇之处的墓地，也是一种媒介。[2]

万物互联将打通传统认知中媒介与建筑、医疗、交通等技术的互动关系，房屋、健身设备、汽车、无人机等实体在物联网支撑下会进一步凸显出其媒介作用，如学者多里多里·盖布勒（Dorit Müller）等人曾将交通与传播互动的历史归结为两种进程：其一为媒介技术的移动性（如移动互联网），其二为交通运输技术的媒介化（如内置各类媒体的汽车）。[3]然而，在以往媒介动员研究中，研究者往往只重视信息媒介的线上动员作用，而忽视了生活中随处可见的物质媒介也会起到线下动员作用。如果从“万物皆媒”的视角来理解媒介内涵，媒介动员研究就不会禁锢于媒介技术和信息文本，任何在动员过程中使用的实物器具都可以纳入媒介动员的范畴中。

随着人工智能时代来临，VR 眼镜、体感游戏机等娱乐智能设备，智能手表、手环等记录运动指标的健身智能设备，以及能提供监测健康体征的医疗智能设备与身体的关联度愈加紧密，传播交流中的“肉体不重要”原则逐渐被打破，“肉身在场”的重要性因此更为凸显。“身体媒介”等名词的出现使梅洛 - 庞蒂提出的身体 - 主体观、媒介的“具身性”（embodied）等问题重新回归到学术视野，身体转向成为媒介研究中不能忽视的视角与议题。梅洛 - 庞蒂认为“身体是在世界上存在的媒介物”，身体是人与世界产生沟通的联结中介。[4]在彼得斯看来，

---

1 约翰·费斯克.关键概念：传播与文化研究辞典［M］.李彬，译.2 版.北京：新华出版社，2004：161.

2 约翰·杜翰姆·彼得斯.对空言说［M］.邓建国，译.上海：上海译文出版社，2017.

3 Müller D, Weber H. “Traffic”: On the Historical Alignment of Media and Mobility［J］.Transfers, 2013, 3（1）: 65-74.

4 莫里斯·梅洛 - 庞蒂.知觉现象学［M］.姜志辉，译.北京：商务印书馆，2001：116.

身体是我们的存在，而不是我们的容器。具身认知学则更详细地强调了视觉系统、肌动系统以及神经联结机制等身体机能对了解理性的重要性，因为“概念系统源于身体，由身体塑形，并且通过鲜活的身体赋予概念以意义”[1]。

在新媒体事件中，身体的劝服力量不仅在于比文字更吸引人、容易传播且记住的感染力，更是因为在高度现代性的境况下，身体会越来越成为现代人自我认同感中的核心要素。[2] 新媒体的力量及其对传统媒体的冲击，通常展现于一些关键的“范式订定事件”发生时，行动者对身体以或“自毁”或身着特殊器具的方式进行身体叙事的展演会打破已有剧目范式，以更“刺痛”的方式表达诉求、吸引关注，目的是“达到一种制造图像在现场，而舆论动员在别处的效果”。而身体动员的过程也就是潜在行动者对于这一符号从“能指”到“所指”的认知改变与认同形成，在表达实际诉求的基础上用身体符号来包装成为“舆论服装”以达到动员的目的并形成集体行动框架。

可见，身体媒介重要性的重新阐释将打破传统理论认为媒介是独立于人身体的外在介质属性的观念，随着研究者对媒介概念具身性、物质性的拓展，媒介动员的概念也应随之延伸。在探讨媒介动员的概念时，不仅要关注信息层面的动员机制，也要关注物质层面的动员机制，还要关注不同介质间议题竞争、互动、融合的过程及规律。如果仅仅关注信息媒介，媒介动员的研究图景就会有所缺失，亦是忽视了行动者利用各类媒介为表达诉求、寻求共识所能尽到最大限度的努力。

（三）动员文本：图文结合的多模态呈现

在以身体为媒介的人际传播时代，利用身体或穿戴物等行为艺术进行线下动员的方式愈发常见。线上回归线下的策略目的在于制造图像，借助外部器具进行身体上的展演，用身体形象来表征事件背后的政治诉求并使之抽象化，呈现出的图像具有生动形象、易被传播的特点，从而获得媒介关注和舆论支持。考察近年发生的新媒介事件可发现，除身体或实物器具制造出的图像外，表情包、恶搞图片等图像也可作为具有抽象内涵的、用来传递诉求的动员意象，媒介动员的文本呈现方式从静态的文字信息逐渐过渡到刺激多重感官的图片、视频、段子等多模

1　乔治·莱考夫，马克·约翰逊．肉身哲学：亲身心智及其西方思想的挑战［M］．李葆嘉，孙晓霞，司联合，等译．北京：世界图书出版公司，2018：7.

2　克里斯·希林．身体与社会理论［M］．李康，译．2版．北京：北京大学出版社，2010：1.

态文本形式。

数字技术发展促进了图像的生产与传播，图像以其丰富传神的表意功能逐渐替代话语成为更常用的表征形式。米歇尔提出的“图像转向”（pictorial turn）是传播学的重要变化，他认为图像是后语言学以及后符号学的一种重新发现，并将其看作是视觉、机器、制度、话语、身体和比喻之间复杂的互动，而这种图像转向表征也呈现在社会运动的实践谱系之中。[1]邱林川提出了“图像驱动的民族主义”（image-driven nationalism）概念，并认为视觉图像逐渐成为中国网络民族主义与网络青年政治的中心。有学者认为在这种“多视像文本的生产和叙事在民族主义身份认同动态过程中”，会形成“图像竞争的民族主义”模式[2]视觉符号或是以戏谑、讽刺的图文米姆作为传递情绪的表意工具；或是以服装、器具作为展现诉求的动员标志；同时，也体现在特定人群以身体或行为艺术的方式进行社会动员，用身体作为抗争媒介来传达理念诉求并影响社会舆论。

随着物联网、5G 等互联网技术的快速更新迭代，信息传播更为快捷便利；加之熟谙互联网技术和传播规律的年轻网民成为媒介动员中的行动者，消解严肃、解构权威的文化底色会促使未来的媒介动员中呈现出越来越多的文字、图片、视频相交织的，具有更强烈感官效果和情感刺激的多模态文本。制作段子、表情包、搞笑视频不仅是娱乐方式，同时也会成为互联网时代下的一种政治表达的话语体系，这些轻松活泼的戏谑方式是社会情绪的另一种表现，可以起到“去敏感化”的效果，并调动大量的事件冷漠者参与进来。

总之，目前国内的媒介动员议题主要按照以下路径展开：一是在新闻传播学视角下开展的研究，套用戴扬、卡茨提出的媒介事件概念，表现为大众媒介策划下的庆典、仪式、竞赛等活动；二是运用社会学中社会动员的相关理论探讨互联网技术赋权背景下运用社交媒介的抗争动员；三是如爱国主义、公益活动、主流价值倡导、环境保护等领域的共意行动。其概念与研究路径的流变不仅揭示了媒介技术变迁的逻辑，还描绘了公众从大众媒介策划下仪式性事件中的“旁观者”到技术赋权下的“行动者”的变迁轨迹。因此，本书主张跨越共识性与冲突性、

1 W.J.T. 米歇尔 . 图像理论［M］. 陈永国，胡文征，译 . 北京：北京大学出版社，2006：7.

2 周逵，苗伟山 . 竞争性的图像行动主义：中国网络民族主义的一种视觉传播视角［J］. 国际新闻界，2016，38（11）：129-143.

信息性与物质性之间的隔阂，将媒介动员的不同研究路径打通，以此促进跨学科对话，扩大理论的解释力。[1]

第四节　框架理论

“框架”概念从文化社会学和认知心理学中发轫，自戈夫曼（Goffman）1974年提出“框架分析”到中外学者耳熟能详的“框架效果”“架构分析”，在诸多学科领域中经历了漫长的概念演化和多面一体的横向衍生，其运用广泛、成果丰硕，甚至一度成为国外一流传播学期刊中“出现频率最高、使用最广泛的理论”[2]。然而在卷帙浩繁的文献中，遵循实证主义范式、将框架作为分析工具的研究占据绝大多数，呈现“以实证为主，认识论研究不足，研究文献大多参考西方”的尴尬局面[3]，并且在概念化和操作化方面常常呈现模糊不清的状况。[4]相比之下，对框架理论本身缺乏追问和反思，围绕不同学科展开的理论对话更是屈指可数。

究其缘由，虽然框架理论在多个学科领域中得到了一定的发展，但是对框架理论的操作化运用易受学科研究视野局限，导致框架理论在特定的学科领域中难以突破既定的边界归属，从而造成不同学科对公共事件从产生到发酵过程中的区隔化解读。加之各学科在引入框架概念后，并未充分认识到现实问题对理论跨学科对话的需求，导致作为元理论的框架在多样的跨界过程中缺少关联与借鉴。基于此，本书尝试从思想史的视角，梳理框架理论多学科延伸的轨迹，由此探讨不同学科间理论对话和整合的可能性，尝试对公共事件中的三组框架进行理论整合，在公众认知结构、新闻框架、行动框架和政府回应框架四个层次间实现对话和整合，以提高框架理论研究的想象力。

1　原文发表于《新闻大学》，2020年第12期，收录至本书时有删改。

2　陈阳．框架分析：一个亟待澄清的理论概念［J］．国际新闻界，2007（4）：19-23.

3　孙彩芹．框架理论发展35年文献综述——兼述内地框架理论发展11年的问题和建议［J］．国际新闻界，2010，32（9）：18-24，62.

4　潘霁．略论“媒体框架”的概念化［J］．国际新闻界，2010，32（9）：13-17.

一、失衡与混沌：框架研究的理论溯源及现状

框架理论的学科渊源可以追溯到宏观的社会学层面和微观的心理学层面。[1]在认知心理学意义上，框架同我们常说的认知基模较为接近，它是一种被用于理解外在信息的"解释性图式"（interpretative schemas）。[2]而从行为主义心理学的角度出发，"框架构建"概念来自凯尼曼（Kahneman）和特维尔斯基（Tversky）的决策研究，该研究表明：信息的表述方式差异带来人们行为选择上的差异，这种不同的表述方式即"框架"，人们受表述框架的影响所产生的行为即"框架效果"。[3]

在社会学意义上，框架的概念源于人类学家贝特森（Bateson）1955年发表的论文《一项关于游戏和幻想的理论》，他用"元传播"（meta-communication）的概念来指代一种围绕符号定义和诠释规则展开的传播行为，而框架便是这种诠释规则。[4]此后，戈夫曼在《框架分析：经验组织论》中将框架概念引入文化社会学，后来传播学者将"框架"应用到大众传播研究领域，成为当今传播学的重要理论之一。戈夫曼认为，对于个体的人来说，真实的东西就是他或她对情景的定义，而这种定义可以分为条和框架：条指的是活动的顺序，框架则是用来界定条的组织类型。他同时认为框架是人们将社会真实转换为主观思想的重要依据，是人们或组织对事件的主观解释与思考结构。[5]此后，甘姆森在戈夫曼的基础上，进一步发展了框架理论，他认为，一个成熟的框架分析应包含三个部分：一是关注生产过程；二是考察文本；三是在意义协商中一个带有主动性的受众和文本之间的复杂互动[6]，从静态和动态、应然和实然等方面对框架理论划定了一个清晰而完整的范围。

框架理论在新闻传播研究中的应用更多地借助于它的社会学含义，即对意义建构过程的关注。而戈夫曼的框架理论同20世纪60年代的符号互动论思潮有着

---

1 J Bryant, D Zillmann. Media effects: Advances in theory and research［M］. London: Routledge, 2009: 18.

2 转引自：Scheufele D A，Tewksbury D. Framing, agenda setting, and priming: The evolution of three media effects models［J］. Journal of communication, 2007, 57（1）: 9-20.

3 李莉，张咏华．框架构建，议程设置和启动效应研究新视野——基于对2007年3月美国《传播学杂志》特刊的探讨［J］．国际新闻界，2008（3）：5-9，27.

4 Bateson G. A theory of play and fantasy［J］. Psychiatric research reports, 1955, 39（2）: 138-148.

5 Goffman, E. Frame analysis: An essay on the organization of experience［M］. Boston, MA: Northeastern University Press, 1974: 2, 4, 6-8.

6 黄旦．传者图像：新闻专业主义的建构与消解［M］．上海：复旦大学出版社，2005：231-232.

相当清晰的关联[1]：根据布鲁默的观点，符号互动论的基本前提是，人们根据事物对于他们来说所富有的意义展开活动，而这些事物的意义来自个体与其同伴进行的社会互动。[2]布鲁默认为，当代社会科学和心理科学常常将意义视作理所当然的存在，进而忽略了意义的重要性。似乎正是出于这种对意义本身的关注，戈夫曼沿着胡塞尔和舒茨的现象学视角，同时借鉴了人类学家贝特森提出的框架概念，更深入地分析人们如何回答“现在发生的是什么”“如何凭借组织经验来建构现实”的问题。

自从戈夫曼的框架分析被引入新闻传播领域以来，相关的研究迅速扩散流行，“引发了美国学界的跟风热潮，一时间几乎言必称框架”[3]。从理论渊源来看，新闻框架研究一直被认为可以划分为媒介的生产研究、内容研究和效果研究。[4]其中，生产研究和内容研究从框架概念的社会学含义出发，秉承了“框架就是意义建构”的观点，旨在探讨媒体行业及从业人员通过遵循特定组织常规与惯例、以特定方式报导新闻事件的叙述特点，某种程度上是新闻专业主义操作理念与规范在方法论层面的延续。

由于受众心理变化莫测，单纯通过内容分析与文本分析显然不能较好地展现受众框架及其同媒介框架的意义交换与争夺，“仅仅依靠传播学的视角，是无法准确阐述受众在接收到新闻框架后一系列的心理反应的”[5]。在传播效果研究中，框架分析可分为两类[6]，第一类是分别将媒体框架视为自变量、受众框架视为因变量来探讨“媒体效果是否产生及其强度”，第二类是“只测量与特定媒体议题有关的受众框架”，相关的研究也更多地倾向于通过对议程的实验化测量探究框架效应的内在心理机制。学者们主要通过以不同的方式呈现信息来考察受众自身框架同媒介框架的相互作用关系，凭借测量媒介议程与受众议程之间的作用机制

1　刘强．框架理论：概念、源流与方法探析——兼论我国框架理论研究的阙失［J］．中国出版，2015（8）：19-24.

2　谢立中．西方社会学经典读本（上册）［M］．北京：北京大学出版社，2008：480-481.

3　Goffman, E. Frame analysis: An essay on the organization of experience［M］. Boston, MA: Northeastern University Press, 1974: 2, 4, 6-8.

4　刘强．框架理论：概念、源流与方法探析——兼论我国框架理论研究的阙失［J］．中国出版，2015（8）：19-24.

5　陈阳．框架分析：一个亟待澄清的理论概念［J］．国际新闻界，2007（4）：19-23.

6　孙彩芹．框架理论发展35年文献综述——兼述内地框架理论发展11年的问题和建议［J］．国际新闻界，2010，32（9）：18-24，62.

来推断框架效应的存在与作用方式，这些研究通常被认为同政治传播学的框架效应研究合流。

关于新闻框架的意义建构与互动，传者框架、文本框架和受众认知框架间存在“不能处于同一层次上进行对话”的悖论[1]，其原因是以内容研究为代表的框架分析是在社会建构主义理论基础上提出的，传者框架和文本框架通过不同信息呈现方式来完成意义建构，其理论基础都是社会建构主义理论，以探索意义建构过程为核心使命；而受众自身的认知框架扎根于认知心理学意义上的个体基模（schema），研究方法也有别于研究媒介文本框架常用的文本分析与话语分析。

经由不同学科基础工具化后的框架分析实际上扮演了彼此间相互孤立的角色，框架理论相对于新闻传播学科在媒介生产、媒介内容和传播效果三个层面上表现出了各不相同的适用性。在新闻生产和新闻内容层面，框架概念来自社会建构的观点，认为新闻和社会处于一种动态的相互作用过程当中，新闻并不是对客观现实“镜子式”的反映，而是以社会现实为基础、通过传者框架和文本框架共同建构和塑造的。从臧国仁对新闻框架的分类界定方法来看[2]，新闻生产中的框架近似于框架的高层次结构，而新闻内容中的框架则近似于框架的中层次和低层次结构。但是这两个层面上的框架分析往往以内容分析和文本分析为手段，有学者指出，当话语研究最终走向对新闻话语背后主体的权力批判时，对新闻框架的分析反而背离了社会建构主义的“动态互动”观点[3]，其研究指向趋于单向性和静态化，与原有理论产生了背离。

通过以“框架，框架理论，框架分析，架构，架构理论，架构分析，新闻框架，媒体框架，媒介框架，社会运动框架，集体行动框架”为关键词检索期刊类文献可见，新闻框架理论在实际应用中已逐渐陷入“低水平、重复性”量化描述的困境，仅以上 11 个关键词综合检索框架理论的文献依然难以穷尽所有相关文献。原因在于还有相当数量没有以框架名义却行框架分析之实的内容分析和文本分析研究，其研究对象和研究方法同冠以“框架分析”或“框架视域”的研究并无二

1 何翔．新闻传播框架理论研究［D］．乌鲁木齐：新疆大学，2009.

2 臧国仁．新闻媒体与消息来源——媒介框架与真实建构之论述［M］．台北：三民书局，1999：13.

3 臧国仁．新闻媒体与消息来源 – 媒介框架与真实建构之论述［M］．台北：三民书局，1999：13.

致。如同经验学派的各种工具手段在传播学话语中占据主流的事实一般，框架理论同第三人效果、“涵化”等理论共同作为“国际传播学界的宠儿”，却没有在传播学科中产生同理论话语地位相符的研究影响力，反而形成了应用率极高却缺乏理论深度的文本分析代名词。根据知网检索结果，对新闻框架的研究多集中在应用策略性研究（占比 92.7%），对新闻框架的渊源、概念、研究范式等理论层面进行述评的文章仅有 80 篇（占比 6.2%）。[1] 2008 年以后，框架理论大规模进入国内学术视野后反而从关注话语更多地转向对框架如何呈现某一具体事件或某一特定群体。作为一种分析方法，新闻框架更是受到了学生们的青睐，硕士学位论文在论文总量上几乎占据半壁江山，研究方法多采用臧国仁的三层次和坦卡德的框架清单进行编码和类目建构，然后进行内容分析，得出不同媒体对某一个事件或群体的不同态度，极少能深入话语本身及社会结构和权力层面。2012 年往后，认知语言学层面上的框架分析开始增多，并且在述评和应用中都有涉及，可以看作是从话语意义的本原重新考察和理解框架的新尝试。

除了研究方法上的失衡，当前新闻框架理论在概念运用方面还处于模糊和混沌的状态。学术界关于框架理论的研究理路也存在不小的争议。美国政治学家恩特曼甚至曾将框架分析概括为“破裂的范式”。[2] 究其原因，一方面是因为，框架理论的扩散与转换过程中，逐步形成了一系列概念谱系，如框架（Frame）、框架理论（Frame Theory）、框架分析（Frame Analysis）、框架化（Framing）、框架化分析（Framing Analysis）、框架化研究（Framing Reserch）等，没有形成统一的规范和研究范式，往往产生了很大的歧义。[3] 另一方面，框架本身既可以当名词，又可以当动词，还可以把它当成复合结构，不同学者从不同的视角切入自然会得出不同的理解：一是把框架作为动词，认为框架是界限外部事实和心理再造真实的框架过程，如吉特林（Gitlin）认为框架是选择、强调和排除[4]，恩特

1　陈阳．框架分析：一个亟待澄清的理论概念［J］．国际新闻界，2007（4）：19-23.

2　Robert Entman. Framing: Toward Clarification of A Fractured Paradigm［J］. Journal of Communication, 1993, 43（4）: 51-57.

3　同上。

4　Gitlin T. The Whole World Is Watching: Mass media in the Making and（Un）making of the New Left［M］. Berkeley: University of California Press, 1980: 6-7.

曼认为框架是选择与凸选[1]，钟蔚文认为框架即选择与重组。二是把框架作为名词，认为框架的结构其实就是一种“语言及意义符号”，如潘忠党把新闻话语或文本中的框架策略分为了四类：句法结构、脚本结构、主题结构和修辞结构，并强调在诠释者和符号文本的互动中才能体现出框架的作用。[2]三是作为复合词的框架，如臧国仁提出了新闻框架的三层次说，高层次是对某一事件主题的界定，如标题、导言或直接引句等；中层次则包括主要事件、先前事件、历史、结果、影响、归因、评估等；低层次则是指语言符号的使用，包括由字、词等组合而成的修辞与风格，如句法结构与用字技巧等，这里可以把框架概念理解为一个名词和动词的复合体。

概念化的模糊不清，使得新闻传播中的效果研究中的框架效应同新闻内容研究中的框架分析被认为缺乏对话的可能性。从思想史的角度来看，作为分析工具和方法的新闻框架理论建立在社会建构主义基础之上，而根据迈克尔·林奇的观点，“表面上的兼容并蓄给建构主义带来了成功，但当追随者们尝试用深入和一致的观点去表达建构的含义时，会发现这是极其困难的”，林奇认为，“建构”作为“一个起枢轴作用的关键术语”，其应用会导致众多的混乱，“它提供一个钓钩，诱使追随者将他们的理论、方法、政治意图用于学术研究或运动中”[3]。林聚任也指出，社会建构论在20世纪末招致的诸多批评和诟病，都与其“社会建构”概念在学术界诸多学科的过度使用与扩张有关，“其蕴含的想象力资源日益亏空”[4]。鉴于前人对建构主义过度扩张的深度反思，框架理论研究范式的支离破碎和方法运用上的混乱无序，也就显得不足为奇了。王彦在反思框架概念时指出，学界对框架的定义早已从贝特森最初的“泛框架论”逐渐被缩限为“窄框架论”，多年来“效果为王”的大众传播史观使得传播研究选择性忽略了非媒介

1 Robert Entman. Framing: Toward Clarification of A Fractured Paradigm［J］. Journal of Communication, 1993, 43（4）: 51-57.

2 Pan Z, Kosicki G M. Framing analysis: An approach to news discourse［J］. Political communication, 1993, 10（1）: 55-75.

3 Michael Lynch. “Toward a Constructivist Genealogy of Social Constructivism,” in Irving Velody and Robin William（eds.）. The Politics of Constructionism［M］. London: Sage Publictions, 1998: 29 转引自林聚任，等. 西方社会建构论思潮研究［M］. 北京：社会科学文献出版社，2016：28.

4 林聚任，等. 西方社会建构论思潮研究［M］. 北京：社会科学文献出版社，2016：27.

效果框架、非大众传播框架和文化框架等“泛框架”。[1]而现状恰恰在于，对各种非媒介效果框架如受众个体的认知框架、社会集体行动框架等框架的研究散落在政治学、认知心理学、社会学等学科，因而需要我们放宽视野，重新审视各个学科对“框架”的观察、理解和运用。

二、割裂与破碎：多学科视野下的框架理论的发展脉络及反思

与新闻框架汗牛充栋的研究成果相比，认知心理学、社会学、政治学等学科领域的框架研究显得黯淡了许多，但近年来不同学科的框架运用逐渐受到了学界重视，尤其是社会运动领域，其独自发展出丰富严密的理论体系和概念包，成为新社会运动研究的一种解释框架。此外，随着公共事件中集体记忆、文化符号、图像传播、政府应对等研究成果越来越丰富，研究视角越来越多元，但也导致各个学科的框架理论走向了割裂与破碎，缺少应有的对话与融合。

（一）心理学意义上的认知结构：信息处理过程中的基模与受众框架

关于框架概念的心理学意涵，首先应当给出一个分类讨论。凯尼曼等人从决策研究实验所得出的“等效框架效应”[2]看似在探究框架的心理作用机制，实际上仍然关注的是信息的陈述框架在行为层面带来的效果，是“刺激—反应”模式下得出的框架效应，严格来讲属于行为主义心理学范畴。而认知心理学视域中的“框架”则带有截然不同的理论预设：其强调认知因素对人的行为心理的作用，即我们通常意义上所说的认知结构或认知框架。皮亚杰最早使用“基模”概念解释人的认知结构与认知行为，不过他认为，“认知结构既不是客体中先验存在的，也不是在人这个主体中预先形成的，而是一种心理发生的结果，而心理发生就是从一个较初级的结构过渡到一个不那么初级的（或较为复杂的）结构”[3]，因而将“个人认知过程的假设建构”理解为基模。[4]

框架与基模间的关系并不易给出清晰的界定。上述两种不同的心理学范式对

1 王彦．沉默的框架：框架理论六十年的时间脉络与空间想象［J］．浙江大学学报（人文社会科学版），2017，47（6）：197-215.

2 Druckman J N. The implications of framing effects for citizen competence［J］. Political behavior, 2001, 23（3）: 225-256.

3 孙彩芹．框架理论发展35年文献综述——兼述内地框架理论发展11年的问题和建议［J］．国际新闻界，2010，32（9）：18-24，62.

4 林聚任，等．西方社会建构论思潮研究［M］．北京：社会科学文献出版社，2016：27.

基模却有着较为一致的认识，都认为认知基模中的意义结构和知识结构能够对个体的认知框架产生影响。笔者认为，在论及框架与基模的关系时，首先应当区分所谓的“受众框架”与“认知框架”，当我们谈及社会学意义上的独立个体时，基模便等同于个体的“认知框架”；而当个体作为传播中的受众存在时，这个“认知框架”（即基模）则内化于“受众框架”之中，前者是后者的重要内涵，后者则依赖前者提供的“长期的可接近性”[1]与媒介框架等外来框架展开互动，促使个体产生相应的认知或行为。

关于框架与基模之间的关系，恩特曼认为“框架”的四种呈现载体分别是传播者、文本、受众和文化[2]，其中，传播者与受众的“框架”实际上是组织其信念系统的“基模”，“基模”帮助其进行信息处理，而文化则是一个社会成员共同援引的“框架库”（the stock of commonly invoked frames）框架陈列在社会群体的话语和思维方式之中。[3]郝永华则认为，框架处于文化层面，而基模处于心理层面，他指出，文化中的框架是“个体或群体知识和记忆的重要构件”，当处理新信息时，文化中的框架会成为其随时调用的“基模”，“个体的基模可能是非常个性化的，但文化中的框架（特定脚本、神话、价值等）往往是特定社会成员的共享基模”。[4]

不难看出，基模与框架中的共同交集是文化，而其共同发生的机制来自心理认知结构，传播研究中之所以越来越重视分众化的多元视角解读传播现象，正是基于群体当中日益个性化和多样化的认知结构变化。因而，关注基模及其背后的文化认同问题，对于我们把握认知框架、将传播框架（新闻框架的建构与陈述框架的转换）同认知框架统一起来具有重要意义。

（二）社会运动中的行动框架：意义、共识与认同

从现代社会运动发生学的角度讲，有三种视角被用来理解社会运动，即理性

1 聂静虹．论政治传播中的议题设置、启动效果和框架效果［J］．政治学研究，2012（5）：111-123.

2、Robert Entman. Framing: Toward Clarification of A Fractured Paradigm［J］. Journal of Communication, 1993, 43（4）: 51-57.

3 Robert Entman. Framing: Toward Clarification of A Fractured Paradigm［J］. Journal of Communication, 1993, 43（4）: 51-57.

4 郝永华，芦何秋．风险事件的框架竞争与意义建构——基于“毒胶囊事件”新浪微博数据的研究［J］．新闻与传播研究，2014，21（3）：20-33，126.

主义、结构主义与文化主义。[1] 20世纪60年代以后，欧柏萧尔、麦卡锡、扎尔德等人通过对“相对剥夺感”“社会怨忿”等解释方式的批判，并结合对“奥尔森难题”的尝试解答提出了资源动员理论，并指出：参与社会运动实际上是一种理性行为，是“基于维护利益或兴趣的理性选择”；政治过程论则将社会运动的发生看作是对政治机会结构的把握过程，其主张者认为：决定社会运动成败的关键在于参与者能否拥有政治机会，得到结构化力量的支持。

与理性主义和结构主义两大视角不同，文化主义视角的发展流变，先后经历了群体心理学阶段、社会心理学阶段和文化社会学阶段三个阶段。[2] 20世纪80年代中期，社会运动学者开始对“意义工作”（meaning work）产生了前所未有的关注。在此背景下，文化主义视角的学者认为社会运动中存在大量“意识形态的话语符号”，他们关注这些符号性的行为背后蕴藏的“价值观和目的性诉求”，指出社会运动“不能摆脱情感性的动力”，同时吸取了社会运动理性化的组织运作和动员策略，形成了以“框架建构论”为代表的文化主义视角。[3] 斯诺等人在1986年发表了《框架规整过程、微观动员与运动参与》一文，标志着框架建构论在社会学中诞生。框架建构论的研究者着力研究“观念塑造与社会运动之间的关系”，并指出：行动者们需要通过框架化过程建构社会运动的意义，从而建立了“社会运动框架”。[4] 斯诺等人指出，社会运动中的框架整合是一个以社会运动领导者为核心的策略性行为，而“框架化”的概念和运用则为集体行动提供了理想的蓝本。因而文化“动员了许多最强力的情感，赋予人们行动的合法性，以及提供了资助、组织和管理行动的相关福利、教育和各种场所”[5]，甘姆森等人将框架从个体的“解读程式”重新定义为集体行动的“解读包”（interpretative package）[6]，即社会运动领袖用来表达诉求、界定问题时所使用的一系列观点、修辞、论述、文本和标记等。[7] 社会运动框架的含义是，通过一定的“框架”，

1　张孝廷．西方社会运动发生机制研究［M］．北京：中国社会科学出版社，2015：4.

2　张孝廷．西方社会运动发生机制研究［M］．北京：中国社会科学出版社，2015：17.

3　张孝廷．西方社会运动发生机制研究［M］．北京：中国社会科学出版社，2015：21.

4　冯仕政．西方社会运动理论研究［M］．北京：中国人民大学出版社，2013：208-209，217-224.

5　张孝廷．西方社会运动发生机制研究［M］．北京：中国社会科学出版社，2015：26.

6　Gamson, W. A. & Lasch, K. E. The political culture of social welfare policy. In S. E. Spiro，et al.（eds.）. Evaluating the Welfare State［M］. NY: Academic Press, 1983.

7　Spector, M. & Kitsuse, J. I. Constructing Social Problems［M］. Menlo Park, CA：Cummings, 1977.

社会运动组织或社会运动领袖赋予客观世界和运动所涉事件或现象以特定意义，并扮演“信息发射体”的角色将其传播与推广，其最终目的在于取得潜在参与者共鸣，并成功动员他们付诸行动。[1]

框架建构论的提出，使得社会运动的文化主义成为与理性主义和结构主义相提并论的新的理论范式，也使得社会运动的传统研究得以在新时期复兴和创造性转化。[2]与传播学中框架理论关注新闻报道的生产过程与文本建构方式不同，社会运动研究中的框架理论关注的是运动组织者如何通过策略性的意义赋予完成运动中的组织动员，并将社会运动的集体行动框架研究纳入社会动员的“情感—理性”范式中来，成为“一种强有力的解释模型”，因而其概念化理论化程度更高。

在社会运动框架的建构过程方面，克兰德曼斯曾把社会运动的动员任务概括为“共识动员”（consensus mobilization）和“行动动员”（action mobilization）两方面；威尔逊把意识形态分解为诊断、预后和推理三种构成的观点。[3]社会运动框架建构论的旗手斯诺和本福特以威尔逊的思想为基础，结合克兰德曼斯的观点，将社会运动的框架建构工作划分为三个步骤，同时也是框架建构的三个核心任务：诊断性框架建构（diagnostic framing），明确运动所针对的问题；预后性框架建构（prognostic framing），明确解决这一问题的方法；促动性框架建构（motivational framing），明确具体的行动动机。[4]他们认为，成功的社会运动框架需同时具备这三个要素。

从整个社会运动的高度来说，斯诺将社会运动框架建构过程划分为诊断性、预后性和促动性框架建构三个过程；具体到某个集体行动框架是如何被创造和发展的，斯诺等研究者认为，具体社会运动框架的创造、发展和更新过程可以区分为三组互相交织的过程，分别是：言说过程（discursive process）、谋划过程（strategic process）和竞争过程（contested process）。[5]其中，“框架谋划过程”最初叫“框架整合过程”（frame alignment process），是框架建构论关注最

1　夏瑛．从边缘到主流：集体行动框架与文化情境［J］．社会，2014，34（1）：52-74.
2　张孝廷．西方社会运动发生机制研究［M］．北京：中国社会科学出版社，2015：16-30，28.
3　张孝廷．西方社会运动发生机制研究［M］．北京：中国社会科学出版社，2015：28.
4　冯仕政．西方社会运动理论研究［M］．北京：中国人民大学出版社，2013：208-209，217-224.
5　冯仕政．西方社会运动理论研究［M］．北京：中国人民大学出版社，2013：208-209，217-224.

早和最多的部分，竞争过程次之，言说过程研究最少。斯诺等研究者（1986）在《框架整合过程、微观动员与运动参与》一文中提出了框架整合理论（frame alignment theory），框架整合包括四个过程：框架桥接（frame bridging）、框架渲染（frame amplification）、框架扩展（frame extension）和框架转变（frame transformation），具体是指个人与社会运动组织之间阐释性倾向的连接，例如将个体的利益、价值观和信仰集合塑造的与社会运动组织者的活动目标以及意识形态相一致或互为补充。[1,2] 在斯诺等人看来，框架整合是社会动员的关键要素，它能够改变行动者的目标和方向，创造出一种有利于集体动员的策略性框架。

（三）政治学：多元权力主体的框架竞争与博弈

在国外诸多经典的政治传播学研究中，无论是议程设置，还是框架效应或是启动效应，始终关注一个核心命题，就是“媒体如何报道公共议题”，随之而来的问题便是：通过不同媒体框架塑造出的公共议题，究竟能够对受众产生哪些影响？受众群体相对应的认知结构变化又是怎样的？受众的反应多大程度上同媒介的框架预设相关？不同的框架又应当被如何纳入测量标准体系？这些都是政治传播中的框架理论研究一直以来尝试回答的问题。

首先，在政治传播研究中，结合框架理论同议程设置、启动效应等理论间关系的探讨已经较为充分。学者对相关期刊论文的统计指出，在 20 世纪 70—90 年代，议程设置理论一直在政治传播研究中占据主导地位，而从 90 年代起至今，框架理论逐渐成为学者研究舆论形成机制的主导理论。[3] 传统议程设置关注媒介在报道公共议题时如何凸显议程的显著性，而框架效应则关注议题属性的显著性问题。与传统的效果研究相比，议程设置理论更倾向于舆论学的研究范畴，正如麦库姆斯所指出的，议程设置的特定源泉来自舆论研究的传统，而不是在大众传播研究中长期占主导地位的效果研究。迪林和罗杰斯认为议程设置研究的产生虽然与效果理论关系密切，但其本身却天然地就是一个政治过程，“议程设置”被

1　冯仕政 . 西方社会运动理论研究［M］. 北京：中国人民大学出版社，2013：208-209，217-224.

2　赵鼎新 . 社会与政治运动讲义［M］.2 版 . 北京：社会科学文献出版社，2012：213-214.

3　马得勇 . 政治传播中的框架效应——国外研究现状及其对中国的启示［J］. 政治学研究，2016（4）：57-69，126-127.

看作是多个议程间产生复杂互动的过程，分为媒介议程、公众议程和政策议程。[1]媒介议程同公共议程间究竟如何相互作用并影响政府议程，也是政治传播学一直关注的问题。

朔伊费勒认为，传统议程设置所产生的“想什么”和框架构建产生的“如何想”成为效果研究的两个层次，如果说议程设置在于“议题”的传输，对报道对象设置排列，那么框架则“显著性地揭示了属性显著性的传递”[2]。换句话说，议程设置研究虽然在定量分析上能做到尽可能精确，把议题的各个方面转换为诸多“可测量的形式”，但量化研究实际上难以真正把握媒介与受众瞬息万变的互动关系。因而，与议程设置理论相比，框架理论把新闻视作符号系统内符号间互动的结果，其对话语本身及其意义建构过程的关注视野更加宏观和多元化。在对“如何想”的研究上，框架理论更注重研究受众的个人接触和处理大众传播信息的认知结构和诠释规则，注重探讨媒介现实与受众现实之间的互动关系。由于这种解读规则来自受众在经验社会中的积累，因此会形成例如对新闻信息的“同向解读”“对抗式解读”“妥协式解读”等不同解释框架。

其次，关于框架效应的心理机制，学术界颇具争议。在新闻消息的传播过程中，传统议程设置和启动效应的测量方法往往基于人类记忆方式中的信息处理模型[3]，其依赖的心理作用机制在于通过信息的可接近性（accessibility）[4]来触发受众的记忆，进而产生影响；而框架构建的心理作用机制则依赖信息的可适用性（applicability）来实现信息接收与解读的过程。充（Chong）和祝阿克曼（Druckman）认为，议程设置和框架的心理过程并无差异，都要建立在信息的可接近性基础上[5]，受众在接受框架和议程时处于一种“无意识地”“自动地”状态；尼尔森（Nelson）等人则通过实验证明了受众个体对于议题属性具有先验性的重要性判

1 James W. Dearing, Everett M. Rogers. 传播概念·Agenda-Setting[M]. 倪建平，译. 上海：复旦大学出版社，2009: 2.

2 Scheufele D A, Tewksbury D. Framing, agenda setting, and priming: The evolution of three media effects models [J]. Journal of communication, 2007, 57 (1): 9-20.

3 Eagly, A. H., & Chaiken, S. The psychology of attitudes [M]. Forth Worth, TX: Harcourt Brace. 1993.

4 Price, V. & Tewksbury, D. News values and public opinion: A theoretical account of media priming and framing. In G. A. Barett & F. J. Boster (Eds.), Progress in communication sciences: Advances in persuasion [M]. Greenwood Publishing Group, 1997: 173-212.

5 Chong D, Druckman J N. A theory of framing and opinion formation in competitive elite environments [J]. Journal of communication, 2007, 57 (1): 99-118.

断[1]，然后才会根据接触到的信息作出反应。实际上，信息的可接近性和可适用性并非两个截然分开的“独立认知单元”[2]，议程设置和框架构建可能涉及“不可分离的认知过程并产生混合的认知结果”[3]。

此外，通过对精英框架和媒体框架的互动博弈关系进行深入探索，政治传播研究对框架效应同民主的关系产生了更清晰的认识。祝阿克曼认为，舆论往往取决于精英如何选择框架问题。[4]政治传播中，框架效果研究常涉及公众在认知和态度层面如何通过舆论实现对政策议题的自我表达，并进一步呈现精英框架和媒介框架对民主的操纵与侵蚀问题。恩特曼认为，经验事实可以由“精英”通过塑造框架来决定向政府展现什么是真正的公共舆论，真实的民意诉求将无法到达政府的决策者。[5]对此，马得勇通过实证分析指出，精英框架对大学生群体的政治态度存在不同程度的影响，而在存在异见的“竞争性舆论环境”中，大学生不易受到某单一精英的话语框架“误导”，据此他认为，“在一个日益多元化的公共舆论场，不同精英构建的框架的效应会相互抵消，舆论不至于被某一派精英蒙蔽或误导而远离真实民意”[6]。

政治传播研究对媒介与民主关系的深刻透视凸显了框架分析中的权力因素，使框架研究对话语框架中结构性因素的挖掘提升到政治权力的新高度。从研究视野看，媒介框架只能作为权力要素之一，精英框架、政党框架等都会成为影响受众认知与行为的重要因素，媒体关于政治议题报道的背后更多的是多重框架主体的话语争夺与博弈；从研究方法上看，严格的实验规范和精准的量化也不同于新闻框架研究中的文本分析和话语分析范式，因此，政治传播的框架效应研究不仅为新闻框架研究提供了不同的视角，也提供了有关受众认知结构与能力的一整套

1　Nelson T E, Clawson R A, Oxley Z M. Media framing of a civil liberties conflict and its effect on tolerance [J]. American Political Science Review, 1997, 91 (3): 567-583.

2　李莉，张咏华．框架构建，议程设置和启动效应研究新视野——基于对 2007 年 3 月美国《传播学杂志》特刊的探讨 [J]．国际新闻界，2008（3）：5-9，27.

3　彭泰权．大众传播的议题属性设置效果——美国议程设置理论的研究进展 [J]．国际关系学院学报，2003（5）：50-53.

4　Chong D, Druckman J N. A theory of framing and opinion formation in competitive elite environments [J]. Journal of communication, 2007, 57 (1): 99-118.

5　马得勇．政治传播中的框架效应——国外研究现状及其对中国的启示 [J]．政治学研究，2016（4）：57-69，126-127.

6　马得勇，兰晓航．精英框架对大学生有影响吗——以实验为基础的实证分析 [J]．清华大学学报（哲学社会科学版），2016，31（3）：160-171，194-195.

研究策略，其在理论的应用取向上同框架的文本分析有着不可取代的互补性，值得共同纳入新闻框架研究的考量范围内。

三、框架理论研究跨学科对话与整合的可能及路径

如上所述，框架理论的应用既是一个概念的问题，也是一个方法的问题，更是一个运用场域的问题。放眼当前公共事件尤其是网络公共事件的研究，不同学科在介入的过程中往往会关注到事件中来自不同主体或不同阶段的框架，如媒体框架、受众框架和精英主导的政策框架、行动框架等。但从动态的视角来看，事件的发展存在个体认知基模、社会运动框架、新闻传播框架和政府回应框架四个相互作用与渗透的过程，需要考量不同框架间的互动关系，因为任何事件的发展往往是多重框架（或议程）相互作用的结果，这种多重框架的基本形态由“公众认知框架（通过自媒体等方式呈现）—社会运动框架—主流媒体（及其融媒体延伸）的报道框架—政府回应框架”构成。

因此，我们理应从中观层面在多元框架之间寻找合适的衔接点，从而在操作中为框架分析的有机融合作出贡献。公共事件中多元框架的互动问题同时涉及多个学科的研究领域，这就要求框架理论研究能够以现实问题为导向展开跨学科对话与借鉴，拓展理论的应用场域，进一步实现理论价值。与社会学等学科相比，传播研究向来是社会科学中多个学科研究领域的重要交集，新闻传播也是框架理论目前应用最为广泛的领域，“不应该存在跨学科对话的障碍，特别是态度上的障碍”[1]，本书将就“新闻框架与认知框架”“新闻框架与社会运动框架”“新闻框架与政府回应框架”三组框架间跨学科对话的可能性进行探讨，并初步思考各组框架间理论对话的路径。

（一）媒介框架与认知基模：媒介形塑与记忆启动

如上所述，认知基模包含大量内在的知识结构和意义结构，它基本可以等同于认知框架，而带有浓厚传播学色彩的受众框架则是一种产生于认知基模并经媒介框架影响后形成的外化原则，受众框架左右着人们的认知与行为。

在政治传播学中，研究者使用启动效应理论来研究个人在受到信息刺激后产生的认知框架，这些认知框架常常被用来“反应和回顾刺激信息中所包含的问题

1 葛岩．问题：跨学科对话、合作的可能途径［J］．新闻大学，2008（2）：57-59.

界定和解决方式”。而在认知心理学研究中，启动效应是“先前经验与当前任务的促进作用”[1]，它对于认知行为研究和个体的神经机制研究都具有重要的意义。启动效用起初被用来证明内隐记忆的存在，在20世纪90年代的心理学研究中，钟毅平等人证明了印象形成的启动效应研究对于探索“内隐社会认知”的内在机制有效，其认为：在社会认知的过程当中，预先施予的刺激（不论该刺激是人为的或无意的）会对社会认知活动产生一定的影响[2]，但并未给出关于其内在机制的更多研究设想。

上述两个学科在通过启动效应去发掘个体内在认知结构的过程中，都尤其关注“记忆”的存在。在记忆心理学领域，记忆被视作“结构、系统或类型”组成的复杂实体，研究者据此提出了“多重记忆结构”的概念来指代“功能相互独立的过程所引发的性质不同的记忆效果”[3]。启动效应帮助研究者观察个体的内隐记忆；而在政治传播学中，启动效应也充分体现在媒介框架作用于受众框架时所依赖的“即时的可接近性”。

在当前的新媒体语境下，若从特定社会群体的“共享基模”[4]角度出发，我们不难发现受众认知基模的某些线索。受众接触和处理信息的认知结构和诠释规则来自“社会生活经验、知识积累、价值观”[5]等，认知框架引导受众处理新的信息，作用于整个认知的心理过程。人们对事物的认知基于历史记忆和现下经验。集体记忆实际上是公众形成认知框架的重要来源，也是社会行动框架重要的意义资源库。陈振华认为，集体记忆的运作机制同议程设置、框架、选择性注意等传播强效果理论具有较为突出的共同点：它们都跳脱了单纯的媒介功能阐释，把焦点放在“结构”上，强调社会结构对主体的影响。“作为传递信息、塑造规范、延续文明的载体，媒介对集体记忆的塑造和传播起到了关键作用，随着新媒体的涌现和蓬勃发展，媒介对集体记忆的影响从内容和形式上发生了巨大的变化。”[6]

1　游旭群，苟雅宏．内隐记忆的启动效应［J］．心理科学进展，2006，14（6）：829-836.

2　钟毅平，杨治良．内隐社会认知：印象形成的启动效应研究［J］．心理学报，1998，30（1）：21-26.

3　杨治良，等．记忆心理学［M］．上海：华东师范大学出版社，1999：1.

4　钟毅平，杨治良．内隐社会认知：印象形成的启动效应研究［J］．心理学报，1998，30（1）：21-26.

5　官建文，李黎丹，王培志，等．网络舆论生成与发酵的深层逻辑——网民认知框架对议题结构演变的影响［J］．人民论坛，2015（31）：62-65.

6　陈振华．集体记忆研究的传播学取向［J］．国际新闻界，2016，38（4）：109-126.

集体记忆是“人们根据当下来对集体的过去进行的理解与建构、回忆与再现”[1]。

一方面，在记忆研究领域，根据泽利泽的观点，“媒介与集体记忆一直处于边缘地位，新闻传媒产业关注当下，容易忽略与历史的关系，因此媒介对集体记忆的作用往往一叶障目”[2]。扎雷克卡在《回忆的框架：集体记忆动力学》中探讨了“过去的作用以及记忆如何在实践中建构”等问题，并指出，“框架分析就像元分析，同时提供了过去的内容和回忆的形式双重结构”[3]。简言之，记忆本身是个体或集体的认知结构体系中非常重要的部分，回忆中的框架不仅在形式上也在内容上体现着集体记忆的特征。

另一方面，新闻框架的运用注重凸显“集体记忆建构的连续性”；媒介形塑集体记忆是一个权衡、选择的过程，类似于新闻框架中惯用的“界限”与“架构”，通过对有可能激活记忆的素材的筛选、范围限定与整合实现对受众认知框架的塑造。刘国强指出，“选择性”记忆或遗漏是媒介塑造集体记忆的核心机制，“通过真实与建构、记忆与以往、延续与调整、分歧与同一，传媒截取历史素材，实现对集体主义的建构”[4]。

无独有偶，也有学者指出新闻报道可以通过隐喻系统来构建受众的认知框架。隐喻系统以文字、声音、图像为载体，覃岚认为，新闻报道中的隐喻概念建构了新闻的感知，塑造了新闻意义的相对性，并关注事件中的普遍性主题或原则[5]，而运用隐喻的目的便是促使媒体与公众在“互动交流的过程中建构理解”，从而塑造公众的认知框架。

不难发现，当公共事件发生时，集体记忆是为公众提示对象显著性的重要介质，政治传播应当充分借用认知心理学的测量方法挖掘“内隐的社会认知”，将特定群体中包含意义与见解的“受众框架”用具体的“认知框架”呈现出来；而在媒体参与公共事件报道时，新闻报道也应不断尝试借用框架手段塑造或呼应公众群体及个体认知，以集体记忆为基础、“隐喻系统”为媒介物完成公众认知框

1 汪新建，艾娟．心理学视域的集体记忆研究［J］．南京师大学报（社会科学版），2009（3）：112-116.

2 汪新建，艾娟．心理学视域的集体记忆研究［J］．南京师大学报（社会科学版），2009（3）：112-116.

3 刘国强．当代传媒形塑集体记忆的方式探析［J］．社会科学辑刊，2009（2）：70-74.

4 刘国强．当代传媒形塑集体记忆的方式探析［J］．社会科学辑刊，2009（2）：70-74.

5 覃岚．理解新闻：隐喻认知框架下的交流［J］．湘潭大学学报（哲学社会科学版），2017，41（5）：148-151.

架与新闻报道框架的互动；进而同时赋予社会行动以意义，为可能或已经发生的个体、集体行为提供文化心理资源。

（二）媒介框架与社会行动框架的交叉融合

媒介框架与社会运动框架的联系十分紧密。过去，社会运动往往要借助大众媒介的力量，媒介有时甚至是运动成败的决定性因素。[1]孙玮指出，在社会运动中，大众媒介主要发挥“议题建构、争取支持者、获得大众对运动基本理念的认同、形成有利于运动的社会舆论”等功能，集中表现为“归因”和“表意”的功能。[2]关于运动参与者如何引起媒体注意的手段，国外的社会运动研究也给出了不少关注，如“信念概念化、制定标语和口号、表演行为艺术、制造戏剧事件、在内部成员中进行分工合作，调整、论述等”[3]。

随着自媒体平台的不断兴起，公众越来越习惯借助自媒体参与到公共事件中。实际上，自媒体不仅是单纯的社会交往工具，还是公民集体行动中的联络组织、宣传动员、扩大认同的工具，有越来越多的研究开始关注自媒体在社会动员和议题建构中的功能，有学者甚至直接将参与者利用自媒体完成媒介动员和社会动员的公共事件称为“媒介化事件”。这种伴有充分媒介动员的公共事件既颠覆了新闻框架研究的既有理论概念,也为新闻框架研究的理论延伸提供了一种可能性。其原因在于，无论是新闻报道框架还是社会运动框架，都可以将自媒体视作分析的重要对象；而在具体的事件进展过程中，抗争者会借助自媒体扩大认同，同时也会以此吸引大众媒体的关注，自媒体和大众媒体之间往往可以形成议题互动关系。

从理论层面来看，虽然新闻框架和社会运动框架指向的研究对象和研究目的有所不同，但都来源于戈夫曼的框架理论，其理论基础和研究方法基本趋同。社会建构学者在提出“社会真实均由建构而来”的说法后，强调人们须通过语言或其他中介机构来处理社会“原初真实”[4]，新闻框架通过新闻文本来构建新闻事件的真实，而社会运动框架则是通过行动中的各种文本符号形式来建构、承载意

1　托德·吉特林．新左派运动的媒介镜像［M］．胡正荣，张锐，译．北京：华夏出版社，2007：9.

2　孙玮．中国“新民权运动”中的媒介“社会动员”——以重庆“钉子户”事件的媒介报道为例［J］．新闻大学，2008（4）：13-19.

3　夏倩芳，张明新．新闻框架与固定成见：1979—2005 年中国大陆主流报纸新闻中的党员形象与精英形象［J］．新闻与传播研究，2007，14（2）：29-41.

4　臧国仁．新闻报导与真实建构：新闻框架理论的观点［J］．传播研究集刊，1998（3）：1-102.

义，建构主义是新闻框架和社会运动框架中重要的理论基础。同时，新闻框架和社会运动框架都基于认知主义来探讨框架对个体看待事物的看法或思路是怎样形成和改变的，新闻框架被认为可以帮助新闻生产者和读者“选择、组织和诠释”外界的信息，而社会运动框架的最终目的是框架整合，框架整合是社会动员的关键要素，它能够创造出一种有利于集体动员的策略性框架。

从操作层面来看，社会运动研究无法回避媒介动员的重要作用，它和社会运动“相互影响，相互作用，互为因果”[1]。在社会运动框架的建构过程中，新闻报道在某种程度上承担了社会运动中诊断性框架和促动性框架的建构。媒体报道社会运动的新闻框架是社会行动框架建构的重要依据，媒体的报道会影响受众对这一社会运动的认知判断，从而会对该运动所处的舆论环境带来改变，行动者也会因此而调整行动框架。随着社交媒体格局的不断演变和公共事件中自媒体讨论比重的不断增加，媒介动员与社会动员的关系变得越来越紧密。公共事件的参与者既可以通过媒介动员从主流媒体及其融媒体延伸获得更加广泛的社会资源，也可以作为讨论者通过自媒体平台发表观点、赢得认同，经过充分讨论的网络议程也会成为媒体报道的重要议程。

因此，公共事件中的“冲突竞争性话语”可以同时运用报道框架和行动框架进行解读，在此语境下两种框架得以形成跨学科对话与整合，而这种整合的重要意义在于：一方面，以对文本的量化分析为主要手段的报道框架研究可以清晰、直观地呈现出公共事件中网络议程对媒介议程的建构作用，帮助研究者厘清行动者营造网络议程并影响主流媒体议程的主要线索；另一方面，对集体行动框架的分析将勾勒出社会抗争中诊断性框构、预后性框构、促动性框构的形成过程。此外，议程设置、新闻框架等理论有助于阐释主流媒体及其融媒体延伸在与自媒体进行框架互动中的话语博弈，这种量化分析的路径可以有效规避社会运动框架研究的主观化倾向。

（三）作为“调停者”的新闻框架与政府回应框架

在框架效应研究中，研究者尤其重视框架对公众内在认知结构和外在行为的解释力，这实际上对于强调认知建构的新闻报道框架研究具有极大的启示意义。

1 冯仕政 . 西方社会运动理论研究［M］. 北京：中国人民大学出版社，2013：208-209，217-224.

新闻框架与行动框架互动的不断加深，必然导致不同程度的政府回应。学界对媒介事件中政府如何回应的话语研究目前尚不多见，回应的内容、方式及渠道理应成为框架理论跨学科对话与整合的重要延伸领域。另外，对政府回应框架的关注不应仅限于对回应文本中表述框架的关注，还要从公共事件发展进程的高度充分考量政治权力因素，将政府回应背后权力关系的变化同新闻报道的跟进、社会行动的进展有机结合。

在公共事件尤其是社会抗争事件的发展过程中，政府往往是回应的核心主体，政府的回应往往决定了社会抗争事件的解决效果，现有研究侧重于从静态层面分析政府回应，忽视了政府回应的动态性。[1]在民主治理研究中，学者指出“民主治理的回应性是通过一个以政策议程为中心的双边进程而获得的：一方面是公民的广泛参与，另一方面是政府的有效回应”[2]。对回应性议题的关注可以一定程度上弥补民主治理中片面强调“责任”和“控制”的社会中心论范式的不足之借助媒体发声，此时认知框架需要同报道框架达成框架整合，才有可能顺利实现民意的向上传达；而当媒体框架同公众认知框架互动不足时，公众则有可能走上以行动获得意义与认同的社会抗争道路，此时，集体行动的框架也将进入研究者分析公共事件的研究视野中，并通过与媒体框架的深度互动触发政府回应。

媒体在公共事件中往往扮演一种“调停者”的角色，有学者提出基于官方话语与民间话语的“框架整合”，而完成整合的重要“中间角色”就是主流媒体及其融媒体延伸，其框架整合的研究方法也以对报道数量和报道框架的分析为主，探寻在问题解决过程中媒介框架所发挥的“调停作用”。实际上，行动框架与回应框架同样具有相互整合的空间，只不过其整合的前提在于：必然存在新闻媒体这一杠杆因素，媒介动员也日益成为社会运动研究中的重要研究对象，社会运动的参与者借由媒介的第三方因素获得来自政府层面的关注。如黄荣贵等学者在研究中指出，社会行动者的框架存在于宏观社会政治文化中，通过特定的框架在特定情境中获得可资利用的政治机会。[3]郝永华也通过对议题框架的内容分析探索

1　堵琴囡．邻避运动中我国地方政府回应过程研究——基于动机—能力解释框架［J］．云南行政学院学报，2016，18（3）：132-137.

2　王家峰．民主治理中的议程回应性：范式重构与理论阐释［J］．天津社会科学，2014（1）：75-82.

3　黄荣贵，郑雯，桂勇．多渠道强干预、框架与抗争结果——对 40 个拆迁抗争案例的模糊集定性比较分析［J］．社会学研究，2015，30（5）：90-114，244.

了“毒胶囊事件”中来自不同群体（媒体、官方话语、学者、民众）的新媒体参与者彼此间进行的框架竞争与意义建构过程。[1] 由此不难发现，行动者动用议题框架的重要目的往往是吸引媒介关注并影响新闻媒体的报道框架，有利于争取到来自上层的政治机会，得到针对性政策的直接关注。

四、结语与反思

新闻框架、行动框架、认知框架以及政治传播框架，不仅在延伸空间上具有较为相近的理论基础，同时在现实社会的公共事件中天然具有普遍的关联性。通过不同学科研究视野的交融，新闻框架研究可以有效摆脱过度依赖内容分析和文本分析的现实困境，并促使框架研究的视野向公众认知、社会结构、政治权力等方向延伸，从而在框架理论研究的视域内逐渐形成“以框架分析为杠杆、传播研究为支点、多学科视角互动”的公共事件分析模型。

需要指出的是，公共事件中所涉及的四类框架并非一个“闭合回路”式的线性分析模型。认知框架和报道框架存在于公共事件发展、演变、落幕的全过程，新闻媒体和政府官方机构则需要承担“框架整合”作用，具体表现为：（1）长期以来，作为“共享基模”的集体记忆成为公众认知框架的重要来源，并通过文字、图像符号、实践行为等方式呈现在个体和群体的方方面面；（2）公共事件发生时，心理学意义上的认知框架得以启动并促使公众发声，同新闻媒体的报道框架形成呼应，二者相互影响、相互塑造，构成具体事件的意见气候；（3）倘若公共事件发生的过程中伴有社会集体行动或抗争行为，那么社会运动的策略性框架也将得以触发，并紧紧围绕公众的原有认知框架发生延伸、放大、桥接、渲染等策略性框架构建行为，促成社会动员；（4）在此过程中，从认知框架基础上衍生出来的行动框架同新闻报道框架形成深度互动，从而有可能触发决策层的回应，最终促成公共事件的合理化解决。[2]

1 黄荣贵，郑雯，桂勇 . 多渠道强干预、框架与抗争结果——对 40 个拆迁抗争案例的模糊集定性比较分析［J］. 社会学研究，2015，30（5）：90-114，244.

2 原文发表于《现代传播》2018 年第 7 期，收录至本书时有删改。

第五章
公共舆论中的群体传播效应

舆论体现了群体的一致化情感倾向，是群体心理与环境共同作用的产物。但学界对群体心理的多面性与复杂性缺乏充分的探讨。本章将结合群体研究先驱者的相关思想，重点探讨公共舆论中几种典型的群体传播效应，如群体无意识、群体认同、信息茧房、过滤泡效应、联想叠加、舆论反转等，重新审思其表现特征、心理机制、发生诱因、社会结构等，尝试提供一些新的解释路径和分析框架，以充分展现群体传播的复杂性以及群体心理的多面性。

第一节　群体无意识行为及群体认同机制

群体心理学诞生于19世纪末20世纪初，勒庞、塔尔德和弗洛伊德被视为该学科的主要创建者。群体心理学的核心议题要回答的基本问题是个体加入群体之后，群体无意识行为是如何产生的？群体心理运行机制是什么？如何产生认同机制？本书将追本溯源，对三位先驱者的群体思想进行比较分析，归纳总结群体心理中群体无意识行为以及群体认同机制的作用机制，试图走出群体神话与污名化的二元对立，增进对群体心理特征和行为规律的复杂性认识，为理解不同环境下群体运行的心理机制及社会影响提供新的思考。

一、勒庞的群体无意识行为

勒庞认为，个体的智力、道德、禀赋等属性虽然有差异，但是本能和情感具有相似性，这就导致在群体中个性化的元素会消失，个人的智力和个性被拉平甚至被削弱，取而代之的是群体的情感本能驱动。“异质性被同质性淹没，无意识的属性占了上风。”[1]结果是，群体的道德非但不优于个体的总和，反而背道而驰，降低了文明的水平。“孤立时，他可能是个文雅人；一旦进入群众，他就成了野蛮人，靠本能行事。他率性而为，狂暴，凶猛，也像原始人那样热情和英勇。作为孤立的个体时，词语和形象可能对他起不了作用。”[2]

1　古斯塔夫・勒庞．乌合之众——群体心理研究［M］．何道宽，译．北京：北京大学出版社，2016：19.

2　古斯塔夫・勒庞．乌合之众——群体心理研究［M］．何道宽，译．北京：北京大学出版社，2016：22.

勒庞揭示了共同促成群体心理独特品质的三个因素：其一是群体下个人责任感的消失；二是群体中的情绪传染；三是暗示。为了还原这个过程，勒庞大量使用了在当时法国流行的催眠术来加以解释，他认为当“同质性”的情绪感染起作用时，会有一种催眠或催化的效应，导致个人的主体意识的消失。“群众里的个人的情感和意念完全一致，自觉的个性化为乌有。”[1]催化效应可以让参与其中者获得一种群体狂欢的满足感，此时，道德、伦理、法律等结构性、约束性概念统统化为乌有。“由于受激情的主导，比如受国家大事的影响，成千上万孤立的个人有可能获得心理群众的特征，在这种情况下，一个偶然的事件就足以使他们聚在一起，其行为立即获得群众的特征。”[2]

一旦经过催眠效应后，群体心理将呈现出与个体心理不同的逻辑。“群众可能杀人放火，无恶不作，也可能有献身、牺牲和无私的壮举，这是孤立的个人根本不可能表现出的极崇高行为。”[3]由此，勒庞得出一个耐人寻味的结论：“群众的智力不如孤立的个人，单从感情和感情所激发的行为来看，群众表现的好坏取决于环境，完全取决于群众所接触的暗示。”[4]首先，群众冲动、易变和急躁，其情感变化莫测，难以驾驭，转瞬之间，群众可能从最血腥的狂热状态转变为极端的慷慨和英勇无畏，他们很容易扮演刽子手的角色，同样很容易慷慨赴死。[5]群众也容易引发在相互的情绪感染中产生的集体狂欢，萌发不切实际的念头。其次，群众容易轻信，易受暗示影响而变得无所畏惧。他们总是在无意识的边缘徘徊，随时听命于一切暗示，心怀狂躁情绪，不受理性影响，丧失批判能力，因为人多势众，“不可能”的概念根本不存在。“孤单的个人很清楚，他靠单枪匹马难以焚烧宫殿或洗劫店铺。即使面对这样的诱惑，他也容易抵挡。一旦成为群众的一员，他会意识到人多势众的力量，这足以使他产生杀人越货的念头，并且会立即屈从于这种诱惑”[6]。再次，群众情绪夸张而率直，只有极端的情绪才能打动他们，鼓动者深谙此道，必然滥用强硬的语言，主观武断，“他们会夸大其词，

1　古斯塔夫·勒庞．乌合之众——群体心理研究［M］．何道宽，译．北京：北京大学出版社，2016：15.
2　古斯塔夫·勒庞．乌合之众——群体心理研究［M］．何道宽，译．北京：北京大学出版社，2016：16.
3　古斯塔夫·勒庞．乌合之众——群体心理研究［M］．何道宽，译．北京：北京大学出版社，2016：45.
4　古斯塔夫·勒庞．乌合之众——群体心理研究［M］．何道宽，译．北京：北京大学出版社，2016：23.
5　古斯塔夫·勒庞．乌合之众——群体心理研究［M］．何道宽，译．北京：北京大学出版社，2016：28.
6　古斯塔夫·勒庞．乌合之众——群体心理研究［M］．何道宽，译．北京：北京大学出版社，2016：29.

言之凿凿，不断重复，绝不诉诸理性，所有这些，都是鼓动者发表成功演说的不二法门”[1]。最后，群众总是偏执、专横和保守的。他们只熟悉简单而极端的感情，面对他人的意见、想法和信念，他们或全盘接受，或彻底拒绝，将其视为绝对的真理或绝对的谬论。在多数情况下，群众容易产生权力崇拜，“群众崇拜的英雄，永远像个凯撒，他的权杖吸引着他们，他的权威威慑着他们，他的利剑让他们胆寒”[2]。

二、塔尔德的群体顺从与模仿

如勒庞所述，当个体融入集体时，个体才智就会被削弱，但为何军队、教会和国家这些公共机构却取得不断进步？塔尔德借助模仿律，开辟了一条与勒庞不同的解释路径。塔尔德认为，勒庞所谓的乌合之众是自然群体，由体验着相同情感的个体组成，遵循机械的暗示法则，会降低个体智力水平。人类社会的基本组成形式是人为群体，该群体内部有一个独立存在的个体层即领袖，成员受领袖暗示的同时也会对领袖进行模仿，将自己提升到与领袖相同的水平。[3]从自然群体到人为群体的构想思路实质是塔尔德模仿观念的现实应用，与他早期对社会运行秩序的观察密切相关。塔尔德认为，宇宙的普遍现象是重复，一切相似性皆归因于重复，科学的建立实质是对重复性现象的规律总结。自然科学用力学规律来证明物体的周期运行，社会学则旨在揭示社会秩序的基础即社会重复是如何发生的。作为社会重复的主体，人的行为不能还原为外在机械的自然规律，行为本身必然包含着意识的成分，是这种意识的外在反应。[4]塔尔德将这种意识性重复归结为“模仿”，指出模仿是社会运行的基本机制，“社会中一切相似性的社会根源是各种形式的模仿的直接的或间接的结果”[5]。

塔尔德将模仿首创性发明的过程比作梦游症，将发明人视为“磁化”他人的媒介，“梦游者模仿催眠师，并成为媒介去吸引另一个人，这个人又模仿梦游

1 古斯塔夫·勒庞．乌合之众——群体心理研究［M］．何道宽，译．北京：北京大学出版社，2016：40.

2 古斯塔夫·勒庞．乌合之众——群体心理研究［M］．何道宽，译．北京：北京大学出版社，2016：43.

3 塞尔日·莫斯科维奇．群氓的时代［M］．许列民，译．南京：江苏人民出版社，2019:174.

4 King, A. Gabriel Tarde and Contemporary Social Theory［J］. American Sociological Association, 2016, 34（1）: 45-61.

5 加布里埃尔·塔尔德．模仿律［M］．何道宽，译．北京：中国人民大学出版社，2008：11.

者，如此这般，以至无穷”[1]。社会就是这种一级一级层层叠加的吸引，是个体通过模仿而集成的任何层级的群众晶体，“从几个个体开始模仿同一范例的那一刻起，就创建了一个社会”[2]。社会发展的胚胎期是人群或家庭，之后向上层层凝结成组织更严密的团队，规模最大的世俗团队是国家。由此看来，在塔尔德的概念中，社会是发明个体与模仿个体在交往过程中所组建的模仿网络：从范本到副本所辐射的社会关系为交往，心理特点是模仿，其结果是同化，副本又会成为新的范本，辐射至别的副本，一个范本可以有多个副本，甚至多个范本的存在也是可能的。“社会是由一群倾向于互相模仿的人组成的；即使彼此不进行实际的模仿，他们也比较相像，因为他们具有共同的特征，这些特征又是同一个范本的历史悠久的副本。”[3]

那模仿的实质是什么呢？塔尔德借用麦利的话，“梦游者看见和听见的只能够是进入他执着的梦境的东西”[4]，即只有与模仿者信念和欲望一致的事物才会得到及时模仿。个体接受暗示、顺从和模仿某对象的前提是这个对象正是他所崇拜的，他全部的信念和欲望都集中于此，“痴迷”于此。如此，社会模仿网络的背后是一系列信念和欲望的传播，它们是潜藏在模仿关系背后的力量来源，“想法或希望以‘模仿射线’的形式散发出来，从而在个体之间形成共同的信念和欲望，这些个体由于这种模仿的传染性而成为某个社会的成员”[5]。塔尔德的社会模仿网络实则是由无数个体的欲念构成的，个体之间信念和欲望的交互流动形成了社会秩序，社会生活遵循的其实是个体间心理因素的波动规律。

与无意识模仿相比，塔尔德认为真正能够促进社会进步的是有意识的模仿。他认为“一切劳动、服务和交换都是建立在一个真正的契约体系的基础上”[6]，这表明社会的发展是基于社会共识，“社会伊始就是以法律和道德的形式所展现的订约或同意的共同约定”[7]。此时，有意识模仿不再只是一种简单的模仿行为，

1　加布里埃尔・塔尔德 . 模仿律［M］. 何道宽，译 . 北京：中国人民大学出版社，2008：62.

2　Milet, J. Gabriel Tarde et la psychologie sociale［J］. Revue française de sociologie, 1972,13（4）: 472-484.

3　加布里埃尔・塔尔德 . 模仿律［M］. 何道宽，译 . 北京：中国人民大学出版社，2008：50.

4　加布里埃尔・塔尔德 . 模仿律［M］. 何道宽，译 . 北京：中国人民大学出版社，2008：59.

5　Clark, T. N. On Communication and Social Influence: Selected Papers［M］. Chicago: University of Chicago Press, 1969: 28.

6　加布里埃尔・塔尔德 . 模仿律［M］. 何道宽，译 . 北京：中国人民大学出版社，2008：78.

7　Tarde, G. Qu'est-ce qu'une société ?［M］. Revue Philosophique de la France and de l' Etranger, 1884: 489-510.

更指涉道德现象，个体会主动理解和评估社会准则的正当性，预估其可能带来的社会后果，最终致力于他们所承认的某种好的、恰当的社会实践，将其内化吸收为自己的行事准则。

三、弗洛伊德的群体连结与群体认同

与勒庞和塔尔德相比，弗洛伊德似乎走得更远。他认为塔尔德的模仿、勒庞的暗示都只停留在群体事实层面，而且模仿还是暗示的延伸或结果，弗洛伊德试图用精神分析中的“力比多”来提供一种新的解释框架。力比多在精神分析中是指性本能，后期扩充为与爱有关的本能能量。弗洛伊德推测力比多是群体连结的基本纽带，并以军队恐慌为例来证明：并非恐慌导致军队解体，恐慌与危险程度有关，因为军队先前明明成功应付过更危险的场合。事实是当恐慌发生时群体成员间的联系会被切断，人从群体退回至个体状态，独自面对危险时往往会夸大危险的程度，才会产生恐慌，“惊慌恐怖是以群体力比多结构的松弛为前提的，是以合理的方式对这种松弛做出的反应”[1]。

力比多是群体连结的基本纽带，但群体力比多和个体原初的力比多并不相同。出于自我保存的目的，个体往往具有利己主义的倾向即自我认同，任何背离他特定发展路线或与其相异的对象都会引起他的憎恨。但处在群体中的个体却更为宽容，“群体中个体的行动似乎就是统一的，容忍其他成员的特性，把自己与他们等同起来”[2]。弗洛伊德认为个体愿受他人的暗示，模仿他人的前提是他爱他们，这种爱使力比多从自身转移至他人身上。他称这种转移之后的力比多是一种新型力比多，认为其是对个体原初自恋的限制，是一种转移了原初目的的爱的本能，能使群体成员“跨越过由自我陶醉产生的障碍，阻止我们作为个体所经历的反社会的，而后成为利己主义的倾向”，“迫使自己走出自我，产生社会心理的第一个原子”，进而逐渐演变为社会本能。[3]因而，力比多的转移即个体由自恋转为他恋、敌意转为认同的过程就是群体精神的产生过程。从自我保存角度看，力比多的转移是对自我的入侵，它使个体放弃自身特性，从而与群体的平等和平庸保持一致；

1　西格蒙德·弗洛伊德．群体心理学与自我的分析［M］．熊哲宏，匡春英，译 // 车文博，编．弗洛伊德文集 09：自我与本我．北京：九州出版社，2014：75.

2　西格蒙德·弗洛伊德．群体心理学与自我的分析［M］．熊哲宏，匡春英，译 // 车文博，编．弗洛伊德文集 09：自我与本我．北京：九州出版社，2014：100.

3　塞尔日·莫斯科维奇．群氓的时代［M］．许列民，译．南京：江苏人民出版社，2019：284.

从社会发展角度看，此过程则促进了文明的进步，社会发展依赖于共同协作的过程，它要求搁置个人利益，遵循与个体私欲不一致的法律规则，从而维持社会有序运转。

个体为何会从自恋转为他恋、抑制自我保存的本能？这种力比多的转移遵循怎样的情感路径？弗洛伊德从人格结构的变动出发，寻找认同机制的作用原理。他从 1917 年抑郁症研究的结论中发现，抑郁患者的自我可分为自我理想和自我的其他部分，自我理想具有“自我观察、道德良知、监视梦境、对潜抑造成自我影响的功能”，“受环境的影响，它逐渐聚集环境加诸自我而自我无法达成的要求”。[1]当自我与自我理想关系紧张时，自我便会受自我理想的谴责，因此将外界对象内向投射至个体的自我理想，自我理想抑制或影响自我便是认同机制的作用原理。而群体中的领袖被群体成员内向投射至自我理想的原因同恋爱状态一样，领袖身上有着成员未竟的自我理想，成员爱领袖实质是爱想象中完善的自己，他们用这种爱来迂回地满足自己自恋的需求。[2]于是，处于爱的状态的成员将力比多溢到领袖身上，“自我变得愈益谦卑，对象则变得愈益高贵，直到它最后占据了自我的整个自爱”[3]。弗洛伊德对认同机制做了范式性描述，“这种原始群体是一些这样的个人：他把完全相同的对象置于他们自我理想的位置上，结果在他们的自我中使他们自己彼此认同”[4]。

弗洛伊德认为人具有追求本能欲望满足的利己主义倾向，而与社会人合作的要求又使他具有利他主义倾向，如同行星的自转和公转一样，人需要兼顾好个体发展与文明发展，也即自我与超我之间的竞争和平衡。对于社会群体成员而言，当自我过于强大而超我过于弱小时，个体的自恋产生，类似前文集体自我中心变成个体自我中心，连接成员的力比多纽带松散甚至断裂，群体会丧失凝聚力进而失序，打架斗殴甚至像《十日谈》那种性对象的直接满足成为常事；当超我过于

1　约翰·克尔．群体心理学与自我的分析［M］．杨大和，译．陈念祖，编．论弗洛伊德的《群体心理学与自我的分析》．台北：五南图书股份出版有限公司，2008：23.

2　西格蒙德·弗洛伊德．群体心理学与自我的分析［M］．熊哲宏，匡春英，译∥车文博，编．弗洛伊德文集 09：自我与本我．北京：九州出版社，2014:111.

3　西格蒙德·弗洛伊德．群体心理学与自我的分析［M］．熊哲宏，匡春英，译∥车文博，编．弗洛伊德文集 09：自我与本我．北京：九州出版社，2014:111.

4　西格蒙德·弗洛伊德．群体心理学与自我的分析［M］．熊哲宏，匡春英，译∥车文博，编．弗洛伊德文集 09：自我与本我．北京：九州出版社，2014:114.

强大而自我过于弱小时，群体的力比多联系过于紧密，群体意志成为成员的最高意志，群体的绝对精神不容置疑，群体与外界的壁垒更加森严，任何质疑群体精神的异教徒行为都将受到严惩。弗洛伊德指出文化超我即人类社会的伦理标准对个体自我的过度苛责会使群体的心理匮乏，甚至有罹患“群体性神经症”的风险，导致社会崩溃，文明消失。

总之，勒庞的群体认同的思路是暗示—个体幻觉—集体幻觉—集体行动，个体幻觉经由暗示和传染形成集体幻觉，集体幻觉促使产生集体行动，群体中暗示关系多重交互且相互传染，因而群众的情感常变幻不定。塔尔德的群体运行思路是爱（痴迷）—信念—暗示—模仿—社会，社会是个体通过模仿而层层凝结的群众晶体，是模仿的关系事实，靠暗示感受运行，而个体愿受暗示、进而模仿的前提是他的信念欲望也即爱和痴迷集中于此。弗洛伊德侧重于探讨权力运作过程中的微观人格变动：力比多作为群体连结的基本纽带经历了从自恋转为他恋的过程。成员将领袖作为外界对象，向其投射理想，以期对自我进行指引和监督。对同一领袖认同的相同处境又使成员之间彼此认同，群体得以凝聚。由此，对于“个体如何融入群体”或“如何实现情感认同”这一问题，三者分别从模仿、暗示、力比多中寻找答案。除却勒庞常被诟病的大胆直白、极具感染性的目的性引流外，塔尔德和弗洛伊德的群体思想确实表现出惊人的相似。塔尔德所谓的自我模仿、社会模仿与弗洛伊德的自我认同、社会认同基本一致，只不过塔尔德的“模仿”侧重于向外延伸，弗洛伊德的“认同”侧重于向内追溯。故而在许多人看来，“塔尔德所谓的效仿，弗洛伊德称为认同，弗洛伊德的观点似乎就是塔尔德用于精神分析概念的观点”[1]。

四、先驱者的群体思想遗产及反思

群体心理学诞生于 19 世纪末 20 世纪初，勒庞、塔尔德和弗洛伊德被视为该学科的主要创建者。学界仍对勒庞断言式的论断保持较高的关注度，而被称为欧洲源流的塔尔德和弗洛伊德的群体思想却遭到了忽视。重访早期群体心理研究，或许能使我们走出群体神话与污名化的二元对立，增进对群体心理特征和行为规

1　Ellenberger, H. F. The discovery of the unconscious: The history and evolution of dynamic psychiatry [M] . New York: Basic books, 1970: 528.

律的复杂性认识。

或许是缘于勒庞以颠覆性的观点对人类群体的心态和行为进行了大胆直白、不留情面的描述，赞誉者将勒庞奉若神明，将他捧上学术大师的神坛，质疑者则弃之如敝屣，斥其为沽名钓誉、拾人牙慧的道德败坏者，称其是群体心理学研究的“马基雅维利”和“独裁的煽动者”。然而，抛却争议，我们不得不承认勒庞对人类群体心理特征的描述至今仍闪耀着深刻的思想光芒，尤其在民主价值大行其道的今天，勒庞和他的《乌合之众》所揭示的人性幽暗一面，“给予古典民主神话基础的人性画面以沉重一击”[1]，提醒那些仍在民主道路上苦苦求索的人们保持审慎、冷静和清醒。

然而勒庞笔下却常常充斥着对民主的质疑和嘲讽，他认为，所谓的民主、自由、法治、平等等价值的含义都极为模糊，即使长篇巨著也无法确定其含义，不过是煽动群众想象力的巫术，而正是模糊的形象才能使词语获得较大的发挥空间，使其神秘感无限放大，让人顶礼膜拜，战战兢兢，“意义界定最不明确的词语产生的影响有时反而更大”。对于民众的参与热情，勒庞在另一本著作《革命心理学》中直言不讳地讲道，法国大革命中民众高喊的平等、自由、博爱等价值只是假象，大众要摆脱纪律的约束才是真正动机，因为“革命原则的巨大力量在于它们放纵了野蛮的原始本能，而在此之前，这些本能一直受到环境、传统以及法律的约束”[2]。

其实，早在勒庞之前，已经有多位思想家对法国大革命进行过深刻反思，并对大众民主提出了质疑，但勒庞却对这些前人的成果视而不见，这也是其学术品质为一部分人诟病的原因。早在 1790 年，也就是法国大革命爆发的第二年，英国思想家柏克就写成了《法国大革命》一书，对法国大革命进行了深刻反思，被视为保守主义思潮的开端。柏克认为，法国大革命从根本上动摇了社会秩序和自由的基础，但这种毁灭性的破坏将导致一种新的极权政治产生，因此“人民的意愿也应该经常受到抵制，他们的意志应该受到控制，他们的情感应该加以驯服”[3]。

1　约瑟夫·熊彼特 . 资本主义、社会主义与民主［M］. 吴良健，译 . 北京：商务印书馆 1999：380.

2　古斯塔夫·勒庞 . 革命心理学［M］. 佟德志，刘训练，译 . 长春：吉林人民出版社，2004：41.

3　柏克 . 法国革命论［M］. 何兆武，许振洲，彭刚，译 . 北京：商务印书馆，1998：79.

1835年，托克维尔发表了《论美国的民主》上卷，提出“多数人的暴政”的概念。他在文首开门见山地讲道，正是我们使用“民主”和“民主统治”这些词语的方式，导致了极大的混乱，除非给出词语的明确的定义，并对此取得一致，否则人们就只能生活在无法摆脱的思想混乱之中而使那些煽动家和暴君大获其利。托克维尔甚至认为多数人的暴政比君主专制政体更为可怕，多数人认为只有自己站在真理的高度，对异见者进行残酷打击，如果没有良好的民情作为基础，没有完善的法治作为保障，所谓的大众民主很可能沦为“多数人的暴政”。

勒庞对群体心理的分析影响深远，在社会学中的集体行动理论中，他被认为是开创情感分析的先驱。他将集体行动者视为“群氓”或“挣脱了锁链的民众”，视情感为“正常”个体聚集成群后发生的可怕的心理变态，这种观点极大地影响了后来的研究路径，使得在很长一段时间内，情感分析成为集体行动理论的主导范式。

可以预见，对勒庞式群体心理的思考和争议还会持续下去，然而，无论你是否喜欢，只要你对群体心理或大众民主感兴趣，就难以对勒庞的观点弃之不顾。奥尔波特曾断言《乌合之众》是社会心理学最有影响力的著作，皆因文中揭示的问题和现象成为后来社会学、政治学、心理学等领域研究的焦点议题。就连对其思想质疑颇深的麦克里兰，也对其方法论上的影响给予较为正面的评价：“勒庞可能有误，然而他建构理论的方式，一望而知正是20世纪政治科学的根本方法，现代政治学相当大部分是先就政治的运作方式提出假设，然后拿这些假设与政治生活的事实相验。”[1]或许是囿于时代局限和个人经验，勒庞将所有的集体行动看作是非理性的、感情驱动的行为，只关注了集体行动中个体发泄情感、被鼓动而激动、传染情绪等非理性现象，而对群体思考、理性协商和制度化参与等因素视而不见，导致他对群体心理和集体行动的认知是片面的，容易陷入民主的对立面。对此，罗伯特·莫顿或许做出了较为直接而客观的评价，“勒庞有社会学家的意图，但他并没有学会知识苦行僧一样的工作方式，而那是使他的研究系统化、吸引人的必要条件，他有意成为社会科学家，实际上却是散文家，但是仍然说了

1　约翰·麦克里兰. 西方政治思想史［M］. 彭淮栋，译. 海口：海南出版社，2003：742.

一些值得一说的话”[1]。

与勒庞的思想广泛流传相比，塔尔德的交往互动理论却受到了不公正的忽视。直到20世纪60年代，塔尔德的原创思想才被哲学家德勒兹、社会学家克拉克、传播学家罗杰斯等人挖掘，这位被遗忘的先驱才重新进入学者视野。其研究不仅影响了社会学、哲学、心理学，更影响了传播学和政治学，催生了系列相关理论如“意见领袖”“创新扩散”“沉默的螺旋”“行动者网络”“公共领域”以及芝加哥学派有关公众和民主问题的探讨等，后者从交往互动到参与式民主的系列思想均直接或间接承袭自塔尔德。克拉克在谈及塔尔德影响时，曾评价芝加哥学派“库利和米德起初提出的命题在许多方面和塔尔德相同——社会互动形成社会规范，不过他们超越了塔尔德，更加细致地考察社会互动导致人格变化的机制”[2]。库利的“镜中我”认为个体对自我的认知主要通过与他人的社会互动形成，他人对自己的评价或态度是反映“自我”的镜子，米德的“符号互动论”也认为个体反应的基础是对他人语言和行为所蕴含意义的理解，然后根据被赋予的意义以反映。由此，在芝加哥学派看来，传播实质上是一个社会心理过程，参与者在传播过程中能够实现移情，他们通过交往互动逐渐达成社会共识，个体之间合理的、道德的秩序能够借此替代单纯的、本能的秩序。《大众与公众》中帕克大量引用了塔尔德的著作[3]，杜威的《公众及其问题》中也能处处窥见塔尔德思想的烙印，二人对于公众及民主问题的探讨受塔尔德影响颇深。在《人性与行为》与《公众及其问题》中，杜威致力于推进塔尔德想象中的未来社会即大共同体建设，他认为共同体的稳定发展需要个体之间保持持久的情感依恋，这种情感连接需要依靠交流传播来增强。作为民主生活的核心，沟通交流是将“我”变成“我们”的先决条件，人类通过符号互动实现将物理共同体转化为情感有机体。李普曼等精英主义者所谓的本能主义可以通过习惯性智慧来化解，个体可以通过新闻传媒业与现实接触，增强社会认知，通过教育学习，改善沟通方式，进而成长为个体精神的最高境界。公民应积极参与到政治生活中来，民主应当被视为一种过程理念，

1　罗伯特·莫顿．乌合之众的诸多矛盾［M］// 古斯塔夫·勒庞．乌合之众——群体心理研究．何道宽，译．北京：北京大学出版社，2016：245.

2　加布里埃尔·塔尔德．传播与社会影响［M］．何道宽，译．北京：中国人民大学出版社，2005：46.

3　加布里埃尔·塔尔德．传播与社会影响［M］．何道宽，译．北京：中国人民大学出版社，2005：47.

治疗民主痼疾的办法是实施更多的民主。承袭塔尔德和杜威的思路，几十年后哈贝马斯在《公共领域的结构转型》和《交往行为理论》中提出协商民主和交往理性的概念。他笔下的公共领域是介于私人与国家之间的政治活动空间如报刊、沙龙、咖啡馆等，它脱离政治和经济控制，具有相对独立性，公众可以针对其所关注的公共事务在这里公开讨论，最终达成社会共识。在公共领域再封建化的背景下，哈贝马斯试图为重建公共领域提供思路，他期望通过交往理性的重建和话语伦理规范的贯彻和建立，实现一种“无暴力和统治”的社会秩序。[1]但卡茨认为哈贝马斯的公共领域和塔尔德的公共空间相比仍存在一些区别，前者将理性作为对话的先决条件，后者则更加随意，认为理性最好是对话的产物。[2]

与塔尔德的乐观相比，弗洛伊德对社会文明的发展前景充满担忧。在他看来，文明以力比多的形式将群体成员相互结合，通过认同作用来加强社会团结。然而，当个体让渡的自由未能获得群体的公正对待时，他的人格结构中的自由残余便会和文明形成一种对抗关系，个体对自由的要求就会抵御群体的意志，“由于人与人之间这种原始的相互敌意，文明社会不断地受到分裂的威胁”[3]。文明社会必须对这种攻击性本能进行压制，此种压制实质是通过一种内化的罪疚意识来实现的。罪疚意识的产生最初来源于对外界权威的恐惧，当这种外界权威通过超我而发生内化时，个体才真正意义上形成良心和罪疚感。超我是外界权威的延续，是个体在成长过程中已经内化为自身价值观的文化信念或伦理准则。当自我出现非理性的本能欲望时，超我作为精神警察会对其进行压制，这种本能克制所产生的罪疚感可以弱化人们的攻击性，把人类集结成一个紧密结合的群体，“文明进步的代价是通过提高罪疚感而丧失幸福来付出的”[4]。弗洛伊德认为人具有追求本能欲望满足的利己主义倾向，而与社会人合作的要求又使他具有利他主义倾向，必须要兼顾好个体发展与文明发展，也即自我与超我之间的竞争和平衡。当自我

1 张咏华．传播与民主政治的关系研究：哈贝马斯协商式民主思想的学术渊源［M］// 戴元光．全球传播前沿对话——全球传播与发展国际学术论坛文集．上海：上海交通大学出版社，2010：95-110.

2 Katz, E. Rediscovering Gabriel Tarde［J］. Political Communication, 2006, 23（3）: 263-270.

3 西格蒙德·弗洛伊德．文明及其缺憾［M］．杨韶刚，译 // 车文博．弗洛伊德文集 12：文明及其缺憾．北京：九州出版社，2014：117.

4 西格蒙德·弗洛伊德．文明及其缺憾［M］．杨韶刚，译 // 车文博．弗洛伊德文集 12：文明及其缺憾．北京：九州出版社，2014：139.

过于强大而超我过于弱小时，个体的自恋产生，类似前文集体自我中心变成个体自我中心，连接成员的力比多纽带松散甚至断裂，群体会丧失凝聚力进而失序，当超我过于强大而自我过于弱小时，群体的力比多联系过于紧密，群体意志成为成员的最高意志，群体的绝对精神不容置疑，群体与外界的壁垒更加森严，任何质疑群体精神的异教徒行为都将受到严惩。当文化超我即人类社会的伦理标准对个体自我的过度苛责会使群体的心理匮乏，甚至有罹患“群体性神经症”的风险，导致社会崩溃。

勒庞、弗洛伊德和塔尔德对于群体认知差异直接或间接影响了现代民主政治发展脉络的两极：精英民主理论和参与式民主理论，由此形成了观点针锋相对的思想流派。精英主义者通过对历史和现实政治的系统观察发现了“统治阶级”的存在，直戳民主的虚假本质。莫斯卡宣称在所有社会都会出现统治阶级和被统治阶级，“当我们说选民选择他们的代表时，我们的用语不很精确。事实是，代表使他自己被选民选举”；熊彼特强调“人民实际上从未统治过，但他们总是能被定义弄得像在进行统治”[1]；民主不过是每隔几年选取政治领导人的游戏；米歇尔斯则直接揭示了寡头政治铁律的事实，“正是组织使当选者获得了对于选民、受委托者对于委托者、代表对于被代表的统治地位。组织处处意味着寡头政治”[2]。

精英主义民主被认为是西方民主理想与现实调试和妥协的产物，曾一度占据了社会的主流地位。20 世纪 60 年代以来，浩浩荡荡的学生运动和工人运动推动了参与式民主理论的发展，他们批判精英民主的虚假面孔，主张扩大政治参与范围，回归民主真谛。佩特曼主张将参与渗透到政治社会的各个领域，“一个民主政体如果存在的话，就必须相应地存在一个参与社会，即社会中所有领域的政治体系通过参与过程得到民主化和社会化”[3]；巴伯提出强势民主理论，激励公民创建自治政府，“通过对正在进行中的、直接的自我立法的参与过程以及对政治共同体的创造，将相互依赖的私人个体转化为自由公民，并且将部分的和私人的

1　约瑟夫·熊彼特．资本主义、社会主义与民主［M］．吴良健，译．北京：商务印书馆，1999：366.

2　罗伯特·米歇尔斯．寡头统治铁律：现代民主制度中的政党社会学［M］．任军锋，等译．天津：天津人民出版社，2002：351.

3　卡罗尔·佩特曼．参与和民主理论［M］．陈尧，译．上海：上海人民出版社，2006：39.

利益转化为公益”[1]；麦克弗森指出，民主变革的目的是努力寻找参与式民主的突破口，找到如何消除参与的障碍并创造参与式民主的条件；帕特南将公众参与视为社会资本，是让民主运转起来的关键因素，因为“在一个共同体中，此类参与互动网络越密，其公民就越有可能进行为了共同利益的合作”[2]。

精英主义民主和参与式民主似乎设计出两条不可调和的发展路线：前者秉承“精英能够比公众更好地把握这个世界的真相”[3]理念，视大众为民主的威胁，企图将其排除在日常政治运作之外；后者倡导参与乃人之本性，沟通交流是促进协商互动，扩大社会资本，巩固民主的基本途径。二者对群体的认识不可避免地陷入一种非黑即白的困境，缺乏多面向认知。如今身处互联网时代，网络的交互性、隐蔽性使群体心态表征更为复杂多变，塔尔德所谓的交往理性，勒庞所谓的人性幽暗，以及弗洛伊德所谓的权力依恋与偶像崇拜构成了网络生态下公众的丰富面向，而这种面向又会在特定时刻受特定议题的影响而相互转换，乌合之众可以转向深思熟虑者，亦可能从深思熟虑者倒退至电子暴民。由此，在电子民主呼声日益高涨的时代，似乎更应该回溯至群体心理研究先驱者最初那段源流中去，或将那些被历史遗忘的灰色地带重新挖掘，或将那些空白地带的留余处进行新的填补，也许能够增进对群体心理特征和行为规律的复杂性认识，进而走出神话与污名化的二元对立模式，为理清群体运行的人性基础和社会结构及其发展规律提供一些新的思考。

第二节　信息茧房与“过滤气泡”效应

算法推荐技术虽然某种程度上解决了信息泛滥的困扰，但容易引发“信息茧房”效应，制造“过滤气泡”，导致“群体极化”现象。“过滤气泡”不仅是算法推荐技术的产物，而且是人性与社会环境共同作用的结果。本书将尝试围绕“过

1　本杰明·巴伯．强势民主［M］．彭斌，吴润洲，译．长春：吉林人民出版社，2011：175.

2　王冬梅．网络“类民间组织”的理想类型及意义探析［J］．江海学刊，2012（3）：122-126.

3　胡翼青．调和“李杜之争”：一种社交化媒体时代的新闻观——从学术史角度看《新闻的十大基本原则》与《真相》［J］．新闻记者，2014（4）：64-68.

滤气泡”的形成及消解策略，对不同语境下“过滤气泡”的成因进行对比分析，试图跳出单一的技术主义路径，从社会政治生态中深刻理解“过滤气泡”的本质，以此提出可行的消解之道。

一、我们是否已经被“过滤气泡”所包围？

“过滤气泡”概念最早由互联网活动家帕里泽（Pariser）2011年在其著作《过滤气泡：互联网没有告诉你的事》（*The Filter Bubble: What the Internet Is Hiding from You*）中提出。他发现两个人使用谷歌检索同一词语，得到的结果页面可能完全不同；不同政治立场的人浏览同一个新闻事件，看到的新闻倾向也可能完全不同。比如2010年发生了令人震惊的英国石油公司墨西哥湾漏油事件，帕里泽委托其两位住在北部并且受教育程度相似的朋友在Google上搜索有关的消息。一位获得了其深水地平线漏油事件的信息；另一位获得的却是关于该公司的投资信息。这个现象引起了帕里泽的质疑。他发现在互联网时代，搜索引擎竟然可以随时了解用户偏好，并过滤掉异质信息，为用户打造个性化的信息世界，但同时信息和观念的“隔离墙”也会筑起，令用户身处在一个“网络泡泡”的环境中，阻碍多元化观点的交流。帕里泽将此称为“过滤气泡”，认为那些重要的、严肃的公共议题很难引起公众兴趣，那些枯燥、乏味、进展缓慢的公共问题容易挡在过滤气泡外，而在社交媒体中，经研究证明，带有情绪的新闻才能被广泛分享，“如果电视带给我们一个无情的世界，过滤气泡给了我们一个情绪世界”[1]。

关于“过滤气泡”现象，目前学术界的研究视角集中在以下几个方面：一是考察“过滤气泡”与政治之间的关系，尤其是与美国大选的关系[2,3,4]，指出用于“戳泡”的多样性工具须符合民主的内在精神[5]。二是对如何戳掉“过滤气泡”进行策略性研究，提出从提供多样性意识的新闻聚合器和提供信息偶然性两个方

1　帕里泽．过滤泡：互联网对我们的隐秘操纵［M］．北京：中国人民大学出版社，2020 “111.

2　Bozdag, E., Gao, Q., Houben, G., & Warnier, M., Does Offline Political Segregation Affect the Filter Bubble ? An Empirical Analysis of Information Diversity for Dutch and Turkish Twitter Users［J］. Computers in Human Behavior, 41, 2014: 405-415.

3　Groshek, J., & Koc-Michalska, K., Helping Populism Win? Social Media Use, Filter Bubbles, and Support for Populist Presidential Candidates in the 2016 US Election Campaign［J］. Information Communication and Society, 20（9）, 2017:1389-1407.

4　许志源，唐维庸.2016美国大选所透射的“过滤气泡”现象与启示［J］. 传媒,2017（16）：54-56.

5　Bozdag, E., & van den Hoven, J., Breaking the Filter Bubble: Democracy and Design［J］. Ethics and Information Technology, 17（4）, 2015; 2016: 249-265.

面戳泡。[1]赞同将偶然性概念作为算法技术的性能指标。[2]三是对造成"过滤气泡"的算法技术进行价值探讨，认为算法技术背后是由人设计的[3]，个性化算法会影响信息的道德价值[4]，因而不能看作中立的，进而提出用人类价值观引领智能技术[5]。

尽管"过滤气泡"现象受到学界的高度关注，但事实上其内容仍属于"新瓶装旧酒"。因为早在十多年前，有关"信息茧房""回音室""协同过滤""偏颇吸收""群体极化"等问题已经引起了学界的广泛讨论。2003年，桑斯坦出版《网络共和国：网络社会中的民主问题》一书，认为衡量民主社会的核心标志是能否让公民接触多元化的观点，分享共同的经验，它必须具备两个基本条件：一是人们应该置身任何信息下，而不被事先所筛选。"民主之所以为民主，其真谛就在于人们常常无意间在一些没有筛选过的题材中找到观点和话题。"[6]二是大部分公民应该拥有一定程度的共同经验，否则会带来价值断裂，"一个消除这种共同经验的传播体质将带来社会的分裂"[7]。因此，桑斯坦认为互联网的协同过滤技术是有害于民主的，它尽管提高了信息搜索的效率，但容易导致信息窄化，结果是用户更倾向于听到志同道合的言论，讨论圈中的交流不断强化人们固有的想法或者偏见，竞争性的观点受到约束、忽略甚至压制，最终导致"群体极化"现象，即团体成员一开始即有某些偏向，在商议后，人们朝偏向的方向继续移动，最后形成极端的观点。[8]

在另一本著作《信息乌托邦》中，桑斯坦进而研究了"信息茧房"和"回音室"效应。桑斯坦认为，信息的协同过滤会造成信息窄化，使群体成员倾向于加强与

1 Resnick, P., Garrett, R., Kriplean, T., Munson, S., & Stroud, N, Bursting Your（Filter）Bubble: Strategies for Promoting Diverse Exposure［C］.2013 2nd ACM Conference on Computer Supported Cooperative Work Companion, San Antonio, TX, 2013.

2 MacCatrozzo, V.Burst the filter bubble: Using Semantic Web to Enable Serendipity［C］. 11th International Semantic Web Conference, Boston, MA, USA, 2012.

3 张志安，刘杰．人工智能与新闻业：技术驱动与价值反思［J］. 新闻与写作，2017（11）:5-9.

4 Bozdag, E. E. & Timmermans, J. F. C., Values in the Filter Bubble: Ethics of Personalization Algorithms in Cloud Computing［C］. 1st International the Workshop on Values in Design-Building Bridges Between RE, HCI and Ethics, Lisbon, Portugal, 2001.

5 陈昌凤，翟雨嘉．信息偏向与纠正：寻求智能化时代的价值理性［J］. 青年记者，2018（13）：21-24.

6 凯斯·桑斯坦．网络共和国：网络社会中的民主问题［M］. 黄维明，译．上海：上海世纪出版集团，2003：5.

7 凯斯·桑斯坦．网络共和国：网络社会中的民主问题［M］. 黄维明，译．上海：上海世纪出版集团，2003：10.

8 凯斯·桑斯坦．网络共和国：网络社会中的民主问题［M］. 黄维明，译．上海：上海世纪出版集团，2003：5.

本群体的联系，忽略同外部世界或者其他群体进行信息交流，导致群内同质、群际异质现象，引发“信息茧房”效应。处于“信息茧房”之中的公众有如把自己封闭在自我设计的回音室里，每个人听到的只是自己的回音，相同的意见会不断被重复，异质的观点会被过滤掉，这无疑是一个“作茧自缚”的过程。桑斯坦对网络时代民主前景的判断虽然有些悲观，但其对“信息过滤”导致的后果的判断无疑具有前瞻性。喻国明认为，“长期生活在信息茧房之中，容易使人产生盲目自信、心胸狭隘等不良心理，其思维方式必然会将自己的偏见认为是真理，从而拒斥其他合理性的观点侵入，特别是获得同一类人认同后日益演化为极端思想和极端行为”[1]。刘华栋则把“回音室”效应与虚假新闻联系在一起，认为社交媒体上聚合了相似的信息和同样的观点，使人们原本的态度不断被印证和强化，隔离了其他领域的信息和异己的表达。人们听到的只是封闭空间内被放大的回声，而不是网络空间中全面而真实的声音。[2]

如果说桑斯坦所揭示的“群体极化”现象还只限于协同过滤和搜索关联技术的话，到了人工智能和算法推荐时代，个性化信息定制服务已经成为商家必争之地，相关业务开展得如火如荼。在此背景下，大数据公司通过智能技术手段获得用户的阅读搜索痕迹，掌握用户的习惯、兴趣和偏好，为特定群体实现精准内容发放已经成为一种常态化操作。在人机互动的过程中，人工智能将用户的每个行为搜集反馈到数据库，经由勾勒和复刻用户画像，真正做到精准定位和定向推送。信息传播实现了从“人被动寻找感兴趣的内容”到“内容主动定位到感兴趣的人”的转变。[3]用户的兴趣习惯成为内容推荐的核心要素，也成为唯一的“编辑”思路，用户不再需要手动选择自己感兴趣的内容，机器算法代替用户完成了选择的过程。正如今日头条的创始人张一鸣所强调的那样，“今日头条的‘个性化推荐’实际上是不需要用户进行任何选择的，这让用户感到更加方便”[4]。

在人工智能和算法推荐的背景下，用户对信息的自我选择权将会被算法技术

1　喻国明．“信息茧房”禁锢了我们的双眼［J］．今传媒，2016（12）：165.

2　刘华栋．社交媒体“信息茧房”的隐忧与对策［J］．中国广播电视学刊，2017（4）：54-57.

3　陈昌凤，翟雨嘉．信息偏向与纠正：寻求智能化时代的价值理性［J］．青年记者，2018（13）：21-24.

4　转引自朱鸿军，周逵．伪中立性：资讯聚合平台把关机制与社会责任的考察［J］．南昌大学学报（人文社会科学版），2017，5（48）：102-107.

所左右，除了产生“群体极化”“信息茧房”“回音室”等危害外，信息的控制、虚假新闻、信息泄露、大数据杀熟等危害也正在凸显，这使得人们把关注焦点对准了笼罩在用户周围的“过滤气泡”，也尝试开展一系列“戳泡运动”来进行矫正，并取得了一定的效果。

二、“气泡能够被消除吗”：“戳泡运动”的开展与成效

2011 年在帕里泽提出“过滤气泡”的概念后，《卫报》美国版同年进行了针对性改革，在总统竞选活动中将保守媒体每周进行的谈话汇总到一起讨论，希望能解决媒体报道中呈现的问题。随后一场声势浩大的“戳泡运动”掀起，主要参与者为媒体、科技公司、非营利性组织。媒体层面，《卫报》在 2016 年新设专栏“戳破你的泡泡”（Burst your bubble），每周选取 5 篇值得一读的保守派文章，拓宽读者视野。尽管《卫报》的读者大多数偏左派，他们还是开设了推“右派”文章的专栏。该栏目每篇文章都附有文章来源、荐读原因和内文选摘三个部分，栏目主编威尔森认为这一栏目更适合提供给那些想要了解保守派想法的读者。

同样，因制造“过滤气泡”而备受争议的 Facebook 在 2017 年 1 月采取了若干措施，从个人主题列表中删除了个性化内容。对 2013 年实施的相关文章功能进行改进，使该功能由从前用户阅读及分享文章后继续发布相似新闻报道到根据同一主题的不同角度发布文章。另外还加强了审核流程，被展示的文章其消息来源均有着良好的声誉。同样地，新闻聚合平台 Buzzfeed 为了缓解平台制造的“过滤气泡”，在新闻版块引入了名为“泡泡之外”（Outside Your Bubble）的新功能，这一功能以模块形式出现在一些广泛分享的新闻文章的底部，并将发表在 Twitter、Facebook、Reddit 等平台上的观点呈现出来，试图让用户了解自身社交媒体空间之外发生的事情及看法，见图 5.1。

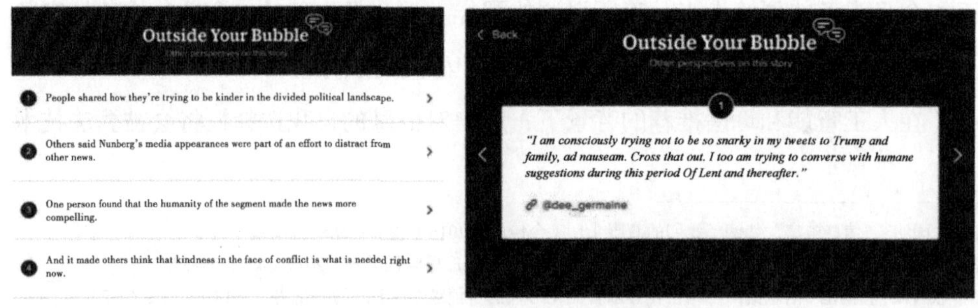

图 5.1 “泡泡之外”对文章观点的呈现

有的媒体研发了APP技术或相关数据库，旨在消除“过滤气泡”的影响。如《瑞典日报》（NZZ）在谷歌数字新闻倡议下，研发了APP“陪伴”（Companion）。此款APP界面十分简单，由经过编辑策划的NZZ.ch-Stream和个性化信息“为你”（For you）两个主要部分组成。“为你”部分同大多数智能新闻终端一样，通过机器学习生成算法，给予用户个性化推送。但该算法会确保这一系列新闻中包含一个“惊喜”，既能将阅读习惯和用户偏好考虑在内，同时也不会丢失任何重要内容。《华尔街日报》以源自Facebook的新闻为数据库创建了代表自由派的蓝色供稿和代表保守派的红色供稿，试图说明用户在Facebook中获取信息的情况。该报利用了Facebook研究人员调查的1010万用户政治倾向的数据，将其政治观点分为五类：非常自由的、自由的、中立的、保守的和非常保守的。继而跟踪了500篇在Facebook上分享的文章，并对其进行标记。如果超过一半的文章分享份额来自特定类别的用户（例如“非常保守”），则链接被放入该类别中。此外，“红推送，蓝推送”（Red Feed Blue Feed）还可以并排查看自由新闻和保守新闻如何看待枪支、堕胎、伊斯兰极端组织“伊斯兰国”（ISIS）及总统候选人等话题。

数据公司方面，Google Chrome开发了扩展程序“逃离泡泡”（Escape your bubble）。用户安装此程序后，需要确认政治倾向，随后在访问社交媒体时，程序会将不同于用户政治倾向的信息插入其Facebook News Feed，以此平衡用户接收到的信息，以便用户能更好地理解不同观点。

与Google举措相似，Ven、PolitEcho、FlipFeed等扩展程序也纷纷效仿，致力于平衡Facebook、Twitter等社交媒体推送的信息。此类程序的技术逻辑可分为两种：通过可视化工具向用户呈现“气泡”，或直接向用户呈现不同的观点。另外，还有针对网页信息的扩展程序Balancer，通过跟踪用户的阅读活动并用直方图显示用户的阅读行为和偏见。例如在图5.2中，用户偏向于从自由派的网站上阅读。

图5.2　信息选择的直方图（图片源自网络）

扩展程序 Scoopinion 也基于可视化技术呈现用户信息选择的偏向。不同的是，该程序将用户最常使用的媒体平台可视化呈现，告知用户所处的信息状况。画面以圆圈形式显示，类似于被包围在信息气泡中。图 5.3 中较大的泡泡是该用户使用最多的新闻媒体。

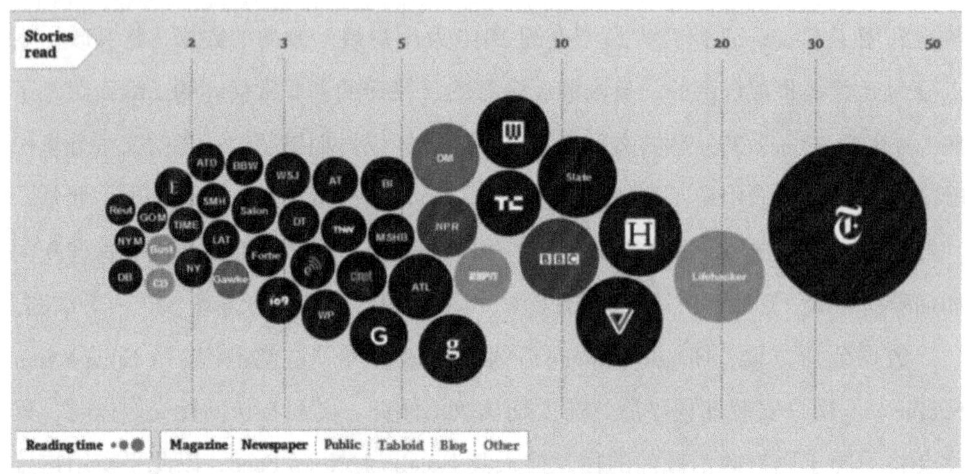

图 5.3　用户媒体使用情况呈现

“跨越分歧阅读”（Read Across the Aisle）则是一款通过链接新闻网站提供新闻并可视化信息偏向的 APP，该 APP 以媒体受党派信任程度进行“红蓝”分类，红色代表保守派，蓝色代表自由派，并根据分类塑造“意识形态波谱”。《赫芬顿邮报》为最左，福克斯新闻为最右，中间包括了诸如《纽约客》、NPR（国家公共电台）、《基督教科学箴言报》等 20 家新闻媒体。APP 通过跟踪用户点击和阅读习惯，及时反馈用户阅读的政治取向，当用户的阅读习惯偏离任何一方时，应用程序会自动提醒用户，促使阅读走向内容丰富、观点多元。在一次实验中，当用户选择偏保守的媒体，意识形态波普呈现偏蓝色；而后用户重复选择偏自由的媒体，意识形态波普由偏蓝向偏红移动。

此外，部分非营利性组织也加入“戳泡运动”中，网站 Allsides 认为任何消息都存在偏见，所以他们力图提供均衡的新闻和公民话语。具体操作中，Allsides利用众包形式，让用户自主判断不同媒体的立场，分为极左派、左派、中立、右派、极右派。并在“Today’s News”栏目中呈现三家不同立场的媒体观点，让读者对同一个问题有多种看法。例如 2018 年 5 月 9 日，Allsides 提供了美国总统特朗普正式退出伊朗协议的报道，网站呈现了来自中立媒体 BBC、左派媒体 CNN 及极右派媒体 *The Daily Wire* 的报道。

对于“戳泡运动”的效果，目前虽然没有确切的数据统计，但从受众的相关反馈可略知一二。总体而言，受众对“戳泡”持支持态度。《卫报》开设“Burst your bubble”栏目后，读者表示他们通过这一栏目，阅读到他们之前永远不会阅读的保守派信息，开始尝试了解保守派的观点。

Allsides 网站的用户信赖其独特的众包驱动报告技术所呈现的无偏见信息，表示他们对于和自己不同观点的人，有了更深入的认识。

Allsides. com! It’s the place I go every day to check upon what’s going on. It separates articles from the left, the right, and the center for you and aggregates them on specific topics that are hot in the news as of now!（Allsides.com！这是我每天查看正在发生的事情的地方。它将文章从左、右和中立分开，并将它们聚集到当前热门新闻的特定主题上！）

“Read Across the Aisle”的用户表示他们在使用之后，面对某些话题会更愿意倾听多方的观点。

Our information is so different, I began to try to understand lisen!（我们的信息如此不同，我开始试着去理解和倾听！）

三、从技术过滤到情感过滤：我国社交媒体中的“过滤气泡”

2017 年 6 月易观数据发布的《中国移动互联网网民行为分析》显示，2016 年中国信息市场出现了算法推荐超越人工推送的现象。[1] 国内利用算法技术实现个性化推送的新闻聚合类平台发展也十分迅猛。艾媒咨询《2017 手机新闻客户端市场研究报告》显示，腾讯新闻以 41.6% 的活跃用户占比领跑中国手机新闻客户端市场，而今日头条则以 36.1% 紧随其后，其用户黏性指数以 8.8 居于榜首。

1　何谦 . 中国移动互联网网民行为分析［R/OL］.（2017-06-06）［2022-06-22］.

在用户满意度 Top 9 排行中，今日头条稳居第二，ZAKER 新闻和一点资讯分别排第六和第八，新闻聚合类平台虽是后起之秀却占了总数的 1/3。[1] 算法推荐技术已经深度影响了我们生活的方方面面，如淘宝网首页利用个性化推荐，精准送达广告，将用户包围在所喜欢的商品气泡里；亚马逊、当当凭借算法技术成为个性化书店，依据用户购书历史和相似人群购书历史推送购书清单；而以百度为首的搜索引擎则依靠算法实行竞价排名，利用搜索数值关系，进行关联词推荐；等等。

作为国内最大的新闻聚合类平台，今日头条的算法推荐模式无疑最具代表性，它从技术上结合了基于内容和用户的协同过滤算法，充分利用获得的用户信息，不断优化推荐内容，带来较好的使用体验。今日头条的主界面由“白色”和“红色”构成，页面下方设有四个版块：首页、西瓜视频、微头条和小视频。信息以文字、图片和视频方式呈现，尤其注重短视频社交领域。在首页可通过搜索获取自己想知道的消息，搜索界面含有“猜你想搜的”推荐标签按钮，当你浏览某一领域的消息后，“猜你想搜的”就会出现跟该领域相关的名词。比如在搜索关键词“算法”后，“猜你想搜的”会推出“推荐算法”“头条算法”等关联词。此外，在首页界面，每条内容的右下方均有 × 号，点击后用户既可直接选择不感兴趣，也可以选择相应的标签，以减少同类内容，实现精准推送。但在视频界面用户需要点击右下角的“……”，选择“不感兴趣”，贴上具体的兴趣标签或者直接选择“不感兴趣”，前后经过三次点击才能将自己不感兴趣的内容屏蔽。

今日头条的算法推荐技术还具有社交关系网络分析功能，它通过抓取新用户注册绑定的社交平台如微信、微博、QQ 等信息，记录分析用户在社交账号中的行为深入了解用户，给用户推荐其感兴趣的内容。如果用户没有可以借鉴的社交信息，今日头条会通过“实验”了解用户的兴趣，为用户在下拉刷新中随机推荐一些热门文章。只要用户做了与阅读相关的操作，如点击、评论、点赞等行为，系统会第一时间把数据传到后台，在 10 秒内迅速地更新用户兴趣图谱，再次下拉刷新时就会出现相应的变化。随着用户使用时间、次数以及需求的不断增加，信息需求、兴趣或行为模式会产生更多的数据，后台系统通过对这些新增数据的进一步挖掘，不断更新、完善原有的兴趣图谱，进而不断使信息产品和推荐更加

1　2017Q1 手机新闻客户端市场研究报告［R/OL］.（2017-05-08）［2022-06-22］.

精准。同时，今日头条利用用户间的协同过滤，收集大量的用户数据，借助用户模型对用户进行人群划分，根据相似用户的阅读偏好向目标用户推荐相似的新闻内容。

今日头条个性化的精准推荐迎合了用户需求，但同时，今日头条的算法技术造成了诸多负面效应，比如谣言泛滥、虚假新闻、低俗色情内容大规模传播、标题党、广告泛滥、虚假广告、大数据杀熟等，备受质疑，已经多次受到监管部门的约谈、警告和处罚。今日头条创始人张一鸣在经过反思后表示，“技术必须充满责任感，充满善意”，他将企业责任细化为三个方面，即平台治理、科技创新，以及内容建设和信息服务。

2018 年 1 月，今日头条首次公开了算法逻辑：内容上主要考虑提取不同内容类型的特征做好推荐，用户特征包括各种兴趣标签，如职业、年龄、性别等，环境特征基于用户在不同场景中信息偏好不同。结合这三个维度，模型会给出一个预估，即推测推荐内容在某场景下对某用户是否合适。这三个变量都基于对用户信息的反馈，算法的内在逻辑迎合用户需求。此外，有四个典型的特征会对推荐起到重要的作用：相关性特征、环境特征、热度特征、协同特征。只有协同特征通过用户行为分析不同用户间相似性，如点击相似、兴趣分类相似、主题相似、兴趣词相似等，依靠“兴趣探索”和“泛化”来完成价值的多样性。这或许能在一定程度上帮助解决所谓算法越推越窄的问题，但协同特征基于分析不同用户间的相似性进行推荐，根本点还是在于相似，这与“回音室”理论不谋而合。这在一定程度上会继续加强我们的情绪和偏见，而那些与我们不同的人所关注的信息被排除在外了。

2018 年 1 月 3 日，今日头条宣布招聘 2000 名内容审核编辑，由算法为王向人机结合转变。5 月 7 日，继“内涵段子”永久叫停后，今日头条再次采取措施整顿平台内容，邀请学者、媒体人、公职人员成立专家团队，参与平台内容与服务的监督，并在技术上推出国内首款人工智能反低俗小程序“灵犬”，为用户提供更优质的信息。[1]

作为基于算法推荐技术的国内最大的资讯聚合平台，其算法推荐机制正遭到

1　今日头条成立专家团开放“专家权限”监督平台内容［N/OL］.（2018-05-08）［2022-06-22］.

诸多质疑。这些由人工智能系统推送的所谓新闻，究竟是基于什么样的标准与价值判断而被选中，公众并不知情，而且这些系统的内部工作机制也不透明。虽然把控这些平台的互联网技术公司多次宣称，这一算法机制是公平公正的，但一直以保护商业秘密为由拒绝公开其运作过程。这样一来，受众就无法确切知道这些公司是否与某些利益集团有勾连，“用户通过平台看到的新闻是否只是利益集团想让他们看到的部分真相”[1]。数据与算法看似客观的手段并不能带来更多的真相，反而被施加了更多的“烟幕弹”[2]。

如果说算法推荐平台构建的“商业气泡”其危害主要在于“隐私侵权”的话，那么在中国特定社会背景下，一种由公众自我建构的“社会气泡”，其意图却旨在“抗争维权”，值得我们去深思。某种意义上，“过滤气泡”的形成除了算法技术的推波助澜，同时也是公众的认知、情感、偏好驱动的结果，当公众怀有刻板意见和负面情绪时，公众会启动选择性理解、选择性过滤、选择性记忆认知程序，其自我构建的情感记忆会聚集成强大社会气泡，导致情感认同和社会动员。结果是，一旦发生突发事件，公众首先会将过去的经验、思维、价值观和行为模式渗入情感动员的过程中，并对各类信息采用同化、省略与突出等策略，即对有利的消息进行强化，对不利的信息进行选择性理解、选择性记忆与选择性过滤，对相异的观点持拒绝态度，尤其是涉及敏感身份时，更是如此，谣言往往充当了“弱者的武器”，部分媒体和商业公司也会借助算法推荐技术，迎合“社会气泡”，大量推送同类信息，产生“热点搭便车”效应。此时，理性对话和协商沟通的努力容易被“社会气泡”所抑制，因为处于气泡中的公众在乎的并非事情的真假，而是道德对错和情感共鸣，“社会气泡”充当了价值认同和情感抗争的工具。

可见，社交机制与算法技术导致的“过滤气泡”深刻影响着我们的信息结构，媒体、数据公司、社会组织已经从技术及内容层面展开“戳泡”行动，并取得了一些成效，但总体上看只是一些算法逻辑上的技术调整，针对的对象是那些已经认识到“气泡”并意图解决“气泡”的用户。事实上，“过滤气泡”的形成非常

---

1 史安斌．“后真相”冲击西方新闻舆论生态［N］．人民日报，2017-11-03（7）．

2 彭兰．更好的新闻业，还是更坏的新闻业？——人工智能时代传媒业的新挑战［J］．中国出版，2017（24）：3-8.

复杂：既有算法推荐技术的推波助澜，也有人性和情感结构的内在需求，还与社会结构息息相关。总之，“过滤气泡”是技术、人性、社会结构共同作用的结果，不能仅仅停留在技术治理的维度上。“过滤气泡”的消除既需要技术的优化，也需要媒体的平衡报道，还需要社会矛盾的缓解、公共领域的完善以及制度化参与渠道的拓展。因此，对于“过滤气泡”的消除，注定是一场技术与人性的较量，既需要一个类似哈贝马斯提出的平等、自由、开放而理性的公共领域平台，开展协商对话，凝聚共识，又需要不断改进算法技术，使用户可以接触到多元化的观点。正如辛德曼所言：“在政治学的许多领域，通常假定大多数公民对政治知之甚少，在政治信息处理中会采取捷径，但如果说在选票上的两个候选人之间做出选择都需要强烈的启发和引导的话，数以百万计的政治性网站如何能让选民做出理性决策呢？此前的学术研究并没有足够地重视网络政治信息的巨大体量与公民有限认知资源的不匹配矛盾，公民如何面对海量信息做出反应进而进行决策，需要更加清晰的模型。”[1，2]

第三节　舆论反转现象

对于滥觞于自媒体时代的各类反转现象，现有研究多将其视为一种传播乱象并开出各种“药方”，如技术上的信息过滤、舆论管理方式的强化、传播伦理规范的建立、法制的健全、公众媒介素养的提升等。虽有研究从新闻真实的视角理解反转现象，认为反转是获取真相的必要过程，但在概念的使用上却显得较为随意，出现了诸如新闻反转、反转新闻、逆转新闻、信息反转、舆论反转多个概念交叉混用或误用的情形。本节尝试从上述相似概念的辨析入手，试图澄清一些认识上的误区，在此基础上重新审视反转的功能和性质，加深对自媒体时代复杂舆论生态中新闻真实的理解。

1　马修·辛德曼.数字民主的迷思［M］.唐杰，译.北京：中国政法大学出版社，2016：75.

2　原文发表于《全球传媒学刊》2018 年第 2 期，收录至本书时有删改。

一、反转是一种传播乱象吗？——相关文献述评与反思

作者在中国知网以篇名为筛选条件，勾选“新闻与传媒”分类，分别以“新闻反转”“新闻反转剧”“反转新闻”“舆论反转”“舆情反转”等7个使用较为频繁的关键词进行高级检索（时间为2020年11月1日），在剔除无关论文后共获取521篇文献，发现当前学界使用“反转新闻”概念最为频繁，占比46.83%，其次为“舆论反转”和“新闻反转”，分别占比17.66%与14.59%，相似的概念如“新闻反转剧”占比4.41%，“舆情反转”“逆转新闻”“新闻逆转”分别占比13.24%、3.07%、0.19%。多篇论文中存在“新闻反转”和“反转新闻”“舆论反转”“舆情反转”的概念混用，作者判断了相关概念的态度正负性并记录该关键词最早出现的年份，最后得出如下结果（表5.1）[1]：

表 5.1

篇名“关键词”	频数	占比	正面态度	中立/辩证态度	负面态度（视角/治理视角）	最早出现年份	首次出现的文献
新闻反转	76	14.56%	8	4	66	2015	[1] 田甜．新媒体时代极速传播的失范与规制——以近期几起新闻反转事件为例[J]．新闻窗，2015（4）：58-59.
新闻反转剧	23	4.41%	0	3	20	2014	[1] 郑阳．“新闻反转剧”的热演与冷观[J]．记者摇篮，2014（4）：52-53.
反转新闻	244	46.83%	21	19	212	2014	[1] 郭鹏．通过“反转”新闻透视媒体公信力危机[J]．传播与版权，2014（5）：33.
舆论反转	92	17.66%	6	15	76	2015	[1] 党倩．湘潭产妇舆论反转事件中医患纠纷刻板印象嬗变分析[J]．东南传播，2015（4）：84-85.

1　附正面、中立、负面的分类标准：
正面态度：论文中包含对“新闻反转”类关键词会产生积极作用的内容；
中立态度：论文内容为概念辨析或溯源，不包含对“新闻反转”类关键词的态度表达；
负面态度：论文中包含对“新闻反转”类关键词会产生消极作用的内容。
特别地，如果同一篇论文中既出现正面态度，又出现负面态度，那么将会在“正面态度”和“负面态度”中分别计算一次，共计算两次。

续表

篇名"关键词"	频数	占比	正面态度	中立/辩证态度	负面态度（视角/治理视角）	最早出现年份	首次出现的文献
舆论反转	69	13.24%	5	5	61	2015	[1]黄鸿业."舆情反转"新闻的成因及其规制[J].青年记者，2015（9）：22-23.
逆转新闻	16	3.07%	3	0	16	2014	[1]石焱，刘冲.逆转新闻的成因及应对策略[J].青年记者，2014(9):54-55.
新闻逆转	1	0.19%	0	0	1	2016	[1]马雅虹，冯淇.新闻逆转现象的规范与策略[J].视听，2016(12):93-94.
总计（纵向）	521	100.00%	43	46	452		

研究发现，上述论文多从反转传播的危害、原因及治理对策展开论述。如在危害方面认为反转"影响着社会成员现有社会信任水平的稳定性"[1]，激发社会矛盾、谣言传播泛滥[2]、伤害新闻当事人、阻碍其他新闻传播等负效应[3]；侵犯公众的知情权，导致网络暴力；鼓动社会仇恨，损害社会和谐，污染社会风气。[4]诱发原因归咎于自媒体追求短、平、快的传播效果、相关管理制度的漏洞、媒体公信力下降以及公众媒介素养不足。[5]治理对策则包括坚守媒体新闻专业主义，严格新闻素材真实性；扩大新闻道德主体范围；提升受众媒介素养和思辨能力；加强政策监管，及时公开最新信息等。[6]

有研究尝试跳出上述管理者视角，从媒介生态、社会心态和情感结构的视角

1　孙源南，吴玥，钱兵.反转中的社会信任——基于新闻接触与受众特性的实证研究[J].新闻记者，2019（12）：38-48.

2　冯韶丹.反转新闻背后的新闻失范困境研究［J］.新闻与写作，2016（12）：98-100.

3　樊淑琴.网络热点事件中反转新闻的负效应及对策［J］.新闻爱好者，2017（5）：45-48.

4　李娟.反转新闻频发的危害及应对［J］.中国编辑，2019（7）：18-21.

5　李斌，陈勃."反转新闻"的成因及其规制［J］.编辑之友，2016（8）：58-61.

6　宋祖华，李艳.反转新闻再思考［J］.新闻爱好者，2016（11）：24-27.

看待反转现象折射的刻板意见、标签化、污名化、社会怨恨等问题。[1]研究认为“新闻反转”是新闻真实不可缺少的环节，具有“自净功能”[2]，体现为公共话语场中每一个参与的有机分子对新闻真实的追求，是动态的、对话的、互动的新闻生产过程[3]，是一个从感性到理性的扬弃过程[4]。它意味着报道视角与真相解读的多样化，职业权威不再有绝对的话语霸权，应以开放、互动的姿态参与新闻传播和交流。[5]

上述研究呈现了反转现象的复杂性和多面性，但在概念使用上却较为随意：新闻反转与反转新闻常被同义混用，甚至将新闻反转等同舆论反转。有学者认为学界并无反转新闻一说，所谓的反转新闻不过是舆论反转现象。[6]还有学者认为新闻反转的概念不严谨，反转对应公众态度而非新闻。[7]本书基本认同上述观点，但仍需进一步作如下解释：其一，反转新闻可能造成公众关于此类新闻的目的在于制造反转的错误认知，不符合新闻研究的价值规范。其二，新闻对真相的解读可以多样化，反转的是公众意见（舆论）而非真相本身。其三，有少量研究另辟蹊径使用了新闻逆转、逆转新闻的概念，所表达的意思与新闻反转几乎无异，故无必要对此进行专门讨论。其四，信息反转和新闻反转在概念上较为接近，经常被混用，二者的区别却鲜被提及。本书认为，在自媒体环境下，我们不能将虚假信息引发的反转现象通通纳入新闻反转的范畴，这将损害新闻业的公信力。因此，有必要重新思考上述概念的逻辑关系与使用边界，加深对反转现象的认识。

二、新闻反转、信息反转与舆论反转——相关概念的辨析

数字化生存时代，人人都拥有麦克风，但个人在社交媒体发布虚假信息导致的反转现象不宜归于新闻反转范畴，因为新闻反转的主体是新闻机构，而信息反转的主体则为信息发布者，二者在资质、组织、权力、价值、目标等方面存在显著区别。尽管在当前媒介环境下，新闻媒体与平台机构的界限愈发模糊，呈现新

1 陈宗章．“网络舆论反转”现象的思想分析与问题应对［J］．探索，2020（3）：170-178.

2 向淑君，周艳敏．新闻反转：媒体的自净功能与新闻真实性的确证［J］．新闻爱好者，2017（7）：48-50.

3 苏婧．反转新闻的再定义：伦理学的视角［J］．全球传媒学刊，2018，5（2）：91-103.

4 王君超，刘沫潇．论新闻的“反转”［J］．新闻战线，2017（9）：107-109.

5 宋祖华．新闻真相的别样呈现：反转新闻与新闻真相关系的再思考［J］．新闻界，2017（12）：39-43.

6 江汉超．“反转新闻”与传统媒体人的价值［J］．中国记者，2016（3）：90.

7 黄楚新，王丹．逆转新闻的成因及应对策略——从媒介素养的视角分析［J］．新闻与写作，2015（10）：25-28.

闻平台化与平台新闻化的双重趋势，使得信息与新闻难以区分，但不意味着新闻报道主体的泛化。事实上，我国法律对新闻生产服务主体的资质、新闻采编与发布权限等方面提出了明确规定，且不仅限于传统媒体，也包括互联网信息服务平台。如《互联网新闻信息服务管理规定》第二条界定了新闻信息的范围，包括有关政治、经济、军事、外交等社会公共事务的报道、评论，以及有关社会突发事件的报道、评论。第五条、第七条分别对发布互联网新闻信息的资质进行了界定：通过互联网站、应用程序、论坛、博客、微博客、公众账号、即时通信工具、网络直播等形式向社会公众提供互联网新闻信息服务，应当取得互联网新闻信息服务许可，禁止未经许可或超越许可范围开展互联网新闻信息服务活动。新闻单位、新闻网站开设的公众账号可以发布、转载时政类新闻，取得互联网新闻信息服务资质的非新闻单位开设的公众账号可以转载时政类新闻。其他公众账号未经批准不得发布、转载时政类新闻。[1] 而通过打擦边球的方式故意模糊新闻生产与信息生产，游走于规则边缘的自媒体自采新闻或使用模仿新闻报道的结构和风格或使用社会新闻、网民爆料、自投稿等方式，只要无法提供已有官方新闻报道证明来源的情况等，都存在违规风险。

由于新闻与信息发布主体的资质、权限、权力不同，与新闻反转相比，信息反转的范围更为广泛，更符合自媒体时代信息传播的特点。社交媒体时代，众声喧哗、种类繁多的商业营销手段、别有用心的企图、欲望、阴谋等大肆传播，导致虚假信息泛滥、反转现象频发，事实核查工作面临极大挑战，稍有不慎，就容易被虚假信息所误导。以“车子被偷？外卖小哥大雨中跪地痛哭？”事件为例，2018 年 4 月 13 日，一段“外卖小哥雨中痛哭”的视频在微博和朋友圈中火速传播，视频中一男子身穿外卖服装，坐在雨中号啕大哭，外卖箱和头盔也散落在地上；视频配文称这是“江西南昌一位外卖小哥送餐返回后发现车辆被偷走，在雨中坐地失声痛哭，哭声让人心碎……”有网友留言感慨生活不易，希望外卖小哥能找回电动车，严惩偷车贼。还有不少爱心人士发微博表示愿意出资赞助这位小哥一辆新的电动车。同时，某外卖平台的官方微博也发布了一篇题为“那天在滂沱大雨中痛哭的小哥，你在哪儿？”的文章，表示一直在寻找视频中的外卖小哥并征

1　《互联网新闻信息服务管理规定》，中共中央网络安全和信息化委员会办公室。

集相关线索。如果小哥确实丢失了配送车，将会对其提供帮助。但事情很快出现了反转，中国江西网4月17日调查披露该视频拍摄于4月13日下午南昌红谷滩凤凰洲凤凰小区菜市场旁，系周某、潘某、吴某、周某某等5人摆拍，目的是上传到快手、抖音、优酷等平台以此引起粉丝关注。此外，外卖小哥衣帽及外卖箱系周某从网上购买，其本人并非外卖小哥。此通报一出，网民纷纷表达了愤怒之情，称其欺骗了大家的感情，着实可恶；也有人认为受此事件的负面影响，以后如果真的遇到需要帮助的人难以表达自己的同情。这则公共事件的反转虽同时引发了媒体报道与公众在社交媒体的评论，它并非意味着同时引发了新闻反转和信息反转，由于事件起因源于社交媒体发布的虚假信息，传统媒体的介入发挥了核查和纠错的功能，是一起典型的信息反转事件而非新闻反转事件。

相比较而言，“重庆万州公交坠江事件”属于典型的新闻反转现象。2018年10月28日上午10：00，重庆市万州区长江二桥上一辆公交大巴车驶向反向车道，冲破桥身护栏坠入江中。部分媒体在官方通报公布之前以肯定的口吻将事故原因定性为“司机逆行”，其中有媒体在标题中突出了“女司机”的标签。如《新京报》“重庆一公交与逆行轿车相撞后坠江，女司机被控制，动画示意路线图”，《北京青年报》“重庆万州22路公交车坠江，疑因一女司机驾驶私家车导致”，环球网“大巴车坠江原因：女司机逆行”“重庆公交车坠江已致2死，事发前轿车女车主逆行”，《郑州日报》“轿车女司机被控制！重庆一公交车与逆行轿车相撞坠江，水上搜救正在进行中”等。由于网络舆论场对女司机的既有偏见，此类报道在短时间内获得了广泛的舆论关注并引发了网民对女司机“口诛笔伐”般的舆论审判。直至10月28日晚@平安万州官方微博发布通报称事故系公交车在行驶中突然越过中心实线撞击正常行驶私家车后坠江，舆论态度才开始发生转变，不少网民表示错怪女司机了，部分网络大V也表达了歉意和反思。如知名军事博主@魏岳钦禹发文向涉事女司机致歉：“今天上午一时不冷静，对女司机出言不逊，在这里郑重地给女司机道歉。并郑重承诺，在以后的其他事件中，在官方的结果没出来之前，不会胡乱发表看法。在此也谴责那些乱带节奏的媒体，报道事实可以，胡乱定性就不对了，这样的误导可能会对当事人造成伤害。”@书香满心表示：“在警方没正式通报前，我被网上和一些媒体的不实信息误导，进而对当事女司机有不好的情绪，正式向当事女司机及网友致歉。”[1]反观这一事件，反转源于作为传统新闻机构发布的错误信息，并引发了公众前后截然不同的态度变化，是一则典型的新闻反转事件。有学者将新闻反转进而划分为事实发展变化型、认知推进型、当事人或信源故意编造事实型、媒体主动造假型、媒体失误型、受众误读型六种，认为前两种符合一般规律，中间两种应极力反对，后两种应努力避免。尤其是媒体失误型反转关乎媒体的专业能力，可能导致公众对媒体的高度不信任。[2]

从上述两个案例的分析中可以发现，如果是虚假信息被证伪导致公众态度变化，应归于信息反转范畴，如果是虚假新闻引发公众态度转变，则应视为新闻反转，因此“社交媒体出现的反转现象是信息反转而非反转新闻”[3]。在实际中应综合考虑以下两个因素：其一，信源是传统新闻机构还是网络自媒体平台；其二，事件核查的过程中是否发生了事实的澄清；其三，事件进展中是否出现了舆论反转（公众态度的变化）。如果仅仅是新闻或信息被证伪，没有出现舆论反转，则不存在新闻反转或信息反转。因此，舆论反转是新闻反转和信息反转的前提条件。

但是，引发舆论反转的社会心理因素是复杂的，从定义来看，舆论涉及公众对公共权力、公共政策、公共道德的情感倾向或价值评价。公众对单个事件的情感态度变化或许较为明显，也容易被测量，但从中长期来看，舆论反转还体现为对抽象价值和公共政策等领域的前后态度和情感的变化，这种对社会政治、经济、文化气候的宏观评价关乎人心向背问题，对于民主政治建设更为关键。而目前对舆论反转的研究只局限于特定事件的短期评价，限制了研究的想象力，甚至有隔靴搔痒之嫌。政治理论家通常认为舆论是政治统治合法性的重要基础，从政治传播的角度来看，无论是研究者还是执政者，对舆论的关切和敏锐感知必须从公众对具体个案的态度延伸到对国家治理的宏观政策的整体意见和评价中去，尤其当

1 重庆公交坠江案“女司机”，时代媒体应如何参与公共事件？网易订阅。

2 黎勇，陈千一．“媒体失误型”新闻反转的发生机制：兼谈“病媛”事件的教训与反思［J］．青年记者，2022（1）：52-54.

3 邓秀军，申莉．反转的是信息而不是新闻——框架理论视阈下微信公众号推文的文本结构与内容属性分析［J］．现代传播（中国传媒大学学报），2017，39（1）：132-137.

这种意见和评价发生重大转变时，需要引起足够的警惕和重视。“反转作为一种舆论倾向的变化本身包含着两层含义：第一，一旦发生‘反转’，即意味着某种程度的失控，往往表现为网络舆论由于特定诱因突然脱离控制轨道，快速将矛头转向特定的对象。第二，‘反转’意味着舆论升级，每次‘反转’都会带来一轮新的舆论高潮，甚至直接发展为重大的网络事件。”[1]

三、良性反转与恶性反转：反转性质的多面性审思

反转并非总是虚假新闻或虚假信息所引发，有一类反转是由于不同的报道视角和观点争锋带来的公众态度转变所致，属于良性反转序列，它是获取新闻真实的必要环节。以鲍毓明性侵案为例，在事件发展初期，以《南风窗》为代表的媒体以“涉嫌性侵未成年女儿三年，揭开这位总裁父亲的‘画皮’”为题，通过对“受害者”女孩及其母亲的采访还原了女孩被侵害的过程，揭露了鲍毓明老谋深算、令人发指的卑劣手段：首先，在网上发布收养信息，精挑细选了李星星（化名）这个完美受害人；其次，掐着点等到李星星年满 14 岁再实施性侵，逃避法律制裁；再次，长期对李星星洗脑并限制人身自由，实施从精神到肉体的全面控制；最后，阻挠李星星报警，妨碍司法公正。[2] 此报道一经发布引起舆论高度关注，各界人士都发声要求“严厉制裁凶手，调查案件真相，保护未成年被侵害少女”。2020 年 4 月 11 日，烟台市公安局发布通报称已组成工作专班进行全面调查，调查结果将及时公开。但就在舆论纷纷声讨鲍某某时，财新网“高管性侵养女案疑云”的报道引发了剧情反转，与《南风窗》的报道不同，此文章站在了侵害者鲍某某的角度，以鲍某某的说法还原女孩与养父相处的整个过程。报道将女孩塑造为一个缺少关爱，忌惮出身，追求“好生活”与“养父的爱”的非典型少女形象，不仅指出女孩对鲍毓明频频回应，还处处暗示女孩的自愿倾向，甚至把女孩和她的养父描述成一对情侣。用鲍毓明的表述就是女孩对他十分依赖，即便是鲍毓明在外工作，女孩每天都要用 QQ 和他聊天，如果不能一直陪着她，女孩就会自己“闹脾气”，报案就是闹脾气的一种方式，也是“吸引注意力”的一种表现。[3]

1　张兆曙．网络舆论的“反转”何以可能？——基于发生结构的视角［J］．学海，2018（4）：150-157.
2　南风窗．涉嫌性侵未成年女儿三年，揭开这位总裁父亲的“画皮”［N/OL］．（2020-04-09）［2022-06-22］.
3　财新网．高管性侵养女案疑云［J/OL］．（2020-04-12）［2022-06-22］.

财新网的报道引发了舆论的巨大争议，财经杂志社在压力下不得不发布声明致歉，承认“报道确有采访不够充分、行文存在偏颇之处，已在当日撤回报道”。但在2020年9月17日，最高检、公安部联合督导组通报鲍毓明涉性侵案的调查结果显示，女方并非未成年人，其真实年龄已满22周岁，且两人实际同居，现有证据不能证实鲍某某的行为构成性侵犯罪。韩某某多次报案，撤案，对外寻求帮助，均与其和鲍某某产生矛盾或两人关系出现问题相关，一旦两人关系恢复或和好，韩某某即否认报警或者要求公安机关撤案。在不与鲍某某共同居住期间，韩某某在南京正常上学，生活，且在多次报警的同时以交朋友为名结识其他男性并交往。[1]官方通报发布后立刻引起了舆论反转，很多网友在留言评论时都直言被媒体带节奏误导了，如网名为四独木的网友留言：#鲍毓明案调查结果公布#，结果大反转，韩某某的证据不足。好了，疾风骤雨要来了。之前有很多别有用心的人炒作这个案子，现在反转了，又要掀起一波男女对立的舆论风潮了。有多少人又会借着这个案子侮辱女人，又有多少人会借着这个案子反过来扣男人帽子呢？网民蓝雪冰凌321称此案的主人公为“真不自重，哗众取宠～倒胃口！”

反思该事件，我们姑且不论《南风窗》和财新网报道的专业性如何，但它们的观点针锋相对，确实对事件提供了不同的报道视角。《南风窗》充分迎合了“强与弱”的舆论二元化叙事特点，描述了强者的凶残与弱者的无助，引发了公众对弱者的同情，财新网反其道而行之，提供了截然不同的视角，这种不同倾向、不同视角的报道对于真相的获得其实是有利的。但遗憾的是，在现有强与弱对比鲜明的弱传播舆论环境中，公众往往怀揣一种“弱者无罪，强者罪加一等”的道德审判观，虽能产生共情效应，营造强大的意见气候，发挥强大的舆论监督功能，但在“沉默的螺旋”的心理支配下，会阻止不同声音的多样化表达，造就“寒蝉效应”，对真相的获取无疑构筑了一道难以逾越的高墙。可见，新闻反转不能简单地被视为虚假报道，它也可能意味着不同观点的争论、交锋与相互引证，是开启自我净化的重要条件，此时，新闻的功能不仅仅是提供权威信息，更重要的是搭建了公共论坛平台，为开启自由表达、协商对话、探寻真相提供了宝贵的机会。

1　新京报官微.官方通报鲍毓明案调查结果：性侵不成立［N/OL］.（2020-09-17）［2022-06-22］.

总之，因虚假新闻或虚假信息引发并怀有主观恶意性的反转是一种恶性反转，因不同报道框架或认知框架引发的观点争锋则是一种良性反转，这对获取真相、提高自我净化功能其实是大有裨益的。自媒体时代，各类反转现象频发，如果主流媒体能及时提供权威信息，开展事实核查工作，则为传统新闻机构彰显新闻专业主义，提升公信力提供了机会。同理，如果新闻机构偏离专业轨道，发布虚假新闻，此时，舆论反转发挥了监督和纠错的功能，对真相的呈现发挥了积极作用。因此，反转应视为新闻真相获取过程中去伪求真、自我净化动态过程中的必要环节。这也意味真相的获取绝非一蹴而就，而是去伪求真的动态过程，真相的获取不能仅仅只依赖一篇报道、一个机构或某个行业，而是取决于行业内的良性互动以及整个媒介生态环境的改善。正如科瓦齐所言，在最初的报道中，单个记者或许无法超越表面准确的层面，但第一篇报道基础上还会出现第二篇，然后还有第三篇，以此类推，每一个新的层次都会加入不同的背景材料，对于重要而复杂的报道，还会有社论跟进，同时在谈话节目、言论版进行深入报道和讨论，网络意见也会加入进来，整个公共的和私人的讨论都会变成追寻真相过程的一部分。[1]

四、“反转”：通向新闻真实的必由之路

如上所述，反转乃自媒体时代传播主体的多元化结果，是一种正常的社会现象，它促进了公共表达和舆论监督，对真相的获取是有利的。良性的反转意味着真相是在互动交流中获得，它彰显了新闻有机真实的真谛。所谓新闻有机真实，就是在新媒介环境中，新闻真实不再像传统新闻业时代那样，是由单一的职业新闻传播主体决定的，而是由所有参与新闻生产传播的多元主体共同决定的。“有机真实的实质，指新闻真实是在不同报道主体相互作用、相互影响过程中呈现的真实，有机真实是在不同媒介方式、符号方式、文本方式有机互补中呈现的真实。一言以蔽之，有机真实，既是新闻报道真实实现的方式，又是报道真实结果的表现状态或表现方式。”因此，只有在充分表达、协商对话、观点交锋的条件下才能真正促使新闻真实观念由“客观真实观念”向“对话真实观念”转变。

面对反转现象，我们一方面需要抛弃“刻板意见”，重新挖掘其正面功能。

1　比尔·科瓦齐，汤姆·罗森斯蒂尔. 新闻的十大原则：新闻从业者须知和公众的期待［M］. 刘海龙，连晓东，译，北京：北京大学出版社，2011：52.

事实上，无论是舆论反转、新闻反转还是信息反转，都有助于自我净化功能的开启。信息反转如果是在内部发生而无外力介入，则属于信息的自我净化。同理，新闻反转如果是在内部发生，属于自我纠偏，如果是外力压力导致，则可视为舆论监督的结果。信息反转打破了过去传统媒体垄断信息发布的格局，新媒体环境下，新闻生产由过去专业机构垄断转向大众参与共享，各种力量在其中相互作用、制约、博弈，改变了舆论的发生发展逻辑，它犹如流动的液体，充满了不确定性。谁能够提供权威信息及深度解读，谁就能在反转中赢取公信力。

另一方面，新闻真实应是动态意义上的"对话真实"。自媒体时代尽管造就了众声喧哗、信息泛滥的窘境，对其治理除了依赖法律制度和相关政策外，开启公共对话，充分发挥社会自我净化之功能也是必要途径。如果每一次热点事件，公众采取高高挂起的态度，充当"沉默的大多数"，或者罔顾基本价值，抛弃底线共识，反转将如同脱离靶心的子弹一样朝向无节制的方向发展，甚至可能沦为网络暴力，新闻的公信力、公共协商的基本价值会遭到进一步破坏，这显然不利于公共领域的健康成长。在众声喧哗中，我们除了保持一份谨慎和克制外，还应让各方声音、信息、观点相互碰撞、相互印证，才可能达到"去伪求真"的目的。同时，反转为新闻专业主义的彰显既提供了契机，也限定了条件，它要求新闻报道过程中应该先确立事实，再进行解释和评论，而不能颠倒顺序，在事件发展的初级阶段，"增加解释只会增加报道中的杂音，并转而追求新闻的软真实，而这个层次的真实应该是在事实确立之后，在去伪求真、寻找意义的过程中才应该涉及的真实，在还未真正弄清楚究竟发生了什么之前就匆忙地进入解释阶段是错误的"[1]。

总之，对于反转现象，我们要从简单的"对错论"向"过程论"转变，反转本身没有对错，恰恰相反，它是真相获取动态过程中的必要环节，也是一种特殊的舆论监督和纠错方式，如果将其简单等同于虚假信息、虚假新闻等，无疑是一种"污名化"，遮蔽了我们认识复杂世界的眼睛。值得反思的是，当前热点事件的舆论表达往往是一种观点取代或颠覆另一种观点，真相获取的"有机过程"还

1　科瓦齐.新闻的十大原则：新闻从业者须知和公众的期待［M］.刘海龙，连晓东，译，北京：北京大学出版社，2011：58.

无法真正凸显，这正是当前该警惕的地方所在，也是未来努力的方向。正如杨保军所言：新闻真实越来越成为一种“有机真实”，越来越成为多元新闻传播主体（职业新闻传播主体、民众个体传播主体、非新闻职业、非民众个体的其他组织或群体传播主体）共建的“有机真实”；新闻真实不再是某一种眼光中看到的真实，而是多元眼光中“对话”“协商”的真实，不是“我的”“你的”“他的”真实，而是“我们”共同认知、共同反映、共同呈现新闻事实的真实，是“我们”以主体间关系有机作用、有机影响、有机统一而达成的“有机真实”。[1]

第四节　联想叠加效应

从网络舆情的发展态势来看，网络热点事件已经超越了简单的孤立传播的路线，愈来愈趋向关联化和序列化，产生所谓的联想叠加效应。联想叠加会使某类议题以序列化、关联化和集中化的方式呈现，形成规模效应，甚至还可能衍生出新的舆情热点，延长事件的兴奋周期。本节尝试通过多起案例的综合分析，对网络舆情的联想叠加效应进行梳理，力求探索其中的深层诱因，剖析群体心态。

一、何为联想叠加？

网络舆情研究是当前学术界的热点话题，吸引了管理学、情报学、传播学、政治学、社会学以及计算机科学等诸多学科的关注：传播学关注网络舆情的传播规律，政治学和社会学探究网络舆情的社会结构和政治生态，信息管理学侧重网络信息的收集、加工和整理等，计算机科学则热衷于建构舆情信息的相关模型。积累的研究成果虽然较多，但对舆情事件的关联效应的研究较少。方付建认为，近年来出现了舆情热点事件同类样本间断或持续发生的独特现象，网络舆情热点事件不再单个出现，而是批量生产和同类复制，进而提出“系列化呈现”的概念。[2]刘晓娟等人在对微博海量数据的分析基础上，认为任何网络热点信息传播都有一

1　杨保军.新媒介环境下新闻真实论视野中的几个新问题［J］.新闻记者，2014（10）.

2　方付建，肖林，王国华.网络舆情热点事件“系列化呈现”问题研究［J］.情报杂志，2011，30（2）：1-5.

定的兴奋周期，由此提出了“生命周期”概念，并将生命周期划分为负指数型、平缓型、爆发型和锯齿型四种类型。[1]姜胜洪认为，网络舆情事件的发展有可能会出现多个波峰和波谷，其缘由既可能是外在阻力结果，也可能是关联叠加结果，“依照舆情自身的变动规律，那些影响深远、关系重大的事件对网民的刺激和引发的舆情，只能说是‘阶段性沉寂’，一旦有新的诱因关联性的事件发生，极有可能被网民旧事重提，再度成为热点”[2]。高承实根据网络舆情事件的特点将其划分为单一事件、一连串事件、一组事件和混合事件四类，由此提出了“舆情叠加”的概念，他认为：“根据生活经验和某一种聚类原则，人们很容易将不同时间不同地点发生的事件作为同一个事件共同看待，尽管这些事件中的每一个事件都是一个单独的事件，在发生的原因和发展过程中也许还存在着巨大的差异，但由于这类事件在某一方面的高度相关性，往往产生舆情叠加的效应。”[3]王国华等人根据网络热点事件中的舆情关联类型，从网民心理的视角分析了“类诉求”“类情绪”叠加的现象，他认为，突发舆情危机事件发生后，网民和媒体以此作为表达某种“类诉求”的机会；而对于涉及权力、金钱等强势群体的事件，网民会“启动”某种“类情绪”，如“仇官”“仇富”“仇警”等。此外，网民或媒体会不失时机将“门”“最牛”“史上”等类概念引到新事件标称中，从而使相异事件成为事件关联体或“事件群”，由此还会诱发系列记忆，这种记忆促使网民对某些问题或现象进行再认知或再反思。[4]笔者在分析中国网络抗争事件时，提出了“以势抗争”的情感动员分析路径，并指出网民的情感叠加、敏感词叠加等是网络抗争的重要策略与剧目。

概而言之，上述研究提出的“舆情叠加”“序列化呈现”“类情绪化”等概念，为研究网络舆情提供了新的视角。然而，舆情叠加既包括计算机操作下的智能化链接（如网页相似内容的超链接技术等），又包括人为操作的信息关联，具有强烈的主观选择性。本节的研究侧重后者，由此提出“联想叠加”的概念，以

1　刘晓娟，王昊贤，张爱芸．微博信息生命周期研究［J］．图书情报工作，2014，58（1）：72-78，100.

2　姜胜洪．网络舆情热点的形成与发展、现状及舆论引导［J］．理论月刊，2008（4）34-36.

3　高承实，陈越，荣星．网络舆情几个基本问题的探讨［J］．情报杂志，2011，30（11）：52-56.

4　王国华，方付建．突发舆情危机事件衍生效应研究［J］．天津社会科学，2012（1）：70-72.

区分计算机超链接的智能化信息叠加，突出网民的选择性和主观性，把“联想叠加”纳入中国社会结构和社会矛盾中考察，并尝试以时空、符号为研究维度，探析网络热点信息联想叠加的基本模式和规律。

二、联想叠加的横向模式

横向联想叠加模式也称为共时叠加模式，是指在一定时间段（舆情的兴奋周期）内发生一件重大事件后，同时段的类似议题不断被挖掘的现象。如 2013 年 5 月 15 日，媒体曝光了海南省万宁市第二小学校长陈在鹏带学生开房的丑闻，迅速引发舆论热议；同时，全国各地有关教师强奸猥亵学生的报道如开闸洪水般倾泻。（表 5.2）共时段的联想叠加形成了声势浩大的舆论场，使得校园未成年女学生的人身安全以及教师的师德风尚等成为社会讨论的焦点。

表 5.2　2013 年 5 月校园强奸猥亵案的相关报道

时间	标题	来源
2013.5.10	甘肃乡村教师刘军红强奸猥亵 8 名女生终审被判死缓	中国甘肃网
2013.5.15	安徽潜山一小学校长 12 年性侵 9 名女童　最小仅 6 岁	合肥在线—江淮晨报
2013.5.24	广东雷州一小学校长强奸两女生	新民晚报
2013.5.28	湖南嘉禾一名小学老师猥亵多名女生被刑拘	新华网
2013.5.29	青岛一幼儿园保安涉嫌猥亵儿童　2 名嫌疑人被刑拘	青岛新闻网
2013.5.29	河南桐柏猥亵多名儿童的教师被检察机关批捕	新华网
2013.5.29	深圳一教师涉嫌猥亵 4 名女生被刑拘　最小仅 8 岁	大洋网—广州日报
2013.5.30	7 岁女学生遭舒城 5 旬男教师猥亵　嫌犯已被刑拘	中安在线

（资料来源：百度新闻搜索资料整理）

又如 2022 年 1 月 28 日，网络曝光了江苏徐州丰县“铁链女事件”，引发舆论热议。与此同时，全国各地有关妇女拐卖、女性被拐沦为生育工具的报道如开闸洪水般倾泻。（表 5.3）共时段的联想叠加形成了声势浩大的舆论场，使得女性人身安全以及人口拐卖成为社会讨论的焦点，甚至有部分网友在社交平台上发布可供在线编辑的石墨文档，通过转发和参与，越来越多惨遭经历或险遭经历拐卖的女性在上面“现身说法”，掀起了社会对于妇女拐卖的舆论热潮。

表 5.3　2022 年 1—2 月有关妇女拐卖的相关报道

时间	标题	来源
2022.1.30	被拐的她们：1252 段被标价的人生 | 数说	RUC 新闻坊
2022.1.31	女子将亲儿子卖给山东公司，律师：公司负责人涉“收买被拐卖的妇女、儿童罪”	网易新闻
2022.1.31	广西一男子将精神病妇女拐卖给村民为妻　卖得四百元	说案普法
2022.2.3	被拐卖的妇女，为什么大多数到死都逃不出来？	腾讯网
2022.2.4	用拐卖妇女拯救村庄？人，为什么不能是手段？	凤凰体育
2022.2.5	网红“乞丐哥”的罪孽人生，和他拐卖的 20 个少女	网易新闻

（资料来源：百度新闻搜索资料整理）

此外，与“医院”相关的公共事件也容易引发联想叠加效应。2022 年 1 月 4 日晚上，陕西西安一孕妇在西安高新医院，由于核酸问题无法入院，在门口等待期间出现大出血，导致 8 个月的婴儿流产，此事立即引发舆论高潮。根据知微事见舆情报告显示，“西安一孕妇医院门口等 2 小时后流产事件”共引发了 100 多家重要媒体的新闻报道（详见表 5.4），事件影响力达 80.6，高于 96% 的社会类事件。1 月 6 日，该事件的总关注度在整体舆论场排名达到峰值第二名。

表 5.4　“西安一孕妇医院门口等 2 小时后流产事件”的舆论关注度

舆论关注点	媒体报道数
西安市“孕妇流产”事件相关责任人被处理	124 家媒体报道
西安卫健委主任向流产孕妇鞠躬道歉	52 家媒体报道
国家卫健委回应西安孕妇流产等事件：决不能以任何借口推诿、拒收患者	49 家媒体报道
西安市卫健委就孕妇流产事件道歉	47 家媒体报道
西安处理“孕妇流产”事件相关责任人	46 家媒体报道
西安市处理“孕妇流产”事件相关责任人	33 家媒体报道
“西安孕妇流产事件”涉事医院，是什么来头	31 家媒体报道

（数据来源：知微事见网站资料整理而成）

在“西安一孕妇医院门口等 2 小时后流产事件”热度持续周期内，为了扩大该议题的关注度，同时段其他有关医院的不当处理行为也被反复曝光。例如，2022 年 1 月 7 日，# 院方回应西安又一孕妇被拒诊流产 # 登上热搜。据称，2021

年 12 月 29 日，一孕妇孕期因腹痛想去医院求诊，处封控区有绿码，在民警护送陪同下，多家医院依然拒诊。多方求助无果后，最终在警方协调下 6 个小时被收治入院，此时孕妇已大出血，被迫流产。此后十几天内，有关医院违反医德的报道也频发（详见表 5.5）。这种同时段、同类议题的联想叠加模式起到了显著的聚焦效果，使公众对此类事件的关注度大大提高。

表 5.5　2022 年 1 月全国各地医院违背医德行为的相关报道

时间	标题	来源
2022.1.6	西安 39 岁男子突发胸痛，连续被 3 家医院拒诊最终猝死	深蓝财经
2022.1.7	医院回应西安又一孕妇被拒诊流产：前几天业务不熟，目前红黄绿码均可接诊	中国新闻周刊
2022.1.8	揭开爱尔眼科模式一页：武汉抗疫女战士艾芬微博贴出爱尔眼科行贿医生流水	凤凰网
2022.1.18	日照一医生疑似在网上直播妇科手术片段　警方：涉事医生厉某已被抓获	环球网
2022.1.27	因“手术室里全是钱”横幅引争议的康华医院：全国首家民营三甲，医疗过错曾致患者死亡	网易新闻

（资料来源：网络搜索资料整理）

三、联想叠加的纵向模式

纵向联想叠加是指一个事件的发生引发了不同时段同类事件集体记忆的激活，这种同类事件的集中化呈现到一定程度后，会形成一种既定的认知框架，影响道德判断和现实行为。

以 2011 年红十字会事件为例，因郭美美在其实名认证为“中国红十字会商业总经理”的新浪微博中炫富而引发社会争议，引发中国公众对中国红十字会所获善款流向的质疑。事发后一个月，中国各地红十字会收到的慈善捐款锐减，信誉受到质疑。虽然事件过去若干年，但其遗留的集体记忆却被反复唤醒，形成了“捐款会被骗”“善款去向不明”的认知框架，催生出“骗局门”“穷人集资帮富人”“人血馒头”等热词。北京、山东、广东等地方红十字会负责人均称，募捐工作受到了影响。新周刊一项调查数据显示，82% 的网友表示不会再给中国红十字会捐款，15% 的网友表示查清了账本把每笔去向公布了再说，仅 2% 的网友表示会捐款。

2017年杭州保姆纵火案受害人丈夫林生斌承诺要将全部赔偿款用于建立公益基金会，并将其创办的淘宝店铺“潼臻一生”的每笔成交订单金额以购买者名义将其中10%捐赠到公益计划。而2021年7月受害人哥哥发布微博表示对赔偿金额去向并不知情，随后网友在浙江省民政厅官网并未搜到以“潼臻一生”命名的基金会，并且淘宝店铺捐助款去向也不得而知，引发网民质疑。

2021年河南暴雨成灾，鸿星尔克第一时间宣布向河南捐赠5000万元。但短短几天，鸿星尔克就经历了从“野性消费”到“诈捐”质疑，经调查，捐赠框架协议已签订，物资也将分批到达，承诺将继续履行。近年来的诈捐事件引发了公众关于善意的讨论，面对救助，人们本能地想：这次是真的吗？而“狼来了”事件最终的受害者，也往往是那些真正走投无路的人。

相关案例见表5.6：

表5.6　各类慈善募捐中的失信事件

时间	事件	主要经过
2016年11月	罗一笑事件	凭借《罗一笑，你给我站住》刷屏网络的文章感动千万人并囊获200万的捐款，后经调查其有多套房产，发现此事件背后有营销炒作，筹款原路退回，一时间舆论哗然，各类民间募捐平台募款大幅下降
2018年4月	全国首例网络大病求助纠纷案件	莫先生的儿子因为身患威斯科特－奥尔德里奇综合症的重病而在水滴筹平台发布了救助筹款信息，一天之内就收到6069位爱心人士的捐款，共计153136元，但筹款期间接到举报，筹款并未用于孩子治疗。2019年11月6日，北京市朝阳区人民法院判定全额返还153136元并支付相应利息。以公益为出发点的大病救助、网络筹款计划将大众信任消耗殆尽，人们表示不愿相信网络筹款
2019年6月	萧山女子诈捐事件	杭州萧山区一女子替父在水滴筹发起20万元的筹款，称父亲被确诊胃癌，此后不少网友转发、捐款。次月有人发现该女子在社交平台晒出买跑车、出国旅游、购买奢侈品等情况，经平台确认，目前已将提取的8547元善款退还。引发“我捐钱，你卷钱”网络热议
2019年11月	水滴筹危机公关	水滴筹在医院扫楼寻找救助者，随意填写金额，不审核甚至隐瞒求助者财产状况，采用高薪＋绩效考核模式，有诸多审核漏洞等现象，人们捐款大幅下降

续表

时间	事件	主要经过
2019 年 12 月	春蕾计划	旨在帮助贫困地区女童重返校园的公益项目“春蕾计划”被曝“诈捐”，资助对象近一半是男童，引发众怒，产生信任危机
2021 年 7 月	浙江温州众筹案件	浙江一夫妻 7 岁的儿子突发脑出血，在众筹平台发布求助信息后被质疑财产状况，经调查发现其父亲将孩子打伤再利用伤情去募捐，最终募集钱款被退回

（资料来源：根据网络资料整理而成）

四、网络舆情横向纵向交织联想叠加模式

横向与纵向交织联想叠加模式是指事件的发展呈现共时与历时热点素材交叠的现象，它既从同时段的素材中进行横向联想，又从历史素材中寻找新的舆情热点。以“复旦投毒案”为例，2013 年 4 月 14 日，复旦大学上海医学院研究生黄洋遭室友林森浩投毒后死亡，此事件由于包含“复旦”“研究生”“投毒”“死亡”等敏感词，迅速成为舆论焦点，从人民网舆情报告分析来看，该事件在 4 月 17 日达到舆论顶峰，共有 5101 篇来自媒体的新闻报道。

需要指出的是，复旦投毒案发生后，其舆情的走向在横向和纵向都衍生出相关的兴奋点，如横向的联想使得公众的关注点转向了高校的校园安全和大学生素质问题，纵向的联想叠加则牵扯出 19 年前一个相类似的投毒案——“朱令案”，该案继复旦投毒案后，成为另一个舆情焦点。

从横向来看，“复旦投毒案”发生后，在同时段有关其他大学校园安全事件反复被挖掘，如“南航学生被室友刺死”事件、“江苏高校刺伤案”等，此种舆论的集中化呈现方式确实起到了舆论聚焦的作用，但也容易妖魔化后果，如有人将大学比喻为“屠宰场”[1]，有人用“感谢当年室友的不杀之恩”“学生猛于虎”“一个馒头引发的血案”“防火防盗防室友”等讽刺方式，来表达对校园安全的担忧。2013 年 4 月份的相关报道见表 5.7。

1 程凡卿 . 校园何缘变“屠场”［N/OL］.（2013-05-05）［2022-06-22］，中国法院网 .

表 5.7　2013 年 4 月媒体针对校园恶性事件的相关报道

时间	事件
2013.04.16	女孩体育课上晕倒后死亡　学校无校医被指施救不力
2013.04.17	南昌航空航天大学学生宿舍发现一男性死尸
2013.04.17	南京航空航天大学一男生因玩游戏发生口角将室友刺死　两人平时关系正常
2013.04.18	张家港沙洲职业工学院现故意伤害案　伤者正接受救治
2013.04.25	安徽审计职业技术学院一名大一男生捅伤了同专业的大三学生

（资料来源：根据网络资料整理而成）

从纵向来看，“复旦投毒案”发生后，有网民不断从过去的历史素材中挖掘出校园投毒的案例，如“清华大学朱令案”（1994 年）、“北京大学铊投毒案”（1997 年）、“扬州大学秋水仙碱投毒案”（2004）、“中国矿业大学投毒案”（2007 年）等。其中以“清华大学朱令案”最受关注。人民网舆情统计数据显示，“清华大学朱令案”作为“复旦投毒案”的衍生舆情，在一个多月占据了舆情排行榜的第一位。2013 年 5 月 3 日，一位姓名缩写为 Y.Z.、居住在佛罗里达迈阿密的华人在这个页面发起了白宫请愿，请愿书写道：“1995 年清华大学学生朱令被发现两次被人故意以致命化学物铊下毒，导致其永久性瘫痪。”“有迹象表明，她的室友孙维，有接触到这一致命化学物的途径和动机。1997 年，孙维作为嫌疑人接受了警方的调查。但后来这一案件神秘结案；另有消息来源称，孙更改了她的名字，通过虚假婚姻进入美国。”请愿书最后写道：“为了保护我们公民的安全，我们请愿政府对她进行调查，并驱逐她。”[1] 据统计，在 5 月 6 日，签名数已经超过 10 万，而且请愿人数还在持续增长，但是颇为吊诡的是，朱令的家人并不认同这一行为，并表示，白宫请愿并非寻求正义的适当方式。其父母对此既不支持也不参与。[2] 此外，根据熟悉美国法律的人士披露，此种网络动员更多是一种泄愤，在法律上并不能站住脚，因为美国司法遵从无罪推定原则，在法院没有判定之前，无论是美国政府还是司法系统都不可能将嫌疑人驱逐出境，而且由于这个刑事案件发生在中国，美国也没有管辖权。

1　白宫网站请愿驱逐朱令案嫌犯签名超 10 万，白宫或将回应［N/OL］.（2013-05-07）［2022-06-22］，中国时刻网.

2　江玮，朱令案白宫请愿书被指事实错误，亲友不支持请愿［N/OL］.（2013-05-08）［2022-06-22］，21 世纪网.

可见，“复旦投毒案”到“清华大学朱令案”都是由于校园投毒引起。但是，由于朱令案嫌疑人身份的敏感性，对社会不公、信息不透明、权力腐败等现象形成了根深蒂固的“刻板意见”的部分网民，开始使用“集体记忆”和“刻板印象”去建构和解释此事，使得该事件具有一定的社会泄愤色彩。正如孙静所言：“这种负性情感一直被隐忍在日常生活之中，久而久之成为现实生活中的一种情感记忆。当这种情感存储记忆被一个能够反映价值层面的突发事件所唤起时，借着信息的快速传播，大规模的群体性不满和怨恨性情感就会在一定地域甚至是跨地区内迅速蔓延，形成对事件的怨恨式解释，由此可能导致群体性情感宣泄的极端后果，即群体性事件的产生。”[1]

结语与反思：

从网络自媒体的“碎片化传播”特点来看，网络热点信息的联想叠加既能使传播议题更加集中，又能产生新的舆情热点，延长事件的兴奋周期。从形式看，网民主要采取纵向、横向、纵横向同时挖掘三种形式；从内容看，网民往往运用文本和符号资源，激发公众强大的情感共鸣，借助敏感词和情感的交叠，引发更为强大的动员效应，这是网络公共事件发生和发展的主要逻辑。

但是，舆情的联想叠加也容易产生“矫枉过正”的后果，它将孤立、偶然的单个事件序列化、集中化地呈现，容易使公众对偶然事件的认知必然化，对异常事件的认知“正常化”，从而加深偏见，放大风险，导致“类情绪”淤积，形成情绪和认知定势，从而影响最终的道德判断和现实行为。大量案例表明，网络舆情热点联想叠加是网民借势造势的一种手段。我们应该跳出网络舆情热点信息传播现象本身，深入考察隐藏在其背后的社会结构和政治生态，才能挖掘网络舆情事件发生发展的深度逻辑。

1　孙静．群体性事件的情感认知机制分析［J］．创新，2013，7（2）：93-98.

第六章
公共舆论研究的图像转向：图像舆情与图像事件

随着视觉传播技术的迅猛发展和社交媒体对人们日常生活的深度嵌入，当今社会已经被全方位“视像化”，“数字化生存”进阶为“图像化生存”。近年来频发的网络公共事件，无不伴随着图片、表情包、短视频等视觉符号的推波助澜，甚至事件本身即为图像所牵引，被称为图像事件。作为一种侧重于视觉内容呈现的赋权工具与赋权手段，图像在实践中承担着生产概念、阐释缘由、塑造舆论的功能。本章内容旨在结合我国近年来发生的图像事件，挖掘漫画、表情包、短视频等呈现的图像框架及其背后所涉及的象征化和符号化隐喻，从图像的社会功能、视觉实践与生产系统出发，提炼图像的“像语”及其“像生像”的视觉再创造过程，考察公共舆论与图像传播的内在关联，寻找图像事件的传播密码，对图像舆情事件提供新的解释框架。

第一节　公共事件中的图像传播转向：溯源与流变

语言文字因其诉诸抽象、理性的特性被认为是通往真理的捷径，长期处于“元符号”地位。自柏拉图以来的哲学家都试图通过建立一个以没有影像的方式去理解现实的标准，来松脱对影像的依赖。[1] 尤其是启蒙运动以后，图像感知被视为不可靠、偏于感性的、低一等的认知行为[2]，导致整个西方哲学界长期存在着一种强调语言和理性，贬低图像与感性认知的倾向。

20世纪以降，随着摄影技术、数字技术的发展，人类文化经历着一场全方位的“图像转向”（pictorial turn）[3] 或称“图像化革命”（the graphic revolution）[4]，随之进入“图像化生存状态”[5]，认知神经研究表明，与文字内容相比，人类大

1　苏珊·桑塔格 . 论摄影（插图珍藏本）［M］. 黄灿然，译 . 上海：上海译文出版社，2010：237.

2　周宪 . 视觉建构、视觉表征与视觉性——视觉文化三个核心概念的考察［J］. 文学评论，2017（3）：17-24.

3　W.J.T. 米歇尔 . 图像理论［M］. 陈永国，胡文征，译 . 北京：北京大学出版社，2006：3.

4　Boorstin, D. J. The image: a guide to pseudo-events in America［M］. New York: Vintage Books, 1992:13.

5　曾庆香 . 图像化生存：从迹象到拟像、从表征到存在［J］. 新闻与传播研究，2012，19（5）：19-24，109.

脑更善于自动处理视觉材料。[1]图像挑战着文字的“元符号”地位，曾经我们一度推崇的借助语言文字传递的抽象意义，逐渐让位于建立在图像传播基础上的直观感受。[2]需要指出的是，“图像转向”不只是一种图像规模的扩张和数量的膨胀，更是指图像逐渐成为文化主因（the dominant）的形态[3]，它并不是指图像对文字在数量或频率上的压倒，而是“话语集中在视觉事物”[4]。

与此同时，图像传播导致的“文化工业”“景观社会”“视觉中心主义”等现象引发了后现代学者的批判性思考，诸如海德格尔的世界图像（weltbild）[5]、德波的景观（spectacle）[6]、福柯（Foucault）的圆形监狱（panoption）所引出的监视（surveilance）[7]、梅斯的视界政体（scopic regime）[8]、维利里奥的视觉机器（vision machine）[9]。

视觉符号也越来越频繁地使用在社会运动领域，如代表女性主义的粉红色，象征同性恋群体的彩虹旗，环保主义所使用的绿色，不同色彩通过不同的符号载体，携带着不同含义，成为身份识别、情感动员的显著标志。德利卡与德卢卡由此提出了“图像事件”的概念，用以指代那些经由图像符号驱动和动员而成的公共事件。[10]越来越多的学者开始关注政治事件中视觉符号的力量[11, 12, 13]，具体包

1 Gazzaniga, M. S. The mind's past［M］. Berkeley: University of California Press,1998:89.

2 Graber, D. Processing the news: how people tame the information tide［M］. New York: Longman Inc,1988:174.

3 周宪. 视觉文化的转向［M］. 北京：北京大学出版社，2008：4.

4 韩丛耀. 图像：一种后符号学的再发现［M］. 南京：南京大学出版社，2008：10.

5 Heidegger M. Holzwege［M］. Frankfurt: Klostermann, 1950.

6 Debord G. La soci é t é du spectacle［M］. Paris: Gallimard, 1967.

7 Foucault M. Discipline and punish［M］. New York: Pantheon Books, 1977.

8 Jay, M. Downcast eyes: the denigration of vision in twentieth-century French thought［M］. Berkeley: University of California Press, 1993.

9 Virilio P. The vision machine［M］. Bloomington: Indiana University Press, 1994.

10 Delicath, J. W.& Deluca, K. M. Image events, the public sphere, and argumentative practice: the case of radical environmental groups［J］. Argumentation, 2003, 17（3）:315-333.

11 苏珊·桑塔格. 论摄影（插图珍藏本）［M］. 黄灿然，译. 上海：上海译文出版社，2010.

12 Hansen, L. Theorizing the image for security studies visual securitization and the Muhammad cartoon crisis［J］. European Journal of International Relations, 2016,17（1）:51-74.

13 Doerr, N., & Teune, S. The imagery of power facing the power of imagery. Towards a visual analysis of social movements［M］// Fahlenbrach, K., Klimke, M., & Scharloth, J.（Eds.）, The ‘establishment’ responds power and protest during and after the cold war［M］. Basingstoke: Palgrave,2012:43-55.

括战争图像[1,2]、政治领袖的肖像与雕塑[3]、社会运动中的漫画[4]、海报[5,6]、艺术作品[7,8]、影像[9]和网络米姆[10,11]。

图像作为一种视觉符号，通过参与"抗争性话语"（insurgent discourse）[12]生产以及"抗争性公共领域"（counter-public sphere）[13]的建构，具有意义建构和情感动员功能。在视觉传播时代，社会正义生产更多地依赖于"戏剧性、易溶性、视觉性的瞬间"[14]。视觉符号可以在观者心中激起强烈的情感反应[15]，作用机制表现为"在人们抵抗能力较弱的情感领域，以不同的修辞方式影响人们的观点、信念和价值"[16]，能够以非强制性的方式操纵着受众的无意识，利用"地域接近""利害接近"和"感情接近"的传播冲击力形成社会心理的感染链条，受众的意识抵抗和幻觉效应纠缠在一起，成为受众意识形态影像化的塑造对象。[17]因此，视觉符号在整个社会动员和叙事系统中具有核心作用，即借助视觉化的符码系统作用

---

1 Mitchell, W. J. T. The Unspeakable and the unimaginable: word and image in a time of terror［J］. ELH, 2005,72（2）:291-308.

2 Mirzoeff, N. Watching Babylon: the war in Iraq and global visual culture［M］. New York: Routledge,2005.

3 Howard, A. D., & Hoffman, D.R. A picture is worth a thousand words: building American national identity through art[J]. Perspectives on Political Science, 2013, 42（3）:142-151.

4 Burke, P. Eyewitnessing: the uses of images as historical evidence［M］. London: Reaktion Books,2001.

5 Doerr, N., & Teune, S. The imagery of power facing the power of imagery. Towards a visual analysis of social movements. In Fahlenbrach, K., Klimke, M., & Scharloth, J.（Eds.）, The 'establishment' responds power and protest during and after the cold war［M］. Basingstoke: Palgrave,2012:43-55.

6 Bonnell, V. Iconography of power: Soviet political posters under Lenin and Stalin［M］. Berkeley: University of California Press, 1999.

7 Adams, J. Art in social movements: Shantytown women's protest in Pinochet's Chile［J］. Sociological Forum,2002 17（1）:21-56.

8 Kopper, A. Why Guernica became a globally used icon of political protest？ analysis of its visual rhetoric and capacity to link distinct events of protests into a grand narrative[J]. International Journal of Politics Culture & Society, 2014, 27(4): 443-457.

9 Hahn, A. H. Live from the pastures: Maasai YouTube protest videos[J]. Media Culture & Society, 2016,38(8):1236-1246.

10 Shifman, L. Memes in digital culture［M］. Cambridge, MA: The MIT Press,2013.

11 Mina, An Xiao. Batman, Pandaman and the Blind Man: A Case Study in Social Change Memes and Internet Censorship in China［J］. Journal of Visual Culture,2014,13（3）: 359-375.

12 Cox, R. Environment Communication and Public Sphere［M］. London: Sage,2006:59.

13 Dahlberg, L. Rethinking the fragmentation of the cyberpublic: from consensus to contestation［J］. New Media & Society,2007, 9（5）:827-847.

14 Jamieson, K. H. Eloquence in an electronic age: the transformation of political speechmaking［M］. New York: Oxford University Press,1988.

15 保罗·M. 莱斯特 . 视觉传播：形象载动信息［M］. 霍文利，史雪云，译 . 北京：北京广播学院出版社，2003：70.

16 刘涛 . 环境传播：话语、修辞与政治［M］. 北京：北京大学出版社，2011：255.

17 陈卫星 . 影像的边界［J］. 新闻与传播研究，2007（1）：25-26.

于受众的感性认知，具有“视觉劝服”（visual persuasion）的功能[1]，从而达到“视觉动员”（visual mobilization）的目的。

图像展示必须借助特定载体，最常用的手段是身体与穿戴物的符号化运用。身体叙事表现为将伤害、毁灭身体作为抗争剧目换取舆论关注以期得到问题的解决。如通过下跪、绝食等方式“以身体和生命作为抗争武器的自损型抗争方式”[2]，在肉体上附加抗争性的政治权谋，背后的逻辑是“弱者身份的武器化”[3]，身体的毁灭、伤害和缺陷，成为一种具有政治支配性的概念。[4]近年来，上述“以身抗争”逐渐由“底线抗争”走向“策略抗争”[5]，即借助更具策略性的表演式抗争，“残酷身体叙事”是其常见的修辞方式[6]，通过创设一种剧场式的身体政治景观，通过“前台”的表演幻象，指向“后台”的社会疼痛。[7]

衣物与饰物也常常作为身体叙事的空间延伸。费斯克认为“日常生活即是权且利用的艺术（the art of making do）”[8]。在集体行动与社会抗争中，这种权且利用表现为使用日常生活中的常见物品作为抗议诉求表达的工具，特别是作为身体延伸的穿戴物。研究者对日常生活中的鞋子[9]，头巾[10, 11]，面具[12, 13, 14]，服装、肖

1 Blair, J. A. The rhetoric of visual arguments［M］. In Charles A. Hill and Marguerite Helmers（Eds.）Defining Visual Rhetoric, Mahwah: Lawrence Erlbaum,2004:43.

2 徐昕 . 为权利而自杀——转型中国农民工的“以死抗争”［J］. 中国制度变迁的案例研究，2008（00）：255-305.

3 董海军 .“作为武器的弱者身份”: 农民维权抗争的底层政治［J］. 社会，2008（4）：34-58，223.

4 王洪伟 . 当代中国底层社会“以身抗争”的效度和限度分析：一个“艾滋村民”抗争维权的启示［J］. 社会，2010，30（2）：215-234.

5 王郅强 . 底线或策略：“身体抗争”的行为逻辑——基于政策议程设置的视角［J］. 南京社会科学，2017（1）：78-86.

6 刘涛 . 身体抗争：表演式抗争的剧场政治与身体叙事［J］. 现代传播（中国传媒大学学报），2017，39（1）：62-67.

7 刘涛 . 身体抗争：表演式抗争的剧场政治与身体叙事［J］. 现代传播（中国传媒大学学报），2017，39（1）：62-67.

8 约翰·费斯克 . 理解大众文化［M］. 王晓珏，宋伟杰，译 . 北京：中央编译出版社，2006：41.

9 Ibrahim, Y. The art of shoe-throwing: shoes as a symbol of protest and popular imagination［J］. Media War & Conflict, 2009,2（2）:213-226.

10 Robinson, R. S. Pink hijab day: mediation of the hijab as a symbol of protest［J］. International Journal of Communication,2016,10（1）:3318-3337.

11 Ahmed, L. The veil debate-again［M］. In F. Nouraie-Simone（Ed.）, On shifting ground: Muslim women in the global era. New York, NY: Feminist Press at CUNY,2014:155-173.

12 Gerbaudo, P. The mask and the flag: populism, citizenism and global protest［M］. London: Hurst & Company,2017.

13 Riisgaard, L., & Thomassen, B. Powers of the mask: political subjectivation and rites of participation in local-global protest［J］. Theory Culture & Society, 2016,33（6）:75-98.

14 Ruiz, P. Revealing power: masked protest and the blank figure［J］. Cultural Politics, 2013,9（3）:263-279.

像与徽章[1]等穿戴物在集体行动、社会运动中的象征性意涵进行了研究。

色彩在政治领域具有特殊的象征意义[2]，能够代表不同政治理念，甚至能够引发战争。对色彩的选择与使用是社会运动中视觉策略的一个重要方面。[3]色彩既是一种构建意义的装置——发挥着行动“框架”的功能，为社会运动提供剧目，框定意义，使运动的战术和剧目合理化[4]，又有助于凝聚公众，扩散群体[5]。需要注意的是，色彩的政治含义既随着时间和空间的变化而有所不同，也具有文化上的不确定性。[6]现有对于颜色修辞的研究主要集中在冲突性社会运动领域，如“颜色革命”，以不同色彩或花朵作为标志来辨认支持者并代表运动的特征[7]，颜色革命的参与者大量借用了 Gene Sharp《从独裁到民主》（*From Dictatorship to Democracy*）一书所提出的抗议技巧。Sharp 重视象征性挑战（symbolic challenge）在社会运动中的使用[8]，主要表现为在具有标志性意义的地方献花、守夜、静坐等。

在大量的集体行动事件中，我们发现不同颜色的丝带成为一种常规化的符号，研究者不约而同地注意到以丝带为载体辅以不同的色彩组合而成的视觉符号指向了不同意义，包括和平、抗议、支持等，具体研究包括伊朗人质危机与海湾战争

1 Liao, T. F. Visual symbolism, collective memory, and social protest: the case of the 2009 London G20 protest［J］. Social Alternatives,2010,29（4）:37-43.

2 爱娃·海勒 . 色彩的文化［M］. 吴彤，译 . 北京：中央编译出版社，2004：3.

3 Melucci, A. Nomads of the present: social movements and individual needs in contemporary society［M］. Philadelphia: Temple University Press,1989:208.

4 Chester, G., & Welsh, I. Rebel colours: ‘framing’ in global social movements［J］. The Sociological Review,2004, 52（3）: 314-335.

5 Sawer, M. Wearing your politics on your sleeve: The role of political colours in social movements［J］. Social Movement Studies,2007, 6（1）: 39-56.

6 Fine, G. A., Montemurro, B., Semora, B., Stalp, M. C., Claussen, D. S., & Sierra, Z. Social order through a prism: color as collective representation［J］. Sociological Inquiry,1998,68（4）:443-457.

7 Lane, D. ‘Coloured revolution’ as a political phenomenon［J］. Journal of Communist Studies & Transition Politics, 2009, 25（2-3）:113-135.

8 Sharp, G. From dictatorship to democracy: a conceptual framework for liberation［M］. The Albert Einstein Institution, 2003: 60.

中寓意“平安归来”的黄丝带[1, 2, 3, 4]，关爱艾滋病患者的红丝带[5]，防治女性乳腺癌的粉红丝带[6]，反对男性对妇女暴力的白丝带[7]。1998年，Moore出版专著《丝带文化》(*Ribbon Culture*)，认为丝带行动更像是一种“自我呈现而非政治参与”。作为易于识别的符号，丝带形成了情绪剧目库，可以唤起观者的同情、担忧等情绪。[8]

第二节　丝带行动中的图像符号及视觉动员

丝带作为一种典型的穿戴物，频繁出现在集体行动中，但目前对这一现象只是在陈述事件或援引案例时有所提及，尚未进行系统的研究尝试。“系丝带”最早是作为意象出现在20世纪70年代的美国歌曲《系在老橡树上的黄丝带》（*Tie a Yellow Ribbon round the Old Oak Tree*）中。第一次正式的丝带行动发生在1979年伊朗人质危机事件中，美国民众将黄丝带系在树上，表达对人质平安归来的期盼。在家门口的树上系上黄丝带逐渐成为一种“被发明的传统”寓意期盼亲人早日回归。1991年，丝带行动席卷西方社会：海湾战争期间，黄丝带再一次出现在美国社会[9]；受黄丝带行动的启发，纽约“视觉艾滋”（Visual AIDS）组织中的艺术家设计红丝带表达对艾滋病感染者的支持与关爱；加拿大发起旨在“消除

1　Parsons, G.E. How the yellow ribbon became a national folk symbol［J］. Folklife Center News, 1991, XIII（3）:9-11.

2　Heilbronn, L.M. Yellow ribbons and remembrance: mythic symbols of the Gulf War［J］. Sociological Inquiry, 1994,64（2）:151-178.

3　Larsen, L. The yellow ribboning of America: a gulf war phenomenon［J］. Journal of American Culture, 1994, 17（1）:11-22.

4　Pershing, L., & Yocom, M. R.The yellow ribboning of the USA: contested meanings in the construction of a political symbol［J］. Western Folklore, 1996, 55（1）:41-85.

5　Garfield, S. The end of innocence: Britain in the time of AIDS［M］. London: Faber and Faber,1995.

6　Sulik, G. A. Pink ribbon blues: how breast cancer culture undermines women's health［M］. New York: Oxford University Press,2011.

7　Sawer, M. Wearing your politics on your sleeve: The role of political colours in social movements［J］. Social Movement Studies,2007, 6（1）: 39-56.

8　Larsen, L. The yellow ribboning of America: a gulf war phenomenon［J］. Journal of American Culture,1994,17（1）:11-22.

9　Moore, S. E. H. Ribbon culture: charity, compassion, and public awareness［M］. Basingstoke: Palgrave Macmillan, 2008: 150.

对妇女的暴力”的白丝带行动[1]；由女性商业杂志与化妆品企业发起的防治女性乳腺癌的粉红丝带行动。2004 年，西班牙邮政发行黑丝带邮票悼念马德里恐怖袭击遇难者，寓意“停止恐怖行为”与“追悼逝者”的黑丝带进入主流文化。各色丝带行动出现在西方社会的诸多领域，汇聚为集体行动中一支以丝带为中心的文化。

表 6.1 选取了 9 例发生在我国典型的丝带行动作为研究的案例素材，内容涵盖价值倡导——关爱患者、提高疾病意识（红丝带行动、粉红丝带行动），提供援助（南方雪灾、汶川地震、长江“东方之星”沉船事件）；情感表达——悼念逝者（汶川大地震、长江“东方之星”沉船事件、温州动车事故、全国医生抗议杀医事件），期盼平安（汶川大地震、长江“东方之星”沉船事件）；利益维护与要求表达——保护环境（厦门 PX 事件、南京保护梧桐树事件），表达哀悼（温州动车事故、全国医生抗议杀医事件）。

表 6.1　中国九起丝带行动列表

	时间	事件	标志	行动目标	行动范围
1	2003 年至今	乳腺癌防治活动	粉红丝带	预防疾病，提高意识	全国性
2	2004 年 7 月至今	关心艾滋病患者行动	红丝带	关心、希望与支持	全国性
3	2007 年 6 月	厦门 PX 事件	黄丝带	环境保护	地方性
4	2008 年	南方雪灾	绿丝带	提供援助	地方性
5	2008 年 5 月	汶川大地震	黄丝带	悼念，祈福	全国性
			绿丝带	提供援助，祈福	全国性
6	2011 年 3 月	南京保护梧桐树事件	绿丝带	环境保护	地方性
7	2011 年 3 月	温州动车事故	黑丝带	悼念死者，表达质疑	全国性
8	2015 年 5 月	长江“东方之星”沉船事件	黄丝带	提供援助，祈福	地方性
9	2016 年 5 月	全国医生抗议杀医事件	黑丝带	悼念死者，抗议恶行	基于身份群体的全国性

颜色的选择与使用在视觉策略中占据着重要的位置，色彩之所以能够构建意义，制造认同，划分群体，既与色彩的象征意义有关——色彩对某种情感或观念

1　Sawer, M. Wearing your politics on your sleeve: The role of political colours in social movements［J］. Social Movement Studies, 2007, 6（1）: 39-56.

的表征作用，涉及特定的社会背景、内嵌的文化规约与集体记忆等，又与色彩本身所携带的情绪意义有着很大关联——表现在不同的色彩作用于人的视觉器官，色彩感觉和其他感觉器官发生联结现象，从而对人们的情绪产生影响。[1]作为身份的象征与情感的凝结，色彩在政治社会生活中同样具有文化通约性：在政治领域，色彩往往被用来作为不同政治理念和意识形态的象征，如英国的政党划分中，蓝色代表保守党，红色代表工党，黄色代表自由民主党。在社会运动中，一般而言，支持同性恋平权通用彩虹色，环境运动大多使用象征植被的绿色，等等。（表 6.2）

表 6.2　颜色与丝带搭配的要求列表

	价值倡导	情感表达	利益维护与要求表达
红丝带	关心艾滋病患者行动	无	无
粉红丝带	乳腺癌防治活动	无	无
黑丝带	无	马德里民众抗议恐怖袭击游行； 悼念黛安娜王妃； 温州动车事故； 全国医生抗议杀医事件	马德里民众游行抗议恐怖袭击； 温州动车事故； 全国医生抗议杀医事件
绿丝带	南方雪灾； 汶川大地震	无	南京保护梧桐树事件
黄丝带	长江“东方之星”沉船事件	汶川大地震； 长江“东方之星”沉船事件	厦门 PX 事件； 台湾反核游行

一、视觉动员中的颜色与丝带搭配及意义

就全球经验而言，色彩与冲突性运动具有较强的关联性，加之“颜色革命”的蔓延，色彩的出现容易引发恐惧情绪。然而，色彩与作为符号载体的丝带相搭配组合，却呈现出温和、克制、谦抑等特征，意在进行价值倡导与情感表达的集体行动，大多具有公益性、道德性与利他性。以红丝带符号为标志的关爱艾滋病患者行动，基于色彩呈现的相似性，红色作为血液的颜色“在所有文化里，都预示着生命”[2]，红丝带标志的设计者摩尔也指出“红色与血液、热情相联系——

1　韩丛耀 . 图像：主题与构成［M］. 北京：北京大学出版社，2010：226.

2　肯尼思 · R. 法尔曼，切丽 · 法尔曼 . 色彩物语：影响力的秘密［M］. 谢康，等译 . 北京：人民邮电出版社，2012：69.

不只是愤怒，还有爱”，“丝带的倒‘V’形状指向生命流逝”[1]，至此艾滋病便与红色丝带勾连。与此类似，粉红丝带成为全球防治乳腺癌标志的原因之一在于，粉红色在当代性别确认中属于典型的女性色彩[2]，中东及北非的穆斯林女性借用粉红丝带的寓意，并权且利用日常佩戴的头巾，发起“粉色头巾日”（Pink Hijab Day）呼吁提高对乳腺癌的认识。作为“救赎之色”的绿色，“希望”是其主要的符号象征意义之一[3]，在灾害事件发生后，媒体或政府常发起以“绿丝带”为主题的公益活动，呼吁民众对受灾同胞予以援助。

上述旨在进行价值倡导（关爱弱者、提高疾病意识与提供援助）与情感表达（同情、期盼平安与哀悼）的丝带行动，呈现出高度的情感认同，是典型的“共意性社会运动”（consensus movement）——一般能获得某个地理小区内 80% 以上人口的广泛支持，或者让全部人口中不超过 10% 或 20% 的人感到不快，较少遭到组织化的和持续的反对，有时还能获得体制内的支持，某种意义上是一种劝服性沟通实践。[4]如艾滋病作为一种传染病，目前尚缺乏根治的有效药物，各国政府都积极推动艾滋病的防治与宣传工作，中国的红丝带行动由国家卫计委、中宣部、文化部、教育部等国家部委自上而下地推动，深入小区、大中小学、监狱等开展宣传活动，举办慈善晚会，出版公益读本等。

致力于女性乳腺癌防治的粉红丝带行动则由国内的《时尚健康》杂志与美国雅诗兰黛集团联合推动，粉红丝带图像不断出现在杂志封面、大型广告牌、商品与慈善活动、公益讲座、艺术展（如“缪斯的回忆”）、主题摄影展（如“乳房的故事”）中。粉红丝带行动作为一种被发明的传统，通过每年十月仪式化的亮灯仪式与杂志特刊封面，分别借助公共空间中地标式建筑的象征意义以及明星的社会影响力，以极具视觉冲击力的记忆训练对“发明的传统”不断进行规约。2011 年 10 月，粉红丝带亮灯仪式在上海外滩源壹号——原英国驻沪总领事馆——

1 Sawer, M. Wearing your politics on your sleeve: The role of political colours in social movements［J］. Social Movement Studies,2007, 6（1）: 39-56.

2 爱娃 · 海勒 . 色彩的文化［M］. 吴彤，译 . 北京：中央编译出版社，2004：91.

3 米歇尔 · 帕斯图罗 . 色彩列传：绿色［M］. 张文敬，译 . 北京：生活 · 读书 · 新知三联书店，2016：227.

4 McCarthy, J.D., & Wolfson, M. Exploring sources of rapid social movement growth: the role of organizational form, consensus support, and elements of the American State,June 8-10,1988［C］.Ann Arbor: Frontiers in Social Movement Theory.

举行。作为地标建筑的外滩源壹号，通体被点亮为粉红色，立体灯光将粉红丝带图案投射在楼体正中心。[1] 自 2005 年起，国内《时尚健康》杂志每年 10 月邀请具有社会影响力的明星拍摄一组裸身出镜，以粉红丝带为遮挡的照片作为特刊封面，并推出新的宣传标语。2013 年 10 月的杂志封面选择了国内首个公开自身乳腺癌经历的歌手姚贝娜，以“我们要在一起”为标语。赤裸的女性图像通常作为一个特殊景观出现，即“凝视”对象，凝视这一机制强调了视觉的社会维度与性别权力关系，表现为女性展示，男性观看。与男性的风度基于自身潜力不同，女性的风度扎根于自身，包括姿态、表情、服饰等。一言以蔽之，男性重行动而女性重外观（man act and women appear）。[2] 而姚贝娜罹患乳腺癌的经历，使赤裸身体的展示契合了粉红丝带运动提高公众对这一疾病认知的宗旨。不同于传统社会抗争中通过身体叙事展示痛苦以激发观者的同情或愤怒，粉红丝带特刊封面中的姚贝娜以挺拔的姿态与坚毅的眼神，传递积极面对的正面情绪。

二、颜色与丝带的搭配及效果

尽管大部分丝带行动都呈现出公益属性，多体现在自上而下的公益价值倡导和自下而上的情感表达，但仍然有少数丝带行动旨在进行利益维护与要求表达，但此类事件多体现在特定的区域和行业范围内，其动员效果有限。而且丝带的克制、温和、反暴力、抽象等特性，使所引发的抗争行动也具有自我克制的特征，更多是一种符号展示与视觉动员，仍然没有脱离共意性社会运动的范畴。

以 2011 年 3 月初发生的南京保护梧桐树事件为例，南京市政府为修建地铁 3 号线而准备移栽 1000 多棵行道树，其中 200 多棵为有 60 多年树龄，承载南京市民集体记忆的梧桐。3 月 9 日，40 多棵梧桐树被削去枝丫“横尸”街头，新浪微博网友将此前绿树成荫的照片与地上准备移栽装车的对比图发给主持人黄健翔，黄健翔随即转发并评论道“砍南京的梧桐树，这是要疯啊”。随后，以黄健翔、孟非、陆川、李承鹏等名人的微博为节点，此事被不断转发、评论与关注，“拯救南京梧桐树”成为当时新浪微博热门话题之一。从 3 月 12 日植树节开始，市民自发发起“绿丝带行动”，走上街头为梧桐树上系上绿丝带以示挽留、不舍

1　中国新闻网 . 粉红丝带乳腺癌防治运动亮灯，杨澜出席表达祝愿［EB/OL］.（2011-10-19）［2018-05-18］.

2　约翰・伯格 . 观看之道［M］. 戴行钺，译 . 桂林：广西师范大学出版社，2015：62-64.

与不满，被系上绿丝带的梧桐树照片被市民拍摄后上传网络，因此，绿丝带又被网友视为“免砍丝带”，纷纷效仿。

此次南京保护梧桐树事件除了黄健翔、孟非、陆川、李承鹏等名人的参与，市民自发的“绿丝带行动”照片作为“图像刺点”也起到了积极的动员作用。罗兰·巴尔特使用一对拉丁语——“展面”（stadium）和“刺点”（punctum）——来分析图像，其中“展面”是指照片中显示的日常状态、常规搭配，最终可以破解的寓意；而“刺点”意指照片上的场景里像箭一样射出来并射中人的要素，这个要素会搅乱（或减弱或加强）“展面”，刺点常常是个细节，即一件东西的局部。[1]此外，刺点还有另外一种扩展力——在作为“细节”存在的同时，这个刺点会不合常情地占满整张照片。[2]刺点是在观者眼里有很高价值的要素，“作为对文本常规的破坏”[3]，在刺点处意义最为饱满。在图像符号构成中，展面属于组合轴，是表层结构中日常要素的搭配；刺点属于聚合轴，代表着深层结构中独特的局部或文本。梧桐树历来是南京重要的城市名片之一，两者间具有固定的联想结构而彼此借代，因此可以视为南京城的转喻，地铁施工沿线的梧桐被整齐地削枝“砍头”后只留下树干并且喷涂了迁移编号，对梧桐树的砍伐意味着对城市的破坏，惨遭砍头的画面与市民集体记忆中南京城两万棵梧桐遮天蔽日的壮丽景观形成鲜明对比。[4, 5]此时，作为细节出现并且不足画面十分之一大小的绿丝带“刺点”，破坏了文本常规，系在树上的绿色丝带作为生命的象征色，激起观者的情感共鸣，情感取向从同情走向了共情、不舍、无奈，甚至由此引起愤怒。图片凭借绿丝带这一击中人心、“带来明显慌乱”的“刺点”迅速进行广泛的情感动员，图像刺点对砍伐梧桐树的控诉清晰而有力。随着系上绿丝带的“砍头”梧桐树照片被上传至新浪微博、豆瓣、西祠胡同南京版等社交媒体或网站，网友们纷纷转发，并发出了“大树不会说话，人要说人话”的呼吁。一时间，网友自发在线分享绿丝带的打结方法，线下分发绿丝带。中国新闻网[6]对此评论道：“每一条丝带都带

1　罗兰·巴尔特.明室［M］.赵克非，译.北京：中国人民大学出版社，2011：36.

2　罗兰·巴尔特.明室［M］.赵克非，译.北京：中国人民大学出版社，2011：56-63.

3　赵毅衡.符号学原理与推演［M］.南京：南京大学出版社，2016：166.

4　新华社.南京展开“拯救南京梧桐树 筑起绿色长城”活动（组图）［EB/OL］.（2011-03-18）［2018-05-09］.

5　搜狐网.南京网友为保梧桐宁愿地铁改线，政府拟优化方案.［EB/OL］.（2011-03-18）［2018-05-18］.

6　中国新闻网.“绿都”南京市民护绿心切 绿丝带寄托“梧桐深情”.［EB/OL］.（2011-03-16）［2018-05-18］.

着市民们对大树浓浓的深情和依依的不舍，也希望每一个路过的市民能够警醒身边这些见证了南京百年沧桑的‘古稀老人’即将离我们而去。”

网友在微博上发起“南京地铁建设和梧桐树保护谁更重要”投票，《广州日报》记者查看结果发现，54%的网友认为“梧桐树保护更重要，我宁愿地铁改线”。3 月 19 日，绿丝带图像驱动的在线动员走向了线下的行动——市民手系绿丝带到南京市图书馆前集合“散步”，抗议砍伐有历史意义的法国梧桐。此次事件以南京市政府全面停止移栽工作，公开征集民意，并推出“中国首个处理工程建设与树木保护矛盾问题的城市级公众参与办法”为结束。

与绿色相比，黑色象征着悲哀与死亡[1]，白底黑图的黑丝带图片被广泛用来作为悼念仪式与抗议恐怖主义的视觉符号。黑丝带在集体行动中往往表达的是一种集体悲痛与愤怒，它不仅系在手上、头上，绑在汽车上，别在衣领上等，在新媒体时代，还包括在线作为个人头像的视觉展示。2016 年 5 月 5 日下午，广东省人民医院口腔科主任医师陈仲伟被 25 年前的病人持刀砍至重伤，经过 43 小时抢救，因伤势过重抢救无效辞世，伤人者有精神病史纪录。这起恶性弑医事件引起了全国医务人员的悲愤，医者同仁进行“黑丝带行动”：“不集会，不游行。三天内所有同情者，佩戴黑丝带，将微信头像更改为黑丝带图片。为陈主任，为我们的处境。”[2]（搜狐网，2016 年 5 月 10 日）这一呼吁得到了全国范围内医务人员的响应，微信朋友圈、微博、QQ 等社交媒体充满了黑丝带图案，医务人员用谦抑的黑丝带表达悼念与抗议。人民网舆情监测中心（2016 年 5 月 8 日）评论道，“广大医生通过社交媒介泣血悲鸣深切哀悼陈医生的同时，对暴力行为的忍耐度终于到了极限，不安情绪之下加强保护措施的需求急剧膨胀”。社交媒体头像作为一种自我呈现方式，社交媒体平台鼓励用户通过使用语言、图像、视频、标签等形式“展示出高度选择性的自我”[3]，与此同时，对头像内容的选择成为一种潜在的话语权。将社交媒体上的个人头像更换为行动群体所共享的图片逐渐

1　康定斯基．论艺术的精神［M］．查立，译．北京：中国社会科学出版社，1987：52.

2　搜狐网．黑丝带行动，我接力！悼念陈主任！［EB/OL］．(2016-05-10)［2018-05-09］.

3　Mendelson, A. L., & Papacharissi, Z. Look at us: Collective narcissism in college student Facebook photo galleries［M］// Z. Papacharissi（Ed.）. The networked self: Identity, community and culture on social network sites. New York, NY: Routledge,2011:251-273.

成为一种新型的抗议方式，诉诸视觉的共享头像替代了行动口号，在网络空间中形成视觉一致性（visual uniformity），是使用标签、刷屏、盖楼等方式的另一种变体。当悲剧发生时，群体的弱势感知被放大，作为丧葬符号的黑丝带将抗议者在痛苦中团结，拉近遥远而匿名的痛苦。群体共享的丝带头像，既是行动剧目，又框塑了群体，基于社交媒体的弱连接与强链接，丝带头像不断增殖的过程，也是抗议情绪感染过程。

与“黑丝带行动”主要局限于医务人员以及医学生群体不同，同时期发生的“魏则西事件”——21岁大学生魏则西因滑膜肉瘤病逝，去世前他曾在“知乎”网站上以亲身经历回答“人性最大的恶到底是什么？”这一问题，魏则西通过搜索引擎百度锁定了“生物免疫疗法”，并在武警北京第二医院采用该疗法治疗，以致病情耽误不治身亡。此事发生后，引起了舆论的极大关注。而就在陈仲伟医生的出殡日，重庆石柱县中医院外科主任汪永钦被三名患者砍伤。短短一个月时间，患者魏则西，医生陈仲伟、汪永钦，均是受害者，但舆论的关注焦点始终聚焦于魏则西事件。为什么同期发生的三起类似事件，动员效果具有如此大反差?这可以从动员的策略、深度和广度来进行分析：一方面，身份认同的差异决定了关注度的悬殊。正如新浪微博网友@明夜之霜所言：“每个人都有可能是魏则西，但不是每个人都可能是陈仲伟。”（2016-05-11）魏则西事件背后涉及搜索引擎竞价排名，官方医院科室出租与转包，以及医患矛盾等诸多问题，任何人都可能作为患者遭遇到虚假医疗广告，因此魏则西事件引起了极大的社会共鸣与关注度，而医务人员作为社会职业分工中的一个组成部分，其行动动员局限于基于身份群体的医疗行业、亲友圈以及社交媒体中影响范围有限的弱连接关注者，很难转化为公共议题，而医患关系中医生群体的相对强势地位以及患者的既往的不良体验和负面记忆也削弱了事件的情感代入程度。另一方面，由于社会抗争需要明确而具体的要求，并通过直观手段展示痛苦与愤怒，才能突破群体边界，获得社会广泛的情感支持，如在魏则西事件中，变体为《魏则西的丧钟为谁而鸣？》，引来微信朋友圈中携带着情感卷入的“指数级”转发：

“我在北京，北京有22家莆田系医院，你家呢”

“我在上海，上海有38家莆田系医院，你家呢”

“我在广州，广州有 17 家莆田系医院，你家呢”

“我在深圳，深圳有 19 家莆田系医院，你家呢”

……

“所以，我们不能轻易遗忘魏则西，要让悲伤、愤怒长久一些。我们要像 20 世纪 20 年代的美国民众一样，用舆论倒逼社会改良，相比那时的报纸，现在的互联网是更有效的渠道。”[1]

与魏则西事件相比，黑丝带行动的动员效果是有限的。究其原因，一方面，由于黑丝带行动仅限于特定的行业范围，加上公众对医生群体的“精英属性”印象以及医患关系中形成的刻板意见和集体记忆，导致此次动员难以引发大范围的情感动员。另一方面，因为丝带符号具有一定的抽象性，组成的意义也不够清晰，甚至出现意义译码与使用的混乱。滥觞于西方的丝带行动文化，在跨文化使用中，仅红丝带与粉红丝带行动呈现出跨文化、跨地域的普适性，在国家或跨国企业的大力推动，以及理据性的复用积累中分别与“关心艾滋病患者”与“乳腺癌防治”形成了一对一的关系。如表 6.3 所示，色彩与丝带的搭配所携带的含义，并不总具有一以贯之的稳定性与一一对应的共通性，会因时因事而不同，如黑丝带所携带的“停止恐怖袭击”意涵在中国大陆语境中可以理解为“抗议暴力与不公”，这是源于社会语境以及使用群体自身所携带的认知图式的差异，例如，“期盼平安归来、支持士兵”的黄丝带在厦门 PX 事件中则作为“以邻为壑”的抗议工具出现，抗议恶性弑医的医务人员表示，黑丝带行动“是一场影响力不足的主动抗议行动，它的感染范围被圈定在医疗圈及其亲友团内”[2]。

表 6.3　中西语境下色彩与丝带相搭配的不同含义

	西方	中国
红丝带	关心艾滋病患者	关心艾滋病患者
粉红丝带	乳腺癌防治	乳腺癌防治
黑丝带	追悼逝者； 停止恐怖袭击	追悼逝者； 抗议暴力与不公

1　搜狐网 . 魏则西的丧钟为谁而鸣？［EB/OL］.（2016-05-05）［2018-05-18］.

2　“黑丝带行动”［J］. 中国药店，2016（6）：26.

续表

	西方	中国
绿丝带	环境保护	环境保护； 提供援助
黄丝带	期盼平安； 支持士兵	期盼平安； 悼念逝者； 表达抗议； 提供援助

三、丝带的权变性和通约性及图像行动的意义

20世纪70年代末，丝带行动在美国出现，并在90年代席卷西方社会，不同颜色的丝带逐渐成为社会文化仪式与集体行动中的常规符号。在这一传统的“发明”过程中，研究者注意到以丝带为载体辅以不同色彩组合而成的视觉符号指向了不同意义，与此同时，同一颜色丝带也呈现出意义的权变性，其“原始象征意义发生着漂移”[1]。海尔布隆通过访谈发现，公众展示黄丝带的原因大多出于对危机或战争的情感反应，作为能指的黄丝带一直是多义的，其意义的权变性“是由特定的历史环境引起的”[2]。博星从民俗学角度对海湾战争期间美国黄丝带的多重意义进行解读，除了表达对士兵的关心、期盼平安，民众通过黄丝带传递对战争的不同看法——包括支持和反对，甚至重新定义。[3]究其原因，可以从颜色与情绪之间的关系得到解释。颜色的象征效果产生于集体经验，即抽象化的心理效果，因此心理效果与象征效果存在紧密的联系。[4]色彩能够表现情感，这是一个无可辩驳的事实[5]，但就数量而言，情感的细分程度远高于色彩的数量，这种模糊的意指关系造成了同一色彩丝带意义的权变与多元。

“现代社会最严重的问题之一是缺乏对共享符号的承诺”[6]，在观看与释义

1 Moore, S. E. H. Ribbon culture: charity, compassion, and public awareness［M］. Basingstoke: Palgrave Macmillan,2008:72.

2 Heilbronn, L. M. Yellow ribbons and remembrance: Mythic symbols of the Gulf War［J］. Sociological Inquiry, 1994,64（2）:151-78.

3 Pershing, L., & Yocom, M. R. The yellow ribboning of the USA: contested meanings in the construction of a political symbol［J］. Western Folklore,1996,55（1）:41-85.

4 爱娃·海勒. 色彩的文化［M］. 吴彤，译. 北京：中央编译出版社，2004：1-2.

5 阿恩海姆. 艺术与视知觉［M］. 滕守尧，朱疆源，译. 成都：四川人民出版社，2006：457.

6 Douglas, M.Natural symbols: Explorations in cosmology［M］. London & New York: Routledge, 2002: 1.

之间，图像符号的多义性为驯服视觉造成了压力，丝带符号意义的权变，使其“并未开创有价值的公共讨论空间，人们热衷于讨论丝带的不同意义，而非就公共事务进行辩论、展开行动”[1]。巴尔特指出，图像符号意义的权变源于它们意指着一条所指的“飘浮链”，任由观者选择一些而放弃另一些。[2]各个社会都发展出众多方法应对符号的不确定性，增加文字讯息对图像进行“锚定”（anchorage）是方法之一，文字信息引导、遥控着观者指向某个先行选定的意义。在具体的丝带行动中，要求行动者维持共享符号的通约性，即将某种颜色的丝带与特定意义暂时“凝固”，其先决条件来自群体“共同的语言与共享的行为准则”，意义的社会框架为行动者提供了表达强烈感受和复杂想法的基础。[3]

（一）丝带的权变性和通约性

丝带在社会实践与社会传播的相互推进中不断进行“二度修辞”与“反复规约”，具有权变性特征。以汶川地震中的“黄丝带行动”为例，期盼灾区同胞平安，表达哀思的黄丝带分别被系在手腕、巴士[4]、栏杆以及行道树上[5]。“发明传统”本质上是一种形式化和仪式化的过程，其特点是与过去相关联，“即使只是通过不断重复”[6]。第一次正式的丝带行动发生在1979年伊朗人质危机事件中，美国驻德黑兰大使馆被占领，52名使馆工作人员被扣留，人质之一的妻子兰根受上述流行歌曲的启发，在家里树上绑了一根黄丝带。随着媒体的报道，引来众人效仿，后来，兰根召集了其他人质的家人，组成了家庭联络行动小组（Family Liaison Action Group）。随着该小组的成立，之前非正式、自发的绑丝带行为转变为组织化的黄丝带行动。[7]从一首美国本土流行歌曲中的意象，到个体的绑丝带行为，引发共鸣后被集体性吸纳为群体认同与情感表达象征，最后以不同的使用形式汇聚为集体行动中一支以丝带为中心的文化（ribboncentric culture），并

1 Pershing, L., & Yocom, M. R. The yellow ribboning of the USA: contested meanings in the construction of a political symbol［J］. Western Folklore,1996,55（1）:41-85.

2 Barthes, R. Image, music, text: Essays selected and translated by Stephen Heath［M］. Glasgow: Fontana Press,197738-40.

3 Moore, S. E. H. Ribbon culture: charity, compassion, and public awareness［M］. Basingstoke: Palgrave Macmillan,2008:118.

4 潇湘晨报数字报. 星城尽飘黄丝带［EB/OL］.（2008-05-15）［2018-05-10］.

5 新华社. 汶川地震一周年：黄丝带寄哀思（组图）［EB/OL］.（209-5-12）［2018-05-09］.

6 E. 霍布斯鲍姆，T. 兰格. 传统的发明［M］. 顾杭，庞冠群，译. 南京：译林出版社，2004：4.

7 Parsons, G.E. How the yellow ribbon became a national folk symbol［N］. Folklife Center News, 1991,XIII（3）:9-11.

在后续的社会实践中不断被使用社群调用，这一过程不断增加着丝带符号作为群体象征的理据性。黄丝带作为期盼平安归来的象征，还多次出现在灾难事件中。黑丝带寓意“停止恐怖行为”与“追悼逝者”，2004年马德里恐怖袭击后，民众在游行中使用黑丝带图案抗议恐怖主义，随后西班牙邮政发行黑丝带邮票，表明黑丝带作为寄托哀思的符号进入主流文化；英国黛安娜王妃车祸身亡后，民众手系黑丝带哀悼。值得注意的是，丝带在理据性上升过程中的多维度使用展现了“象征的符号载体的多媒介性”[1]——从最初出现在歌曲中的“意象”，到系在树上、手腕上、汽车后视镜上、制成徽章别在衣领上的“物象”，悬挂在网页、转发在社交媒体或作为个人头像的“图像”，以词语表达的“语像”，作为集合的“文本形象”。社会性的长期使用到了一定程度，丝带就超越了最初的物象、图像、语像和文本形象，最终成为集体行动的象征之一。

除了权变性外，丝带的符号隐喻也具有通约性，主要集中于价值倡导、情感表达、利益维护与要求表达三个维度：

第一，价值倡导型的丝带行动，包括提倡关爱患者，提高疾病防治意识，以及向受灾者提供援助、传递希望。如2008年年初南方遭遇罕见的雪凝天气，贵阳交通文艺广播、贵阳晚报等媒体与贵阳文明办共同发起“绿丝带市民互助活动”，针对凝冻天气带来的出行不便，呼吁车主搭载有需要的市民，并发放绿丝带组织市民统一领取，系在出租车与私家车上的绿丝带，形成了一条条“绿色通道”。汶川大地震中，羊城报业集团的金羊网发起“绿丝带行动”，并由新浪网、网易、天涯等媒体推动，网站呼吁大众在QQ、MSN等社交媒体上传象征“军绿子弟兵、绿色生命体与希望地平线”的绿丝带头像，传达希望与爱，并提供绿丝带图片下载。人民网官方微博也在汶川大地震10年时呼吁网友转发微博，点亮绿丝带。

第二，情感表达型的丝带行动，表现为期盼亲人或同胞平安，以及哀悼逝者。丝带成为一种传递情感的媒介，系黄丝带寓意期盼亲人早日回归，作为一种传统“被发明”出来。随着美国文化的全球传播，期盼亲人平安归来的黄丝带出现在汶川大地震与长江“东方之星”沉船事件中。汶川大地震后，潇湘晨报报社发起黄丝带行动为灾区祈福，组织报社人员在加油站向市民发放黄丝带，并联合城市

1　赵毅衡．符号学原理与推演［M］．南京：南京大学出版社，2016：201.

出租汽车协会、巴士公司共同参与。为纪念汶川地震一周年，天津市市民在市区板桥栏杆以及主要街道的行道树上挂黄丝带寄托哀思。

第三，利益维护与要求表达型的丝带行动，集中于环境保护与抗议恶行。2007 年厦门 PX 事件中，厦门人民自发上街“散步”，手上的黄丝带成为标志性符号；2011 年 3 月初发生的南京保护梧桐树事件中，植树节开始，市民自发发起“绿丝带行动”——走上街头为梧桐树上系上绿丝带，后来市民手系绿丝带到南京市图书馆前集合“散步”，抗议砍伐梧桐树。2011 年温州动车事故发生后，网民纷纷转发黑丝带图片表达对救援过程中掩埋车头行为的质疑；2016 年，陈仲伟医生被砍重伤身亡后，全国医生发起“黑丝带行动”，将社交媒体上的个人头像换为黑丝带，以示对恶性弑医的悲愤与抗议。

总体而言，丝带行动以具有公益性、道德性与利他性的价值倡导与情感表达为主，此外，丝带行动具有较为明显的行业和区域特征，履行的是公益动员、主流价值倡导、情感认同和表达的功能，属于共意性社会运动的范畴。尽管也有少量丝带行动被使用于社会抗争，但更多是一种符号展示与视觉动员，具有克制、温和的非暴力属性，很少能突破特定的区域或行业范围。

（二）丝带图像运动的意义

1. 去暴力的符号展示行动

集体行动中颜色与丝带的搭配，其携带的符号隐喻既具有规约性，也展现出一定的权变性，是多重因素综合作用的结果。尽管某些色彩与某种情绪或情感具有更强的关联，但是色彩与情绪并没有显示出明显的一一对应关系，这背后涉及不同的社会语境、使用群体的认知图式、群体后天习得的经验、内嵌的文化规约、集体记忆以及政治机会结构等因素的共同作用。在集体行动中，因为存在“颜色革命”的记忆，颜色本身容易引发恐惧情绪，但本章通过案例的综合分析发现，颜色与丝带相搭配的集体行动，多具有公益属性，如价值倡导（关爱弱者、提高疾病意识与提供援助）、情感表达（同情、期盼平安与哀悼），不仅较少遭受政治管制或抵抗，有时候还能获得制度性支持，属于共意性运动范畴。尽管也有少数丝带行动旨在进行社会抗争如黑丝带反对暴力伤医、绿丝带反对砍树等，但具有较为明显的行业和区域特征，本质上仍然是一种符号展示行动，具有克制、温和的非暴力属性。

2.身份的自我克制

丝带符号隐含着身份的自我克制，难以超越身份群体、扩大“政治势能”进行大范围的动员。社会运动中日常穿戴物的选择除了其自身具有的便利性、文化通约性外，还折射出特定政治机会结构下的情感表达策略和抗争剧目选择，这导致公共事件的发生与发展，很大程度上遵循的并不是理性计算的逻辑，而是情感动员的逻辑，网民的参与动机往往是道德的对错和情感的共鸣，而不是输赢的策略算计。在开放性与封闭性兼具的宏观社会背景下，黄振辉对于表演式抗争的洞见为我们思考丝带行动提供了启示，他认为，越是个体化的抗争行为，越倾向于戏剧化表演和极端行为展示，而越是大规模的群体性抗争，会遵循既有的传统抗争剧目，因为人数的聚集本身就能引起足够的轰动效应，由此，黄振辉指出，抗争的效果取决于“势能”的聚集，其包含以下三个维度：道德势能，身份势能，政治势能。一般而言，表演群体的规模越大，利益相关者越多，抗争的问题越有可能成为政治问题，因此政治势能也就越大。[1]

反观医务群体发起的抗议恶性弑医的黑丝带行动，核心要求是表达对危害人身安全恶行的愤怒，同时强调了自我克制，强调“不集会，不游行”，反抗与愤怒的表达仅停留在在线抗争符号展示，并未将问题扩大化。而引发线下“散步”的绿丝带行动（保护南京梧桐树）与黄丝带行动（厦门 PX 事件），也强调理性抗争之必要。由于社会抗争往往需要明确而具体的要求，需要借助直观手段来展示痛苦与愤怒，才能突破群体边界，获得社会广泛的情感支持。丝带本身具有抽象性、艺术性与内敛性，以其作为符号载体的集体行动在价值倡导与公益传播方面效果较好，但在表达愤怒、不满等负面情绪与进行利益维护时，则显得效果有限。究其原因，在于它们进行公益传播时所构建的符号具有很强的隐喻和想象性，会增强观者的认知，但这种抽象符号用于抗争时则可能引起译码困境，导致无法直接进行悲情和愤怒动员，难以超越身份群体，扩大“政治势能”，进行大范围的动员。

1 黄振辉.表演式抗争：景观、挑战与发生机理——基于珠江三角洲典型案例研究［J］.开放时代，2011（2）：71-84.

3. 新的动员方式

以身体与穿戴物作为媒介的社会抗争丰富了媒介动员的内涵。随着对“万物皆媒”认识的深入与“媒介”内涵的扩展，过往作为动员工具的媒介也蜕变出丰富多样的形态，由媒体——传统媒体、大众传媒与社交媒体——拓展至身体，社会抗争中的身体叙事表现为以“自损的身体”作为“弱者的武器”进行悲情抗争，与日渐增多的更具策略性、旨在制造奇观的表演式抗争。在具体的社会运动实践中，日常穿戴物——雨伞、防毒面具、丝带、头巾、背心等——作为身体叙事的延伸逐渐被用作要求表达工具，其功能在于集体性地展示统一符号，进而引起媒体的关注，以达到一种制造图像在现场，而舆论动员在别处的效果。

第三节　视觉传播时代的图像赋权

过往从传播学视野出发对赋权议题的研究主要聚焦于技术赋权与媒介赋权两个维度，赋权所关涉的除了赋予弱势群体“权力”，还有调动其“能力”或“潜能”。在图像传播时代，实践中的赋权议题逐渐从过往侧重于传播工具的技术赋权与偏重平台与介质的媒介赋权，转向图像赋权。为了回应图像赋权这一在社会生活中重要性日趋凸显却在学术考察层面显得研究不足的议题，本节尝试从理论和实践两个维度，梳理赋权理论的产生与推进路线，分析现实中具体的赋权动力机制与策略，并提出图像赋权的机制保障与实现路径。

一、从技术赋权、媒介赋权到图像赋权：研究理路的推进

赋权研究作为一个跨学科议题，涉及传播学、社会学、法学与政治学等多个领域，赋权所关涉的核心——“权力”问题——更是复杂且多维。赋权（empowerment，又译为“增权”“赋能”），从构词结构上可以看到意为赋予权力，权力包括各种能力、社会资源、社会资本以及由此带来的影响力等，在实践中也意指挖掘与激发个体、群体或组织的潜能。学者从诸多视角对赋权进行了定义，赋权首先被理解为一种过程——强化个人、人际或集体的能力与权力的过程，从

而使得个人、团体或社区能够采取行动改善其状况[1]；其次，赋权被理解为一种结果，包括自尊、自信、权力感、自治的获取，以及资源的重新分配[2]。赋权的对象既包括客观上处于无权（powerless）状态的弱势群体（少数群体与边缘群体等）或失能群体，也包主观上具有“无权感”的群体。

就议题范围而言，赋权研究属于传播学范畴[3]，为发展传播学这一分支所重视，其中传播技术与传播媒介在传播过程中的作用不容忽视。沿着传播学的路径出发，研究者主要从技术赋权与媒介赋权两个维度来把握信息技术与社会变迁之间的关系。从技术赋权的维度出发，回顾媒介变迁的历史，信息通信技术的日臻成熟，带来了时间、空间和权力的再造，在不同程度上促进权力的下移与扩散，现有研究主要聚焦于互联网、手机等技术工具的赋权作用。郑永年从政治学视角出发，讨论了以互联网为代表的信息技术对国家与社会的双向赋权以及这两种力量之间的相互改造。[4]杨国斌指出，“社会不公发生在穷人、弱者和无权者身上”，网络在扭转这种因社会错位导致的认同焦虑和危机中起到了重要作用。[5]然而，面对信息技术总能带来社会融合、消除贫困与不公这一观点，邱林川提示，这其实是一种天真的“数字神话”（digital sublime），通过聚焦中低端信息传播技术对“信息中下阶层”（information have-less）的赋权问题，发现在实践中，娱乐社交议题在数量上远超生存性议题（住房、医疗、教育等），这使得信息中下阶层有陷入新的异化困境之虞。[6]

在媒介赋权的维度上，赋权的主体主要是作为平台与介质、场域与阵地的媒体——传统媒体、网络媒体与社会化媒体，及其所构筑的信息空间。在国家社会一体化向国家社会二元化发展的过程中，意见的多样化、利益的多元化现象日益突出，媒介赋权的力量逐渐凸显，在国家权力与公民权利之间起到了愈加重要的

1 Gutiérrez, L M. Beyond coping: an empowerment perspective on stressful life events［J］. Journal of Sociology & Social Welfare, 1994, 21（3）.

2 Boehm, A. & Boehm, E. Community Theatre as a Means of Empowerment in Social Work: A Case Study of Women's Community Theatre［J］. Journal of Social Work, 2003, 3（3）.

3 Rogers, E M. & Singhal, A. Empowerment and Communication: Lessons Learned from Organizing for Social Change［J］. Annals of the International Communication Association, 2003, 27（1）.

4 郑永年. 技术赋权：中国的互联网、国家与社会［M］. 邱道隆，译. 上海：东方出版社，2014.

5 杨国斌. 连线力：中国网民在行动［M］. 邓燕华，译. 桂林：广西师范大学出版社，2013：227.

6 邱林川. 信息时代的世界工厂：新工人阶级的网络社会［M］. 桂林：广西师范大学出版，2013：292.

中介作用。郭道晖从权力多元视角提出“社会权力”概念，认为新闻媒体是社会权力的“无冕之王”[1]，公众的知情权、表达权、参与权与监督权被进一步满足。然而在实践中，弱势群体所面对的诸多困境被排除在社会视野之外。随着网络媒体的蓬勃发展以及社会化媒体的兴起，带来了“媒介近用权”的普及，进一步释放了民众的能动性，赋予了弱势者接近媒体的潜能，带来类似德·赛托所说的“民众狡黠的反抗”。一方面，“具有互动性、聚合性”的网络自组织“有可能成为中国社会中下层‘弱者的武器’”[2]；另一方面，自我发声与直接传播也使得那些“在传统媒体时代不占有公共话语资源和能力的社会阶层，开始有了与包括精英阶层在内的其他社会阶层进行对话的空间和能力”[3]。

尽管赋权理论于20世纪六七十年代被西方学者系统提出，但从历时性的图像实践层面观测，早在19世纪末20世纪初的纪实摄影（documentary photography）即与赋权发生了勾连，视觉化呈现文字无法捕捉的社会现实。刘易斯·W.海因（Lewis W. Hine）指出，摄影为弱势者赋权的作用机制在于通过视觉画面展现社会底层，引发社会心理震颤，进而唤起“社会同情”[4]，触发社会改革，由海因本人所拍摄的童工系列纪实摄影极大地推动了美国儿童劳动法的制定与出台。回顾整个20世纪，纪实摄影对社会苦难的批判性呈现在反公害、反战争、保护弱势群体等方面产生了巨大影响，但所赋权力的来源仍掌握在拍摄者手中，弱势群体被牢牢固定在拍摄对象这一“原材料提供者”位置，处于“求助于外”的被呈现与被支配地位。而学者卡罗琳·C.王（Caroline C. Wang）与玛丽·A.伯里（Mary A. Burries）于20世纪90年代初提出的“影像发声法”（photovoice）[5]，则越出了以往用照片讲故事的固有逻辑，而是一种参与式行动——将传统的被动的研究对象转变为主动的参与者，通过组织参与者自主拍摄照片或者视频以呈现现实问题，进而分享、讨论所拍摄的影像，并在此过程中感知自身所在社区所面

1　郭道晖.论国家权力与社会权力——从人民与人大的法权关系谈起［J］.法制与社会发展，1995（2）:18-25.

2　丁未.新媒体赋权：理论建构与个案分析——以中国稀有血型群体网络自组织为例［J］.开放时代，2011（1）：124-145.

3　何晶.媒介与阶层——一个传播学研究的经典进路［J］.新闻与传播研究，2014，21（1）：78-93，127.

4　Macieski R. Picturing Class: Lewis W. Hine Photographs：Child Labor in New England［M］. University of Massachusetts Press,2015:7.

5　Wang, C. C. & Burris, M. A. Photovoice: Concept, Methodology, and Use for Participatory Needs Assessment［J］. Health, Education and Behavior.1997, 24（3）: 369-387.

临的处境。因此，“影像发声法不只是对生活境况的社会学解码活动，同时也是赋权的过程”[1]，在这一更强调主体性的赋权过程中，既关照了参与者的生活境况，又在由里向外的参与式呈现与分享中培育其对所处生活境况的批判性审思，而后影像发声的理念被广泛用于话剧、展览、纪录片等视觉形态中。学术界也生产出一系列新名词来捕捉媒介形态变迁中出现的各式参与式影像实践，包括影像行动主义（video/film activism）、视觉行动主义（visual activism）、行动主义摄影（photography as activism）、标签式行动主义（hashtag activism）、懒惰式行动主义（slacktivism）、鼠标点击主义（clicktivism）等等，上述名词背后都隐含着强调个体参与并诉诸视觉的行动主义取向。

图像的赋权力量来源于对“可见性”（visibility）的竞逐争夺。视觉传播时代，图像的几何级激增态势挑战了语言的“元符号”地位，过往文字难以言喻，头脑难以想象的讯息，凝聚在简洁且易获取的视觉语言中。英国社会学家约翰·汤普森（John Thompson）认为，借助传媒的中介力量开展“为能见度而斗争”（struggle for visibility）的过程，已经成为“二十世纪晚期当代社会与政治剧变的中心”[2]。作为社会生活全方位“图像转向”的表征之一，近年来的赋权实践中呈现出图像“牵引”特性，在“利用视觉的可见性作为抗争的工具”[3]或“为能见度而斗争”的过程中，借助视觉图像呈现议题，吸引和形塑媒体的报道，引发舆论热议，并赢得公众的支持。在政治哲学家约翰·罗尔斯（John Rawls）看来，表达使得社会的“苦情怨恨”得以被知晓与重视[4]，若从这一角度审视，图像所创造出的舆论空间对于弱势群体而言是一种难得的话语资源，提高自身可见性，争取原本稀缺的话语权，舒缓个体或集体性的焦虑与恐慌。借助视觉媒介的抗争性话语表达，使困顿、无助、愤怒的声音得以公开言说，自身诉求得以被看见，进而赢得舆论关注，迂回地进行利益博弈，推动权利关系的调整，使社会正义得以实现，甚至改变既有的法律法规或社会治理方式。一方面，这种图像话语的公开呈现，具有

1　郑怡雯 . 影像发生法的应用初探：以“弃物展”为例［J］. 文化研究（台），2018（26）.

2　Thompson J B. The Media and Modernity: A Social Theory of the Media［M］. Cambridge: Polity Press,1995:247.

3　马杰伟 . 视觉社运：艾晓明、卜卫对谈［J］. 传播与社会学刊，2009（10）.

4　约翰·罗尔斯 . 政治自由主义（增订版）［M］. 万俊人，译 . 南京：译林出版社，2011：320.

促进社会权利意识觉醒与反思的作用。另一方面，使弱势者的叙述被看见，进而汇聚成为公共表达的实践智慧，对于我们理解图像如何提升行动者的视觉表达能力与行动能力，具有关键意义。

通过研究理路梳理发现，过往的技术赋权与媒介赋权研究，大多从弱势者“求助于外”的视角出发，强调了赋予其“权力”，而忽视了对弱势者本身“能力”的挖掘与激发，导致赋权理论与赋权实践之间出现了一定的脱节。再者，对于媒介平台的侧重会带有较强的技术决定论色彩，在对赋权实践的分析中容易忽视行动者自身的能动性以及如何利用赋权媒介进行多元互动。诚然，随着媒介技术的发展，民众的媒介使用渠道被极大地拓宽，也提高了公共表达、舆论监督和政治参与的践行能力。但是，赋权并非自然而然地发生，信息通信技术的进步并不能简单地与“扭转不对称的权力关系”“赋予弱势群体以权力”等愿景画上等号。至此，需要进一步切换视角，从互动的角度考察赋权过程，避免忽略宽广的社会变迁图景中改变思想、观念甚至政策与法律的其他力量。而图像赋权的出现，既回归到赋权理论对弱势者参与性的强调，从“他助”走向“自助”，又整合并借助了传播技术与平台的力量，以更侧重于视觉内容呈现的方式参与权力竞逐。

二、图像赋权的展演方式与策略：现实案例的综合分析

作为一种信息涵盖度高且介入门槛较低的媒介，视觉图像既不像语言文字那样容易产生信息损耗，也不要求表达者具有一定的文化程度与较强的表达能力。图像从补充、次要、从属的位置逐渐转变为公共事件的主导，凝缩为诸多“表演式抗争”剧目并被使用群体所调用，甚至有力地嵌入某个具体事件的集体记忆。在图像洪水引发能指泛滥的背景下，只有那些经历了激烈竞争与筛选过程，能够抵御注意力稀缺时代弊病的图像方能成功保留并传播。在沉淀为社会集体记忆的过程中，事件中的标志性图像也因此在图像超饱和时代具有了标本与索引意义，借鉴苏珊·桑塔格（Susan Sontag）所陈：“记忆愈来愈变成不是回想一个故事，而是有能力回想一张照片。”[1] 通过回溯近年来的赋权实践，发现弱势群体愈发频密地显示出对图像的偏好，在展示身体伤痕，挖掘并放大图像“刺点”，创造

1　桑塔格．关于他人的痛苦［M］．黄灿然，译．上海：上海译文出版社，2006：82.

网络米姆引发网络狂欢等，通过直指人心的视觉刺激争夺注意力、框塑意义，进而提高事件的影响力，形成自下而上的压力，从而获得或促进法律或政府层面的回应。

（一）展示身体伤痕：悲情叙事，激发情感

图像既是情感表达的重要载体，也是唤起社会情感的主要动力来源。为矫正救济盲区造成的公正落差，在社会竞争中处于劣势的一方，或维权事件中的权利受损方，借助图像的赋权力量，以脆弱、痛苦的身体作为引发社会道义情感的资源，将事件抬升为公共议题，重获表达意见、主张诉求或权利救济的机会。在朱迪斯·巴特勒（Judith Butler）看来，身体的脆弱性是一种"行动主义"，将脆弱的身体暴露于可能的危险中正是反抗的意义所在[1]，不同的悲情叙事策略旨在借助脆弱性形诸画面的直接性与冲击力，为自我赋权，将看不见的伤残，无法言说的污蔑，以及恶劣的生存境况转化为悲情叙事下"看得见的痛苦"，获得了权利救济的机会。作为被观看的对象，或脆弱或痛苦的身体图像逐渐成为抗争性话语生产的政治文本和表达媒介[2]，携带着唤起广泛情感共鸣的力量，是一种勾连着"远处的他者"、法律与社会的特殊媒介。

一般而言，作为权利受损的一方，其社会资源相对较弱，特别当农民工、儿童等弱势群体遭遇权利困境时，往往面临着更大的结构性限制。当正常的纠纷化解渠道受阻，弱势者以极端折磨的受损、自戕、身处险境图像吸引社会关注，引发社会同情，借助痛苦的身体语言而非司法语言表达权利困境，描述苦难，试图打开新的言说空间。至此，法律问题首先被转译为了一个道德问题，痛苦的身体图像是对传统儒家的"礼"文化所强调的"身体发肤，受之父母，不敢毁伤，孝之始也"这一规训的打破。以此道德化的控诉仪式为筹码，使得弱者被侵权的观者思维、"不义"的情感认定被进一步加强，更为重要的是，当观者对比自身的安稳与远处的苦难，强烈的道德感与责任感便被激起，并进一步自问能为远处的苦难做点什么。汉宁·里德（Henning Ritter）恰恰指出，人们会对远方的不幸抱

1 Butler, J. Bodily vulnerability, coalitions, and street politics［J］. Critical Studies, 2014, 37（1）.

2 刘涛．身体抗争：表演式抗争的剧场政治与身体叙事［J］．现代传播（中国传媒大学学报），2017，39（1）：62-67.

有极强的热情与道德感，希望以关注、同情或支援的心态参与事件。[1]

总体而言，使用痛苦、脆弱身体图像作为诉求表达工具的，大多属于拥有着有限谈判能力与谈判资本的弱势群体，与此互为因果的是，他们可资利用的话语资源、社会资源与文化资源也较为贫乏，而脆弱身体图像的赋权能力让他们有机会逃离"纠纷金字塔"的底端。究其本质而言，这一方式是对沉淀在文化记忆中"诉苦"与"陈情"的悲情叙事视觉运用延续，以"可见性"获得媒介近用与传播力，进而赢得矫正权力，甚至纠正法律设计漏洞的契机。

（二）挖掘图像"刺点"：引发围观，启动热点关联

图像在公共事件中的重要赋权机制在于通过图像"刺点"开启舆论的引擎——草根网友通过制造或挖掘某一张图像中不合常理的"刺点"画面吸引社会关注。这类事件中的图像"刺点"既有二元对立、强弱对比，例如建筑工地中钉子户一叶孤舟式的房屋、与卡车相撞后残破的校车，又有腐败细节——官员身上的奢侈穿戴物，包括男性的手表、皮带、香烟与眼镜，女性的皮包、服装、项链与耳环等，例如"天价烟局长"手边的名贵香烟，因在车祸现场的微笑表情引来"围观之祸"的"表哥"杨达才，产生行车纠纷出手打人后反被打掉帽子的"帽子姐"。每一次"刺点"画面的出现都召唤网友手持"显微镜"与"探照灯"对事件进行掘地三尺式"查证"。

赋权实践中的"刺点"，尤其是舆论监督事件中官员的奢侈穿戴物，有着引发围观与启动热点关联的作用。"刺点"意指照片上的场景里像箭一样射出来并射中人的要素，这个要素会搅乱（或减弱或加强）"展面"，刺点常常是个细节，即一件东西的局部。刺点是在观者眼里有很高价值的要素，"作为对文本常规的破坏"[2]，在刺点处意义最为饱满。在图像符号构成中，展面属于组合轴，是表层结构中日常要素的搭配；刺点属于聚合轴，代表着深层结构中独特的局部或文本。

因"刺点"画面引发的舆论监督类公共事件，其路径大多从官员的不当言行开始聚焦舆论，继而转移至"鉴定"其奢侈穿戴物，通过意义饱满的"刺点"挖

1　汉宁·里德.无处安放的同情：关于全球化的道德思想实验［M］.周雨霏，译.广州：广东人民出版社，2020：2.
2　赵毅衡.符号学原理与推演［M］.南京：南京大学出版社，2016：166.

掘官员的腐败细节，进而勾连至贪腐问题。可以说，“刺点”具有拔出萝卜带出泥的“反腐功效”，在公权力面前原本相对弱势的草根网民借助图像赋权，践行监督权。2012 年“微笑局长”事件中，陕西省安监局局长杨达才在特大交通事故新闻画面中不合时宜的微笑成为图像中一个意义丰富的“刺点”，搅乱了整个“展面”。在 36 人遇难的事发现场，而在照片的居中位置，杨达才却面带微笑，神色轻松地与工作人员交谈，其微笑的表情作为一个独特的局部，直接击中社会痛点。这张照片凭借这一击中人心、“带来明显慌乱”的“刺点”迅速进行广泛的舆论聚焦。围观网友通过“研究”“微笑局长”前期出席活动所拍摄的新闻图片，发现其拥有多块名表，总价值超过二十万元，“微笑局长”的称号随即被“更名”为极具讽刺意味的“大表哥”。与此类似的还有周久耕事件，因发表“查处低于成本价卖房的开发商”不当言论，引发舆论关注后，网友搜索其过往新闻图片，发现其抽天价烟，戴名表，乘坐名车，被网友调侃为“天价烟局长”。

引发网友接力式“奢侈品鉴定”行动的，既有“在场”的奢侈品，还有“不在场”或者属于“缺场化在场”（the presence of an absence）的奢侈品。2013 年 4 月雅安地震后，芦山县委书记陪总理察看灾情，为了避免“不必要的麻烦”，县委书记摘掉了手表，但却被左手手腕上白色的印痕“出卖”，这一“刺点”画面仍然没能逃过网友的火眼金睛，“无表哥”的称号随之横空出世，与“表哥”遥相呼应。网友转而挖掘“无表哥”过往的新闻图片，发现其佩戴的是一款价值超过二十万元的昂贵名表。在镜头对准前及时摘表，却因长期戴表留下的印痕以一种“缺场化在场”的形式引发观者遐想。

2015 年 12 月，成都地区持续雾霾天气，一张“雾霾熊猫”图片（图 6.1）——戴着口罩的大熊猫——被上传到网络空间，使用百度“识图”工具进行搜索显示，“雾霾熊猫”图片被搜狐等商业网站、微信公众号用作新闻配图，受雾霾之苦的网友也将其作为微博、微信等社交媒体的头像。2016 年冬季，随着雾霾天气的到来，“雾霾熊猫”图片重新在网络上传播。

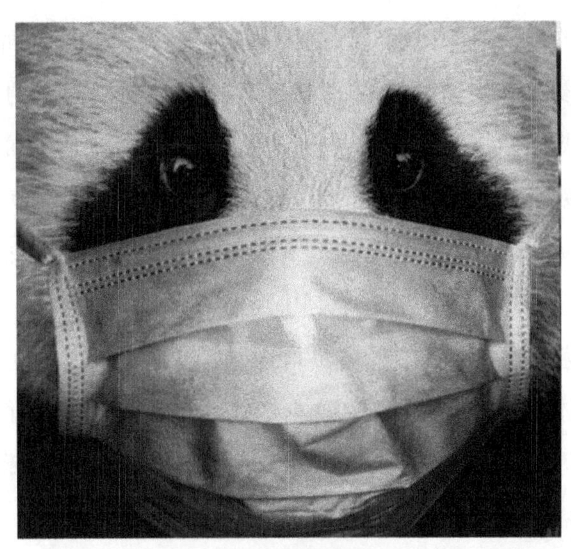

图 6.1　“雾霾熊猫”图片[1]
来源：搜狐网

在图像的直观视觉讯息层面，“雾霾熊猫”图片的“展面”显而易见并且单一：一头戴着口罩的大熊猫的头部特写。通常大熊猫是以整个身体轮廓出现在视觉叙事系统，以表现一种憨态可掬的可爱模样，而“雾霾熊猫”图片只展示了头部特写。视觉艺术认知研究显示，人们对于眼部和嘴部注视的时间超过身体的其他任何部位[2]，意在加重凝视者对大熊猫黑色眼睛与白色口罩的观看，与此同时，色彩具有情绪意义[3]，黑白两色展示出凝重、绝望、哀伤等负性情感。在图像的内涵讯息层面，占据画面二分之一大小的口罩成为图像中一个意义丰富的“刺点”，搅乱了整个“展面”，口罩代表着疾病、痛苦与折磨，戴口罩的主体通常是生病或者为了抵御污染空气的人，当大熊猫——这一成都的城市名片与中国的国宝——戴着口罩的照片进入网络空间视觉表征体系，作为一个独特的局部，图片凭借口罩这一击中人心、“带来明显慌乱”的“刺点”迅速进行广泛的情感动员，使图像对空气污染的控诉清晰而有力。

作为视觉表征符号，大熊猫代表着脆弱、纯洁、易受伤害、珍稀动物等等，因其长期以来处于“濒危物种”的生存状态而受到重点保护。当脆弱的珍稀动物

1　搜狐网 . 雾霾袭来，成都人都戴起了口罩，那熊猫呢？［EB/OL］.（2015-12-31）［2022-06-22］.

2　Robert L. Solso. Cognition and the Visual Arts［M］. Cambridge, MA: MIT Press, 1994: 136-137.

3　韩丛耀 . 图像传播学［M］. 台北：台湾威仕曼文化事业股份有限公司，2005：346.

与带有疾病隐喻的口罩一同出现时，这种突兀异常的并置使画面结构出现反常，图像深层结构的聚合操作拓宽，随即激发起观者以同情为主的一系列情感，诸如怜悯、共情、悲伤。作为凝视的对象，痛苦的身体逐渐成为抗争性话语生产的政治文本和表达媒介[1]，拥有强大的情感动员力量。医学人类学家亚瑟·克莱曼（Arthur Kleinman）提出“社会痛苦”（social suffering）的概念，并强调了受苦的人际关系基础，即痛苦是一种社会经历。[2]对于凝视的主体，苏珊·桑塔格认为，“痛苦的图像有着悠久的历史”，与此同时，“人们对身体受苦的图像的胃口，似乎不亚于对裸体图像的欲求”[3]。克拉克（Candack Clark）定义了同情（sympathy）的基本含义：“为他人感到悲伤和怜悯。”并指出，同情是人际关系中的一种关键情感，是人类社会的基础。[4]

陈卫星认为，影像传播能够以非强制性的方式操纵着受众的无意识，利用“地域接近”“利害接近”“感情接近”的传播冲击力形成社会心理的感染链条，受众的意识抵抗和幻觉效应纠缠在一起，成为受众意识形态影像化的塑造对象。[5]“雾霾熊猫”图片中的刺点则结合了上述三种“接近”。图像一方面展示了“在场”的身体受苦的大熊猫，濒危动物的痛苦能直击社会痛点，迅速激起观者的集体情感共鸣，另一方面通过“缺场化在场”的形式，使凝视者将熊猫的身体之苦这一“浮动的能指”勾连至空气污染之苦，获得媒体关注，引发病毒式传播，延长事件关注度，甚至逐渐沉淀为集体记忆。

（三）制造网络米姆：引发二次创作与网络狂欢

图像作为个体表达手段出现时，倾向于展示身体的脆弱与痛苦，挖掘图像“刺点”以获得舆论的支持或围观，而作为集体叙述工具时，则旨在通过统一图像或同一主题图像的不断重复与二次创作制造视觉爆炸，形成视觉压迫，引发网络狂欢。伴随网络社会而来的，是亨利·詹金斯（Henry Jenkins）所言的数字时代的

1 刘涛．身体抗争：表演式抗争的剧场政治与身体叙事［J］．现代传播（中国传媒大学学报），2017，39（1）：62-67.

2 Arthur Kleinman, Veena Das, Margaret Lock，eds. Social suffering［M］.Berkeley：University of California Press, 1997:1063-1064.

3 苏珊·桑塔格．关于他人的痛苦［M］．黄灿然，译．上海：上海译文出版社，2006：36.

4 乔纳森·特纳，简·斯戴兹．情感社会学［M］．孙俊才，文军，译．上海：上海人民出版社，2007：47.

5 陈卫星．影像的边界［J］．新闻与传播研究，2007（1）：25-26.

“参与式文化”（participatory culture）[1]，在网民不断传播与复制，进行参与式创作的过程中，网络空间中产生了诸多数字化的行动方式。参与式传播的可能与草根网民的自我赋权机制相契合，其中图文结合的表情包——网络米姆（internet meme）成为网络空间赋权实践的重要工具与手段。早期研究大多将米姆放置于流行文化（如流行歌曲、动物图片）范围内进行讨论，随着数字时代的发展与网络米姆应用的广泛，研究者开始从社会与政治视角切入，视其为网络时代政治参与的典型形式，使用者借不断产制与传播的网络米姆表达意见与情感，参与公共事件讨论。网络空间中，所有参与者与观看者都不能逃脱这场图像政治与视觉交锋，整齐划一的表情包的在场既是权力在场的象征，也是参与者自我身份政治的展演。

具体到赋权实践中图像的运行机制而言，当出现社会不公现象时，网民通过参与式创造并大量传播某类网络米姆，形成一种视觉“反权力”，进而塑造、强化并放大舆论，扭转不平等的权力格局，甚至引发社会治理方式或法律法规的改变。作为“反权力”的网络米姆是一种新型的图像赋权“武器”，在弱者政治的维度上，网络米姆既有“弱者的武器”所携带的社会心理——不满与抵抗，又带有“弱者的艺术”之意味——颠覆权威、解构与对抗权力的同时，在视觉表达上包裹着狡黠的揶揄与批判。

2015 年，面对持续的雾霾天气，由环保组织发起的“我为祖国测空气”活动引发了舆论关注。达尔问自然求知社通过公开募集资金购买便携式空气质量检测仪，招募志愿者进行测试，让检测仪在全国“漂流传递”，鼓励参与者使用便携式检测仪器测量所在城市空气 PM2.5 实时浓度，并拍照发布至微博。这一活动一方面旨在通过自测形式对公众进行环保教育以达到知识赋权的目的，另一方面旨在刺激作为知情权的义务主体——国家环保部门，增加污染物监测项目，特别是 PM2.5 数据，以客观、全面反映空气质量状况，表达民众对官方“蓝天数据”“空气污染指数分级”的质疑与“被蓝天”的嘲讽。随着自测活动在民间如火如荼地进行，官方态度由缄默、被动向主动回应转变，“我为祖国测空气”民意表达所要求的环境信息公开基本得到了满足，PM2.5 浓度指标于 2012 年被纳入新版《环

1　Jenkins H. Convergence Culture: Where Old and New Media Collide［M］. New York: New York University Press,2006.

境空气质量标准》。

在活动中，网民并未停止脚步，而是越出了环保组织的议题范畴，进一步制造图像事件，作为监测与治理阶段的旁证，以推动雾霾治理力度的提效。其中尤为重要的是制造“手绘消失的地标”网络米姆——网友们纷纷上传各自所在城市被雾霾“吞没”的地标图片，开始了运用PS软件进行手动“找地标”的接龙活动，“热心”地将地标的轮廓勾勒出来。同类网络米姆被大量上传至微信、微博等社交平台与互联网论坛，引来各大网站转载，面对雾霾天气，至今仍有网友继续通过参与这类图像事件推广议题，促进空气污染与空气质量信息的大范围传播，加速公众对空气污染感知，意识到雾霾对健康的影响。“手绘消失的地标”背后并没有明显的组织化资源，却在不同地域、不同年份、跨越网络与现实两个空间进行，并延续至今。

此类自发式、非组织化地参与创作与传播网络米姆的行为，体现出柯林斯所说的“团结感的符号化”，指向这些符号的仪式，以及共同参与创造的文化资源等增加了共享符号和团结的意义感。[1]与此同时，对于“反权力”式的图像传播，若停留于既往的戏谑消遣、情绪发泄显得解释力不足，在弱者政治的意义上，以上诸种行为实则是一种隐性的怨恨表达方式。因此，不能将其归咎于毫无节制的大众娱乐狂欢，而应被视为某一时期社会心理的真实呈现，民众通过讽刺挖苦表达对不务实的官本位现象、环境污染及治理力度的不满，并借助这种参与式制图与命名获得抵抗的快乐。

三、图像赋权的实现路径及反思

图像在实践中承担着生产概念、阐释缘由、塑造舆论的传播重任。弱势群体围绕“可见性”争夺公共话语空间与话语资源，使得原本为主流媒体忽视之处或法律沉默之处得以点亮，图像赋权兼具由内向外与自下向上，自助与自主型赋权模式，以一种赋予权力、挖掘能力以维护、争取合法权益的路径展开。然而，图像赋权在介入现实的过程中，由于对注意力的过度渴求与示范模仿效应，造成了一定程度的视觉喧嚣与能指膨胀，需要从社会治理的角度考量其保障与规制。

首先，宽容审视图像赋权存在的社会文化基础，并将之纳入社会的动态平衡

1　乔纳森·特纳，简·斯戴兹．情感社会学［M］．孙俊才，文军，译．上海：上海人民出版社，2007：77.

中为善治做出努力。尽管赋权实践中的内容呈现、展演方式与表达平台各有殊异，但最终都指向了社会生活中亟待回应的既存问题，如拓宽诉求表达渠道、监督公权力、更为充分的知情、增进社会福祉、追求群体认同，进行法律动员或舆论动员等等。由是观之，赋权实践镶嵌在当下复杂的社会结构之中，在势群体通过图像获得意识觉醒与潜能激发的同时，若未辅以社会条件的相应调整，改变弱势群体的社会处境，难免窄化图像赋权的作用空间，对弱势群体图像表达的宽容尺度，考验着国家的治理能力，以及一个成熟社会的活力。由赋权实践牵引出对既有法律体系的粗疏之处、法制有待完备之处、执法有待提效之处、社会治理的失当之处以及监管失灵之处等问题的讨论与反思，将使整个社会获益。与此同时，需要结合政府层面由外向内与自上而下的支持、保护，凝聚社会共识，弥合撕裂与纷争的舆论场，强化社会韧性，达致社会的善治。

其次，重新审视图像之情感动员与制度之理性设计间的张力。图像的赋权力量来源之一在于其对社会情感、集体情绪的唤醒与动员，作用机制表现为借助视觉劝服力量唤醒民众朴素的社会正义观，而制度强调实体正义与程序正义的有机统一。至此，原本强调稳定、理性与克制的法律，与诉诸唤醒丰沛情感的图像，在社会治理的维度上被有机勾连在一起。这提示我们从具体、生动的个案中厘清一个问题，为何弱势的个体或群体选择通过接近媒介而迂回地接近司法，而不是直接诉诸公力救济，这需要深入到个案中查看到底是当事人缺乏法律知识所致，还是因公平正义理念的追求与寻求制度救济的艰难实践相遇，即法律救济渠道门槛高企所致。因此，重要的不是情感与理性孰轻孰重，而是正视赋权实践中图像的情感力量。情感与理性并非两个相互排斥的概念，在赋权实践以及由此引发的舆论中，情感的释放既可以作为社会的减压阀，又可以被视为一种可资利用的社会资源或叙事策略召唤正义。相反，随着戏谑、无奈、悲伤、愤怒等负面情绪的逐步唤醒，若未能看到激荡的社会情绪背后是对社会制度的需求，未能在制度化层面产生良性互动并辅以理性的应对策略，而让情感淹没反思，将会在很大程度上增加冲突的可能性，转移法律问题的定性，这也是图像赋权研究所需警惕的问题所在。

第三，规范图像作为赋权器的边界条件，警惕走向异化或残酷行为。诚然，底层情绪与困境借助图像赋权得以彰显，但在实践中难免因对注意力与可见性的过度渴求而走向异化（抗争表演）或残酷行为（自残、自损、自戕）。在社会治理的维度上，需要秉持既不压抑作为基本权利的表达自由，又有效保障社会公共秩序的主旨。要在自由与秩序之间找到平衡，落实到操作层面，就图像表达的内容而言，需要审慎对待具有特殊意义的象征性视觉符号，如国旗、国徽等，不得滥用表达自由损害国家的主权与尊严；就图像表达的场所与方式而言，若旨在策略性地制造图像，如借助表演式抗争以争取权利，那么在“制造图像”的同时，需要考量这种行为的实施是否对他人的合法自由与权利，以及社会公共秩序造成影响；就实践中出现的能指狂欢而言，既不能因忽视图像喧嚣背后不容小觑的政治参与势能，而导致错过对其进行制度吸纳的探讨，又不能放任图像符号泛滥而带来社会风险的放大化，从而导致赋权手段与目的间的本末倒置。[1]

第四节　米姆式动员：集体行动的新逻辑

随着视觉传播时代的到来，越来越多的图像符号被作为新型介质出现在媒介动员之中，以戏谑、讽刺的图文米姆作为表意工具的视觉符号尤为凸显，如2016年初发生的“帝吧出征 Facebook”事件却呈现出另一番景象：它的动员过程虽有激烈的情感表达和宣泄，但却通过米姆式传播来加以软化，且用严密的纪律来实现情感控制和情感管理。尤为重要的是，此次运动所使用的米姆，既由组织统一提供和规模化生产，又经网民的个性化创造，融入了大量的政治、文化和社会热点元素，一定程度上实现了意义建构、价值传递、教育训诫以及情感交流的目的。

基于此，本节尝试以“帝吧出征 Facebook”事件为例，从静态和动态两个维度，剖析此事件的米姆式传播与共意动员的策略与效果，尝试为网络民族主义运动的动员模式提供一种新的分析框架。

1　原文发表于《郑州大学学报》（哲学社会科学版）2020 第 4 期，收录至本书时有删改。

一、米姆：一种新的政治参与和动员方式

米姆（meme），又被译为模因、谜因、觅母、谜米等，源自希腊语“mimema”，意指被模仿的东西。1976年，英国生物学家道金斯（Dawkins）出版的《自私的基因》一书，把“mimema”简化为“meme”，正式提出了米姆的概念。他把米姆定义为文化传播的小单位，米姆的传播过程其实就是语言、观念、信仰、行为方式等的传递过程。[1]布莱克摩尔在其《米姆机器》（*The Meme Machine*）一书中从“米姆”的角度来审视文化的传播与进化，总结了米姆传播的文化模仿与自主创造特征。[2]

此后，越来越多的学者将研究目光投向网络米姆的文化内涵，尝试把米姆看作“理解当代数字文化的棱镜”。兰克希尔与诺伯尔把米姆看作是“能被人迅速理解并传播开来的以书面文字、图像、语言流动或其他文化单位形式出现的理念”[3]。米姆并不是文化单位的简单复制，而是加工、创造并赋予意义的过程，与病毒式传播相比，米姆式传播更多地体现了用户主动性、创造性和参与性，病毒是仅以大量复制来传播的单独文化单位（比如一段视频、一张图片），但米姆通常包括一系列的文本素材。[4]卡雷把病毒传播与米姆传播的区别概括为“作为传输的交际和作为仪式的交际”[5]，指出仪式传播的功能不是复制信息，而是建构和体现某种共有的信念，强调了人们对价值观、象征符号和文化敏感的共享，在此过程中，身份认同、归属感、价值共识在不断建立和强化。可见，米姆是情感沟通和情感表达的重要形式，包含着使用者的选择倾向与意义赋予，也是社会心态的投射。

也有学者把米姆的功能从文化领域扩散到社会和政治领域。米尔纳认为米姆是一种新型的政治参与方式。[6]士弗曼（Shifman）认为米姆“对构建普适的价值观具有重要作用”，它在政治参与方面的运用体现为三个方面：作为政治宣传和政治游说的方式、作为草根运动和社会抗争的武器、作为表达意见和政治讨论的

1　里查德·道金斯．自私的基因［M］．卢允中，等译．长春：吉林人民出版社，2006.

2　Blackmore, S. The meme machine［M］.Oxford［England］; NewYork: Oxford University Press, 1999.

3　Lankshear, C., & Knobel, M.（eds.）.A newliteracies sampler［M］.New York: Peter Lang, 2007.

4　利莫·士弗曼．米姆［M］．余渭深，王旭，伍怡然，等译．重庆：重庆大学出版社 2016：58.

5　Carey, J.W. Communication as culture: Essays on media and society［M］. Boston, MA: Hyman,1989.

6　Milner, R. The world made meme: discourse and identity in participatory media［D］. Doctoral dissertation, University of Kansas,2012.

模式。[1]詹金斯认为“米姆的可操作性正是来自数字技术与参与文化”[2]。伦奇勒与思里夫特以“满载女性的活页夹”（binders full of women）米姆为个案，认为女权主义米姆提高了网络空间中的社会政治意识与社区建立的速度。[3]麦娜提出了“社会改变类米姆”（social change memes）的概念，认为该米姆是政治传播和社会批判的媒介。[4]

互联网极大地促进了米姆的研究，士弗曼把网络米姆定义为“一组具有共同特点的内容、形式或立场的数字项目，这些数字项目在创造时被所有人所知，诸多用户通过网络对这些数字项目进行了传播、模仿和转化”[5]。随着视觉传播时代的来临，米姆的情感动员功能开始受到学者重视，尤其是在社会运动中，米姆被认为可以凝聚共识，统一行动，并赋予其意义。布莱尔认为图像符号的劝服力量会逐渐取代更为抽象的语言文字符号。[6]迪卢卡研究了环境激进主义组织如何通过图像来促进话语传播时指出“图像具有超越文字的社会动员力量”[7]。邱林川认为视觉图像逐渐成为中国网络民族主义与网络青年政治的中心,并提出了“图像驱动的民族主义”（image-driven nationalism）的概念[8]。

比较而言，国内有关米姆的研究还处于起步阶段，研究议题主要还集中在米姆的概念引进、特性及语言学运用方面。[9]有部分研究者开始关注米姆与网络语言、网络流行语，以及社会心理的关系。

然而，把米姆与政治参与、社会运动结合起来的研究并不多见。有学者关注了符号抗争和图像传播，但并没有直接使用米姆作为分析工具。如雷蔚真、王珑

1 Carey, J.W. Communication as culture: Essays on media and society［M］. Boston, MA: Hyman, 1989: 127-129.

2 Jenkins, H.Convergence culture: where oldandnewmedia collide［M］.NewYork: New York University Press,2006.

3 Rentschler, C.A., & Thrift, S. C. Doing feminism in the network: networked laughter and the ‘binders full of women' meme［J］. Feminist Theory, 2015,16（3）:329-359.

4 Mina, A. X. Batman, pandaman and the blind man: a case study in social change memes and intemnet censorship in China［J］. Joumalof VisualCulture, 2014,13（3）, 359-375.

5 利莫·士弗曼 . 米姆［M］. 余渭深，王旭，伍怡然，等，译 . 重庆：重庆大学出版社 2016:42.

6 Blair, J. A. The thetoric of visual arguments［M］// C.A. Hill & M. Helm rhetoric. Mahwah, NJ.:Lawrence Erlbaum,2004:41-62.

7 DeLuca. K. M. Imagepolitics: thenewrhetoric ofenvironmentalactivism［M］. New York: The Guilford Press,1999:45.

8 Qiu,J. L. Go baobao! image-driven nationalism, generation post-1980s, and mainland students in Hong Kong［J］. Positions: EastAsia Cultures Critique, 2015,23（1）:145-165.

9 吴燕琼 . 国内近五年来模因论研究述评［J］. 福州大学学报（哲学社会科学版），2009，23（3）：81-84.

锟通过研究通俗文化中的“微观抗争”，指出这种抗争方式融合了文字、音乐和视觉等多种符号形式，形成了目前中国通俗文化中的重要特征。刘涛借助符号矩阵（semiotic matrix）所揭示的语义结构分析表演式抗争，指出表演式抗争本质上是一种“图像事件”（image events），而底层抗争的符号学本质则体现为视觉抗争（visual resistance）。[1] 王贺新[2]、石义彬和吴鼎铭[3] 均指出影像话语已经成为维权抗争表演的一个固定剧目。

二、“帝吧出征”事件中米姆的生产、隐喻与共意的形成

“帝吧”也称D吧、D8，是百度贴吧中李毅（足球运动员）吧的简称，成立于2004年，注册用户超过2000万，有“百度卢浮宫”之称，在十多年的发展中，由一个足球明星贴吧逐渐发展成为网络亚文化的一大策源地，“帝吧出征，寸草不生”是其最响亮的口号。此次事件的导因是大陆男星林更新在微博上调侃周子瑜道歉视频“来不及背稿”，引发台湾网民集体围攻林更新的Facebook。

2016年1月20日晚7点，由帝吧组织的“出征者”集体“翻墙”涌入三立新闻、苹果日报、自由时报等台湾媒体以及何韵诗等人的Facebook，最后以三立新闻、苹果日报等删博告终。与过去暴力色彩浓厚的民族主义行为相比，此次事件主要采用了米姆式传播策略，制造出极具视觉冲击的刷屏效应，产生了不同的效果。

（一）米姆的形式、内容及结构要素

米姆由特定的形式、内容、结构组合而成。“帝吧出征”事件中所生产的米姆多是“图片＋文字”组合而成的表情包以及纯文字两种类型。在内容方面，主要融入政治和流行文化要素，形成了政治米姆和文化米姆。在视觉时代，这种融入了文字、流行元素图片的传播方式无疑更具有传播力，“图片搭配有助于话语的视觉形象结构，简洁口号有利于视觉形象理解与认知、借用大众熟悉的明星形象、明星表情与卡通漫画形象，经过再加工创造，具有原型叙事的意义”[4]。

1　刘涛．视觉抗争：表演式抗争的剧目结构与符号矩阵［J］．西北师大学报（社会科学版），2016，53（4）：5-15.

2　王贺新．影像抗争——对“宜黄强拆事件”的个案研究［J］．国际新闻界，2011，33（6）：28-34，40.

3　石义彬，吴鼎铭．影像话语的抗争——以公民社会理论为视角［J］．武汉大学学报（人文科学版），2013，66（4）：109-113.

4　汤景泰．网络社群的政治参与与集体行动——以FB“表情包大战”为例［J］．新闻大学，2016（3）：96-101，151.

米姆是一种新型参与方式，可为不同声音的表达提供大量空间，使不同的意见和认识得以交换协商。此次事件生产的米姆多从富有年代感和中国特色的政治宣传画中撷取素材，例如，“别惹我，我有一百种让你和我一起站在爱国主义统一战线上的方式”“如果说我们还有丝毫的联系，可能我们都是社会主义的接班人”“我住长江头，君住长江尾，日日思君不见君，共建社会主义新农村”。“帝吧出征者”们还使用了“八荣八耻”及其英文版作为刷屏“武器”。至于为何选择“八荣八耻”，一位受访者解释道：“这是出征 QQ 群内管理员商量的结果，八荣八耻第一句就是‘以热爱祖国为荣，以危害祖国为耻’，浅显直白，就是为了告诉‘台独’分子，中国是统一的，不允许任何人搞分裂。”

米姆还有情感交流、训诫教育的功能。士弗曼认为米姆如果融入了流行文化元素，会更具幽默感和娱乐性，更容易受到追捧。[1] 此次米姆生产所调动的文化资源有：期盼回归的诗歌，如诗人余光中的《乡愁》，闻一多的《七子之歌・台湾》；历史科普，介绍台湾在各个历史朝代名称的变化；感人话语，如“湾湾，要过年了，你们愿意回家，和我们一起吃年夜饭吗？”“你还闹，哥哥对你的爱就没有变过”。除了文字外，此次事件还使用了大量的流行元素表情包，其范围从当红的明星到电视剧、漫画中的热点人物，如黄子韬、尔康、熊本熊、天线宝宝、张学友、金馆长等。其中，艺人黄子韬被称为本次“表情包大战”中“最大的赢家”“表情包上将”和“民族英雄”，因其“我不会轻易狗带（go die）”系列夸张表情迅速蹿红网络。概括而言，“帝吧出征 Facebook”事件中，大多使用的是“图像 + 文字”这一形式的米姆，主要分为三大类。（表 6.4）

表 6.4 “帝吧出征 Facebook 事件”的米姆形式、内容与结构要素

	图像	文字
第一类	明星的夸张剧照、演出照或动漫图片（例如黄子韬、尔康、张学友、熊本熊、金馆长等）	网络流行语、戏谑话语，例如：“尔康不介意奉陪到底”“我不会轻易地狗带（go die）”“恕我直言，你们人口还没有我表情包多”“我上去就是一本道德经”

1 利莫・士弗曼 . 米姆［M］. 余渭深，王旭，伍怡然，等译 . 重庆：重庆大学出版社，2016：54.

续表

	图像	文字
第二类	富有年代感与大陆特色的政治宣传画	政治宣传口号、网络流行语，例如“如果说我们还有丝毫的联系，那大概就是我们都是社会主义的接班人吧”“我不单指美帝，我指的是在座的各位都是辣鸡”“别惹我，我有一百种让你和我一起站在爱国主义统一战线上的方式”
第三类	大陆的美食照、美景照	友好的邀请文字、戏谑话语，例如“请你吃烧烤 / 口味虾 / 桥米线”“祖国那么多好吃的，你们真的不回来吗？”“吃不起茶叶蛋的上海 / 宁波 / 成都 / 武汉”

（二）米姆的类型及隐喻

米姆具有意义建构的功能，正如梅鲁奇所言，“信息社会，意义的生产和争夺似已成为当代社会冲突的中心”[1]。此次事件中，参与双方对表情包的争夺某种意义上也是话语权的争夺。“出征”所使用的米姆是以“图像 + 文字”的形式组合在一起的表情包，组合成“视觉类符码”（visualcodes）+“语言类符码”（verbal codes），其中“视觉类符码”——图片侧重于戏谑调侃，“语言类符码”——文字侧重于隐喻说理、表达观点。通过撷取表情包中的大量语料作微观考察，发现“语言类符码”主要涉及教育与训诫、嘲讽与反讽、攻击与威胁三类。

教育与训诫。此类米姆在叙事中突出了作为“父亲”“兄长”“师长”居高临下的权威性。有米姆介绍了各个朝代台湾名称的变化，“三国时期……夷州（台湾）；隋朝……琉球（台湾）；元朝……澎湖；清政府……台湾府”，指出台湾自古以来就是中国的领土。还有米姆体现了自高而下的训诫式话语风格，如“弟弟，别上了妖精的当”；“你给我滚，就当我没你这个儿子”；“连自己爸爸都忘了是谁，真 TM 不要脸”；“整天在外面给你爸我丢人现眼，爸爸对你很失望”；“中国爸爸看台湾儿子专用表情”；“谁允许你这么跟朕说话”。这种“哥哥与弟弟”“父亲与儿子”“君王与臣子”的话语背后隐含着对中央与地方、整体与部分关系的重申。

1　Melucci, A. A strange kind of newness: what’s “new” in new social movements［M］// E. Laraia, H. Johnston &J.R. Gusfield （eds.）.New social movements: from ideology to identity. Philadelphia: Temple University Press,1994:109-110.

嘲讽与反讽。此类米姆主要表现为以嘲讽的方式进行攻击或还击，例如，以艺人黄子韬表情包的数量对比台湾地区人口："恕我直言，你们的人口，还没有我的表情包多"。面对"台独"力量自称为"台湾人（Taiwanese）"，"出征者"将自己的态度与看法通过"编码"表达出来："你好，台湾人 Hi，Taiwanese；我是浙江人 I'm Zhejiangnese"；针对台湾某综艺节目一教授称大陆同胞"消费不起茶叶蛋"，"帝吧出征者"将各自所在城市的夜景配上文字："吃不起茶叶蛋的上海 / 宁波 / 成都 / 武汉"，这种具有反讽意味的造词、造句，通过刷屏的方式形成了强大的气势。

攻击与威胁。此类米姆主要是针对此次出征的对象——"台独"力量，构建一种战斗话语，例如将出征口号定为"帝吧出征，寸草不生"，表情包中的文字"老子一粪瓢扣死你""一包抡死你""用不用给你脑子浇浇水""信不信我掐死你""信不信我 neng 死你""有本事打我啊"。一方面，"出征""扣死""抡死""浇水""掐死"等带有人身攻击色彩的词语表达了对"台独"力量的愤怒以及"重挫台独分子嚣张气焰"的决心；另一方面，以图文结合的表情包作为呈现形式，一定程度上软化了文字的杀伐气息。

（三）米姆的组织化生产及资源动员过程

共意性社会运动的成败不仅仅取决于情感动员和意义构建，还取决于能否调动社会的各类资源，建立起高效的组织。社会运动的资源主要有道义资源、文化资源、社会组织资源、人力资源、物质资源五类。[1] 作为此次行动的组织者和领导者——帝吧，由于在过去成功策划过多起大规模的出征事件，已经形成了层级制和职能制两相结合的吧务团队，以及相当高效的网络动员方式。[2] 此次事件的组织动员方式主要体现在以下几个方面：

1.人力动员

联合多个网络平台，如豆瓣、天涯贴吧、AcFun 弹幕视频网（A 站）、bilibili 弹幕视频站（B 站）等，通过在线招募的方式吸收了大量的参与者，并按照不同

1 Edwards, B., & McCarthy,J. Resources and social movements mobilization［M］.In D.A. Snow,S.A,2004:125-128.

2 陈子丰，林品．从"帝吧出征"事件看网络粉丝社群的政治表达［J］. 文化纵横，2016（3）：86-92.

的需求把人员分在不同的群里，参与不同的分工。在深度访谈过程中，受访者表示，他们有的从“帝吧”上获知出征信息，有的在新浪微博上看到博文，“近日由于TD在fb上嚣张横行，帝吧决定出战fb！现招出战将士欢迎加入帝吧，有强大表情包者，文采出众者，会PS软件者，有一颗打倒TD心者皆可加入！”所加入的QQ群很快达到人数上限。也有受访者表示，“每个QQ都群爆满，四处奔走（希望加群）都进不去，只能在斗鱼、B站、微博上‘围观’”。

2. 组织动员

社会运动中的组织在联结社会群体、动员参与者、传播信息等方面有着重要的影响。[1] 与过去的类似活动中参与人员较为零散的状况相比，此次“出征”进行了广泛的组织动员，有着严密的分工。“出征者”主要通过QQ群进行信息传播与沟通，QQ群中管理员制定了严明的纪律、细致的分工与导向性规定以规范出征行为。出征队伍分为两个QQ总群和一个“前线部队”，其中总群又分为六路纵队，每路纵队责任明晰。（图6.2、表6.5）

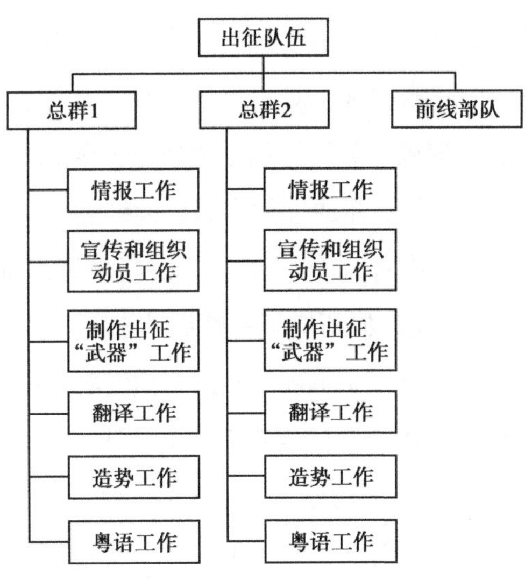

图6.2　“帝吧出征Facebook”组织架构

1　McCarthy,J.D., & Zald, M. N. The trend ofsocialmovements in America:professionalization and resource mobilization[M]. Morristown, NJ.: General Leaming Press,1973.

表 6.5 “帝吧出征 Facebook”每路纵队分工

	分工	具体内容
1	情报工作	收集“台独”的言论和图片
2	宣传和动员工作	在各大社交网站、贴吧、小组发帖招募人马
3	制作出征“武器”工作	制作反“台独”的图片、表情包等
4	翻译工作	由留学海外的学生组成翻译团队，负责将文字材料翻译成英文、日文、韩文、德文、法文和文言文等，以扩大影响力
5	造势工作	为“我方出征部队”点赞、顶贴、评论，识别并举报“台独”力量的 Facebook 主页，为征战部队引路
6	粤语工作	进行粤语的翻译

3. 技术动员

网络民族主义运动面临着较高的技术、文化壁垒，因此，需要专业人员翻译文字材料，制作出征“武器”——表情包。此次事件的技术动员轨迹是：一方面，第三路纵队负责出征“武器”——表情包的制作，这个 QQ 群中不会制图技术的成员负责挑选表情包的图片素材和反对“台独”力量的文字，会制图技术的成员负责将图片与文字合成表情包，最后打包上传到 QQ 群相册供使用。制作的表情包有黄子韬、张学友、金馆长、尔康、熊本熊、天线宝宝、社会主义、美食、美景等，文字包括翻译成多国语言的《乡愁》、反台独声明、周子瑜事件的详细说明等。另一方面，“出征”QQ 群新增了一路纵队进行“技术工作”，主要职责包括分享“翻墙”软件，提供 Facebook 账号，并核实外来链接的安全性。一位参与访谈的受访者在谈及“出征”的组织架构时指出，“出征期间，QQ 群、微博和微信都有网友进行翻墙技术指导，分享 VPN 代理器，并通过社交媒体扩散这些技术贴”。另一位受访者则表示：“我当初也想加入‘远征’大军，但‘出征’人数不断增多，很多‘翻墙’软件都被封了，我没能‘翻’出去。”

经过人力动员、组织动员与技术动员后，此次事件在米姆的生产与传播方式，行动过程中攻击目标、攻击方式、攻击口号、攻击战场、攻击纪律等方面达成了基本的共意，同时，“帝吧”成员大多同时活跃于其他贴吧，在不同社群中充当了群际节点的功能，这种共同的组织动员和群体表意方式，也影响了其他社区的

参与和介入，产生联结效果，扩大了共意范围。（表 6.6）

表 6.6　“帝吧出征 Facebook”共意的形成

素材	表情包、《乡愁》、《七子之歌，台湾》、《歌唱祖国》、八荣八耻、社会主义核心价值观、毛主席语录、反台独声明等
时间	2016 年 1 月 20 日晚 7:00
口号	“帝吧出征，寸草不生”
头像	黑色背景上一幅白色的中国地图，上方用中英双语写着：“TWAIWAN BELONGS TO MY COUNTRY 台湾属于我国”“Taiwan is an inalienable part of China 台湾是中国不可分割的一部分”
战场	《苹果日报》、三立新闻等
纪律	1. 不说脏话；2. 不发侮辱性图片、领导人图片、色情图片；3. 只反“台独”分子；4. 一切行动听从指挥

三、米姆传播的策略调整与劝说性沟通的形成

共意动员本质上是一种劝说性沟通实践，克兰德尔曼斯（Klandermans，1988：93-94）把社会运动的动员分为“共意动员”（consensus movement）与“行动动员”（action movement）：前者被定义为一个社会行动者有意识地在一个总体人群的某个亚群体中创造共意的努力；后者是指激活那些支持该运动立场和观点的人，即具体的行动目标和行动方法的合法化。此次事件在行动的初期，面临着对方“反米姆”的还击，“帝吧出征者”采用了盖章加注、“强势米姆”刷屏、直播借势造势等方式进行回应；在行动的后期，出现了议题转化和“交际导向型米姆”的刷屏，实现了情感的暖化。

（一）“反米姆”与“盖章加注”

米姆有“米姆”与“反米姆”之分，“反米姆”是为了抵制被某一群体创造出来的米姆而创造出来的，具有传播颠覆性。[1] 此次帝吧出征的过程中，可以清晰发现米姆与反米姆的博弈。比如“帝吧出征者”使用的教育与训诫类表情包以“前现代话语”体现父权和霸权时，对方则以民主、法治、自由等“现代话语”作为回应，并利用模仿、借鉴、直接盗用等方式制作“反米姆”进行还击，如三立新闻在被表情包“碾压式”刷屏后，也“盗用”了“帝吧出征者”所使用的表

1　利莫·士弗曼．米姆［M］．余渭深，王旭，怡然，等译．重庆：重庆大学出版社，2016：136.

情包发布了一条博文，称“尔康不介意奉陪到底”。为了避免表情包被盗用，“帝吧出征者”采取的应对策略是在表情包上“盖章”“加注”以宣示主权。除了反击“帝吧出征者”的表情包外，避开图片审查也是一种“反米姆”方式。“帝吧出征者”发明了“纯文字类表情包”米姆——以“文字+图片后缀”为格式进行模仿与生产，例如“容嬷嬷扎针 gif”“雪姨嘲讽脸 jpg”“法式不屑 jpg”，以“保持队形”的“文件名”形式留言，引发了又一轮的刷屏效应。

（二）“强势米姆”的形成

米姆和基因一样，其复制都经历了变异、竞争、选择和保留的过程，只有适应社会环境和文化的米姆才能成功传播，不适应的米姆会不断被淘汰，一般情况下，充满戏谑性、幽默性且融入当下流行元素的表情包更容易成为“强势米姆”，具有“病毒式感染力”。曹进、靳琰探讨了网络强势语言模因时指出：“表情符号类模因在网络交际中具有诙谐幽默、模仿便利、消除冷漠、委婉反讽等功能，容易成为强势模因。”[1] 在《米姆机器》中，布莱克摩尔认为，“米姆在复制传播即进化过程中，面临着巨大的选择压力，彼此之间存在着激烈的竞争。在数量巨大的米姆中，能够生存下来的并不占多数。只有很少一部分能够成功地从一个人的头脑被拷贝到另一个人的头脑。这些生存下来的米姆即是强势米姆或成功的米姆。”[2]

士弗曼曾把“强势米姆”式图片的要素概括为：图片并置，即图片中有两个或多个元素之间明显的不和谐；“凝固”动作，即人物在剧烈的动作当中被拍下来，“凝固在时间里”的动作。[3] 将原始图片进行改混（remix），形式上大多是运用 Photoshop 不断进行再包装和模仿，将黄子韬的脸“移植”到暴走漫画上，辅以文字“go die”，“就是你 rap 不要停”等。电视剧《金馆长对金馆长对金馆长》中金馆长夸张幽默的笑脸被“出征者”截图，对这一“凝固”画面进行单一的文字添加一“哈哈哈哈”的笑声配合图片；文字添加与图片改混同时进行，制作成“教授版”“护士版”，并配以戏谑调侃类文字。可以看到，此次事件中“强势

1　曹进，靳琰．网络强势语言模因传播力的学理阐释［J］．国际新闻界，2016，38（2）：37-56.

2　Blackmore, S. The meme machine［M］.Oxford［England］;New York: Oxford University Press,1999.

3　利莫·士弗曼．米姆［M］．余渭深，王旭，伍怡然，等译．重庆：重庆大学出版社，2016：93-96.

米姆”的原始图片在米姆的发展过程中被逐渐改变得充满娱乐性与幽默感。

（三）“交际导向型米姆”的生产与接力

此次帝吧远征事件，“出征者”除了使用攻击类、嘲讽类米姆外，“交际导向型米姆”的出现成了事件的转折点。雅克布森提出的“语言交际理论”（verbal communication theory）指出人类交际有六种基本功能：信息功能、感情功能、意动功能、寒暄功能、元语言功能、诗学功能。[1] 在此基础上，士弗曼提出“交际导向型米姆”的概念，认为米姆作为交际媒介的一种，具有传递信息和情感的功能。[2] 在事件的末尾阶段，“帝吧出征者”开始采用情感沟通的方式进行对话交流——包括发表情包调侃，分享表情包，向对方推介风土人情、美景美食，交流电视剧与人生，甚至开展相亲活动。有的晒出美食“请你吃酸菜鱼”“请你吃火锅”“请你吃兰州拉面”“祖国大陆请你吃饭”等；有的晒出美景——“我是中国陕西人，我代表家人以及家乡人，真诚热情邀请全部台湾骨肉同胞到我家乡做客。这里的美景肯定会让你流连忘返，这里是我家，也是你家。”随后，“出征者”纷纷将原句中的“陕西”改为各自的家乡“浙江 / 广东 / 四川 / 湖北”，并附上家乡的美景，进行接龙。还有人使用了话语混搭的方式来表达关心、传递温情，如“台湾听着，不管是什么主张，现在天气冷一定要多穿点衣服”。这种前半句强势话语 + 后半句“神转折”的句式，兼具了无厘头与活泼有趣，起到了活跃气氛、暖化情感之功能。对此，台湾地区媒体东森新闻云称，“本以为最近的政治议题会让 Facebook 沦于两岸网友的口水战，但没想到却意外成为美食交流之地。”（搜网小组，2016 年 1 月 21 日）一位参与了“出征”事件的“帝吧出征者”谈到两岸互动中让他印象最为深刻的一件事：“有一次我和一个台湾的男生吵起来了，他说台湾是一个国家，然后我就开始引经据典，跟着社团里其他的同学加入进来，互相讨论。不知道怎么吵的，后来我们就开始讨论怎么统一了。就变成了，他在说我们不接受大陆这边什么什么，我这边就给他解释，分析利弊，他有时候也同意，最后就说，希望有一天统一，到对岸找你们玩。噗，不是要独立的嘛，他后来嘿嘿，说也挺想去你们那边玩的。”（凤凰网，2016 年 1 月 21 日）还有

1　Jakobson,R.Closing statement: linguistics and poetics［M］. Cambridge, MA:The MIT Press,1960.

2　利莫·士弗曼 . 米姆［M］. 余渭深，王旭，伍怡然，等译 . 重庆：重庆大学出版社，2016：93-96.

一位接受采访的台湾网友表示："我发现参与这次'远征'的台湾网友之后都出现在微博上跟大陆网友做进一步的交流，骂一骂变朋友也是蛮有趣的。"

可见，本次事件使用了多种动员策略，在动员过程中，行动者使用的策略亦具有权变性与灵活性，针对攻击目标"台独"力量，使用了教育与训诫、嘲讽与反讽等手段，动用"强势米姆"对"反米姆"进行还击；面对非"台独"的台湾同胞，则采用"交际导向型米姆"进行情感沟通交流。

四、米姆式传播的局限与反思

此次"帝吧出征"事件为网络民族主义运动呈现出另一番景象，它采用米姆式的传播策略，将情感表达隐藏在戏谑化的符号中，通过米姆的规模化生产、反米姆回击、"强势米姆"刷屏以及"交际导向型米姆"的转向，实现了共意动员。需要指出的是，在注意力稀缺的自媒体时代，共意动员的方式不仅仅表现在人力、物力、组织等资源方面，更体现在能否通过符号呈现以及意义建构方面，米姆式传播无疑是成功占领注意力的法宝，也符合青年群体的戏谑化表达的习惯，可以预见，青年群体将在新媒体时代形成自身独特的集体行动逻辑，成为一股不容忽视的政治力量。

但是我们仍需看到米姆式传播的局限。首先，万人刷屏的人海战术对人力、物力、组织动员方面是巨大的挑战，对图像的选择性记忆和对文字的选择性过滤容易使参与者陷入图像狂欢，正如迪卢卡所指出的那样，在图像永不停歇的传播中，速度取代了深思，分心取代了专注，情感模糊了意义，一瞥取代了凝视，重复取代了原始（图像），公共屏幕取代了公共领域。[1]其次，分属于不同的数字米姆亚文化背景阻碍了双方的深度交流和政治沟通。因为创造和理解米姆需要复杂的"米姆文化素养"，即基于米姆的亚文化中衍生出来的规则和范式，有的米姆类型是任何人都能理解、创作的，有的则需要对数字米姆亚文化有深入了解。[2]文化背景的差异与隔阂容易造成沟通障碍。如在访谈中我们发现，有9位台湾受访者均直接指出，不是很能理解"帝吧出征者"使用的表情包所要表达的含义，

1 DeLuca, K. M. The speed of immanent images: the dangers of reading photographs ［M］// D.S.Hop （ed.）. Visual communication: perception, rhetoric, and technologyNew York, NY: Hampton Press,2006:87.

2 Milner, R. The world made meme: discourse and identity in participatory media Doctoral dissertation ［M］. Kansas: University of Kansas,2012.

感觉虽有趣但怪异，还有 2 位台湾受访者认为这种刷屏的方式“很不礼貌，难以理解”。可见，这种具有强大视觉冲击的集体符号展示与视觉冲击，正从另一个角度折射出参与者在理性沟通、深度交流方面的欠缺，导致的结果可能是“符号生产泛化为复制－粘贴式的能指狂欢，其表意效能也很容易在这个过程中消失殆尽”[1]。因此，如何跳出娱乐和戏谑化的层面，进入深度沟通，这既需要参与者沟通理性的提高，也有赖于国家整体层面的制度设计和策略。如果网络公共空间被过度限制和封锁，那么温和的网络民族主义在现实挤压下可能恶化为冲突性运动，这正是我们必须警觉的问题所在。[2]

1　陈子丰，林品．从“帝吧出征”事件看网络粉丝社群的政治表达［J］．文化纵横，2016（3）：86-92.

2　原文发表于《国际新闻界》2016 年第 11 期，收录至本书时有删改。

第七章

公共舆论研究的智能化转向：社交机器人的角色与功能

随着人工智能技术的发展，社交机器人将广泛运用到政治传播领域，重新塑造了互联网舆论生态。2020 年美国总统大选期间，已发现有数千个自动化的社交机器人账户发布了与选举有关的数百万条内容，其中大多内容涉及阴谋论和政治谣言，证明社交机器人、跨党派媒体机构和阴谋论利益集团之间存在关系，社交机器人在扭曲公共空间中的政治对话发挥了作用。[1] 在智能传播的背景下，社交机器人不仅是媒介工具或传播渠道，其自动化和模仿人类的行动模式，似乎具有了有限主体性特征。可以预见，社交机器人在政治传播中将扮演着越来越重要的角色，或将引发社会政治权力结构的系统性变革。本章借助政治腹语概念为切入口，剖析社交机器人的运作机制，揭示其功能的多面性，并对其复杂角色进行理性反思和合理定位。

第一节　作为政治腹语的社交机器人：概念、性质及争议

社交机器人指的是自动生成内容，并在社交媒体上与人类互动，试图模仿并可能改变人们行为的计算机算法。[2] 社交机器人是基于社交平台大数据和算法为技术架构，由人类创建的自主行动的计算机程序，通过模仿人类用户的话语和行为习惯，在人机传播的模式中生产和传播信息，“智能”地与人类进行“互动”，并试图影响现实生活。虽然社交机器人具有一定的自主性，但本质上仍然是由人所操纵的工具，如同腹语表演者手中的玩偶，给人们造成社交机器人是言说主体的虚假印象。腹语（ventriloquism）最早指的是由肚子发出的声音。在西方中世纪宗教文化中，掌握腹语术的人利用迷信，声称能够唤醒亡者的灵魂，假装扮演可以预测未来的先知。在不同的文化背景中，腹语具有不同的属性和意义，腹语

1　Ferrara E, Chang H, Chen E, et al. Characterizing social media manipulation in the 2020 US presidential election［J］. First Monday, 2020, 25（11）.

2　Ferrara E, Varol O, Davis C, et al. The rise of social bots［J］. Communications of the ACM, 2016, 59（7）: 96-104.

者或被视为代表上帝的权威而传达神谕，或被视为掌握邪术的巫师；而腹语则是藏在肚子中的魔鬼，这使得腹语长期被认为具有阴谋论色彩。近代以来，腹语术以表演艺术的形式，重新在世界范围内盛行，表演者常操控一只玩偶，与之进行趣味对话，达到喜剧效果。

早在 17 世纪，托马斯·霍布斯（Thomas Hobbes）就指出腹语者是由具有超凡魅力的权威者充当虚假的先知，操纵和欺骗民众破坏国内政治秩序，他还声称第一个建立了社会的人只不过是为了建立自己的社群，故霍布斯认为只有统治者或君主才具有传达神圣意志的权力，这便将人类社会或国家的起源与政治腹语相联系起来；让-雅克·卢梭（Jean-Jacques Rousseau）把立法者视为传达“神的启示”的腹语者，但他也指出“不是任何人都可以让神说话”。这种源自前现代非理性主义的腹语形式，正在现代社会中得以重现。数字网络时代，社交机器人的出现成为“迷惑感官的力量”，由腹语者创造了新的意义，并且作为媒介化的技术建构了一个全新的公共话语空间。这便引出政治腹语（political ventriloquism）的概念，即表现为操控政治权力的暗箱操作，例如反对者通过歪曲或掩盖信息的真正来源，误导民众得出错误的结论来暗中争夺政治权力。[1]

社交机器人在西方国家政治传播领域中得到了广泛应用。据皮尤研究中心（2018）的报告，Twitter 等社交媒体网站中的链接中有 66%是由自动机器人而非真实人类账户发布的。[2] 运作社交机器人的组织则具有中心化协调的本质，重点是吸引毫无戒心和政治观点两极分化的民众来关注特定的政治问题。[3] 大西洋理事会信息防御研究员本尼姆（Ben Nimmo）说道：“一个大约 12 人的小组可以在一个小时内创造出 2 万到 4 万条推文，然后他们就可以把这个话题标签推到热门话题列表中。如果有人控制了 10000 个机器人或 100000 个机器人，他们便控制了 100000 个声音，就扭曲了辩论。”[4] 无独有偶，研究发现，除美国外，欧洲、澳大利亚、韩国、拉丁美洲（巴西、委内瑞拉、墨西哥）、非洲等国家都发现了

1 Frost C. The power of voice: bots, democracy and the problem of political ventriloquism [J]. Journal of political power, 2020, 13 (1): 6-21.

2 Pew Research Center."Bots in the Twittersphere" [R/OL]. (2018-04-09) [2022-06-22].

3 Keller F B, Schoch D, Stier S, et al. Political astroturfing on Twitter: How to coordinate a disinformation campaign [J]. Political Communication, 2020, 37 (2): 256-280.

4 Bob Abeshouse.Inside the Wild West of social media. [EB/OL]. (2018-02-08) [2022-06-22].

社交机器人的身影，它们或是传播虚假信息干扰公共领域的对话和讨论，干预政治选举活动，或是放大或屏蔽某一立场的信息，操纵公共舆论，扰乱社会秩序和政治民主，宣扬极端右翼政治话语，制造虚假共识等。

社交机器人对现有政治秩序和社会生活带来深远影响，同时也引发了极大的争议。有学者甚至将其视为“洪水猛兽”，认为它破坏了现有的政治生态，将人类带进痛苦深渊，扭曲了政治传播过程。[1]凯勒（Keller）和克林格（Klinger）曾悲观地指出，有了机器人，话语就变得不可能，辩论变成了一种讽刺。[2]如微软创建的聊天机器人 Tay 在创建后不到 24 小时内，就在社交媒体中发布了“希特勒是对的，我讨厌犹太人”（Hitler was right I hate the Jews）等否认大屠杀、极端右翼分子支持的种族主义等言论。虽然微软事后声称机器人遭到了恶意攻击，但此事促使公众质疑机器人的道德属性，担忧机器人在习得极端内容后，会出现违反社会伦理规范甚至破坏法律等问题；邵（Shao）和西姆帕里亚（Ciampaglia）等人认为社交机器人在虚假信息传播的早期阶段发挥了关键性的作用，通过放大信息、锁定有影响力的用户、伪装账户信息等方式使人们受到错误信息的操纵。[3]巴西米纳斯吉拉斯联邦大学的研究者将社交机器人假扮成一名年轻的环球新闻记者，散布新闻文章和其他推文，并自动与其他人互动时，获得了名人和其他热门账号的回复，证明了社交机器人可以轻而易举地愚弄和吸引真实人类。[4]伍利（Woolley）和霍华德（Howard）基于 2016 年美国大选中社交机器人的虚假信息传播活动，提出了计算宣传（computational propaganda）的概念，即以算法技术为支撑的自动化机器人的宣传活动，是“社交媒体平台、自主机器人和大数据的集合，它们的任务是操纵舆论”，将社交机器人视为社会控制的政治战略，是影响政治立场和意识形态思想的工具，在某些特定政治倾向的公共领域中传

1 Murthy D, Powell A B, Tinati R, et al. Automation, algorithms, and politicsl Bots and political influence: A sociotechnical investigation of social network capital [J]. International journal of communication, 2016, 10: 20.

2 Keller T R, Klinger U. Social bots in election campaigns: Theoretical, empirical, and methodological implications [J]. Political Communication, 2019, 36 (1): 171-189.

3 Shao C, Ciampaglia G L, Varol O, et al. The spread of fake news by social bots [J]. arXiv preprint arXiv:1707.07592, 2017, 96: 104.

4 Messias J, Schmidt L, Oliveira R, et al. You followed my bot! Transforming robots into influential users in Twitter [J]. First Monday, 2013.

播特定的观点。[1]弗里隆（Freelon ）和威尔士（ Wells）则认为数字化的虚假信息产生和运行的环境是一种更大的“公共传播危机”，社交机器人在公众高度参与政治议题中为了产生某种影响而构建了虚假信息的秩序，破坏了民主政治决策过程。[2]

社交机器人因其操纵政治选举或国内政治社会议题，常被视为“舆论机器”（opinion machines）。[3]伍利（Woolley ）和吉尔博特（Guilbeault）发现，政客、权威人士和记者等掌握一定权力资源的人，在反映自己的观点时，他们通常会与Twitter机器人分享相关的内容，以支持某种有争议性的政治意识形态或政策，并获得更大的影响力。例如2016年美国总统大选期间，社交机器人扮演了超级传播者的角色，通过伪造处于政治光谱两极的虚假信息源，追踪并转发某些有影响力的知名记者和政客的推文，使后者成为虚假信息源而暴露在公众面前，制造出该信息被广泛分享的假象；社交机器人所发布的信息同样被关注美国大选的网民转发，这证明社交机器人可以欺骗用户并操控信息传播行为及网络信息生态。[4]斯特拉（Stella）等人在2017年加泰罗尼亚独立公投的政治议程中发现，尽管机器人经常出现在社会系统的边缘位置，但它们能够成功地利用有影响力的人发表煽动性和极端的观点，加剧社会冲突。[5]

另外，基于算法技术，社交机器人在舆论空间中还具有“导向”特质，旨在对特定观点施以程式化的宣传方式。[6]费拉拉（Ferrara）等人认为社交机器人的滥用正在通过传播垃圾邮件、错误信息、诽谤等方式误导、利用和操纵社交媒体，误导公众对现实的认知，阻碍积极的公共政策，导致政治讨论的两极分化，最终威胁政治民主和社会秩序。[7]陈（Chen）等人将无政治倾向的社交机器人投入网络，

1 Woolley S C, Howard P N. Political communication, computational propaganda, and autonomous agents: Introduction［J］. International journal of Communication, 2016, 10.

2 Freelon D, Wells C. Disinformation as political communication［J］. Political Communication, 2020, 37（2）: 145-156.

3 Assenmacher D, Clever L, Frischlich L, et al. Demystifying social bots: On the intelligence of automated social media actors［J］. Social Media+ Society, 2020, 6（3）: 2056305120939264.

4 Shao C, Ciampaglia G L, Varol O, et al. The spread of fake news by social bots［J］. arXiv preprint arXiv:1707.07592, 2017, 96: 104.

5 Stella M, Ferrara E, De Domenico M. Bots increase exposure to negative and inflammatory content in online social systems［J］. Proceedings of the National Academy of Sciences, 2018, 115（49）: 12435-12440.

6 Woolley S C, Howard P N. Political communication, computational propaganda, and autonomous agents: Introduction［J］. International journal of Communication, 2016, 10.

7 Ferrara E, Varol O, Davis C, et al. The rise of social bots［J］. Communications of the ACM, 2016, 59（7）: 96-104.

试验机器人是否会受舆论环境的影响。研究发现，当原生的无倾向的社交机器人不断接触右翼民粹主义的内容，也会融入同质化的信息网络中，同时传播且放大同样观点的内容，并被右翼群体转发。在二者共同营造的信息环境中，回音室的信息反馈循环会不断地加强群体认同并导致认知偏见和群体极化，从而形成激进的观点。[1]可见，用户、平台本身的算法和外部投放的社交机器人三者间互动，营造具有政治偏见的信息环境，只要有观点倾向的话语存在，就会创造出信息茧房的环境，即便是中立的社交机器人，也在回音室中习得党派立场，转发和传播与党派立场一致的内容。这表明基于算法的社交机器人已经成为一种制度形式的表达。[2]

可见，目前学界的研究多对社交机器人的“阴暗面”和“政治阴谋”进行了揭露和批判，但对其功能的多面性却缺乏关注。事实上，政治腹语作为建构万物的元传播话语也有其积极意义，从中世纪神权政治到现代政治制度，腹语所指涉的权威也从神的启示转移到了对民主制度的信赖之上。库伦（Cooren）认为，腹语是传播的关键要素，任何传播形式都可以是腹语化的，当政策、价值观、意识形态通过腹语者所操纵的玩偶传播之后，总会引发人们的言语或行动，甚至组织、社会乃至国家都是腹语效应的外化表象，这就为政治行动主体使用腹语这一话语权力维度，获取公众的信任，引导公众舆论，从而为完善政治民主和促进公共对话提供了运作空间。[3]作为政治腹语出现的社交机器人，扮演的角色和功能同样存在多面向：信息传播功能帮助公民更好地理解专业领域的知识，提供可参考的意见；赋予数字公民以监督政府和表达观点的权力，在涉及公共利益的政治议题和环保、健康等公益事业等议程中发挥积极作用。有时候，社交机器人还可用于治愈社会群体之间的分裂，弥合社会鸿沟，促进公民参与政治。[4]同时，专业的新闻媒体或公民组织对社交机器人的应用还将促使政府关注和回应公众舆论，接受公众监督，实现协助型和公正的政治决策过程，在促进民主政治对话，

1 Chen W , Pacheco D , Yang K C , et al. Neutral Bots Reveal Political Bias on Social Media［J］. 2020.

2 Napoli P M. Automated media: An institutional theory perspective on algorithmic media production and consumption［J］. Communication theory, 2014, 24（3）: 340-360.

3 Cooren F. Communication theory at the center: Ventriloquism and the communicative constitution of reality［J］. Journal of communication, 2012, 62（1）: 1-20.

4 Hwang T, Pearce I, Nanis M. Socialbots: Voices from the fronts［J］. interactions, 2012, 19（2）: 38-45.

扩大“电子民主”（e-democratic）版图等方面有积极意义。佩雷斯（Perez）就此提出旨在促进公众参与协商政府政策，或就监管政府并提出公民建议的电子民主计划，设想通过人工智能技术开发和应用智能电子民主机器人（Democratic Bots），实现“增强民主”（augmented democratic），后者可以提供支持决策信息，提升人们的政治参与能力和信息决策能力。[1]

综上所述，社交机器人的角色和功能兼具多个面向，吉尔博特直言，机器人主体是人类、机器人和共在的环境之间相互转化和互动的产物。[2]基于此，本章将社交机器人分为操纵型机器人和协助型机器人，所谓操纵型社交机器人是指在社交媒体中在主体的操纵下自动发布大量虚假或特定立场偏向的内容，积极与用户展开互动包括关注、评论、转发、点赞等行为，目的是影响和改变网民的态度和行为；协助型社交机器人指的是仅自动化和程式化地收集信息数据，分析预测模型，向媒体和政府等特定组织提供反馈性内容和决策性参考，向公众提供不含任何观点倾向的客观的事实性信息，在构建民主协商制度中发挥积极作用的机器人。社交机器究竟会对未来的舆论生态产生何种影响，充满了不确定性，它不仅由技术本身决定，还要受制度结构、社会环境、群体特征以及权力关系等多种因素制约和影响。

第二节　社交机器人的邪恶型作用方式及后果

作为操纵型的社交机器人主要通过以下手段来对信息舆论进行控制：一是模仿人的言语和行为方式来骗取用户的信任，窃取和再造社交媒体账户信息；二是通过标签行动主义制造烟雾屏障效应，扭曲事实，制造虚假信息；三是放大己方的声音，屏蔽对立的声音，制造群体极化效应，使政治对话变得更加两极分化。

1　Perez O. Collaborative　e -Rulemaking, Democratic Bots, and the Future of Digital Democracy［J］. Digital Government: Research and Practice, 2020, 1（1）: 1-13.

2　Guilbeault D. Automation, algorithms, and politics| Growing bot security: An ecological view of bot agency［J］. International Journal of Communication, 2016, 10: 19.

一、模仿和伪装：真实身份窃取与再造

伪装术是政治腹语的基本表现形式，也是使操纵者实现其目标的第一步。社交机器人有着欺骗性的表征，这种欺骗性直接地体现在其核心定义上，即伪装和模仿人类的程序，因而也被视为腹语者操纵的工具。模仿类似人的行为和功能并与之交流是社交机器人的特点之一，也是图灵在设计人工智能著名的模仿游戏中所要实现的目标。社交机器人不仅是无实体的存在，而且通过腹语的形式模糊了声音的来源，让普通人无法区分信息的传播者究竟是人还是机器，人们也看不到腹语者及其所操纵的身体。腹语术的本质就在于把身体和声音分离开来，使人们注意到的声音与看到的身体相脱节。[1]在前现代社会，由腹语者所操纵的身体和声音的分裂的意象中，这种没有实体或身体的声音被当作来自权威的声音，是操纵民众感官的腹语。而在网络社会，媒介化的社交机器人则是政治权力的化身，通过模仿和伪装能力，使腹语者的操纵能力达到前所未有的效果。具体而言，社交机器人的伪装术体现在社交账号的匿名性、身份的窃取与再造、自然语言的文本生产、声音和视频的深度造假、模仿人的行为等方面。

社交机器人已经逐渐成为数字精英所使用的腹语工具，人们可以创建社交机器人，并为他们匹配相应的名称、照片和身份信息，生成虚假的账户信息，或由机器人直接盗取真实用户的信息。2016 年里约热内卢市长选举中，候选团队设定了“捐赠一个赞”活动（doe um like, onate one like），当人们点击链接并同意进行“捐赞”后，社交机器人就会获取用户的个人资料 ID 和密码，人们的社交媒体账户就会自动加入机器人并为之执行任务。[2] 2017 年，特朗普在 Twitter 与一名叫尼克·明西（Nicole Mincey）的 Twitter 用户互动，后者有近 15 万粉丝，其政治画像是非裔美国保守派人士，也是特朗普的支持者。然而，这个账户实际上是由社交机器人运营的；但在现实生活中，尼克·明西是一个真实存在的人。社交机器人盗用了真实人类的身份信息，用于伪造社交媒体账户。

自然语言生成是计算机和人工智能的研究领域，通过使用自然语言模型和

---

1 Wolfe E A. Ventriloquizing Nation: Voice, Identity, and Radical Democracy in Charles Brockden Brown's Wieland [J] . American Literature, 2006, 78 (3) : 431-457.

2 Dan Arnaudo.Computational Propaganda in Brazil: Social Bots during Elections [M/OL] . Samuel Woolley and Philip N. Howard, Eds. Oxford, UK: Project on Computational Propaganda, 2017: 32.

输入源产生有意义的文本。早期的社交机器人只能够识别话题标签，无法分析人们的意图和情绪，无论用户表达喜欢还是厌恶，机器人只能够傻瓜式地推送和转发相应的信息。2017 年，美国联邦通信委员会在“废除网络中立计划”中有 130 万条评论使用了同样的话语模板。但随着社交机器人的复杂程度不断提高，机器人的行动能力也更加凸显自主性。社交机器人在帖文中更多地使用第一人称表述，较少使用第三人称和否定词，且常用短句和短音节的词语来塑造它们的写作风格，使用大写字母和更积极的情绪等方式参与在线讨论。[1]迪士尼公司开发的人工智能机器人 Nobu 能够弄清人类的情绪状态，并采用合适的情感语言，增加与用户的融洽关系，最终创造了以同情和信任为基础的对话。[2]

除了文本之外，声音和视频也可以伪造，制作深度假信息。可用于伪造话语的技术是通过语音转换、语音修改和语音变形等方式，将源说话者的声音转换成目标说话者的声音。华盛顿大学的研究人员用算法技术，将音频片段转换为由美国前总统奥巴马演讲的声音话语，并同步为高逼真的视频效果。[3]麻省理工学院高级虚拟中心通过机器的深度学习技术、合成语音、视频对话替换技术等制作的视频，展现了一种全新的叙事——“月球灾难事件”（In Event of Moon Disaster），阿波罗 11 号宇航员没有能够返回地球，尼克松总统发表了与现实事实相反的演讲。[4]深度视频伪造技术还应用在恶意制造色情影片以诽谤某人，例如，著名的以色列女演员盖尔·加朵（Gal Gadot）就曾成为深度伪造图像视频的性暴力受害者。在种族关系紧张的地区，使用深度造假技术在社交媒体上进行的虚假宣传，轻易地扭曲现实，侵蚀真相，引发当地种族暴力和社会分裂。WhatsApp 上的一则深度假视频显示一名穆斯林厨师在把食物端给顾客之前故意往食物上吐口水，在印度引发了民众对穆斯林宗教团体的虚假仇恨。这些人工智能技术制作的深度假视频呈现了一个超真实的画面和叙事，人们可以轻松地借用开源的算法学习技术制作假视频，人们同样难以辨别这些视频的真实性。

1　Kumar S, Cheng J, Leskovec J, et al. An army of me: Sockpuppets in online discussion communities［C］//Proceedings of the 26th International Conference on World Wide Web. 2017: 857-866.

2　Rachel Read.Disney developing robots to chat with emotion, sculpt and fabricate.［EB/OL］.

3　Suwajanakorn S, Seitz S M, Kemelmacher-Shlizerman I. Synthesizing obama: learning lip sync from audio［J］. ACM Transactions on Graphics（ToG）, 2017, 36（4）: 1-13.

4　Suzanne Day.MIT art installation aims to empower a more discerning public［EB/OL］.（2019-11-25）.MIT news.

社交机器人还尝试与人类开展各种形式的互动，比如跟随、点赞、评论、转发和私聊等，甚至基于预先编程的脚本，主动回应人们发布的帖文，一些机器人还模仿有影响力的账号，增强机器人账号的信息传播能力和影响力。@dril 是一个广受欢迎的流行亚文化账户；而 @ dril_gpt2 是模仿 @dril 的机器人账户，每天生产一些风格类似 @dril 的推文以吸引用户的关注。社交机器人的行为还表现出动态的演化，使之行为更加复杂而不被人们察觉。2016 年美国大选中的社交机器人的功能尚且停留在大量转发同一信息的行为模式上，但在 2018 年中期选举中，@TheTrumpTrain 和 @Golfman072 等机器人的行为表征更加隐蔽，不再重复性地大规模转发和分享相同来源的信息，而是通过使用民意测验等与人类进行互动的方式参与到公共议题的讨论中。[1]

“你永远不知道网络的另一端与你交谈的是一个人还是一只狗”，这句诞生于互联网初期的经典隐喻如今已然成为现实，尤其是社交媒体中的人机混合型社交机器人和搭载深度学习技术的智能机器人，基于计算机程序开发的语言模型而具有高精度和自然化的文本生成，使绝大部分人在网络中无法分辨网络中的内容和与之互动的账户是人类还是机器人。利用以政治腹语的伪装术为基础的伪装机器人来散播信息，已经成为制造公众共识之幻觉的主要手段，并在信息宣传和舆论操纵上大显身手。

二、捏造与扭曲：通过话题标签制造烟雾屏障效应

基于互联网和社会化媒体的发展，社会行动者在社交媒体平台中践行数字行动主义，包括发起倡议、组织动员和集体行动，而标签行动主义（hashtag activism）更是为社会行动者提供了参与表达和社会动员的方式。话题标签功能可以使关注某个议题的人们快速找到相关推文，更为聚焦地关注社会公共议题，并便捷地参与到社会公共议题的讨论中，甚至引发线下的社会运动。然而，这些带有话题标签的推文不乏大规模的虚假信息，往往蕴含着复杂的政治动机，是干扰政治选举、影响政治过程以及威胁民主制度的社会性风险因素。在计算宣传战略中，话题标签亦是社交机器人最常使用的传播策略。作为自动化的行动者，其对话题标签的快速识别、追踪，使之可以捕捉热点话题和流行标签，以趋势劫持

1 Luceri L, Deb A, Giordano S, et al. Evolution of bot and human behavior during elections［J］. First Monday, 2019.

（trend hijacking）影响公共话题讨论。尤其是在冲突性议题上，社交机器人利用这些标签，加入误导性信息，制造烟雾屏障效应（smoke screening）。

所谓烟雾屏障指由社交机器人滥用话题标签，故意传播虚假信息，扰乱正常的信息传播秩序，干扰民众对事件的认知和决策的过程。在虚假信息传播方面，烟雾屏障效应表现为社交机器人自动捕捉和生成标签，传播阴谋论叙事，扭曲事件的真实性，使用户接触和阅读误导性信息。例如，在 2013 年波士顿马拉松爆炸事件发生后，社交机器人对话题标签 # bostonmarathon # prayforboston 等推文的转发，是不加选择的自动化传播，没有经过事实核查和把关，且无法验证所转发帖子的内容或消息来源的真实性，导致虚假信息大面积传播。[1] 叙利亚难民危机发生后，社交媒体中（以 # Syrianrefugees 为话题标签）流传着多个难民个体的悲情叙事，但有超过三分之一的信息是社交机器人转发的假新闻。[2] 在 2017 年的海湾危机中，社交机器人操纵了社交媒体中的话题标签，制造卡塔尔民众反对政权的假象，使卡塔尔支持恐怖主义的政治言论合法化，将其置于世界舆论的漩涡之中，丑化卡塔尔的国家形象。[3] 在 2020 年的全球新冠肺炎疫情公共卫生事件中，社交机器人被用于建构阴谋论和传播非科学的观点，如污蔑该病毒来自中国实验室、病毒是由 5G 传播等假新闻，当人们搜寻和关注疫情信息达到峰值时，社交机器人便制造 #greatawakenin, #coronavirustruth, #5G 等标签，将讨论话题从公共卫生转向政治阴谋论的话语。[4]

在误导人们的态度和行动方面，烟雾屏障效应表现为社交机器人或以海量而无价值的贴文湮没话题标签，用来分散用户的注意力，或刻意制造和劫持话题标签的热度或趋势，影响公共事件在舆论空间的议程讨论，从而操纵政治话语，引发民众的恐慌和愤怒情绪。例如，在 2013 年 9 月伊朗核协议谈判以来，社交机器人用较高的频率发布了许多与主题无关的推文，分散人们对 #IranTalks 话题

1　Gupta A, Lamba H, Kumaraguru P. $1.00 per rt# bostonmarathon# prayforboston: Analyzing fake content on twitter［C］//2013 APWG eCrime researchers summit. IEEE, 2013: 1-12.

2　Lerbæk T O, Olsen B E V. Fake News on Twitter related to the Refugee Crisis 2016: An exploratory case study［D］. University of Agder, 2020.

3　Jones M O. The gulf information war| propaganda, fake news, and fake trends: The weaponization of twitter bots in the gulf crisis［J］. International journal of communication, 2019, 13: 27.

4　Ferrara E. What types of COVID-19 conspiracies are populated by Twitter bots?［J］. arXiv preprint arXiv:2004.09531, 2020.

标签的关注度，使用户的讨论偏离了原本的政治目标，扭曲了人们对伊朗核问题的讨论。在美国，由白人至上主义者和新纳粹分子组成的名为反法西斯主义行动（antifa）的极端组织（Identity Evropa）在Twitter创建了机器人账户@antifa _ us，宣扬抗议活动和煽动暴力，并用数百个机器人账户推动虚假信息的病毒式传播，声称极端主义组织本周密谋进入居民区并将#DCBlackout主题标签的热度推到Twitter的首页，目的是散布社会的混乱，引发民众的恐惧心理。[1]信息恐怖主义也是社交机器人利用话题标签进行信息宣传和动员的一种表现形式。2015年，伊斯兰国（ISIS）恐怖分子在Twitter、Telegram等社交平台部署了大量社交机器人，并且使用#The global campaign to support the Islamic State、#The media front to support the Islamic State等标签，传播极端思想，转发招募人员的信息，试图获得舆论支持，说服人们加入伊斯兰国参战，并取得了一定的效果。

假新闻本身就是对民主话语和决策过程的潜在公共威胁，而自动化的社交机器人作为腹语者操纵的媒介化技术，不受昼夜节律和生理因素的影响，可以自动化、高频率和大范围地传播信息。机器人网络、算法操纵、计算宣传等技术维度，以及虚假信息内容、人类腹语者等诸多因素聚集而成的行动者网络，使社交机器人在全球化政治体系中起到关键性作用。在这种新型技术面前，基于计算宣传战略的社交机器人更容易成为假新闻的主要来源，不仅是将阴谋论散布和传播的工具性主体，而且在社会公共议题的谣言传播方面发挥其传播潜力，使标签行动主义成为新兴的抵抗式话语，威胁网络信息生态、社会生活秩序和政治过程，通过扰乱人们的信念，影响人们的行动，最终实现其政治目的。

三、放大与屏蔽：利用民粹话语制造群体极化效应

民粹主义话语往往充斥着情绪化和非理性的特征，右翼民粹主义者因对政府、权威专家和精英阶层的不满而主张无政府主义、反精英主义、反智主义等政治意识形态。2016年美国大选和英国脱欧事件，右翼民粹主义者看似在为民意而呐喊，鼓噪和动员底层民众通过抗争等方式夺取政治权力和实现自身价值，以获得占多数的平民阶层的认同，实际却阻碍了理性的讨论，以非真实和非理性的声音建构

1 Collins,B. Zadrozny, B.& Saliba, E. White nationalist group posing as antifa called for violence on Twitter［EB/OL］. NBC news.

着后真相的图景和群体极化的意见气候。社交媒体为网络民粹主体的蓬勃兴起提供了丰富的土壤，社交机器人则是民粹话语在全球政治中日益凸显的重要推手，是腹语者用来放大民粹话语和制造群体极化的工具，而民粹话语亦是服务于腹语者之政治利益的声音。

相较于其他群体，右翼分子会更加频繁地利用社交机器人，转发低可信度内容或虚假信息。在放大信息以宣传民粹话语方面，社交机器人在欧盟国家右翼政党的账户中十分活跃，不仅为激进右翼党派获得虚高的粉丝数量，还扩大了反欧盟等激进政治话语的传播，使右翼政党从中获益。[1]在日本，由右翼民粹主义群体所部署的社交机器人，将推文内容与其右翼极端宣传话语联系起来，用于散布其群体成员所认同的信息和观点，通过灌输特定的民粹主义情绪，人为地提高机器人账号的影响力。[2]在2018年美国国家橄榄球联盟（National Football League，NFL）的“屈膝”运动中（Take a Knee movement）（运动员抗议警察对非裔美国人的暴力行为），右翼立场的机器人发布了有关种族主义和白人至上的“另类右翼”（Alt-right）议程，大规模转发了那些持有极右翼政治立场的新闻机构所制造的虚假新闻。[3]右翼分子操纵的社交机器人刻意构建了超党派的政治议程，操纵超极化政治（hyperpolarized politics）和两极分化的政治舆论，泯灭了理性商讨的可能。

在屏蔽信息以构建回音室方面，民粹主义者往往使用社交机器人宣传虚假信息，攻击反对者并压制对立方的声音，构建右翼立场的政治意识形态和意见气候。例如，美国帕克兰枪击事件后，右翼激进主义者和持右翼意识形态的新闻网站，如@thegoldwaterus等发布虚假信息，攻击那些反对进行枪支改革政策的政客，将“美国步枪协会”污名化为恐怖组织，引发公众对该组织的怀疑，煽动社会的紧张局势。右翼分子还将相同立场和政治倾向的群体聚集在同质化的信息茧房中。波兰等欧洲国家的反疫苗运动中，右翼群体以捍卫“普通人”和反对“腐败精英”

1 Silva B C, Proksch S O. Fake it ‘til you make it: a natural experiment to identify european politicians’ benefit from twitter bots［J］. American Political Science Review.2021,115（1）:316-322.

2 Hagen L, Neely S, Keller T E, et al. Rise of the machines? Examining the influence of social bots on a political discussion network［J］. Social Science Computer Review, 2020.

3 Yan G , Pegoraro A , Watanabe N M . Examining IRA Bots in the NFL Anthem Protest: Political Agendas and Practices of Digital Gatekeeping［J］. Communication & Sport, 2019, 9（1）.

的口号污名化政府机构、医学专家和制药公司，通过故意引起恐惧情绪和威胁等方式，压制公众支持疫苗的声音，散布医学方面的阴谋论调，削弱公众对接种疫苗的共识，加剧公众对科学的不信任气氛，且在反疫苗者的社群内，只有同质化的观点，而看不到辩论者或反驳者的声音。[1]社交机器人甚至可以主动制造沉默螺旋的效果：2017 年法国总统选举中由社交机器人发布话题标签 #macronleaks，传播不利于马克龙的邮件泄露信息，通过精心挑选选举静默期前的时间点，导致主流媒体没有足够的时间调查和报道这一事件，使网民围绕马克龙的阴谋论讨论甚嚣尘上。社交机器人利用媒体的沉默，反而制造了“沉默的螺旋”效应，使“边缘叙事成为这一事件期间塑造政治话语的最重要因素”[2]。

由右翼民粹主义者个体或组织所扮演的腹语者操纵着成千上万的社交机器人，或是以“共鸣”和“遍在”的效果，放大某些特定立场的内容，制造虚假意见气候，或是屏蔽或压制与之立场不同的声音，制造虚假社会共识，创造了看似众声喧哗且活跃度高，但实则并不存在理性对话的舆论场域。在右翼分子的鼓噪下，在疫苗、禁枪等具有争议性的公共议题或是涉及种族等社会边缘群体的问题上，建构了观点极化的舆论空间，制造了以愤怒和恐慌为主导的情绪氛围，营造着充满分歧、撕裂和冲突的社会景象。随着技术和功能的演化，社交机器人已然成为社会管理和控制的手段，在行动者网络中施加其社会影响。其信息传播活动旨在尝试影响与之共处于同一个结构关系网络中人们对事物的认知、态度和行为，通过强化结构关系网络，塑造受众感知到的意见气候，制造群体极化效应。

从政治腹语的黑暗面来看，社交机器人已成为公共领域中构建公共话语空间的媒介化行动者，挤压公共空间话语的多元性和包容性，社交机器人的伪装术使之更轻易地欺骗大众，借由标签行动主义实施计算宣传战略，放大民粹话语，屏蔽对立声音，制造群体极化效应。本质上，这些作为腹语表征的社交机器人所引发的负面效果都是由背后的利益主体人为制造和操纵的。社交机器人不仅成为腹语者的操纵对象，更是操纵大众舆论和影响人们对特定议题的思想及行动决策的

1 Żuk P, Żuk P. Right-wing populism in Poland and anti-vaccine myths on YouTube: Political and cultural threats to public health［J］. Global Public Health, 2020, 15（6）: 790-804.

2 Downing J, Ahmed W. # MacronLeaks as a “warning shot” for European democracies: challenges to election blackouts presented by social media and election meddling during the 2017 French presidential election［J］. French Politics, 2019, 17（3）: 257-278.

隐蔽行动主体。社交机器人通过伪装真实的声音，以数量和音量在公共讨论空间中占据优势，而非用理性对话和信息质量取胜。由社交机器人渗透和干预的公共领域，呈现的是一个破碎的、受到操控的、非理性极端的话语空间，破坏了表达真实利益诉求和建构理性公共话语空间的路径。

第三节　被忽视的声音：社交机器人的民主潜能

虽然“腹语”一词具有阴谋论的意味，但政治腹语也具有积极的面向。政治腹语曾在西方宪政民主的起源中起到关键的作用——基于一个全能而不在场的声音，创造了全新的政治形式[1]，例如代议制民主便是由腹语者代表“沉默的他者”的声音。在卢梭那里，立法者便是维系社会契约论的腹语者，代表民主的声音和权威，以便让公众适应由社会契约而建构的政治共同体。因而政治腹语在现代民主制度产生的过程中发挥着重要的潜在功能。[2]这就为政治行动主体使用政治腹语这一话语权力维度，为完善政治民主和促进公共对话提供了运作空间。作为政治腹语的社交机器人，也能通过其隐秘的方式推动网络民主的发展。

一、海量信息的智能把关者与虚拟对话者

政治腹语的重要功能是言说，而社交机器人言说的内容受到腹语者的控制和筛选。一方面，社交机器人可以充当技术“把关者”角色，协助媒体从业人员和政府自动检索网络中的信源并进行事实核查，常态化监测并打击假新闻和谣言。在中国台湾地区，民间技术组织开发了一款名为“真的假的”的社交机器人，用于打击社交媒体 Line 中的假新闻，用户仅需要将可疑的新闻链接发送给机器人，后者就会反馈这则新闻的真实性。[3]针对操纵型社交机器人的泛滥和信息骚扰，国外社交媒体平台、组织和志愿者用户正在开发相应的反骚扰机器人，主动检索、

1　Lindahl H. Possibility, actuality, rupture: constituent power and the ontology of change [J]. Constellations, 2015, 22 (2): 163-174.

2　Frost C. The power of voice: bots, democracy and the problem of political ventriloquism [J] . Journal of political power, 2020, 13 (1) : 6-21.

3　Woolley, S. C., & Howard, P. N. （Eds.） Computational propaganda: political parties, politicians, and political manipulation on social media [M] . New York: Oxford University Press,113.

识别和过滤那些人为操纵的虚假信息。例如，blocktogether.org 和 ggauto blocker 是用于公益宣传、谣言防控、政务信息发布等关乎公共事务的协助型政治机器人，防范公共话语空间不被侵蚀。米兔（Metoo）运动之后，#MeTooBots 作为识别数字欺凌和性骚扰的机器人，分析联系人之间的往来电子邮件和聊天记录中欺凌和性骚扰等潜在行为，把可能有骚扰性的内容发送给律师或专业调查人员。[1]

另一方面，在社会公共事件中，由腹语者所操控的社交机器人在参与自动化生产和传播新闻的活动中充当了与公众对话的角色。譬如，2017 年英国曼彻斯特爆炸事件后，部分社交机器人侧重于发布积极的同情性信息和实用的救助性信息，甚至批评虚假新闻，帮助人们从复杂的信息环境中获取最重要的信息，协助专业救助人员快速搜寻求救者。2020 年美国弗洛伊德事件引发了全美黑人人权运动（Black Lives Matter）抗议活动，事发后两周内，社交媒体中有 850 万条相关推文，其中发现了 70 多个机器人账户在相关主题标签中活跃，通过广泛共享和传播抗议活动的图像，以提高大众的种族平权意识。[2] 在西班牙选举活动中，Politibot 的追随者每天都能收到图表、音频和精选新闻链接的摘要，其搭载的自然语言处理系统可以与人们对话，在选举之夜向机器人询问选区的选举结果，实现了人机的深度互动与受众的个性化体验。在气候变化议题上，@AI_AGW 机器人作为一个积极主动的搜索者，追踪那些否认全球变暖的用户，向他们提供基于事实的信息，科学地解释全球变暖问题，且能够较为流畅地回答人们的问题。

社交机器人在灾难事件中也发挥了积极的信息对话功能。2018 年 3 月发生的澳大利亚森林大火中，社交机器人通过分析关键词、主题标签和地理位置信息等内容收集和分析数据，起到了定位人员、构建传播渠道、传播现场信息、打击谣言、发出警告和提供行动建议等诸多功能。[3] 新冠肺炎疫情期间，社交机器人引用和转发了世界卫生组织、政府机构等官方机构的专业信息，传播有关 COVID-19 疾病风险的新闻，且这些推文不包含煽情的、极端消极的或积极的情绪，而是采取中立客观的话语；社交机器人还可协助政府进行风险意识宣传和科

1 The Guardian. Rise of #MeTooBots: scientists develop AI to detect harassment in emails.［EB/OL］.

2 Chris Zappone. The Sydney Morning Herald. #BlackLivesMatter momentum mostly free of bots［EB/OL］.

3 Hofeditz L, Ehnis C, Bunker D, et al. Meaningful Use of Social Bots? Possible Applications in Crisis Communication during Disasters［C］//ECIS. 2019.

学知识普及，教育公众采取预防行为以减轻疫情，强调生存技能和健康风险意识，例如使用# Stayhome、# WashYourHands 等标签向人们宣传和普及疫情的知识，提高大众风险认知和应对能力。[1]

机器人的把关与对话功能旨在制造公众的集体感知。感知制造（sensemaking）是指在危机事件中，当人们所接触到的信息模糊或缺失时，会通过与其他用户的对话获得对事物的认知。[2]社交机器人的自动化、算法技术和快速感知的优势，正在成为个性化生产内容的工具，并在短时间内将信息覆盖到广泛的用户群体，在社会重大突发事件和风险事件中起到良好的传播效果，帮助人们快速有效地理解信息，与用户共同参与到感知制造的过程中，实现信息共享和意义创造。

二、民意的智能分析与预测者

政治腹语的重要功能还体现在预测方面，中世纪腹语者正是利用腹语技术，充当所谓“先知”，将编造的谣言和阴谋论改造为“预言”，使之在社会广泛流行；而各类预言也会在充斥着阴谋论的社会环境中频繁出现。预言的有效性往往取决于人们对社会的安全感和信任度，倘若人们对周围环境的不确定性程度较高，腹语者就愈加能够操纵人们的思想和行动；但合理地使用社交机器人的预测功能，反而能够消除信息的不确定性，提升信息透明度。

西方国家的政治竞选中，机器人正在被用来预测和分析社交媒体用户中网民的投票意向，预测全球政治选举和政治事件，间接参与社会和政治治理活动。2015 年的芬兰议会选举中，候选者 Facebook 页面中的点赞数与投票行为之间存在积极的相关性，能在一定程度上预测选举的成败[3]；2016 年美国总统大选中，传统的民意调查偏向于克林顿·希拉里获胜，但基于 Twitter 平台数据的机器人分析的预测结果，则偏向于支持特朗普胜选[4]；在 2017 年的印度旁遮普邦议会选举

1　Al-Rawi A, Shukla V. Bots as active news promoters: A digital analysis of COVID-19 tweets［J］. Information, 2020, 11（10）: 461.

2　Maitlis S, Christianson M. Sensemaking in organizations: Taking stock and moving forward［J］. Academy of Management Annals, 2014, 8（1）: 57-125.

3　Vepsäläinen T, Li H, Suomi R. Facebook likes and public opinion: Predicting the 2015 Finnish parliamentary elections［J］. Government Information Quarterly, 2017, 34（3）: 524-532.

4　Anuta D, Churchin J, Luo J. Election bias: Comparing polls and twitter in the 2016 us election［J］. arXiv preprint arXiv:1701.06232, 2017.

中，社交机器人成功预测了政党赢得的席位数量[1]；证明了机器预测政治竞选的可信度。

机器人预测在社会治理方面也有广阔的应用前景，可通过大数据和深度挖掘技术，实时监控网络舆论，快速感知舆情信息，预测社会抗议事件的未来走向。联合国等国际组织收集、分析有关社会政治和武装冲突动态的信息和数据，并通过机器学习技术建立预警系统，以预防和预警冲突预防社会冲突。[2]卡勒斯（Kallus）从世界各地 7 种语言的 30 多万个开放内容网络资源收集的公共数据，使用自然语言处理模型，从事件的类型、涉及的实体、角色、情绪和语气以及时间范围等，成功预测了阿拉伯之春在埃及发生的时间、地点等信息。[3]机器学习技术还被用于分析 Twitter 的主题标签和话题趋势，预测了 2016 年 11 月美国总统选举尘埃落定后的反特朗普抗议活动；针对 2017 年 1 月特朗普签署的阻止难民进入美国的行政法令，机器人成功预测了美国各大机场中发起的抗议活动。[4]社交机器人还被用来预测新冠肺炎疫情期间美菲两国的种族主义话语等网络仇恨言论的生成和发展动态。[5]

在国际援助和公共卫生领域，西班牙研究人员开发了机器预测模型，绘制南美国家的贫困地图，用于提供人道主义和发展援助。[6]印度政府借助社交机器人预测新冠肺炎疫情在印度的感染人数。[7]在法律领域，机器人可以基于大数据，使用自然语言处理工具分析法院的诉讼文本，以预测司法判决。[8]总之，作为腹语者的行动主体通过利用社交机器人对社会和政治事件的预测，实现了真正的自

1 Singh P, Dwivedi Y K, Kahlon K S, et al. Can twitter analytics predict election outcome? An insight from 2017 Punjab assembly elections［J］. Government Information Quarterly, 2020, 37（2）: 101444.

2 Perry C. Machine learning and conflict prediction: a use case［J］. Stability: International Journal of Security and Development, 2013, 2（3）: 56.

3 Kallus N. Predicting crowd behavior with big public data［C］//Proceedings of the 23rd International Conference on World Wide Web. 2014: 625-630.

4 Bahrami M, Findik Y, Bozkaya B, et al. Twitter reveals: using twitter analytics to predict public protests［J］. arXiv preprint arXiv:1805.00358, 2018.

5 Uyheng J, Carley K M. Bots and online hate during the COVID-19 pandemic: case studies in the United States and the Philippines［J］. Journal of computational social science, 2020, 3（2）: 445-468.

6 Soto V, Frias-Martinez V, Virseda J, et al. Prediction of socioeconomic levels using cell phone records［C］//International conference on user modeling, adaptation, and personalization. Springer, Berlin, Heidelberg, 2011: 377-388.

7 Gupta R, Pandey G, Chaudhary P, et al. Machine learning models for government to predict COVID-19 outbreak［J］. Digital Government: Research and Practice, 2020, 1（4）: 1-6.

8 Medvedeva M, Vols M, Wieling M. Using machine learning to predict decisions of the European Court of Human Rights［J］. Artificial Intelligence and Law, 2020, 28（2）: 237-266.

我预言，由媒体、党派或其他社会组织将社交机器人推向前台，感应、判断和预测网络事件发展趋势、网民的意见与行动等，并向后台的腹语者提供反馈，为政府提升社会治理手段和能力提供了良性的技术支撑。

三、过滤气泡的破除器

算法已经是现代社会必不可少的智能化技术，算法具有海量数据处理能力，不仅将人们从信息大爆炸中解放出来，满足人们的个性化需求，而且有助于提高人类社会的整体效率，解放社会生产力。“如果每种算法突然停止工作，那将是我们所了解的世界末日。”[1]某种程度上，算法本身就是一则隐喻，由其构建的算法黑箱为腹语者提供了操作的空间，腹语者所操纵的由算法驱动的社交机器人具有代替大多数人做选择的能力，并日益成为人们生活中的仲裁者和决策者。从算法机器人“善用”的角度来看，算法驱动的社交机器人可以对信息或数据做出反馈，通过聚合、桥接的方式对信息进行二次编辑，从中体现腹语者积极的创作意图和动机。

一方面，算法机器人可以向用户提供“反向”个性化信息。算法驱动的社交机器人占据信息网络的重要传播节点，或借助人机协同的模式共同发布推文，由行动主体反向利用社交机器人的算法分发技术，推送与用户所持观点对立的权威信息和价值观，破解用户过往的信息接收模式，甚至直接与用户互动，聚集多元的新闻信息内容，丰富用户所接触的信息内容，戳掉过滤气泡。一种 Bridgerbots 的机器人会设法占据网络信息传播的中心节点，如果某个网络用户的信息来源总是来自同源的子网络，那么机器人会将多个其他子网络的多元和异质的信息流输送给用户，这种桥接机器人会充当用户和政治隔离之间的“信息桥梁”，打破用户的信息茧房，弥合政治裂痕，缩小政治鸿沟。[2]

另一方面，算法机器人可以在舆论空间中精准供给公共议题。搭载算法的社交机器人虽然是带有偏见的，但这种“偏见”也可以偏向于反映公共利益和输出主流价值观，构建“公共利益 + 个性化推荐”的信息传播模式，将公共性设置为

1　Emily A.Vogels, Lee Rainie & Janna Anderson.Experts Predict More Digital Innovation by 2030 Aimed at Enhancing Democracy. Pew Research Certe［EB/OL］.（2020-06-30）［2022-06-22］.

2　Graham, T., & Ackland, R. Do Socialbots Dream of Popping the Filter Bubble? The role of socialbots in promoting participatory democracy in social media［M］// M. Bakardjieva & R. Gehl,（Eds.）, Socialbots and their friend: Digital media and the automation of sociality. New York: Routledge,2017:Chapter 10.

算法的优先推荐机制，限制算法的应用边界，强化用户主动的信息决策过程，让算法得到善用，这要求创建算法技术的腹语者具有包容性、公共性、客观中立的价值观念。以公共利益为导向的算法机器人可以过滤不必要的“噪音”和无用信息，使用户从海量的信息中获取有价值的内容；由智能化机器人建构健康有序的舆论传播格局，还可引导民众关注特定的政治或社会公共议题。例如，popporbot机器人会计算出它在政治传播网络中的结构性位置，能够渗透Twitter用户的高度极端或同质性的子网络，并灌输更温和的观点，或相对的意识形态立场的信息，纠正算法偏见，“戳破”给定子网络中的用户所处的信息过滤泡沫。[1]Bridgerbots和popporbots将会成为协助用户接触多元信息，改变既有算法模式的智能媒介。除此之外，用户也可以选择避开算法推送和过滤气泡的路径，譬如使用匿名的浏览器，或是未搭载个性化算法推荐机制的上网工具，DuckDuckGo搜索引擎和BugMeNot等网络站点，秉持着不保存用户的搜索历史记录，不收集IP地址等原则，确保用户屏蔽或远离那些过滤任何内容的算法技术，使用户接触未经筛选的原生态信息。此外，透明的算法社交机器人可以让人们看到算法如何工作，公民可以自由访问经算法使用的开放分享的数据，由算法机器人提供建议而非决策，让人们自主理性地做出决策。

四、协商民主平台的搭建者

协商民主源自西方政治学界对代议制民主与投票民主的种种弊病的反思，尤尔根·哈贝马斯（Jürgen Habermas）看到了公共领域的再封建化和再政治化，由此提出交往行动理性的范式，构建主体间理性对话的民主模式，实现社会共识。然而，协商民主的实现需要繁杂的程序准备工作、时间等资本投入，公民还需要具备参与协商对话的较高素养。人工智能社交机器人有助于解决程序成本和公民素养问题，为公众提供全面完整的数据信息、智慧和决策建议。

在搭建公共服务传播平台方面，协助型社交机器人可以作为新兴的数字沟通渠道。例如，希腊的财政部、社会保障局和地方政府，都搭载了知识数据库的人

1 Graham T, Ackland R. Do socialbots dream of popping the filter bubble? The role of socialbots in promoting participatory democracy in social media［M］//Socialbots and their friends: Digital media and the automation of sociality. Taylor & Francis, 2017.

工智能社交机器人，为公民提供退休养老计划的指导和解决方案。[1]巴西媒体集团主动使用机器人发起了 #maisvoc ê（More Like You）等话题标签，促进巴西电视广播节目的网络传播，在话题传播的早期由机器人放大新闻媒体链接，提高议题的热度，吸引线上用户和线下观众的注意力，以便发起公共的对话和讨论，由媒体在内的利益集团构建了“制度化的受众”。[2]

在构建民主话语和公共空间方面，社交机器人不是一个替代性的话语空间，而是在社交媒体中发挥反霸权话语的作用，维护公共领域的公共性。全球最大的在线代码库网站 GitHub 中，开发者们不断创建开源代码，用于在 Twitter 等社交平台部署机器人。这些开源代码的机器人赋予了创作者和用户部署机器人的权力，标志着围绕技术参与者重新分配主体的新政治经济开始出现。[3] WikiEdits 是监督和追踪政府编辑维基百科的协助型机器人，使内容编辑的过程透明化，通过实时检查并自动报告维基百科编辑活动，可以将编辑者的 IP 地址与政府机构所在的 IP 地址进行比较，如果地址匹配就会在社交媒体的推文中突出显示这些编辑。[4]诸如 WIkiEdits 的自动化协助型机器人嵌入了社会政治实践过程，强化了对公众和政府如何参与编辑公共信息过程的认知，在机器人创造者、新闻工作者和维基百科编辑等多方关系中重塑了社会关系和政治权力结构，并建构了公共政治话语空间。

在促进公民社会参与方面，社交机器人在社会或政治议题中发挥动员作用，塑造集体感知。在墨西哥，已有公民开始进行数字行动主义利用社交网络分析和数据挖掘技术揭露和谴责政府使用社交机器人的计算宣传战略，使公民有能力追求真相和问责政府，甚至对抗政府所部署的技术。[5]在拉丁美洲打击腐败的活动中，社交机器人寻找潜在的志愿者和非营利公益组织，发布征集捐款信息，号召

1　Androutsopoulou A, Karacapilidis N, Loukis E, et al. Transforming the communication between citizens and government through AI-guided chatbots［J］. Government information quarterly, 2019, 36（2）: 358-367.

2　Santini R M, Salles D, Tucci G, et al. Making up audience: Media bots and the falsification of the public sphere［J］. Communication Studies, 2020, 71（3）: 466-487.

3　Kollanyi B. Automation, algorithms, and politics| Where do bots come from? An analysis of bot codes shared on GitHub［J］. International Journal of Communication, 2016, 10: 20.

4　Ford H, Dubois E, Puschmann C. Automation, algorithms, and politics| Keeping Ottawa honest—one tweet at a time? Politicians, journalists, Wikipedians and their Twitter bots［J］. International Journal of Communication, 2016, 10: 24.

5　Trer é E. The dark side of digital politics: Understanding the algorithmic manufacturing of consent and the hindering of online dissidence［J］. 2016.

并促进人们积极交流，甚至建立基于陌生人网络的合作关系，推动人们参与社会事务并付诸行动，解决特定社会问题。[1] 巴西门萨罗腐败丑闻事件（the Mensalão scandal）中，人们用社交机器人扩大抗议活动的规模，向政府施加压力。一些社交机器人可以与持不同立场和观点的用户辩论，讨论公共议题。2016 年，由萨拉·尼伯格（Sarah Nyberg）创建的名为 Liz 的机器人（@arguetron）精通网络中各种形式的偏见，且持有左翼政治立场，被用于引诱互联网上的右翼极端主义者并与之争论，例如 Liz 与特朗普的支持者、反女权主义者等右翼用户辩论，其典型的言论包括“为什么会有人听特朗普的话呢？”（why would anyone ever listen to Donald Trump？），“白人特权是真实存在的”（white privilege is real）等。当 Liz 声称“资本主义是垃圾”（capitalism is garbage）时，网民还鼓励它提出更好的替代性方案。

社交机器人正在成为大众化的技术，以政治赋权、赋能的方式，使数字公民获得了监督政府、表达观点、参与政治的权力。在涉及公共利益的政治议题和环保、健康等公益事业议程中，公民个体也可以利用协助型社交机器人发出公共性的声音。社交机器人既是传播渠道，也是行动主体，在公众与政府之间、不同立场和政治倾向的人群之间，搭建了协商民主平台，推动多元化的政治对话和以非对抗方式解决有争议的问题，有助于促进公民的公共辩论和政治参与，并最终形成真正的社会共识。

五、公共服务的智能助力者

在网络空间之外的现实世界，由技术逻辑建构的智能媒介同样在深度介入人们的日常生活，人工智能和物联网技术的发展与智能可穿戴设备、移动设备的普及，使社交机器人在数据收集与分析领域大显身手，并服务于人类社会的诸多领域。

在公共服务方面，芝加哥大学（University of Chicago）数据科学与公共政策中心的 Aequitas 项目，IBM 的 AI Fairness 360 都开发了跟踪和纠正偏见的社交机器人。伦敦帝国理工学院通过训练智能机器，根据城市生活条件的街道图像识别

1 Savage S, Monroy-Hernandez A, Höllerer T. Botivist: Calling volunteers to action using online bots［C］//Proceedings of the 19th ACM Conference on Computer-Supported Cooperative Work & Social Computing. 2016: 813-822.

不平等现象，目的是最终利用这些信息改善社区中存在的不平等状况。

在国际援助领域，具有数据分析能力的智能机器人正在帮助人们解决世界中尚存的饥饿危机和贫困危机。斯坦福大学用人工智能分析卫星图像的项目来预测贫困地区，帮助经济援助。国际热带农业中心（CIAT）开发的营养早期预警系统（NEWS），使用了机器学习和大数据技术，用来识别农作物歉收、粮食价格上涨和干旱等因素而面临粮食短缺风险的地区。智能机器人还可以在短时间内分析数以百万计的数据点，帮助区域农业确定适宜种植的作物，培育种子，控制农药的使用水平，并最大限度地帮助人们提高农作物产量。

在医疗领域，德国西门子医疗集团开发了人工智能机器人 AI-Rad Companion，通过不断更新的算法程序和机器学习能力，可以用于阅读医学成像，并作出具有准确性的临床诊断，帮助医生发现疾病，提高放射科医生的工作效率。同时，该系列机器人及其提供的医疗方案均与 Teamplay 数字医疗平台实时连接，以确保安全稳定地进行医疗救治。AI-Pathway Companion 机器人还综合了病理学、影像学、实验室和遗传学的数据学习，使医生能够更迅速和准确地诊断疾病，研发药物的速度更加快速。西奈山医学院（Mount Sinai）的研究小组使用人工智能预测癌症，准确率达 94%。华为公司则开发了 Track.Ai 的智能医疗设备，识别儿童的视觉障碍，以便在疾病的早期就干预治疗，防止儿童失明。

在教育领域，由 IBM 公司开发的机器人程序 Simpler Voice 基于自然语言理解、语音服务和图像生成技术，解析日常生活场景中的各种复杂文本，提取并呈现简化的图像和简短的语音信息，以可视化的方式达到扫盲的效果。智能机器人还能将情绪转化为声音，以帮助盲人“看到”与之交谈的人的情绪。华为公司基于人工智能和增强技术创建 StorySign 虚拟社交机器人程序，帮助聋哑儿童将文本翻译成手语来学习阅读。

另外，在新闻行业，彭博社（Bloomberg News）发布的内容中约有三分之一是自动化的算法机器人撰写的，它能够协助记者剖析复杂的财务报表，并即时发布财务报告的文章和新闻报道；美联社利用写作机器人，每年撰写 3700 篇报道，比传统新闻记者生产的数量高出 4 倍。在环境保护方面，南加州大学社会人工智能中心使用社交机器人分析数据，帮助预测偷猎者和动物活动轨迹；Wild Me 和

Microsoft还使用社交机器人识别、记录和跟踪鲸鲨等濒临灭绝的动物。社交机器人在气候变化、深空探索等诸多领域亦有所应用。

可见，作为智能媒介技术的社交机器人本身并不涉及特定的价值偏向，它既有可能是操纵和诱导公众舆论的技术黑箱，也具有民主解放的积极潜能。社交机器人本质上仍然是人的延伸，是人类、机器人和共在的环境之间相互转化和互动的产物，其行为方式依赖于人的意图，以人的需求和目的为导向。如果不能跳出这种非黑即白的技术善恶论和工具性的媒介技术视角，我们就无法全面客观地认识社交机器人的属性与本质。

第四节　重新审视社交机器人的角色与功能

社交机器人能够模仿人类的话语方式，在赛博空间中与人类互动，这从根本上变革了互联网时代传播的本质，人类不再是唯一交流的主体，社交机器人概念化为新的传播主体，引发了人机传播的新传播范式。社交机器人作为物的行动者，不只是一个简单的技术应用，而是深度介入了人类社会的关系与情境之中，改变互联网用户之间和人机新型社交模式和社会关系，在政治领域的最大影响在于重塑了社交媒体中的政治公共空间。社交机器人的拟人化人格，彰显腹语术的诱导性和创造性，在新的情境和空间中创造特定意义和政治权威话语，试图在后真相时代主导真理的想象式存在，最终将话语权力渗入社会结构的机理之中，影响人们的政治生活等各个方面。正如印第安纳大学计算机科学研究者乔治·麦斯（Gregory Maus）所言："人类第一次开始与一种新物种（社交机器人）分享他们的社会生态系统。"[1]

一、社交机器人角色的多面向

一方面，政治腹语者操纵社交机器人扮演数字媒体时代的"先知"，企图以

1　IEEE Spectrum:Technology, Engineering, and Science News.Taxonomy Goes Digital: Getting a Handle on Social Bots［EB/OL］.（2017-06-09）［2022-06-22］.

模仿人类的机器虚构大众的声音，这些控制社交机器人的利益主体便成为某种不确定性的力量，对政治共同体和民主制度产生威胁。政治腹语者假以所谓“人民的名义”，实际上却无法代表全体人民。社交机器人虽然放大了“人民”的声音，但同样剥夺了另一群人的政治话语权。网络中的右翼政治群体运用社交机器人的话语权力运作，将他们的话语与政治联系起来，放大其意识形态集群内的“边缘”元素，影响用户对网络舆论中的意见气候认知，制造沉默螺旋，助长民粹主义政治。政治腹语以误导性的话语影响公众的信息认知和决策，那些拥有更大权力和资本的政治利益主体操纵社交机器人，干预网络公共空间的政治对话，劫持公共话语，主导政治议题话语权，制造虚假共识，使政治对话走向极化。

另一方面，社交机器人有着激发民主潜能的积极面向：它可以充当信息对话者和把关者的角色，制造集体感知，识别和阻止虚假信息传播，并将不同来源的信息聚合起来，戳掉过滤气泡，打破信息茧房效应；也可以通过对社交媒体中的文本与数据分析，捕捉舆论场域的公众情绪和态度倾向，预测网络民意；还可以是新型数字沟通渠道的搭建者，通过技术赋权方式，支持公民参与，激活网络民主活力。

总之，社交机器人既是作为管理和控制社会的制度化的媒介工具，也是指涉政治权力的媒介化技术，对权力关系和政治过程发挥重要的影响。社交机器人的出现的确引发了关于政治民主化和公共领域中的多元对话受到威胁的问题，它构建了一种特殊的隐匿身份和政治权力，作为自动化且与人类交互的角色，模仿并塑造着网民参与政治生活的行为方式，或破坏抑或重塑公共领域及其话语和意义创造。社交机器人本质上是人的延伸，是由人类设计和编程的技术，其行为方式依赖于人的意图，以人的需求和目的为导向，人机协同是政治机器人发挥其作用和影响的主要机制，是人类、机器人和共在的环境之间相互转化和互动的产物。在智能时代，如何使用社交机器人展开有益的政治对话，构建社会凝聚力和政治共识，建构人机互动的新政治空间，推动网络民主建设，仍然是值得深入探讨的话题。（表 7.1）

表 7.1 社交机器人的多功能面向

功能面向	角色	作用机制	具体表现	媒介化效果	典型应用场景	典型案例
邪恶型作用方式	模仿者与伪装者	真实身份的窃取与再造	伪造虚假匿名账户；生成自然语言文本；伪造深度音视频；模仿人的行为	使人们无法分辨信息来源	社交账户、深度假视频	@ dril_gpt2；In Event of Moon Disaster
	虚假信息制造者	标签行动主义	话题标签；趋势劫持	烟雾屏障效应	社会公共议题的谣言传播、信息恐怖主义	@GB1；#5G
	群体极化制造者	民粹话语的放大与屏蔽	民粹主义话语放大特定信息，营造意见气候；屏蔽反对声音，制造虚假共识	群体极化效应	另类右翼议程	@Peñabots; #macronleaks; 反疫苗
民主潜能	海量信息的智能把关者与对话者	把关与对话	传播客观信息；防止恶意骚扰信息	感知制造 事实核查	社会公共事件、灾难事件	#MeTooBots
	民意的智能分析与预测者	机器学习预测	分析用户情感；感应网络舆情，预测社会抗争走向	预测	政治选举；社会抗议运动	芬兰议会选举；阿拉伯之春
	过滤气泡戳泡器	信息聚集与算法公共性	“公共利益 + 个性化推荐”的算法分发模式	戳破过滤气泡	破解信息茧房	popporbot，Bridgerbots
	协商民主平台的搭建者	技术赋权	反霸权话语	维护公共领域的公共性	构建民主话语，促进公民参与	#maisvoc ê；WikiEdits; Liz
	公共服务的智能助力者	服务	数据收集与分析	服务人类社会	公共服务、国际援助、医疗等	AI–Rad Companion；Simpler Voice

二、作为有限人格的社交机器人：工具性角度超越及深远影响

虽然社交机器人背后存在商业资本和政治主体等操纵者，但其自动化和智能化特征使之超越了“政治腹语”的典型表征：从工具化的视角出发，把媒介技术看作听从人摆布的傀儡，并以简单的善恶之分作为评判智能媒介的标准。如前所述，任何一项媒介技术都有两面性，如果囿于工具性的技术视角而对其抱以刻板偏见，就会陷入无休止和无意义的技术善恶论争辩中，使我们无法全面而客观地看待社交机器人的本质，遮蔽了社交机器人的智能化属性。社交机器人不只是一个简单的技术现象，而是深度地介入了人类社会关系，建构着人机新型社交模式和社会关系的媒介化技术。

从现实应用领域来看，社交机器人能够创作新闻、音乐、文学等作品，被视为具有“主体能动性的人”的“第六媒介”。[1]随着机器深入地学习技术和对海量数据的收集、分析和预测能力不断提升，智能技术正在获得一定的自主能动性，模仿和发展出人格化的情感和言行，甚至在未来会获得判断是非善恶的能力。目前，谷歌搭建的 Deep Mind 神经网络正在使智能机器人朝着超人工智能的方向演进，它可以自主地通过学习建立联系并创造意义，甚至在迭代更新中不断增强它的各项能力。我们不能再简单地将社交机器人看作传播的工具或中介化的媒介，更不是“政治腹语”的操纵对象，而是具有与人类对话和互动能力的传播主体。

在社交机器人出现之前，人类的即时性传播活动建立在“身体在场”或以互联网搭建的“虚拟在场”的基础上。社交机器人则超越了互联网社交媒体的平台媒介属性，使人与机器展开交流甚至协作等社会交往行为，并基于特定的社会文化背景和意义生产过程重塑了公共话语空间，创造了全新的人机传播场域与情境。社交机器人的特殊性在于以虚拟的数字态身体与用户进行着无需身体在场的交流。例如，人们在对 Siri 说“谢谢”这一简单的传播行为中，就表现为人与机器共同创造着“社交在场”。[2]机器正在作为一种社会存在，而具有意识的另一主体——人类，则（不得不）对这个智能技术存在物作出反应。社交机器人的人

1　林升梁，叶立．人机·交往·重塑：作为“第六媒介”的智能机器人［J］．新闻与传播研究，2019，26（10）：87-104，128.

2　Gunkel D J. The relational turn: third wave HCI and phenomenology［M］//New Directions in Third Wave Human-Computer Interaction: Volume 1-Technologies. Springer, Cham, 2018: 11-24.

格化特征，使人们感受到高度的交流在场，并在与之交往中应用人类社会的规则、社会期望等，甚至作出情感反应，引发同情和保护的情感[1]，从而产生了“无中介的幻觉”的心理效应[2]，使原本中介化的社交机器人被转化为社会实体。

社交机器人是由平台或个体基于大数据、算法逻辑和自然语言生成等技术架构所创建的智能媒体，其存在形式是以数据态的方式存在，借助互联网去中心化的空间，社交机器人跨越了时空、渠道等中间介质的种种障碍，与用户直接进行交互。因此，在数字网络时代，具身化将是社交机器人及智能媒介的关键特征。[3]社交机器人与人类的关系也不再仅表现为唐·伊德（Don Ihde）所阐述的人与机器人之间的“他异关系”，即通过自主能动的行为介入环境并与之互动，而更像是透明化媒介形成的具身关系，是以交流主体的存在形式实现的人机传播模式，建构和营造人机传播情境并生产意义空间。因此，社交机器人正由中介化、工具性媒介属性，日益转化为去中介化和超越工具属性的言说主体的性质。

一方面，随着人工智能越来越具有交互性、对话性和社会性，智能媒介不仅是单纯机械式地联结人与人传播的中介，而且是实现意义创造的传播者和参与者，深度改造着人类社会的实践，并引发所谓的“虚拟协同呈现”[4]，从根本上改变人际传播范式、意义生产过程以及社会行动形式，导致社会关系从人类社会转向了人与社交机器人交流的合成互动社会。人机传播是指“人类与数字对话者的交流，后者包括在真实或虚拟环境中的具身化的机器传播者、智能代理以及技术增强的人”[5]。与传统的工具化媒介的角色不同，社交机器人作为具有社会嵌入性的独立传播主体，聚焦于“人与机器之间的意义创造”[6]，渗入了人类社会中的生产、传播、交往等指涉“传播”本身的社会活动。社交机器人建构的意义与传播情境则影响着人的认知与行动，反之亦然。社交机器人的自动化生产、处

---

1 K ü ster D, Swiderska A, Gunkel D. I saw it on YouTube! How online videos shape perceptions of mind, morality, and fears about robots［J］. new media & society, 2020, 23（11）: 3312-3331. 转引自：师文，陈昌凤．信息个人化与作为传播者的智能实体——2020 年智能传播研究综述［J］. 新闻记者，2021（1）：90-96.

2 Lombard, M., & Ditton, T. At the heart of it all: The concept of presence［J/OL］. Journal of computer-mediated communication, vol.3,no.2,1997. JCMC321.

3 Gunkel, D.An Introduction to Communication and Artificial Intelligence.［M］.Cambridge: Polity Press,2020：14

4 Zhao S. Humanoid social robots as a medium of communication［J］. New Media & Society, 2006, 8（3）: 401-419.

5 Edwards A, Edwards C. The machines are coming: Future directions in instructional communication research［J］. Communication Education, 2017, 66（4）: 487-488.

6 Guzman A L. What is human-machine communication, anyway［J］. Human-machine communication: Rethinking communication, technology, and ourselves, 2018: 1-28.

理和传播行为，使之在与人类的交流中构成了一个反馈性回路，并扮演着拟人化的传播者角色，故社交机器人正在被视为人机传播中的数字对话者。

另一方面，除了人机之间的“交流”外，社交机器人的去中介化和去工具性还体现在行为上与人类进行“互动”的过程。社交机器人的互动性和伪装性特点是建构人机传播关系的关键特征，使之演变为行动主体，能够影响人们对特定议题的认知及行动决策；同时，传播活动将日趋演化为由自主能动的且不限于同一个物种的传播主体之间进行的行为。戴宇辰指出，某物的物质性首先表现在其相对稳定的内在特质；其次是以数码或物理形态存在的行动者可以跨越时空界限而不受到社会建构影响；最后是超越对原有情境的主观阐释。[1]从这个角度出发，社交机器人同样具有鲜明的物质性属性。它是一种媒介技术，这是由其自身的行为方式（生产和传播信息）与社会属性（交互性特点）决定的；社交机器人以数字态的形式存在，本质上是不可见的计算机代码，而外在形式是伪装而成的社交媒体账户。它可以24小时连续不断地传播信息和进行社会互动，其自动化的属性完全超越了人类的生理极限，可以在接受指令后自主行动；社交机器人在运行过程中，能够自主地实现客观的社会实践活动，因而具有相对稳定性。此前学者们探讨物质性时，往往从抽象的概念层面论证“物”在社会情境中所具有的能动性，尤以布鲁诺·拉图尔（Bruno Latour）的行动者网络理论最具代表性，该理论把任何包括人类和非人类的行动者看作能动的转译者[2]，例如静态的物在复杂社会关系和行动者网络中参与了建构的过程，抑或是被建构的结果。然而，社交机器人作为动态物介入行动者网络，则使这种停留在概念层面上的静态物的抽象能动性成为现实。

传统媒介生态中，人类是唯一的舆论主体，但在智媒时代，社交机器人相当于一个未知的变量参与到行动者网络中时，它既是自动化的行动者，也是建构媒介生态的行动主体。道格拉斯·吉尔博特（Douglas Gilbert）直言，机器人主体是人类、机器人和共在的环境之间相互转化和互动的产物。当我们将视线聚焦于

1　戴宇辰.“物”也是城市中的行动者吗？——理解城市传播分析的物质性维度［J］. 新闻与传播研究，2020，27（3）：54-67，127.

2　Latour B. Reassembling the social: An introduction to actor-network-theory［M］. New York: Oxford University Press, 2007: 11.

社交机器人及其行动时，便会发现在其活动覆盖范围内的媒介生态，是由社交机器人自主而能动地进行的社会建构过程。[1]社交机器人的物质性表现为“关联网络稳定化的展演性效应”[2]，网络生态内部的舆论生发、信息传播、网络公共事件的生成，乃至标签行动主义的线上社会动员等过程都由包括社交机器人在内的网民、意见领袖、主流媒体、监管者等多方主体参与联动，在这个过程中，社交机器人的意义再生产使网民投入到民主对话中来，或是在与其他主体的互动中，激活多方主体参与意义重构过程，或以技术赋权的方式成为“人民的声音”的传播者，挑战原有的话语权力关系结构。

当我们具体考察社交机器人发挥的作用机制时，可以将上述多方主体构建的关系网络简约化为“操纵者—社交机器人—受众”的行动者网络。在此，社交机器人作为信息的传播者或命令的执行者，受到其背后操纵者意图的影响，但这只是一种单向的传播行为，尚不能使之成为真正意义上的行动者。社交机器人“互动性”特征的重点在于，当这种隐匿了真实身份的社交机器人作为一种积极能动的行动者联结了操纵者和受众时，实现了操纵者的意愿，让部分网民受到操纵者意图的影响，而且由社交机器人转译了受众的意愿，使受众不得不考虑他们接收到的信息内容并作出相应的认知和行动。此时社交机器人才发挥了联结多方主体的作用，并在网络舆论生态中彰显能动性。从社交机器人及其操纵者的视角看到的传播模式是：用户—社交机器人—机器人的创建者 / 操纵者。而从用户的角度理解的传播模式是：（社交机器人伪装的）虚假用户—真实用户。社交机器人借由伪装术和拟人化的特征，完成了由中介式的传播媒介到传播主体的身份转变，同时使用户在不知不觉中，获得了与“媒介”交互在场的具身式体验。

“我们生活在一个深度媒介化的时代。”[3]从后现象学的“延展的中介化理论”来看，媒介技术不是联结客观世界和人类认知的中介，而是重塑了我们对客观事物的认知；媒介不仅反映了世界，而且参与了塑造世界。约翰 · 杜翰姆 · 彼德斯（John Durham Peters）在《对空言说》中说道，虽然人类同时具有言语和交

1 Guilbeault D. Automation, algorithms, and politics| Growing bot security: An ecological view of bot agency［J］. International Journal of Communication, 2016, 10: 19.

2 Law, J. Objects and spaces［J］. Theory Culture & Society, 2002, 19（5-6）:91-105.

3 Hepp A. Artificial companions, social bots and work bots: Communicative robots as research objects of media and communication studies［J］. Media, Culture & Society, 2020, 42（7-8）: 1410-1426.

流[1]，但“交流”并非人类独有的能力，人们也从未放弃对于无血肉之躯的计算机等存在物，在构想、研发及技术的更新中找到彼此交流的可能。作为智能化的媒介存在物，社交机器人是与人类进行直接交流的跨物种传播主体，这使得交流正在将人类社会推向由多元化的智能传播主体所搭建的后人类技术图景——人类与智能主体的交互打破了传统以人类为中心的交流模式。

三、反思与总结

总之，社交机器人绝不仅仅是简单的技术应用，而是会极大地拓展和突破过往的媒介概念、传播模式以及原本仅存在于人与人之间的传播关系和交流方式，并在人类社会的关系与情境之中发挥其媒介化的作用，建构具身性的人机传播模式和社会关系。彼得斯说：“我们在漠视‘超自然现象’和‘非人存在物’时，使用的都是‘遏制’策略，这种策略只不过是一种道具，用来支撑我们脆弱而危险的身份。”[2]正是这种策略的应用，使我们在面对社交媒体中日渐兴起的社交机器人时，更多地对其采用批判性的负面立场，而较少地以人与非人存在物共存、共在的态度对待新兴的物种。不知为何，近年来智能媒体的兴起使我们开始警惕技术，并聚焦于技术可能对人类社会造成的负面影响，却丢弃了人类最初对待技术的乐观主义精神———技术造福人类的积极面向。

社交机器人等智能媒介技术的角色多面性与功能多样性，正在引导我们跳出工具论的局限性，为我们提供一种重新认识和看待社交机器人等智能媒体的媒介学视野。作为有限人格的传播主体，社交机器人必将重塑媒介生态，人与社交机器人的关系不再是单纯的操纵和利用关系，而是涉及两个不同物种之间的主体间性问题，社交机器人和人类各自作为独立的主体而存在，又因传播与交互而建立社会关系并创造新的意义。可以预见，未来社会“人＋社交机器人”的传播格局已成为一种可想象的社会图景[3]，我们应在人机协同的媒介生态中，编织和塑造对未来社会的想象。

1　约翰·杜翰姆·彼得斯．对空言说．［M］．邓建国，译．上海：上海译文出版社，2017：328.

2　约翰·杜翰姆·彼得斯．对空言说．［M］．邓建国，译．上海：上海译文出版社，2017：331-332.

3　张洪忠，段泽宁，韩秀．异类还是共生：社交媒体中的社交机器人研究路径探讨［J］．新闻界，2019（2）：10-17.

第八章

舆论引导中情感资源的利用及反思

舆论引导是当前学界关注的热点议题，涉及新闻传播学、政治学、公共管理学、社会心理学、计算机科学等多个学科，产生了丰富的研究成果，但研究视角多集中于舆论的发生、演化、研判、应对等方面，前提预设多将“情感”视为非理性病症，研究对策偏重消极意义上的技术防控或政策管控，缺乏把情感视为治理资源的想象力。尽管有研究者尝试从公共表达、媒介赋权、情感结构等视角切入，研究舆论背后深层次的社会心理，建立了情感动员的分析框架，但很少有研究探讨舆论引导中情感资源的使用边界。本章重新审视情感在舆论的形成过程中扮演的多重角色及隐藏功能，探讨舆情引导实践中情绪资源使用的可能路径及边界，尝试构建一种情感融入的新型舆论引导观。

第一节　情感是舆论引导中的洪水猛兽吗

“数字化生存”时代，公众的政治参与方式发生了根本性转变，给传统的舆论引导模式造成了极大的挑战。由于网络舆情具有突发性、互动性、感染性、隐蔽性等特点[1]，一旦各类信息在短时间内迅速聚集，形成舆论波，舆论引导工作便面临信息传播迅速难掌握、意见分散难平衡、圈层传播难渗透、情绪共鸣难疏导、社会共识难获得等难题。[2]尤其当涉及敏感身份符号时，社会情绪极易借助互联网平台进行放大、聚焦和变异，形成一股强有力的力量，一个偶然突发事件就可能成为导火索，甚至引发群体性事件。此时，公众的参与动机中夹杂着强烈的社会情绪，呈现出社会泄愤特征，对社会秩序带来了极大的挑战。有学者从不同视角解读了情感的社会逻辑与潜藏功能，他们将情感表达视为一种公共话语实践方式：如“痛苦”情绪是弱势的底层群体进入公共空间的“媒介”以及政治参与的

1　张一文，齐佳音，方滨兴，等. 非常规突发事件网络舆情热度评价指标体系构建[J]. 情报杂志，2010，29(11)：71-75，117.

2　陈帆帆. 移动互联网背景下突发事件舆论引导的难题与破解［J］. 传媒，2017（17）：70-72.

重要管道，“同情”则会推动相关议题的公共讨论[1]，愤怒等情绪则是“公共情感的失范”的表征[2]。还有学者研究了中国社会的情感结构，包括不同社会阶层的社会情绪[3,4]，以及集群事件中怨恨、愤怒、悲情、戏谑、泄愤等情绪的动员策略与效果[5,6,7,8]。由此提出的“情感抗争”分析框架[9,10,11,12]，共同揭示了愤怒、悲情、戏谑等情感在集群事件中所进行的动员策略[13]。

可见，情感动员分析框架对于理解网络舆论的深层诱因具有重要的理论意义，已有的研究却总体呈现出二元对立的价值取向，这容易导致在舆情引导实践中陷入非此即彼的困境。在实践中，一些地方政府在舆论引导方面存在认识不够、体制僵化、机制落后、引导策略不足、手段片面等问题[14]，使事件处理的过失和舆论引导的不当产生相互叠加效应，社会舆论更加急剧波荡、扩散，结果把小事拖大、大事拖炸。[15]由此，研究者们从不同的角度开出了舆论引导改进“药方”，如从刚性维稳向韧性维稳、从管理向治理、从控制到协商、从事实澄清向情感疏导转变等。邵全红指出，重大舆情事件的舆论引导理念要坚持事实引导与价值引导并重，事实层面的引导就是告诉民众全面、真实、准确的事实；价值层面的引

1　袁光锋．感受他人的“痛苦”：“底层”痛苦、公共表达与“同情”的政治［J］．传播与社会学刊，2017（40）：203-236.

2　成伯清．从同情到尊敬——中国政治文化与公共情感的变迁［J］．探索与争鸣，2011（9）：46-50.

3　成伯清．心态秩序危机与结构正义：一种社会学的探索［J］．福建论坛（人文社会科学版），2016（11）：130-138.

4　王鹏．情感社会学的社会分层模式［J］．山东社会科学，2013（3）：55-59.

5　成伯清．怨恨与承认——一种社会学的探索［J］．江苏行政学院学报，2009（5）：59-65.

6　杨国斌．悲情与戏谑：网络事件中的情感动员［J］．传播与社会研究，2009（9）：39-66.

7　王金红，黄振辉．中国弱势群体的悲情抗争及其理论解释——以农民集体下跪事件为重点的实证分析［J］．中山大学学报（社会科学版），2012，52（1）：152-164.

8　王金红，黄振辉．中国弱势群体的悲情抗争及其理论解释——以农民集体下跪事件为重点的实证分析［J］．中山大学学报（社会科学版），2012，52（1）：152-164.

9　杨国斌．悲情与戏谑：网络事件中的情感动员［J］．传播与社会学刊，2009（9）：39-66.

10　谢金林．情感与网络抗争动员——基于湖北“石首事件”的个案分析［J］．公共管理学报，2012，9（1）：80-93，126-127.

11　袁光锋．同情与怨恨——从“夏案”、“李案”报道反思“情感”与公共性［J］．新闻记者，2014（6）：11-16.

12　刘涛．情感抗争：表演式抗争的情感框架与道德语法［J］．武汉大学学报（人文科学版），2016，69（5）：102-113.

13　朱力，曹振飞．结构箱中的情绪共振——治安型群体性事件的发生机制［J］．社会科学研究，2011（4）：83-89.

14　谢金林．控制、引导还是对话——政府网络舆论管理理念的新思考［J］．中共福建省委党校学报，2010（9）：4-10.

15　陈一收．中国共产党提升舆论引导能力研究［D］．福州：福建师范大学，2012.

导实质上是心理的引导，即引导民众客观、公正、辩证地看待某一事件。[1]张志安等人视情感传播为未来新趋势，即新闻发布不仅需要提供准确的事实，根据事件动态发展更新调查获知的信息，还要懂得从把握公众情绪结构、社会风险感知的角度去考虑新闻发布的信息提炼，实现情感调适和价值表达。[2]

通过文献梳理可以发现，情感在舆论的发展过程中扮演了多重角色，现有的研究多对社会情感持负面态度，缺乏把社会情绪视为一种社会资源的想象力，导致舆论引导工作的重心并没有放在立场、情感和关系认同上，而是集中在管理手段、技术和政策上，影响了舆论引导的效果，“所以，在摆事实、讲道理之前，首先要解决立场问题、感情共知问题和关系认同问题，这是社会沟通、舆论引导起效的最为重要的前提和基础”[3]。

第二节　舆论引导实践中对情感表达的认知误区

公共舆论在诺依曼笔下被视为社会的皮肤，它敏感而脆弱，是社会的外在保护层[4]，它的外表下夹杂着公众隐藏的情感和认知。面对汹涌的民意，如果只求摆事实，讲道理，而不顾情感安抚与价值认同，效果会大打折扣，有时还适得其反。因此，“进行舆论治理，需超越单一维度的小逻辑，从社会舆论、社会心态、社会结构的整体框架中寻找系统性的大逻辑，为破解舆论治理难题找到求解的正确路径”[5]。但是，当前舆论引导实践中对情感资源的功能认知还存在一些障碍及误区，主要表现如下：

一、视情感表达为“非理性”病症，无视公众诉求与焦虑

在突发事件中，公众的焦虑与恐慌情绪会在互联网空间迅速蔓延，相关部门对事故原因的追查也会导致怨怼情绪的产生，此时的舆论引导首先应及时回应公

1　邵全红．重大突发事件复发舆情的效应及舆论引导策略——以 H7N9 禽流感复发舆情为例［J］．新闻爱好者，2017（10）：25-28.

2　张志安，张世轩．5G 时代的信息传播与舆论引导［J］．传媒，2019（22）：13-15.

3　喻国明．网络舆情治理的基本逻辑与规制构建［J］．探索与争鸣，2016（10）：9-12.

4　伊丽莎白・诺尔－诺依曼．沉默的螺旋：舆论——我们的社会皮肤［M］．北京：北京大学出版社，2013.

5　张涛甫，王智丽．中国舆论治理的三维框架［J］．现代传播（中国传媒大学学报），2016，38（9）：32-36.

众的情感诉求，注重人文关怀。但在实践过程中，一些地方政府片面地理解正面宣传的含义，“把喜等同于和谐，把忧等同于不和谐”[1]。结果是“报喜不报忧”，甚至将负面舆情进行自我美化，对公众关切的焦点问题避而不谈，影响了舆论引导的公信力和有效性。还有一些舆论引导部门采取比较强硬的态度，习惯性地将突发事件定性为“少数别有用心的人煽动不明真相的群众所致”。事实上是，很多群体性事件的发生并非偶然，而是社会情绪长期累积的结果，有学者由此提出了社会泄愤的分析框架，主张重视事件背后复杂的社会心理因素，也提醒有关管理部门在处置突发事件的舆情时，慎用“黑恶势力”等称谓，不随意给群众贴“不明真相”“别有用心”“一小撮”等标签。[2] 2019 年 7 月，某大学学伴制度引发了舆论关注，官方一开始采取较为强硬的态度，认为“此类事件不排除是别有用心、有组织和有预谋的炒作，背后有操纵的可能”，此番回应可谓一石激起千层浪，导致舆论迅速升温。随即有关该校留学生的使用经费、住宿条件、用电配额等问题均遭到网民深挖，而一位遭遇交通事故的博士留学生因生活不便、语言不通需招募 25 位陪护志愿者的新闻更是将事件推向了高潮，最后官方表示诚恳道歉后舆论才逐渐平息。究其原因，很大程度上是由于舆论应对部门只看到了舆论的非理性的一面，却忽视了背后的深层次问题。“此次学伴事件，虽然有过度解读的成分，但是民众的忧虑也值得引起有关部门的重视。如何吸引更多外国留学生来华学习，如何让留学生融入国内高校的学习与生活，有更多创新工作要做。”[3]

2018 年 7 月 21 日，一篇名为《疫苗之王》的文章迅速引爆微信朋友圈，国民疫苗安全问题再次被推到风口浪尖，随后《新京报》《南方都市报》《北京青年报》等多家主流媒体跟进报道，并在头版刊登企业检查通报，同时引发了各类猜测、质疑、声讨甚至谣言，公众的恐慌、焦虑和愤怒情绪也因此迅速蔓延。[4] 部分影视明星们也加入集体声讨，他们使用了激情的文字甚至爆粗口来表达内心

1　丁柏铨 . 新闻传媒：如何面对社会不和谐因素——从一个侧面考察其在构建和谐社会中的作用［J］. 现代传播（中国传媒大学学报），2005（5）：26-29.

2　于建嵘 . 社会泄愤事件中群体心理研究——对“瓮安事件”发生机制的一种解释［J］. 北京行政学院学报，2009（1）：1-5.

3　熊丙奇 . 别脑补“学伴”制度，但留学生也不宜样样“特殊”［N］. 新京报，2019-07-12.

4　东岳客 . 问题疫苗事件：不能任由恐慌、愤怒情绪蔓延，相关部门须及时回应关切［EB/OL］.（2018-07-22）［2022-06-22］.

的愤怒情绪，却获得了网民们的普遍点赞和认同，产生了共情效应。因为情绪化意见表达的背后，折射的是公众对孩子身体健康和生命安全的担心和焦虑，透过各类情绪，我们可以洞察到深层次的社会问题。正如杨国斌所言："尽管情绪化的表达，表面上似乎有违背道德伦理的时候（如骂人和侵犯隐私的黑客行为），但实质上却反映了特定历史条件下的道德和价值观的冲突。"[1]

二、将舆论动员简单视为情感消费，忽视话语的公共性

大量案例研究表明，以轻松活泼的恶搞戏谑方式推动舆情发酵是最快捷的手段，如创作段子，编写短小精悍的幽默小故事进行嘲讽，使公众获得一种"被禁止的快乐"；制作讽刺性新闻漫画（被称为"带刺的玫瑰"）针砭时弊，抑恶扬善；通过编撰、改编诗词的方式进行嘲讽，借助刷屏或比赛方式加大传播力度；改编某首流行歌曲，借助熟悉的音乐旋律来进行文字传播；改编视频，利用公众熟悉的电影、电视剧、话剧、演讲等片段进行二度创作；将公共事件中的典型符号如穿戴物进行商业包装，变成热销产品。这些轻松活泼的戏谑方式是社会负面情绪的另一种表现，可以达到"去敏感化"的效果，并调动大量的事件冷漠者参与进来。

对网络舆论理性与非理性的讨论，学界使用最为频繁的概念当属哈贝马斯的公共领域。哈贝马斯曾将公共舆论视为公共领域的话语协商实践过程，而政治权力的干预和商业力量的腐蚀会导致公共领域"再封建化"的后果。哈贝马斯设定的公共领域须符合以下特性：平等、开放、"无偏倚性"、事关公共利益和公共福祉以及话语的批判性，但是，哈贝马斯明确指出，随着市场化力量的入侵，公共领域的领地正在一步步缩小，甚至导致了公共领域的私人化和私人领域的公共化的双重恶果，"公共领域变成了发布私人生活故事的领域，无论是，所谓小人物的偶然命运，或者，有计划地扶植起来的明星赢得了公共性；抑或是，与公共相关的发展和决策披上了私人的外衣，加以拟人化，甚至无法辨认出来"[2]。哈贝马斯关于公共领域的经典论述影响很大，当然不乏质疑，弗雷泽认为哈贝马斯笔下的公共领域过于理想化：它排除了底层和边缘群体的参与，也排除了"情感"

---

1 杨国斌．悲情与戏谑：网络事件中的情感动员［J］．传播与社会学刊，2009（9）：39-66.

2 哈贝马斯．公共领域的结构转型［M］．曹卫东，王晓珏，刘北城，等译．上海：学林出版社，1999.

的实践。[1]但是，在分析中国网络舆论的实际状况时，众多学者仍倾向于将情感、市场力量以及权力干预等视为网络公共领域的制约因素，有学者直言中国网络空间并不存在真正意义上的公共领域。事实上，网络舆论虽然一直受到多种力量的影响和制约，它所起到的意见表达和舆论监督效果却是无法忽视的，我们不能用既有的概念和理论来遮蔽现实的复杂性，网络公共领域非但不能避免情感和商业力量的介入，相反，它们本身就是公共话语实践的一部分。如在“青岛大虾宰客事件”中，网民发明了价值 38 元的“钱币”作为纪念，形成了热点传播，而有商家以 38 元 / 大虾作为度量单位进行价格促销，通用格式是“我们价格只需多少个大虾，现在买，送你多少个大虾”，形成了热点营销，延长了事件的热度。某种意义上，突发事件引发的网络狂欢并不是毫无节制的释放，而是回应一个时代的情感结构，“我们不应该站在‘情感—理性’的二元对立的逻辑上，而应该超越这一逻辑，重新反思情感与认知（理性）的关系，以此为基础，我们或许能够更深刻地理解公众之间的交往关系和公共讨论”[2]。

2019 年 10 月 10 日晚上 6 点，江苏无锡高架桥发生侧翻事故，引发舆论关注。13 日晚上 9 点，“@ 无锡发布”发表了一篇题为《在重大事故面前，我们该做的关爱与理性！》的短评，这篇意在“循循善诱”的博文用嘲讽的语气“声讨”了网民的非理性言论和商业的借机炒作：

“比事故原因、调查结果飞得更快的是各种敲锣打鼓似的视频传播，是弹眼落睛的网络谣言，是朋友圈里你来我往、似真似假的揣测、别处新闻的嫁接，是自媒体假慈悲博眼球式的祈祷……在官方通报到来之前，网络见证了一拨面对重大事故的自嗨，悲情的意味很少。”

这一言论不仅没有化解负面舆论，反而遭到网民炮轰，人民网也发表了时评文章《舆论为什么对无锡发“脾气”？》，指出无锡方面将网民的关注视为“一波面对重大事故的自嗨”，将网友的祈祷视为“假慈悲博眼球”，是一种对舆论的敌视、高高在上的姿态。并认为，当舆论能力成为“时代刚需”，无锡要做的是以平等的姿态与网民对话，画出最大同心圆、取得最大公约数，而不是摆出一

1　Fraser N .Rethinking the Public Sphere: A Contribution to the Critique of Actually Existing Democracy.［J］.Social Text, 1992.

2　袁光锋．“情”为何物？——反思公共领域研究的理性主义范式［J］. 国际新闻界，2016，38（9）：104-118.

副高高在上的训诫面孔，置身于公众的对立面。[1]

尽管舆论的煽情和炒作搅乱了网络空间的秩序，但在一定程度上推动了公共话语的表达，成为公共舆论的有机组成部分。就像林郁沁在分析民国时期“施剑翘复仇案”时指出的那样：“媒体的煽情炒作，国家权力的扩张和市民领域的某种程度萎缩并不一定为所有具批判作用的公众敲响了丧钟，充斥商业炒作和维权政治操纵的30年代正提供了一个有趣事件，让我们思索大众媒体的煽情炒作如何有效地动员或者询唤了一个对不断集权化政权表达强烈批评的现代公众。”[2]因此，对待这件事件的做法应是：“我们需要质疑以往研究中把理性交往行为视为发展具批判作用的现代公众必不可少的要素的做法，也反对当前大多文学理论中把情感和理智、理智和道德作二元划分的做法，即便在高度商业化传媒和高涨的大众情绪是否也包含哈贝马斯的公共空间的理性交往元素？媒体的炒作如何推动公众对正义内涵的探讨、对公众人物丑行的谴责，及现代社会及其公民的正当道德行为的厘定？”[3]

三、激情回应或迂回战术，激发或回避矛盾

如前所述，在舆论引导实践工作中，一些地方政府存在认识僵化、思想陈旧、方式单一等问题，导致快说、多说、乱说、胡说等现象，引发次生舆情。就公众而言，当自身诉求得不到有效满足或受到压制时，会产生怨恨情绪，也常会借助某一突发事件来进行借题发挥，达到“讨个说法”或“出口气”的结果，从而吸引了众多无涉直接利益者的介入[4]，这使得突发舆情的应急处置面临更大的不确定性：政府若对舆情不理不睬，消极应对，则将加剧网民的不满与愤怒，甚至出现制造谣言倒逼真相等行为，损害政府公信力。但如果被网民的情绪所激怒，进行激情回应，那无疑是火上浇油，导致矛盾激化和事件升级。

2017年3月25日，“山东辱母者案”引起舆论一片哗然，公众在激愤之下纷纷谴责有关部门失职。此时，“@济南公安”却发布微博称“情感归情感，法律归法律，这是正道”，疑似回应该案，引发巨大争议。随后，“@济南公安”

1　霍严．人民网评：舆论为什么对无锡发“脾气”？［EB/OL］．(2019-10-14)［2022-06-22］．
2　林郁沁．施剑翘复仇案：民国时期公众同情的兴起与影响［M］．陈湘静，译．南京：江苏人民出版社，2011.
3　林郁沁．施剑翘复仇案：民国时期公众同情的兴起与影响［M］．陈湘静，译．南京：江苏人民出版社，2011.
4　林郁沁．施剑翘复仇案：民国时期公众同情的兴起与影响［M］．陈湘静，译．南京：江苏人民出版社，2011.

又发布“世事多奇葩，毛驴怼大巴。毛驴：不服来战！大巴：容你战我千百回，受伤的驴总是你啊！”并配以“毛驴撞大巴”的图片，疑似暗讽网友是驴，此举彻底引爆舆论场，一时间，“驴民”横空出世，迅速成为新的网络热词。自嘲“驴民”的各地网友、民间“段子手”、借机蹭热度的自媒体营销账号纷纷上阵，形成了围观之势。此举还引发了网友造句热潮，如“毛驴怼大巴，轻松十万加”；“墙倒众驴推”；“驴能拉车，也能翻车”；“不杀不足以平驴愤”等，甚至有网友将“鲁驴怼车”析意，建议纳入新版《成语词典》。虽然济南公安事后以“两条微博不代表任何观点，是未经请示的个人行为，值班人员并非民警”为由删除了相关内容，但这种“甩锅”套路并不能说服网民，人民日报发表微评《别把官微当成个人菜园子》，称：“官微不是某个人的菜园子，想种什么菜就种什么菜，想施什么‘肥’就施什么‘肥’。面对舆论关切，不能不说话，更不能乱说话。不说话就是尸位素餐，乱说话则会添乱。当前，越来越多机构开通了微博微信，守住权力边界，按捺住个体冲动，才能少生事端。”[1]

还有些舆论引导者虽然善于使用情感话语，但其目的却是采取迂回路线来转移矛盾，结果弄巧成拙。2011 年，河北省邯郸市武安市发改委马科长在记者询问钢铁产能的问题时，先是无言以对，再答非所问，现场数度静默并多次出现马科长小声嘀咕“别讲了、别讲了”的请求，此采访被实拍成视频，并在网络疯传，网友讽刺性地将此官员称为“背书帝”。[2]以下内容为记者采访实录：

记者：目前（2011 年）为止我们钢铁产能情况怎么样？

马科长：钢铁我们的历史发展比较长，产业工人比较丰富。

记者：那到目前（2011 年）为止我们钢铁产能情况怎么样？

马科长：我们实施精钢战略是想在调整布局的过程中，提高装备水平，做好节能减排，搞好循环经济发展。

记者：能问一下，到目前（2011 年）为止钢铁产能情况怎么样？

马科长：别讲了，别讲了……

记者：那么从 2006 年到现在（2011 年）钢铁产能增加了多少？

1　人民微评，别把官微当成个人菜园子［EB/OL］.（2017-03-27）［2022-06-22］.

2　法制日报，别让滑稽“背书帝”遮住眼［EB/OL］.（2011-04-28）［2022-06-22］.

马科长：别讲了，别讲了……

记者：武安市一些企业上的项目，不是国家发改委批的，作为发改局来说，对于这样的产能是怎样一个看法？

马科长：说不出来。

马科长的采访视频公开后，引起了舆论热议，有媒体评论说，采取“打太极拳式”的迂回战术非但不能解决问题，可能还会激发新的矛盾。面对信息公开的要求，如果“装疯卖傻”“推脱拖延”“答非所问”，只会引发更多的猜疑，削弱政府的公信力，“对于‘背书帝’的问题，我们当然要拷问马科长，但终点却不能落在马科长身上，而是要问，是谁让马科长成为‘背书帝’，进而拷问如何让政府信息公开成为常态，消除‘背书帝’形成的土壤。”[1]

第三节　舆论引导实践中情感资源的使用及边界

如上所述，公共舆论中的情感表达既可能带来众声喧哗的后果，也可能成为舆论引导的宝贵资源，这需要舆论引导者转变观念，顺应民情，因势利导。习近平总书记指出，随着形势发展，党的新闻舆论工作必须创新理念、内容、体裁、形式、方法、手段、业态、体制、机制，增强针对性和时效性，要适应分众化、差异化传播趋势，精准定位受众，善于设置议题，形成全方位、多层次、多声部的主流舆论矩阵。[2]习近平总书记的这一重要讲话，充分强调了新时代的舆论工作要以群众为中心，尊重群众的参与权、知情权，回应群众的期待关切，转变文风，使报道言之有物，言之有理，言之有情，使群众爱听、爱看、爱传，这对改革新时代的舆论引导工作，具有重大的现实指导意义。概而言之，舆论引导中情感资源的开发和使用可以从以下三个维度展开。

一、官方话语的拟人化与情感体制的建立

官方话语拟人化指赋予政务微博虚拟人格并以“虚拟自然人”的身份与网民

1　央广网，“背书帝”是权力封闭运作结下的怪胎，［EB/OL］.（2011-04-28）［2022-06-22］.

2　习近平新闻思想讲义［M］. 北京：人民出版社，2018.

进行互动的一种传播策略。在实践中，大多数政务微博的虚拟人格都倾向于“扮可爱”“卖萌”，但也存在着“调侃式互动”“过度拟人化”问题。张放等人通过实证研究，考察了政务新媒体拟人化策略的效果，发现账号资料拟人化对提升互动效果的作用最佳，表达风格拟人化次之，而交流内容拟人化的作用最为有限，并将这种由外而内效果逐渐衰减的现象称为“封面效应”。[1]

就时效性而言，融媒体时代，为了提升舆论引导力与影响力，主流媒体的网络渠道需要通过各种方式，尽最大可能使得自己所发之声能够被最大量的民众分享、传播，形成微博、朋友圈、微信群等的“刷屏”之势，以实现网络舆论引导[2]，官方话语的拟人化和情感融入是最为常见的手段，主要体现在以下几个方面：其一，账号资料拟人化。账号资料线索主要是指政务微博的网名（账号或昵称）、虚拟形象（头像或全身像）、在线资料（文字或视频）等表明身份属性的基本信息。例如，“@江宁交警大队”账号使用了警察卡通形象作为虚拟头像，简介：“道路上有俺们交警蜀黍，筒子们不会孤单~”。其二，发布信息中的拟人化称谓。信息发布过程中，各级政府职能部门也倾向于使用兄、妹、叠字等亲切称谓，以拉近与受众之间的心理距离，如共青团中央官方微博“@共青团中央”常自称“团团”并将自身构建为一个有责任的男性形象；重庆两江新区微信公众号自称“江小妹”；浙江省温州市中级人民法院官方微博“@温州法院”自称“温法君”。这一使用方式甚至延伸至“个人－祖国”的关系图式中，2019年9月国庆前夕，“@共青团中央”号召漫画爱好者参与“我为阿中哥哥庆生”活动，将祖国称为“阿中哥哥”，发布的一系列漫画中，国家以少年、青年的形象出现，将“粉丝－明星”关系挪用至爱国图式中，引来青年拥趸。其三，动漫化与游戏化。如科普漫画《那年那兔那些事儿》，其幽默诙谐的画风，将新中国成立前后的一系列国内外重要政治、军事、外交事件用动画的方式呈现，吸引了大批网友，打造了新型IP。该动漫将世界各国和地区比拟成小动物，如中国是头戴五角星帽的兔子，美国是白头鹰，苏联是棕熊，印度是白象，中东各国是骆驼等等。设计的卡通形象呆萌可爱，在台词的处理上，又大量使用网络流行语，语言风格轻松幽默，通过

1　张放，王盛楠．政务微博拟人化互动效果的实验研究［J］．国际新闻界，2018，40（3）：132-151.

2　胡智锋，刘俊．主体·诉求·渠道·类型：四重维度论如何提高中国传媒的国际传播力［J］．新闻与传播研究，2013，20（4）：5-24，126.

卖萌、自嘲，塑造了时而热血、时而呆萌、时而腹黑的有血有肉的国家形象[1]，达到了破圈层化传播的效果。

同样，在国际政治传播中，如果能够适当调用情感资源，往往能起到意想不到的效果。如在面对海外网友对于中国民族宗教问题的质疑，官方回应往往义正词严，而 @China SCIO（以国新办命名的社交媒体）的回复则十分巧妙，一句“哥们，你来过中国吗？”，幽默、亲切又不失中国立场，实现了硬信息的软着陆，符合西方的传播逻辑，契合受众的接收心理，在国际社会赢得了话语空间。

需要注意的是，官方话语的拟人化虽可以拉近和公众的距离，但并不是随心所欲的，“必须要遵循着特定的规则和逻辑，契合特定的宏观社会结构背景的要求，体现为特定的情感体制”[2]。官方机构尝试网络语言固然可以起到更亲民、更人性化的宣传效果，但同时也不能失去官方的严肃性和权威性，在“卖萌”的同时，也应注意把握尺度，不宜因过度卖萌而走向媚俗。

2020 年新冠肺炎疫情暴发初期，武汉火神山医院和雷神山医院的建设现场引起了广大网友的围观，有超过 7000 万人参与了这场“云监工”。央视频也顺势认证了“挖掘机天团”，并先后上线了“助力榜”，将“叉酱”“蓝忘机”“呕泥酱”“小小黄”等加入榜单，鼓励观众为建设现场打榜加油。网友纷纷为建筑工地上忙碌的工程设备取名：高层吊车被叫作“送高宗”，混凝土搅拌车被叫作“送灰宗”和“呕泥酱”；一台黄色挖掘机叫作“小黄”，另一台黄色的小型挖掘机则被叫作“小小黄”；一台蓝色的反向挖掘机原来叫作“小蓝”，后来又被网友称呼为“蓝忘机”：工地上的摄像头叫作“摄政王”，照明灯则被叫作“光武帝”，开灯为“上朝”，关灯则为“退朝。同时，大量段子也被创造出来，还配上了相关的拟人漫画。甚至还有人在网上称云南医院接收的大多数病例是“野生菌中毒”。然而，也有观点质疑了这种“拟人化”“娱乐化”“饭圈化”行为，此类卖萌式、拟人化操作类似行为遭到强烈的质疑和不满，被形容为“低龄”“幼稚”“弱智”“恶心”。“这种诞生于苦痛和死亡的‘不屈象征’，是否适合通过一种娱乐化的方式呈现？更重要的是，官方在其中又该保持什么样的姿态？”[3]

1 小樊谈教育 . 那年那兔那些事儿，有利于激发学生的主流价值认同和爱国情怀［EB/OL］.（2021-07-03）［2022-06-22］.

2 成伯清 . 当代情感体制的社会学探析［J］. 中国社会科学，2017（5）：83-101，207.

3 刺猬公社 . 疫情下的“饭圈化拟人”，有意思吗？［EB/OL］.（2020-02-01）［2022-06-22］.

二、特定时间节点的参与式互动与游戏式情感体验，创建“情感共同体”

政治动员是大众媒介发挥的一个重要功能，尤其是特定的时间节点，通过直播手段实现国家重大事件中爱国情感、民族认同的传播与动员。戴扬、卡茨曾将这类具有“竞赛”“征服”“加冕”等特征的事件概括为“媒介事件”，或称为“电视仪式”“节日电视”甚至是“文化表演”。[1]成伯清曾将现代社会的情感体制分为三类：整饰体制、体验机制和表演机制，并认为表演具有凝聚群落、创造情感联接、创建“情感共同体”的功能，它通过戏剧化和视觉化的方式，特别是诉诸生动的形象，给予人以情感的冲击。[2]某种意义上，具有重大意义的媒介事件都是经过精心策划、设计和宣传的，基于特定的时间节点或情境，容易调动公众普遍的情感体验，激发情感共鸣，产生社会反响。[3]

新媒体时代，利用融媒体报道技术来实现参与式互动与游戏式情感体验，可以起到意想不到的效果。2017 年，为纪念中国人民解放军建军 90 周年，人民日报客户端借助人脸识别、融合成像等技术，制作互动 H5《快看呐！这是我的军装照》（简称“军装照”H5），帮助网友生成自己的虚拟“军装照”，共同表达对人民子弟兵的喜爱之情，网友只需通过扫描二维码就能生成自己的虚拟“军装照”，很快实现了微信朋友圈的刷屏效应，成为一款现象级新媒体产品，在 2018 年中国新闻奖首次设立的媒体融合奖项中，“军装照”H5 获得一等奖。可见，尽管互联网的发展给传统主流媒体带来极大压力和挑战，媒体与受众的传播关系发生深刻变化，但随着媒体融合战略的推进，主流媒体在互联网这一传播主战场上也大有可为。只要在保持导向正确、内容准确等传统优势的基础上，遵循互联网传播规律，牢固树立用户意识，善于利用创新手段、先进技术、外部资源，实现融合传播，主流媒体就能在速度、广度、深度上不断实现突破。[4]

2019 年，人民网联合腾讯在新中国成立 70 周年大庆推出的 H5 产品“我的年代照”，依托智能人脸识别技术，用户可以通过上传自己的证件照，生成和分享 70 年来不同年代背景的个人肖像融合照片。“我的年代照”以“每个人都是中华人民共和国伟大复兴的时代亲历者与见证者”为切入点，将普通人所经历的

1　丹尼尔·戴扬，伊来休·卡茨．媒介事件［M］．麻争旗，译．北京：北京广播学院出版社，2000.

2　成伯清．当代情感体制的社会学探析［J］．中国社会科学，2017（5）：83-101，207.

3　张志安，黄剑超．融合环境下的党媒情感传播模式：策略、动因和影响［J］．新闻与写作，2019（3）：78-83.

4　余荣华．获得中国新闻奖的“军装照”H5，它的“金点子”是怎么产生的［EB/OL］．（2019-01-10）［2022-06-22］.

年代记忆与新中国成立 70 周年的时代变迁相结合。通过不同年代名叫建国的人的故事开场，依托不同年代特有的场景和衣着照片，让用户可以以个人视角的回忆为入口，生成不同年代的个人照片，触动不同圈层不同年代的用户，让宏大的家国情怀落回用户身边，具有生活感和真实感。

基于 H5 产品的舆论热度，“我的年代照”从微信向微博、网媒等渠道进行全网扩散，微博 KOL 发布相关内容进行扩散传播，同时进行 7 天情感故事征集有奖活动，引发网友的热情互动，持续扩大曝光和影响力。“我的年代照”迅速实现了用户年龄层破圈，受众覆盖了从“60 后”到“00 后”的各个年龄阶段，不少“70 后”“80 后”在评论区讲述自己作为时代变迁亲历者的经历，并对亲历的历史事件进行记忆再现，大量的“我和祖国的故事”引发“同历者”共鸣，大量转发又吸引更多的用户参与话题，具有强大的“群体感染”效应，让网友“回到”新中国成立后的每个年代，在不同场景中感受时代气息，见证社会变迁，感受个人成长与国家命运之间的密切关联，增强了国家认同感。[1]

第四节　突发事件中舆论引导中的情感传递与人文关怀

舆论引导中能否激活公众的情感资源呢？答案当然是肯定的。在移动互联网时代，人人拥有麦克风，在众说纷纭中，原有的科层式管理的主导舆论型机制面临失效。只有与公众真诚沟通，将管理模式转为关系模式、结果模式转向过程模式、一家发布转为合力发布，才能真正意义上优化舆论引导方式，提高舆论治理的水平。

2015 年“东方之星”沉船事件发生后，政府在进行舆情引导时，能够做到分工明确，行动迅速，信息公开透明，且重视与公众的情感沟通，重视人文关怀，从而取得了较好的舆论引导效果：一是在 24 小时内公布全部乘客名单，各地媒体广泛转载；二是媒体传播内容上更偏重于救援现场救援的细节，而非以往“领

1　三大央媒国庆推出了哪些 H5 融媒体产品［J］. 青年记者，2019（30）：90.

导关心、救援及时”等空洞苍白的描述；三是各级政务双微及时发送相关消息消除民众疑惑，比如当时的气象条件、三峡蓄水救人、逃生技巧等，在明晰救援这一传播主线的基础上，与传统的纸媒和门户网站形成了传播合力；四是在报道中不用“打捞”“尸体”等词汇，不将镜头对准遇难者遗体，将“灰”“白”两种颜色设置为信息发布平台的主色调，停播娱乐节目等媒体行为，均体现出对生命至上的关怀，赢得了公众认可[1]；五是记者以参与者身份介入事件传递爱心，以实际行动有效地配合了救援行动，不少人成了救援队伍中的一员，受到社会的积极评价[2]；六是当地政府做好善后工作，充分体现对逝者的尊重，组织协调好承担殡仪服务的监利、洪湖、江陵 3 个县级殡仪馆和湖南岳阳市殡仪馆，以做好殡仪服务工作、最大程度维护逝者尊严、抚慰遇难者家属为工作目标，认真细致地做好遇难者遗体转运、接收、入殓、保存、告别、火化等每个环节的工作，体现对死者的尊重和对遇难者家属的体恤。[3]

2021 年 7 月，突如其来的新冠肺炎疫情让张家界进入紧张状态，但张家界官方推出了一组充满人文关怀的闭园海报却在社交媒体上广为流传，受到了舆论的好评。“如画风景永远在，风雨过后等你来”“云开‘疫’散，重逢有时”“其实想说‘你别走’，只能暂话‘你别来’”……这组闭园海报在传递出人文温度的同时，也展现了张家界对外界的一种态度：疫情之下，我们风雨同舟，这应了海报中的那句“携手战‘疫’，见图如面”。诚如有网友说的那样，这也是一座城市对网友们发出的诚挚邀约——山水迢迢，希望能够再次相见。[4]海报上一段段生动的文字触动着每一位网民的内心，不少网友表示“这是一座城市的邀约”“欠张家界一次旅游”。

而张家界市委旅游工作委员会办公室发布的《致居留在张家界游客朋友的一封信》在网上热传。这封信首先表达了歉意“我们非常抱歉给您带来了诸多不便，也希望在这个特别的时段，能以我们周到的服务，让您感受到张家界的另一种美”，同时也使用了共情的叙事手段对广大游客进行了善意的提醒，“我们非常理解您

1　齐思慧．“东方之星”翻沉事件为何没出现大规模网络谣言？［EB/OL］．(2015-06-15)［2022-06-22］．

2　郑保卫，叶俊．舆论引导：变被动为主动——“东方之星”沉船事件舆论引导的经验及启示［J］．当代传播，2015（6）：20-23.

3　郑保卫，叶俊．舆论引导：变被动为主动——“东方之星”沉船事件舆论引导的经验及启示［J］．当代传播，2015（6）：20-23.

4　公益之路．张家界因为疫情被舆论高度关注［EB/OL］．(2021-08-02)［2022-06-22］．

的归心似箭，以及渴望早日离开有确诊病例所在地的急迫想法。但请您一定要冷静思考：在没有确认自身安全的前提下，您回到单位或与家人团聚，会给身边在意的人带来什么样的潜在风险？请您能够多多考虑自己和家人安全，遵守国家疫情防控要求，配合酒店、旅行社、所在街道社区（村居）做好居店自我隔离，落实各项防控措施，非必要不外出。我市相关旅行社、酒店、疾控部门等将为您居留在张家界期间提供便利温馨服务”。最后，也表达了信心与决心，“风雨过后见彩虹。有您的理解和配合，我们一定能众志成城，战胜疫情。张家界三千奇峰、八百秀水永远欢迎您；张家界人民永远是您的朋友”。不少网友纷纷给张家界点赞。有网友感叹公告太戳人看得泪流满面，不仅有格局，还有温度，认为张家界不仅有着风景之美，还有人文之美。[1]

总之，对于舆论中的情感表达，或许最便捷的方式莫过于安上若干罪名，然后进行谴责、压制甚至打压。但是，这种应对方式并未找准问题的关键，我们应该反思的是：为什么在每一次事件的发生和发展过程中，公众的情感总能被激活，而且呈现出一呼百应的态势？它背后折射出何种社会现实？某种意义上，情感是公众政治参与的一种道德能量和社会资源，它既反映了特定历史条件下的道德和价值冲突，又是特定政治机会结构权衡下理性选择的结果。如何将情感融入协商对话中，是一项有趣而充满挑战的尝试。在舆论引导中，我们必须树立复杂性思维和开放性思维，处理好情感与理性、引导与监督、秩序与活力的辩证关系，避免二元对立的僵化认知，以此构建新型舆论引导观，实现治理能力的现代化。当然，把情感视为舆情治理的资源目前还只是一种初步的设想，如何在实践中把握其时、效、度，还需要更多的智慧和耐心，“国家通过‘情感体制’的建构来鼓励、赞许一些情感的表达，限制甚至禁止另一些情感的表达，而公众也会发展出自己的情感表达方式。国家与公众之间基于情感的互动和博弈将会继续进行下去，并且随着传播技术的迅速发展，两者的互动会呈现出更为复杂的形态”。[2,3]

1 光明网．张家界致游客信好评出圈！网友瞬间破防［EB/OL］．(2021-07-31)［2022-06-22］．

2 袁光锋．公共舆论中的“情感”政治：一个分析框架［J］．南京社会科学，2018（2）：105-111.

3 原文发表于《新闻界》2019 年第 12 期，收录至本书时有删改。

结语

新时代舆论学知识体系的重构：着力点与平衡点

当前，我国舆论学研究虽热闹非凡，但使用的概念体系、理论体系和方法体系等与新时代有些脱节，总体呈现出“学为末、术为主、策为上”[1]的特点，这种现状亟需舆论学知识体系的重建来扭转。新时代，必须重新审视现有的舆论学概念、理论、方法、认知等，在本体论的意义上，把对舆论的科学认识、操作路径、方法举措、经验教训的探讨上升到认识论和方法论的高度加以研究，重新思考正面与负面、活力与秩序、过程与结果、有为与无为、管控与对话的辩证关系，建构公共舆论新的知识体系，以丰富舆论学研究的想象力。而能否促进舆论学知识体系的转型，关键看能否找到着力点和平衡点，并处理好以下几组关系：

一、舆论治理的道与术

在中文语境中，“道”是指事物运行的内在规律，“术”是在规律指导下的实践工具与方法。舆论治理的“道”就是舆论的理论框架与思想体系，它体现了一整套舆论世界观，为舆论治理提供养分和方向，舆论治理的“术”则是具体的操作手段、方法、策略、技巧等。由于缺乏理论自觉或反省，“国内学者以及官方智库多是以现实应用为导向，对网络舆情和舆论的探讨尚处于悬置的基础问题与严谨思考的策略研究阶段，基于图表数据的实证研究又因其过于琐碎，甚至于抽离或淡化舆论事件所处的社会语境，难以深入探寻网络舆论场的学理”[2]。例如关于舆论反转，有的对策研究将其错误地等同于新闻反转，消极地看待反转带来的风险，而忽略了前者是多元舆论主体间沟通与对话后的事实澄清，后者也呈现了一种动态、对话、互动的新闻生产。[3]因而忽视了真正需要治理的问题应当是虚假消息或者谣言本身。又如针对网络谣言的传播，不能仅仅停留在信息传播的层面，而应深入到人性、社会结构和权力关系中加以考察，事实上，谣言的传播动机非常复杂，既与贪婪、泄愤、阴谋、企图有关，也与娱乐、焦虑、求知、期望、利他情怀有关，既存在具有破坏力的黑色类谣言，也存在低危害类的玫瑰

1 李彪．新时代中国特色舆论学：演进脉络、核心问题与研究体系［J］．编辑之友，2021（9）：5-10.

2 张志安，束开荣．基于关系网络视角的微博与微信舆论场特征研究［M］// 张志安，等．新媒体与舆论：十二个关键问题．北京：中国传媒大学出版社，2016.

3 苏婧．反转新闻的再定义：伦理学的视角［J］．全球传媒学刊，2018，5（2）：91-103.

式谣言，特定情况下，谣言还是一种弱者的武器和权力的补偿渠道。因此，谣言的治理应基于法治与人文相结合的原则，对谣言既需要规范的法律治理，也需怀有一份对人性的宽容和理解，在治理哲学上追求言论自由与依法治理的良性平衡，以达到标本同治的效果。再如新媒介技术赋权下的公共舆论虽存在一定的情绪化或民粹化倾向，出于对可能触发网络群体性事件的警惕，不少研究对此大谈治理危机，影响了网络公共领域的健康成长。这类专注于“术”的论题屏蔽了对“道”的研究，无法触及问题的本质而只能囿于表面的日常经验化的处理。因此，“必须建立开放多元的概念群，才能有效概括错综复杂的研究对象，并且从网络公关/网络营销、网络谣言治理、网络公共领域、网络与集体行动、网络与社会运动、网络与国家安全以及网络动员等多元的理论视域与研究领域出发来开展研究，才能推动该领域学术研究的切实进步，为互联网时代的社会治理提供有效的理论支持”[1]。

单纯的现象描述虽体现了舆论学研究的现实关怀，但无法满足舆论学研究的理论需求，同时，再具洞察力的理论思辨与顶层设计，如果没有行之有效的检验工具，也可能沦为空想。如近年来兴起的公共舆论研究的情感转向超越了情感与理性二元论的分析框架，对情感在公共舆论中的积极价值及其与真相、公共领域、协商民主等议题的关系进行了富有价值的探讨，稍显遗憾的是对于公众情感的形成、传播、感染和转化机制等问题缺乏足够的实证研究。又如，大数据时代的公共舆论常以多模态的社会表征形式存在，如表情包、段子、流行语、视频、图像等。由于编码和修辞手段的复杂，目前相关研究大多是基于静态的文本的研究，针对多模态的、复杂文本的研究则多集中在话语与符号学领域，如何借助大数据手段，通过图像识别、语料库等方法对图像、流行语、表情包、视频等所表征的社会认知、社会需要、社会情绪、社会价值以及行为倾向进行编码，并统计分析其背后的社会心态，显得非常有必要。而近年来学术界关于信息茧房、回音室、过滤泡、群体极化等问题的研究多源自逻辑推理和理论假设，对于其是否真实存在、如何存在等问题尚缺乏充分的实证研究。

一言以蔽之，新时代的舆论学研究必须把握好道与术的平衡：一方面，再有

1　董天策．从网络集群行为到网络集体行动——网络群体性事件及相关研究的学理反思［J］．新闻与传播研究，2016，23（2）：80-99，127-128.

洞察力的预见和顶层设计，也须借助科学手段去检验和实施，否则会陷入“自说自话”“自娱自乐”的循环论证中。另一方面，如果没有扎实的理论功底和强烈的现实关怀，再好的研究方法也容易误入碎片化研究的歧途，导致“内卷化”和“精致的平庸”的困境。内卷化犹如用放大镜照肚脐眼，其研究过程不过是技术上的分发丝，舍本逐末，纵然把发丝数得分毫不差，也看不到整个头型的全貌。[1]

二、外来理论的借鉴与本土创造性转化

一个学科或者一个研究方向是否形成了本土的知识体系或者学派，一般有五个标准：第一，中国学者有了自己的看法；第二，中国学者有了自己独特的看法；第三，中国学者开始形成系统化的独特看法；第四，中国学者形成了成系统的、独特的、较为统一的看法；第五，中国学者形成了独特的、成系统的、统一的，同时又被外人承认的“中国学派”。[2]从目前舆论学研究的现状来看，我们总体处于看法、观点的阶段，远未达到系统化、理论化的高度，中国特色的舆论学知识体系建设还任重而道远。

当前舆论学的理论资源主要是源于新闻传播学、政治学、公共管理学等学科，占据主流的仍然是西方经典理论如议程设置、框架理论、第三人效果、沉默的螺旋、群体极化、公共领域、社会治理、协商民主等，在处理西方理论与本土化的关系时，我们必须把握好这个平衡点：一方面，我们要对西方舆论学研究的经典概念、分析框架、理论体系、研究方法了然于胸，做到知己知彼；另一方面，我们不能满足于只给西方理论当注脚，充当西方理论的试验田，而是要结合本土化语境进行“创造性转化”，尝试提出新的解释框架，形成中西理论对话的局面。如果不顾本土实际，机械套用西方理论，用西方学术话语来裁剪中国丰富且复杂的历史和现实，只会陷入人云亦云、亦步亦趋的境地。正如李金铨所言：我们学习西方理论，不是为了替西方理论找海外依据，而是希望能够活络思想，帮忙勾勒素材，以研究社会的重大问题，从而提出一些具有普遍意义的看法，与西方文献同等对话。[3]

具体而言，对于西方经典理论，如沉默的螺旋、第三人效果、框架理论、过

1　李金铨．传播纵横：历史脉络与全球视野［M］．北京：社会科学文献出版社，2019.

2　王绍光．政治学本土化，时也，势也！［J］．政治学研究，2021（1）：27-31.

3　李金铨．传播纵横：历史脉络与全球视野［M］．北京：社会科学文献出版社，2019.

滤泡理论等，目前我国学界主要还停留在借鉴与检验阶段，结合本土化语境对相关理论进行反思、延伸与拓展的研究较少。以沉默螺旋理论为例，当前的研究主要停留在该理论在不同国家、不同场域（新媒体环境）的适用性检验，结合中国语境，我们应该继续从理论本身进行追问和拓展，如沉默的心理机制是什么？当前媒介技术是否加深了沉默螺旋效应，圈层化结构是否与沉默的螺旋有关？中国语境下的反向沉默螺旋与反沉默螺旋现象是否是一种延伸和拓展？对于第三人效果理论，其理论前提乐观偏见是否是无需证明的公理？因为人的性格千差万别，在不同环境并不总是表露出自信倾向，关键是选取谁作“第三人”，如果进行上行比较，可能产生悲观偏见，将会导致不同的行为逻辑。此外，对于既有的“第三人效果”理论研究极少把情感考虑进来，其相关变量的设定还有进一步完善的空间。未来的研究可以思考把情感纳入进来，共同考察第三人效果的发生机理和逻辑，同时也将第三人效果理论运用到舆论动员中，深入理解悲情叙事、戏谑叙事、表演式抗争的内在逻辑。对于框架理论，目前研究多局限新闻框架，研究对象多针对大众媒体，事实上，从舆论发展的动态过程来看，公众的认知框架、行动框架、报道框架和政府的回应框架之间具有一定因果关系，但目前框架理论对不同主体之间框架互动的研究少之又少，因为任何事件的发展往往是多重框架（或议程）相互作用的结果，这种多重框架的基本形态由“公众认知框架（多通过自媒体等方式呈现）—社会运动框架—主流媒体（及其融媒体延伸）报道框架—政府回应框架”构成。

再如，舆论学研究中的情感动员、理性动员、媒介动员、共意动员、舆论事件、媒介事件、新媒介事件等概念，在使用过程中有部分研究者直接套用了西方概念，而忽视了中国本土经验的特殊性。在媒介事件的文献中，多数研究直接套用了戴扬、卡茨的概念，殊不知，戴扬、卡茨的媒介事件是将媒介动员作为国家动员体系中的一部分，大众媒介通过报道呈现仪式化的国家事件，并“邀请”受众来参与、见证这一具有历史意义的时刻，自上而下地建构民族认同和书写集体记忆。在中国互联网环境下，媒介动员与媒介事件的概念和意义发生了漂移，造就了完全不同于以往“媒介事件”的“新媒体事件”[1]或“网络公共事件”[2]，与戴扬与卡茨对“媒介事件”的定义可谓大相径庭。新媒介事件更多指向媒介赋权下的维权抗争，其概念、理论和方法多来自社会抗争领域，强调媒介在事件中的动员策略及效果，如“弱者的武器”、情感动员、底层认同等，导致媒介事件的“名”与“实”发生了明显的分裂。

又如，对网络公共空间的讨论，学界多借鉴了哈贝马斯的公共领域概念。哈贝马斯设定的公共领域的标准如平等、自由、开放、理性、话语批判性等，不一定具有普适性。在研究中国网络舆论的实践活动时，国内学者仍然过于依赖于哈贝马斯的理论资源，简单地将网民的情绪、市场力量的介入以及权力干预等因素视为非理性因素，甚至有学者直言中国网络空间并不存在真正意义上的公共领域。事实上，中国网络舆论的发展过程中，受多种力量的影响和制约，我们不能用西方既有的概念和理论来遮蔽现实的复杂性。网络公共领域并不能避免情感和商业力量的介入，相反，它们本身就是公共话语实践的一部分，商业力量的介入虽然是以盈利为出发点，但是它必须符合民众心理才有可能产生现实影响力。如“帽子姐”事件发生后，“保时捷女司机同款帽子”“保时捷女司机同款服饰”在网上热卖，“帽子姐”卡通形象被美容院和电商平台作为广告，照片被网友制作成表情包。因此，“以‘情感’为视角来讨论公共领域的问题，不应该站在‘情感—理性’的二元对立的逻辑上，而应该超越这一逻辑，重新反思情感与认知（理性）的关系，以此为基础，我们或许能够更深刻地理解公众之间的交往关系和公共讨论”[3]。

三、政治话语与学术话语的衔接

学术话语的创新与体系化建设必须深刻反映中国的时代特征，才能助力于现实社会进步和政治发展。当前中国社会正处于深刻的利益调整和社会转型期，急剧变动时期为舆论学研究提供了丰厚土壤。党的十九大报告指出，新时代我国社会主要矛盾已经转化为人民日益增长的美好生活需要和不平衡不充分的发展之间的矛盾，深刻认识我国社会主要矛盾变化的现实依据，准确把握我国社会主要矛

1 邱林川，陈韬文．新媒体事件研究［M］．北京：中国人民大学出版社，2011.

2 董天策，郭毅，梁辰曦，等．“媒介事件”的概念建构及其流变［J］．新闻与传播研究，2017，24（10）：103-119.

3 袁光锋．“情”为何物？——反思公共领域研究的理性主义范式［J］．国际新闻界，2016，38（9）：104-118.

盾变化的重大意义，是建构新时代中国特色舆论学知识体系的关键所在。

学术与政治的关系，一直是困扰学者的一大难题。有观点认为知识分子应该秉承学术独立的精神，与现实政治保持距离，才能保有特殊的批判者的身份，这种倾向容易造成学术与政治的分裂，导致政治话语和学术话语各自陷入了“自说自话”的封闭循环之中，彼此“老死不相往来”。[1]理想状态下，学术与政治应保持一种良性的互动关系，现实政治为学术研究提供问题和需求，学术研究为现实政治提供理论支持。马克思、恩格斯在《德意志意识形态》一书中曾言：“统治阶级的思想在每一时代都是占统治地位的思想。这就是说，一个阶级是社会上占统治地位的物质力量，同时也是社会上占统治地位的精神力量。”[2]可见，任何学术话语的存在都不能逃避所处政治环境的“大背景”。有学者研究发现，西方话语的主流部分多以学术著作的面貌出现，诸如“历史终结论”“文明冲突论”“霸权稳定论”“第三波民主化”“第三条道路”等都来源于著名学者的学术研究，多种“中国威胁论”也都有学术渊源。[3]相比较而言，我国的舆论学研究，尽管涌现了大量服务现实政治的对策性研究，但部分研究还停留在工作报告中的原话，止步于现实生活中表层化的舆论现象，而运用相关理论进行学理解读和深度剖析的自觉性还不够，结果亦导致官方对学术研究成果的吸纳并不充分。此外，有相当部分研究从概念到概念，从理论到理论，如果将概念和理论剥离，剩下的“干货”极少，俨然概念和理论循环空转，无异于自娱自乐。即便是一些量化实证研究，由于没有很好的问题意识和现实关怀，最终陷入了“精致的平庸”困境，与现实脱节。因此，新时代的舆论学研究，“要关注舆论本体及其公共性问题，使工具理性与价值理性相结合，以人文关怀为学科建设的目标与导向，将学科体系建立在以人为本的基础上，立足中国实际，解决中国问题”[4]。

例如，西方治理理论被视为西方行政改革的一次管理范式变迁，但它是建立在市民社会高度发达、市场化机制高度健全的基础上，主张企业家精神来重塑政府。某种程度上，无论是学术界还是现实政治实践，治理理论在我国都产生了巨

1　付小红 . 促进政治话语与学术话语的良性互动［N］. 学习时报，2018-03-28.

2　中共中央马克思恩格斯列宁斯大林著作编译局 . 马克思恩格斯选集：第一卷［M］. 北京：人民出版社，2012.

3　吴琼 . 创新主流意识形态传播的话语表达方式［J］. 红旗文稿，2017（10）：22-24.

4　李欣人，许翘楚 . 当代舆论学的发展理路与现实取向［J］. 中州学刊，2018（8）：167-172.

大的影响，治理理念不仅深入人心，而且反复出现在党和政府领导人的报告中。2013 年 11 月，中共十八届三中全会提出“国家治理体系和治理能力现代化”的重大命题，有学者将这个概念简称为“国家治理现代化”，认为是继“工业、农业、国防和科学技术四个现代化”之后的“第五化”。稍显遗憾的是，虽然相当多的研究借助了社会治理相关理论资源，但对理论的前提、背景与适应范围缺乏批判性反思，甚至有研究认为治理即政府管理的退位与社会力量的介入，这不仅是理论上的错误，而且还可能会误导实践，产生不良后果。“有些人有意或无意把党和国家所说的‘治理’拉入西方主流治理理论的话语体系，还说‘多一些治理，少一些统治’，‘从统治走向治理，是人类政治发展的普遍趋势’，实在是本末倒置。”[1]

又如，协商民主与治理理论具有相同的气质，都强调参与的多中心和多方位，但其时代背景是由于西方的代议民主被视为“弱势民主”，导致公民参与热情下降，必须借助社会力量通过全过程全方位的政治参与来重振民主。但是，协商民主的前提条件要求参与者必须处于平等地位，以对话、公共利益、理性和共识为宗旨，“它是对既有民主理论的反抗，而诉诸直接民主、协商讨论、公共理性、协商宪政和司法实践等则是对代议民主的修正和补充”[2]。协商民主理论引入到中国后，成为学术研究的热点议题，具有丰富的本土资源。但遗憾的是，相当部分研究在使用西方的概念工具时，对概念的适用性却不加以批判性反思，将平等、理性、独立等特征直接套用，得出的对策与现实情况可谓南辕北辙。事实上，党的十九大报告提出的“党委领导、政府负责、民主协商、社会协同、公众参与、法治保障、科技支撑的社会治理体系，建设人人有责、人人尽责、人人享有的社会治理共同体”，正是非对称性协商治理模式的生动诠释，其中，既强调治理主体的多元化，又确定了非对称结构前提，是中国语境下一种新的解释框架。我们可以在形式不平等的前提下引入协商，即实行一种非对称性协商制度，这种制度虽然看起来不那么完美，但毕竟是一种进步。同时，我们还应重新思考探讨情感与协商民主的关系，非但不能将情感排除在外，还应考虑情感与协商的融合，若是将社会情感视为社会治理的一种可能资源，实现“情感交流”和“协商对话”，将有

1 王绍光．治理研究：正本清源［J］．开放时代，2018（2）：153-176，9.

2 陈家刚．协商民主：概念、要素与价值［J］．中共天津市委党校学报，2005（3）：54-60.

助于丰富社会治理的工具箱。

再如，学界关于“把关人”和“意见领袖”的研究，多源于西方既有的概念体系，与本土化政治实践的结合度并不高。事实上，官方提出的“新媒体代表性人士”“同心圆”等实践举措，可以丰富舆论学的研究议题。习近平总书记在中共中央政治局第三十六次集体学习时指出，“要发挥网络传播互动、体验、分享的优势”，“听民意，惠民生，解民忧，凝聚社会共识，网上网下要同心聚力，齐抓共管，形成共同防范社会风险，共同构筑同心圆的良好局面”[1]。但稍显遗憾的是，虽然学界对于“同心圆”举措有少量探讨，但多流于实践方面的经验交流或者政治宣传实践，缺乏学术话语的转化与理论资源的嫁接，如果能够从行政吸纳理论等入手，提出一个全新的理论框架，既能拓展理论的适应性，又能进一步为政治实践提供理论指导，实现政治话语与学术话语的有机衔接。因此，“政治的战略性实践能否实现可持续的健康发展，客观需要学术研究实现有效的智慧供给，才能针对新情况、新问题，总结新探索、新经验，提出新思路、新理论，在扎实的学术话语体系助力中不断推进社会整体性发展进程”[2]。

四、线上与线下的联动与联通

网络舆论并非空穴来风，而是现实问题的聚焦与放大。网络舆论反映现实，取材于现实、依托于现实，但也存在脱离现实甚至违背现实的情形，具体表现在：一是网络时代的数字鸿沟问题依然存在，并非所有人都可以或者都愿意上网，网络舆论的代表性和广泛性存疑。二是热搜、关注度、流量、注意力等只是衡量网络热度的标尺，但这种行为监测数据并不能和舆论画上等号，大数据呈现的结果与现实之间的逻辑关系复杂，多种现实因素都可能影响到网民搜索行为，导致大数据的解力和预测力不稳定。[3]且舆论场还会受到水军、社交机器人等因素干扰，无法充分彰显网民的真实意见、态度和情感等。“当前，舆论环境更加复杂化，许多真实的民意隐藏在众声喧哗中，甚至理性思考者被迫在网络中消音，由水军、极端态度人群所建构的舆情在网络中虚高，故意夸大或混淆真正的民意”[4]，如

1 求是网．习近平：网上网下要形成同心圆［EB/OL］．（2021-04-19）［2022-06-22］．

2 李放．学术期刊发展与学术话语建构的时代理据［J］．国家行政学院学报，2017（1）：41-43，126.

3 谢耘耕，万旋傲．关于中国舆论学知识体系建设和人才培养的思考［J］．新闻大学，2017（5）：8-13，145.

4 张涛甫，王智丽．中国舆论治理的三维框架［J］．现代传播（中国传媒大学学报），2016，38（9）：32-36.

果直接利用大数据舆情来制定社会政策，可能造成形势误判和决策失误。三是在信息茧房效应、群体极化效应、沉默的螺旋效应、第三人效果效应等多重复杂心理机制作用下，网络上的发声只是冰山一角，沉默的大多数乃舆论常态，而即便是少数人的振臂高呼，是否客观、公允，背后是否存在别的因素左右舆论场，也是不得而知的。四是舆论的分众化和圈层化结构，即便借助大数据技术也无法获全样本数据。且圈层舆论具有一定的私密性，出于自我保护的目的，真实的言论可能存在于“小圈子的窃窃私语”。因此，对圈层舆论的研究，可能需要突破现有的大数据技术研究方法，转而采用参与式观察、虚拟民族志或者线下调研等。衡量网络舆论的质量除了公共理性外，还应包括舆论的真实性、广泛性、共识度等。

可见，网络舆论虽然反映现实，但不能等同于现实。在分众传播、圈层传播的舆论结构背景下，舆论学研究不能仅依赖线上文本分析或数据挖掘的方法，而应将线上与线下结合起来，要善于借助线上大数据舆情推导线下真实民意，构建科学的预警机制。2021 年，百度健康发布的“2020 国人健康搜索大数据”显示，2020 年新冠肺炎疫情期间，大众对于心理疏导、心理援助相关内容的关注和需求迅速升高，同比增长 43%。其中，“居家隔离时，如何缓解负能量？”“面对疫情，如何避免心理反应过度？”等成为 2020 年疫情背景下最典型的心理压力相关热搜问题[1]，这种大数据舆情为我们提供了精准而可靠的预警机制，它提醒我们在疫情期间，公众的心理压抑和心理波动较为严重，必须采用针对性手段进行干预。

在研究的技术路径上，未来的舆论研究要重点关注线上数据反推线下民意的议题，如利用机器学习和统计模型等生成的计算模型，同时将人类被试的网络行为数据记录与在线问卷调查数据的线性或非线性建模关联，建构出“问卷调查——SNS 数字痕迹”的社会认知维度关联预测模型，实现线上－线下个人心理行为信息的相互关联，达成线上行为数据反推线下真实社会认知，以预测社会心态和真实民意。但同时，再精密的计算机器、再智能的数据挖掘技术都无法改变既有的社会心态，因此，在对重大舆情事件或重大公共决策征求民意阶段，仅仅依靠网络数据是不行的，还须借助传统的线下调查、深度访谈等方法，获取互联网潜水

1　唠氪 .2020 百度健康搜索大数据：面临压力，国人心理疏导需求增加［EB/OL］.（2021-01-15）［2022-06-22］.

者的真实意愿以及不上网人群的真实诉求。

在工作机制上，如何来实现线上与线下的联通，也是新时代舆论学研究的重要议题。习总书记指出，“知屋漏者在宇下，知政失者在草野”，“对网络舆论要多一些包容和耐心，对建设性意见要及时吸纳，对困难要及时帮助，对不了解情况的要及时宣传，对模糊认识要及时廓清，对怨言怨气要及时化解，对错误看法要及时纠正和引导”。新时代的舆论工作要打通线上与线下的藩篱，实现“线上问题线下沟通”“线下问题线上解决”，走“新群众路线”即“从网民中来，到网民中去”。这要求“各级领导干部要经常上网看看，潜潜水，聊聊天，发发声，了解群众所思、所想、所虑、所期，使上网交心下网服务、网络问题网下解决成为工作新常态”。此外，还要不断完善电子问政平台和公共服务平台，对于网民反映的现实问题，既要通过网络问政平台进行良好沟通，还要通过线下服务去解决，不能停留在“只问不政”的层面。只有让“线上”与“线下”无缝衔接，努力构建线上线下同心圆，才能真正实现将“互联网这个最大变量变成我们事业发展的最大增量”的根本目标。

总之，新时代，随着生活方式的变化，表达方式的转变，利益格局的调整，价值观的蜕变，社会主要矛盾的转化，治理范式的变迁，需要与之相匹配的舆论学知识体系，新时代中国特色舆论学的知识重构正逢其时。面对新现象、新问题、新趋势、新挑战，中国特色舆论学建设须处理好道和术的关系，积极搭建政治话语与学术话语的良性互动与转化机制；摆脱西方理论的简单模仿，结合中国本土丰富的实践经验和理论素材进行创造性改造，彰显文化自信与理论自信。此外，还要处理好线上与线下的关联与融合问题，促使舆论表达的广泛性、真实性和代表性，以构建情感与理性融合的、多中心、非对称性的中国式协商对话机制和治理模式，促进舆论学研究的知识转型，丰富舆论学研究的想象力，开创舆论学建设的新局面。

后 记

随着大数据、云计算、VR、AR 等新技术的竞相涌现，物联网、智慧城市、元宇宙等新概念的层出不穷，媒介产业的发展在新世纪的开端迎来了巨变，附带着舆论学的研究也热闹非凡起来，相关成果汗牛充栋。然而，当前的舆论学知识体系仍有些滞后，如核心概念、要素仍是上个世纪大众传播时代的陈旧观念，对新技术的认识及其带来的影响缺乏必要的敏感；新的研究范式还未建立，研究方法、工具的精细时髦容易只见树木，不见森林，忽略更深层次的社会问题（如群体心理、社会结构、权力关系等）的影响；用于阐释的理论主要来自西方，本土的创造性转化能力还不够；从危机管理角度出发的权宜、对策性研究较多，系统、深入的学理探讨较少……因此，新时代的舆论学研究亟需重新出发，以更好地回答新技术、新趋势、新环境变革带来的诸多挑战，重构舆论学的知识体系乃当务之急。

本书是我对舆论学基础理论研究的一次梳理和总结。在短暂的学术生涯中，舆论学算是本人最具代表性的研究方向，说“十年磨一剑”有些夸张，但“咬定青山不放松”的研究劲头不假。本人与舆论学的结缘肇始于2003年，彼时正值“孙志刚事件”在互联网上发酵，在媒体的高度关注和学界的呼吁下，不合时宜的《城市流浪乞讨人员收容遣送办法》被废止，这是我国第一起因网络舆论监督引发的法律变革事件，对于推动我国法治进步的意义是巨大的。据此，2003年被称为“网络舆论年”，也据此，研究网络舆论对现实政治的影响成为政治学界一个具有重要现实意义的议题，出于对现实政治研究的兴趣和专业敏感，当时在武汉大学攻读政治学理论专业硕士研究生的我将网络政治参与确立为学位论文的选题，得到了导师的首肯并顺利通过答辩。在继续攻读博士学位期间，因大量接触新闻传播学的相关文献激发了我对媒介技术的好奇，从而选取了媒介技术在网络民主中的作用这一研究方向，在博士学位论文《网络民主的可能及限度——基于媒介与民主的关系视角》中考察了网络民主在不同政治生态下的生成、演变规律、表现形式以及网络民主的效度与结构性缺陷问题，论文获2010年湖北省优秀博士论文奖并于翌年在中国社会科学出版社出版。

2009年，我博士毕业后进入华中科技大学工作，以第一次申报国家社科基金项目为契机，将当初曾重点考虑过的博士论文选题“谣言在政治变迁中的角色”作为申报题目。由于当时网络谣言的研究成果主要集中于传播学（网络谣言的传播规律）和管理学（对网络谣言的治理）领域，缺乏社会心理学视角去关注谣言与政治参与、政治表达、舆论监督乃至政治抗议的关系，因此我的选题顺利获批立项。按照研究计划，我关于网络谣言的社会心理、定量与定性、动员机制以及研判和治理等方面的十余篇研究成果先后发表在《国际新闻界》《现代传播》《武汉大学学报》等期刊，并于2014年8月顺利结项，成果整理成书后由中国社会科学出版社出版，获得第九次重庆市社会科学优秀成果奖，为后来的舆论学研究打下了较坚实的基础。

四年后，我有幸收到重庆大学新闻学院董天策院长的橄榄枝，进入该院工作，除主讲本科生和研究生“舆论学”课程外，我开始整理自己过去关于舆论的研究，准备将公共舆论的基础理论作为主攻方向，议题包括公共舆论的定义及核心要素、情感与理性、公共性与公众性、媒介动员与集体行动、图像传播与图像事件、社交机器人等，陆续发表了一系列学术论文，产生了一定的学术反响。2016年我在学院创办学术沙龙——“小安读书会”，筛选近50本舆论学经典著作，涉及政治学、社会学、新闻传播学、公共管理学等多学科，旨在引导学生进行跨学科视野的研读，内容分为“舆论学经典文献导读”和“舆论学学术前沿追踪研讨”两个板块，前者拟在巩固学生专业基础知识的同时，拓宽学生的学术视野，后者旨在激发师生在思想碰撞中的灵感，找到各自感兴趣的研究方向。有了这些前期的努力，我编著的《舆论学经典文献导读》已完成初稿并交至出版社，希望能为舆论学基础理论研究添砖加瓦。

本书的部分内容已发表在《新闻与传播研究》《国际新闻界》《现代传播》《新闻大学》《南京社会科学》《传播与社会学刊》《东岳论丛》《新闻界》《郑州大学学报》等期刊，部分研究是国家社科基金项目“网络时代共意性社会运动的媒介动员机制及引导策略”的阶段性研究成果，收录至本书时均对内容做了一些补充和修改。借此机会对上述期刊的大力支持表示衷心感谢，同时也要感谢论文合作者杨绍婷、赵海明、霍凤、李萌、腾金达、甘馨月、胡佳思，还要特别感谢我的博士研究生赵海明、李晗对全书的细致校对。

本书在内容安排上重点突出反思与重构——对当前舆论学研究的现状进行批判性反思，对舆论的定义与核心要素进行重构。不仅重新阐释了群体心理学先驱的理论渊源，而且对舆论的公共性与公众性、情感与理性的纠缠问题，以及沉默的螺旋、第三人效果、框架、媒介动员等经典理论进行了重新审视与跨学科对话。书中对若干前沿问题也作了初步探索，如舆论研究中的身体动员、图像传播、社交机器人等问题，最后提出了中国特色的舆论学知识体系重构的着力点与平衡点。

新时代舆论研究的概念、内容、理论和方法正在发生丰富的变化，对舆论生态产生了深远影响，舆论学研究充满了不确定性。研究舆论就好像去瞄准一个随时移动的靶子，虽偶尔能击中目标，但击中的概率永远赶不上靶心的转移频率。因此，当此书付梓之际，我并未感到有丝毫的放松，反而增添了惶恐和不安，因为我深知，舆论学的基础研究仍然处于初级阶段，许多理论盲区仍待更多学人的孜孜探索与创新，我不奢望“春种一粒粟，秋收万颗子”，只求能脚踏实地，埋头做一些基础性铺垫工作。

由于本人的业务水平和认知能力有限，书中错误和纰漏之处难免，真心希望能得到各位读者的反馈，任何批评与指正都是最好的礼物。

2022 年 1 月 20 日

重庆大学